U0137905

马克思主义经典著作领读

主编◎李君如　梅　兵

执行主编◎顾红亮

副主编◎龚咏梅

华东师范大学出版社

·上海·

图书在版编目（CIP）数据

马克思主义经典著作领读／李君如，梅兵主编；顾
红亮执行主编；龚咏梅副主编. —上海：华东师范大
学出版社，2024
ISBN 978 - 7 - 5760 - 4414 - 0

Ⅰ. ①马… Ⅱ. ①李… ②梅… ③顾… ④龚… Ⅲ.
①马恩著作—学习参考资料 Ⅳ. ①A811

中国国家版本馆 CIP 数据核字（2024）第 040012 号

马克思主义经典著作领读

主　　编　李君如　梅　兵
执行主编　顾红亮
副 主 编　龚咏梅
策划编辑　王　焰
责任编辑　朱华华
审读编辑　刘效礼
责任校对　王丽平　时东明
装帧设计　卢晓红

出版发行　华东师范大学出版社
社　　址　上海市中山北路 3663 号　邮编 200062
网　　址　www. ecnupress. com. cn
电　　话　021 - 60821666　行政传真 021 - 62572105
客服电话　021 - 62865537　门市（邮购）电话 021 - 62869887
地　　址　上海市中山北路 3663 号华东师范大学校内先锋路口
网　　店　http://hdsdcbs. tmall. com

印 刷 者　上海颛辉印刷厂有限公司
开　　本　787 毫米×1092 毫米　1/16
印　　张　32
字　　数　449 千字
版　　次　2024 年 3 月第 1 版
印　　次　2024 年 6 月第 3 次
书　　号　ISBN 978 - 7 - 5760 - 4414 - 0
定　　价　98.00 元

出 版 人　王　焰

（如发现本版图书有印订质量问题，请寄回本社客服中心调换或电话 021 - 62865537 联系）

本书编委会

主　编

李君如　梅　兵

执行主编

顾红亮

副主编

龚咏梅

编　委

（以姓氏笔画为序）

丁晓强　齐卫平　李君如　吴　铎　余玉花
张　雄　陈卫平　陈立新　陈学明　陈锡喜
周尚文　赵正桥　郦全民　顾红亮　奚洁人
黄力之　梅　兵　龚咏梅　鲁品越　童世骏

目录

序

　　《马克思主义经典著作领读》和《马克思主义中国化原著导读》和大家见面了。2022 年 5 月 5 日，我曾经在华东师范大学线上举办的纪念马克思诞辰 204 周年暨编写这两部著作的研讨会上说过，这是我们纪念马克思这位人类近现代最伟大的革命家、思想家、理论家的实际行动。

　　在这个研讨会上，对于为什么要进行这一工作、怎么编写好"领读"和"导读"这样的著作，我谈了三点认识。这里，就以我这个讲话的要点作为这两部著作的序——

一、共 担 使 命

　　今天，我们为什么要纪念马克思？为什么要学习马克思主义？为什么要编撰马克思主义包括马克思主义中国化原著的学习读本？思考这几个"为什么"，就是要明确我们现在正在做的事情，是时代赋予我们的崇高使命。

首先，大家都知道，马克思主义是我们党的根本指导思想，马克思主义的基本原理及其立场、观点、方法都体现在马克思主义的原著中。在纪念马克思诞辰200周年大会上，习近平总书记曾经说过："两个世纪过去了，人类社会发生了巨大而深刻的变化，但马克思的名字依然在世界各地受到人们的尊敬，马克思的学说依然闪烁着耀眼的真理光芒！"①马克思和我们中国有缘，在我们中国还没有一个人知道马克思的时候，马克思已经在关注中国人的命运，发表了十几篇关于中国的文章。马克思主义一进入中国，就迅速在中华大地传播，成为中国人民改变中国面貌的锐利思想武器。马克思主义也由此成为先进的中国人的科学信仰。今天，中国特色社会主义已经进入新时代，我们在理论武装工作中，毫无疑问，要以正在做的事情为中心，学懂、弄通、悟透习近平新时代中国特色社会主义思想这一当代中国的马克思主义。但是要真正做到这一点，必须下功夫学好老祖宗的经典著作。对此，习近平总书记讲得很明确，他说："在研读当代中国马克思主义理论著作的同时，要追根溯源，认真学习马克思列宁主义经典作家的著作，认真学习毛泽东同志的著作。"②他用"追根溯源"这四个字，说清了学习当代中国马克思主义和学习老祖宗原著的关系。他紧接着说："读马列、学毛著，要精，要原原本本地学、仔仔细细地读，下一番真功夫。"为此，他还讲了一个故事，说："1939年底，毛泽东同志在延安对一位进马列学院学习的同志说：'马列主义的书要经常读。《共产党宣言》，我看了不下100遍，遇到问题，我就翻阅马克思的《共产党宣言》，有时只阅读一两段，有时全篇都读，每读一次，我都有新的启发。我写《新民主主义论》时，《共产党宣言》就翻阅过多次。读马克思主义理论在于应用，要应用就要

---

① 习近平：《在纪念马克思诞辰二百周年大会上的讲话》（2018年5月4日），《十九大以来重要文献选编》（上），中央文献出版社2019年版，第420页。

② 习近平：《领导干部要爱读书读好书善读书》（2009年5月13日），《学习时报》2013年4月28日。

经常读,重点读.'"①我们要学懂、弄通、悟透习近平新时代中国特色社会主义思想,一定要加强马克思主义包括马克思主义中国化原著的学习。

其次,我们也知道,在大学阶段认真研读马克思主义经典著作,对于青年学子形成正确的世界观、人生观、价值观格外重要。大学毕业后,无论是不是继续读研,我们的青年学子都开始或即将开始走上工作岗位,直接投身于中国特色社会主义现代化事业。他们将独立面对一个充满机遇和挑战的社会,在这个时候最需要的是能够正确把握人生方向的信仰和视野,是能够正确认识问题、分析问题、解决问题的素养和能力。而这样的信仰和视野、素养和能力,在学校教育阶段就应该培养起来。学校固然要传授知识,这是基础性的工作,但绝不局限于传授知识。在当今信息社会中,知识更新的速度很快,大量新知识要靠年轻人在工作岗位上继续学习。但在学校学习阶段能够形成正确把握人生方向的信仰和视野,培育正确认识问题、分析问题、解决问题的素养和能力,对学生来讲则终身受用。我们重视马克思主义的学习,重视马克思主义经典著作的学习,学的不仅是知识,而且是做人做事的根本。正如古人所说的:"古之学者必有师。师者,所以传道受业解惑也。"②作为老师,"传道"是第一位的任务。今天的"传道",最重要的,就是要传马克思主义之"道",传马克思主义中国化之"道",传习近平新时代中国特色社会主义思想之"道"。

第三,我们还注意到,尽管学习马克思主义包括马克思主义中国化的原著很重要,但读原著在很大程度上又恰恰是我们一段时间以来学校教育的短板。这几年,从上到下都已经开始重视学马列、读原著,但我们不得不承认过去一段时间里在这方面是有不足的。作为老师,我们这几年在带博士研究生过程中,大家都有

---

① 习近平:《领导干部要爱读书读好书善读书》(2009年5月13日),《学习时报》2013年4月
  28日。
② 韩愈:《师说》。

这样的感受。所以,我们要加强原著教学,领导干部要读原著,大学生也要读一点原著。

大家一定注意到,习近平总书记一而再、再而三地强调:"中国共产党为什么能,中国特色社会主义为什么好,归根到底是因为马克思主义行!"①这里强调的"归根到底"四个字,分量最重,含义最深,需要我们深刻领会、认真践行。我们作为长期从事马克思主义研究和教学工作的专家学者,应该责无旁贷、理所当然地共同承担起推动马克思主义原著学习的崇高使命。

二、精选精读

学马列原著,主要靠自学,也要靠一定的辅导。自学和辅导应该是相辅相成的,辅导可以促进自学。要辅导,就要有辅导读物。编写什么样的辅导读物比较好呢?这也是我们要思考的一个问题。根据教学实践,我们考虑把马克思主义经典著作和马克思主义中国化经典著作分开来,前者重在领读,后者重在导读。总体要求,是精读。

邓小平在1992年南方谈话中,对于怎么学好马列有句名言:"学马列要精,要管用的。"我们今天依然要坚持这一方针。同时,对于什么是"精",要有全面的理解。邓小平当年提出这一问题,针对的主要是多年来盛行的形式主义。他所说的学习上的"形式主义",指的是要求群众"都读大本子"。同时,他也不是一概而论,明确指出"长篇的东西是少数搞专业的人读的"。② 但是我们许多人仅仅从量上理解邓小平的话,误以为"学马列要精"指的是原著不宜读得太多,这是一种片面

① 习近平:《在庆祝中国共产党成立 100 周年大会上的讲话》(2021 年 7 月 1 日),人民出版社 2021 年版,第 13 页。
② 《邓小平文选》第 3 卷,人民出版社 1993 年版,第 382 页。

理解。习近平在强调邓小平提出的这一要求时,指出"读马列、学毛著,要精,要原原本本地学、仔仔细细地读,下一番真功夫"。也就是说,"学马列要精"不仅要有量的要求,原著要精选,更要有质的要求,原著要精读。精读,就是"要原原本本地学、仔仔细细地读"。

怎么做到"精读"? 怎么做到"原原本本地学、仔仔细细地读"?

——对于马列原著要"精读","要原原本本地学、仔仔细细地读",就要综合考虑原著形成的历史背景、文化特点、语言特色和今天年轻人的知识背景,还是采取"领读"的方式比较好。教学实践告诉我们,导读的好处是简明扼要地抓住原著的主要观点,好懂好领会,但是原著本身是怎么分析问题的、这些观点是怎么形成的,还是不清楚。通过老师领读,逐段逐句读懂了原著,最后作一个归纳提炼,既知道了主要观点,又了解了马克思、恩格斯等原著作者是怎么思考、分析和回答重大问题的,有利于掌握马克思主义分析问题的逻辑及其内在的立场、观点、方法。

——对于马克思主义中国化的原著要"精读","要原原本本地学、仔仔细细地读",可以采取"导读"的方式,但依然要像领读马列原著一样遵循原著自身的逻辑来导读,同时考虑到这些著作对于中国人来讲比较好读好理解,重在深化上下功夫。也就是说,导读不是挑几个主要观点阐发一下就可以了,而是要遵循原著的逻辑来导读,把道理讲清楚讲透彻;同时,要多介绍原著形成的历史背景包括写作过程,要多介绍原著回答的重大问题以及原著澄清了哪些是是非非。

三、为 用 崇 学

推进原著学习,有一个问题需要处理好。这就是"理论联系实际"的问题。

毫无疑问,学马列要坚持理论联系实际的原则。这是学风问题,也是我们党能够提出和推进马克思主义中国化的根本经验。我们在编撰《马克思主义经典著作领读》和《马克思主义中国化原著导读》时,也要坚持这一原则。首先,我们精选一些原著进行领读和导读,精选遵循的原则就是以正在做的事情为中心的原则,是实践的需要。其次,我们在领读和导读时讲述的重点也是实践中需要领会的问题,或者是实践中需要澄清的问题。再次,我们在对原著进行领读和导读后,可以联系今天的实际提出应该重视和注意的理论要点或对实践问题做一点分析。在这样做的时候,理论联系实际的原则要坚持,但形式可以多样、篇幅要把握好,不要喧宾夺主。最后,需要强调的一点是,在今天坚持理论联系实际的原则,最重要的,是要通过对原著的学习深入领会习近平新时代中国特色社会主义思想。

我们知道,理论联系实际是一门大学问,真正做到非常不易,但我们会为此而努力。我们这次编撰原著领读和导读,重点还是按照习近平总书记要求的那样,致力于"原原本本地学、仔仔细细地读"。正如他在讲读原著的故事时引用的毛泽东的话:"读马克思主义理论在于应用,要应用就要经常读、重点读。"也就是说,我们不是脱离实际来读原著,而是"为用崇学"。

以上讲的是我们编写《马克思主义经典著作领读》和《马克思主义中国化原著导读》的初衷。希望读者能够从我们的初衷中,体谅我们的苦心,和我们一起把这件有意义的事做好。

李君如

马克思《1844 年经济学哲学手稿》(节选) 领读

《1844 年经济学哲学手稿》是马克思早期最重要的著作。自 20 世纪 30 年代正式公开出版以后,就成为马克思主义研究的重点文本。尽管世界上各研究派别对这部著作的看法和评价不尽一致,但不可否定的是这部著作对马克思全部思想的奠基性意义,也不能否定其对马克思主义发展史的重要意义。由于《1844 年经济学哲学手稿》是一部笔记性质的文本,对初学者有一定难度,希望以领读的方式帮助大家学习和领会这部著作。

一、《1844 年经济学哲学手稿》的写作和出版

1843 年夏天,马克思来到巴黎。在巴黎时期,马克思与法国、德国的工人运动活动家有联系,参加过他们的集会,同时潜心于政治经济学研究,并作了大量笔记。后人把马克思在巴黎时期撰写的大量手稿总称为巴黎手稿。在很长一段时间里,人们把《1844 年经济学哲学手稿》简称为巴黎手稿。实际上,根据文献学考

证结果，严格意义上的巴黎手稿主要包括两大部分内容，一部分主要是马克思对一些政治、法律和经济学著作所作的摘录和笔记，可以称之为《政治—经济学笔记》，另一部分则是《1844年经济学哲学手稿》。

《1844年经济学哲学手稿》是马克思1844年4—8月撰写的一部未完成的手稿，是马克思主义形成过程中的重要著作。在这部手稿中，马克思从唯物主义和共产主义的立场出发，对涉及哲学、政治经济学和共产主义理论的各种历史文献和思想观点进行了系统的批判性考察，在剖析资本主义经济制度和资产阶级经济学的过程中，提出了新的经济学观点、哲学观点和共产主义理论观点，并作了初步的综合性阐述。

马克思在手稿中论述了劳动实践对于人类文明和历史进步的伟大意义，指出整个世界历史不外是人通过人的劳动而诞生的过程，人正是通过劳动这种有意识的生命活动创造了社会的全部物质财富和精神财富。他批判地改造了德国古典哲学的异化概念，提出了异化劳动理论，用来分析资本主义的社会关系。他通过对异化劳动的剖析揭露了资产阶级社会中资本与劳动的不可调和的对立，说明私有财产的存在必然造成异化劳动，因而必然给工人阶级和整个人类带来灾难性的后果，指出只有扬弃私有财产才能消除异化劳动，而要使社会从私有财产的统治下解放出来，必须通过工人解放这种政治形式。他强调指出，要扬弃现实的私有财产，必须有现实的共产主义行动，"历史将会带来这种共产主义行动，而我们在思想中已经认识到的那正在进行自我扬弃的运动，在现实中将经历一个极其艰难而漫长的过程"①；他肯定了费尔巴哈对唯物主义的贡献，并在批判黑格尔的唯心主义的同时，阐发了黑格尔辩证法的积极成果。他还阐明了自然科学和工业的伟大历史作用，指出工业的历史是"一本打开了的关于人的本质力量的书"②，指出

---

① 《马克思恩格斯文集》第1卷，人民出版社2009年版，第232页。
② 《马克思恩格斯文集》第1卷，人民出版社2009年版，第192页。

自然科学"通过工业日益在实践上进入人的生活,改造人的生活,并为人的解放作准备"①,此外,手稿还对自然史、人类史以及美的规律等问题提出了一系列深刻的见解。

《1844 年经济学哲学手稿》由写在三个笔记本中的手稿组成。笔记本 I 的内容是:对斯密学说中的工资、资本的利润和地租这三个经济学范畴作比较分析,揭示斯密学说的矛盾,详细论述资本主义社会的异化劳动。笔记本 II 只保留下四页手稿,主要是有关私有财产的论述。笔记本 III 的主要内容是:关于私有财产和劳动、私有财产和共产主义的论述,对当时的各种共产主义理论的考察和评述,对黑格尔哲学的批判,有关分工和货币的两个片段,还有一篇《序言》。

《1844 年经济学哲学手稿》在马克思生前没有发表。1927 年,苏联出版的《马克思恩格斯文库》在第三卷附录中摘要发表了这部手稿中的《第三手稿》(即笔记本 III)的俄译文,但这部分手稿被误认为《神圣家族》的准备材料,1932 年出版的《马克思恩格斯全集》历史考证版第一部分第三卷以德文原文发表了全部手稿,并加了标题《1844 年经济学哲学手稿》,1982 年新出版的《马克思恩格斯全集》历史考证版第一部分第二卷在发表《1844 年经济学哲学手稿》时采用了两种编排方式,第一种按《1844 年经济学哲学手稿》的写作时间和写作阶段编排,第二种按《1844 年经济学哲学手稿》的逻辑结构和思想内容编排,并加了标题。2009 年人民出版社出版的《马克思恩格斯文集》收入的《1844 年经济学哲学手稿》中译文是根据按逻辑结构编排的《1844 年经济学哲学手稿》校译的,在《1844 年经济学哲学手稿》中,作者以红棕色铅笔画了线的文句或段落,中文版均以双斜线表示起讫。

《1844 年经济学哲学手稿》的中文单行本,最早由何思敬译成中文,1956 年由人民出版社出版,1979 年人民出版社还出版了刘丕坤的中译本。

本次领读文本为 2009 年中文版《马克思恩格斯文集》第 1 卷所载《1844 年经

---

① 《马克思恩格斯文集》第 1 卷,人民出版社 2009 年版,第 193 页。

济学哲学手稿》,节选如下:

笔记本Ⅰ之"异化劳动和私有财产";

笔记本Ⅱ之"私有财产的关系";

笔记本Ⅲ之"私有财产和劳动""私有财产和共产主义"。

二、 异化劳动和私有财产

笔记本Ⅰ共分四部分,"异化劳动和私有财产"为第四部分。

(一) 马克思对国民经济学研究方法的批判

1. 对国民经济学研究的部分接受

在《1844年经济学哲学手稿》当中,马克思对国民经济学(包含英国古典政治经济学、法国资产阶级政治经济学中的重农学派和重商学派、德国李斯特的国民经济学)进行了历史研究,从中分析社会不平等背后的经济根源。此时,国民经济学中的基本概念——工资、资本、地租、利润等——都已经成了马克思重要的关注对象。马克思后来的很多重要概念和思想在这一时期开始出现。马克思《1844年经济学哲学手稿》的研究基本上就是从英国古典经济学的各个前提出发的,并且适当采用了其语言表述。在第155页第1自然段,马克思采用国民经济学的说法,认为在资本主义的竞争之下,"整个社会依然分化为两个阶级,即有产者阶级和没有财产的工人阶级"。

2. 对国民经济学的批判:根本不理解资本运动的联系

在第155页第2自然段,第156页第1、2、3自然段,马克思对国民经济学进行批评,说它"从私有财产的事实出发",即从维护私有制的立场出发,但其研究的方法是错误的,"把应当加以阐明的东西当做前提","把资本家的利益当做最终原因"①,而不去说明劳动和资本分离以及资本和土地分离的原因,结果就是让人们看到,市场竞争只是出于贪欲以及贪欲者之间的战争,而交换却成了偶然的事实。贪欲者之间战争的说法,这是一种抽象人性论的观点,说明国民经济学不懂资本主义经济规律。

马克思认为,在资本主义私有制条件下,竞争、经营自由、地产分割是必然的、不可避免的、自然的结果,但国民经济学把这个必然性阐述理解为垄断、同业公会和封建所有制的偶然的、蓄意的、强制的结果。这说明国民经济学根本不理解资本主义机制运行的规律。

马克思提出,我们不要像国民经济学家那样,"总是置身于一种虚构的原始状态。这样的原始状态什么问题也说明不了"②,只是使问题堕入五里雾中。马克思的方法论是,把应当加以推论的东西即两个事物之间的例如分工和交换之间的必然关系,假定为事实、事件,即把应当加以说明的东西假定为一种具有历史形式的事实。这就是主张从事实出发而不是从虚构的立场出发。这里表现出马克思的唯物主义立场。

(二) 马克思对异化劳动实质的揭示

"异化劳动"是《1844 年经济学哲学手稿》的核心范畴。马克思的揭示是从四个方面展开的。

1. 产品占有带来的异化

在第 156 页第 4 自然段开始至第 159 页第 1 自然段,马克思指出其研究方法

---

① 《马克思恩格斯文集》第 1 卷,人民出版社 2009 年版,第 155 页。
② 《马克思恩格斯文集》第 1 卷,人民出版社 2009 年版,第 156 页。

是"从当前的国民经济的事实出发",即工人直接生产出产品却不能占有产品这个事实出发。按照一般逻辑,人是为了自己而进行生产,那么他就有权利享受生产出来的产品。

但是,在资本主义的私有制之下,"工人生产的财富越多,他的生产的影响和规模越大,他就越贫穷。工人创造的商品越多,他就越变成廉价的商品。物的世界的增值同人的世界的贬值成正比"。"劳动所生产的对象,即劳动的产品,作为一种异己的存在物,作为不依赖于生产者的力量,同劳动相对立。""劳动的现实化就是劳动的对象化。在国民经济的实际状况中,劳动的这种现实化表现为工人的非现实化,对象化表现为对象的丧失和被对象奴役,占有表现为异化、外化。""对对象的占有竟如此表现为异化,以致工人生产的对象越多,他能够占有的对象就越少,而且越受自己的产品即资本的统治。""工人在劳动中耗费的力量越多,他亲手创造出来反对自身的、异己的对象世界的力量就越强大,他自身、他的内部世界就越贫乏,归他所有的东西就越少。"

可以理解为,特别是在资本主义工业化生产的时期,由于规模化的生产以及高效率的机械化、自动化,产品这一"对象世界的力量就越强大",而对工人来说,与产品相比,他的收入越来越显得低微,即"他的内部世界就越贫乏,归他所有的东西就越少"。[①]

马克思还对这种异化进行了非常感性的描绘:国民经济学由于不考察工人(劳动)同产品的直接关系而掩盖劳动本质的异化。当然,劳动为富人生产了奇迹般的东西,但是为工人生产了赤贫。劳动生产了宫殿,但是给工人生产了棚舍。劳动生产了美,但是使工人变成畸形。劳动用机器代替了手工劳动,但是使一部分工人回到野蛮的劳动,并使另一部分工人变成机器。劳动生产了智慧,但是给工人生产了愚钝和痴呆。

---

① 《马克思恩格斯文集》第1卷,人民出版社2009年版,第156—157页。

2. 生产行为或者生产活动的异化

在第 159 页第 2 自然段至第 160 页第 4 自然段，马克思富于逻辑地顺着第一个异化——产品的异化指出，产品不过是劳动活动和生产的总结，因此，当劳动的产品是外化表现时，那么生产本身就必然是能动的外化、活动的外化。在劳动对象（产品）的异化中不过总结了"劳动活动本身的异化、外化"。请注意，马克思是将异化、外化作为同等程度的概念使用的。异化强调的是异于主观意志——违背主体的愿望，而外化是指外在于自己。

马克思揭示了劳动的异化、外化的表现：

"劳动对工人来说是外在的东西，也就是说，不属于他的本质；因此，他在自己的劳动中不是肯定自己，而是否定自己，不是感到幸福，而是感到不幸，不是自由地发挥自己的体力和智力，而是使自己的肉体受折磨、精神遭摧残。因此，工人只有在劳动之外才感到自在，而在劳动中则感到不自在，他在不劳动时觉得舒畅，而在劳动时就觉得不舒畅。因此，他的劳动不是自愿的劳动，而是被迫的强制劳动。因此，这种劳动不是满足一种需要，而只是满足劳动以外的那些需要的一种手段。劳动的异己性完全表现在：只要肉体的强制或其他强制一停止，人们就会像逃避瘟疫那样逃避劳动。"①

对此，马克思还有一深入而简明的阐释："因此，结果是，人（工人）只有在运用自己的动物机能——吃、喝、生殖，至多还有居住、修饰等等——的时候，才觉得自己在自由活动，而在运用人的机能时，觉得自己只不过是动物。动物的东西成为人的东西，而人的东西成为动物的东西。"②就是说，在本来意义上，人的吃、喝、生殖本质上只是人的自然性之所在，而人的劳动实践才是真正人的机能，是人自由地发挥自己的体力和智力，劳动是人的自我肯定，劳动让人感到幸福。因此，由于

---

① 《马克思恩格斯文集》第 1 卷，人民出版社 2009 年版，第 159 页。
② 《马克思恩格斯文集》第 1 卷，人民出版社 2009 年版，第 160 页。

劳动活动的异化,动物的东西成为人的东西,而人的东西成为动物的东西。

3. 人的类本质同人相异化

第 161 页第 1 自然段至第 163 页第 5 自然段,指出第三个异化是第二个异化的逻辑发展,因为劳动是人的本质力量,是人的机能的发挥,所以,再往上推,那就涉及人的本质了。

讨论伊始,马克思提出"人是类存在物"这个概念,即是说,相对于其他动物而言,人是一个特殊的类,具有自己的类本质,也就是人的本质。马克思是从人和动物的区别来讨论这个问题的。

首先,马克思揭示人与动物的共同点,都是自然界的一部分,都不能脱离自然界。"无论是在人那里还是在动物那里,类生活从肉体方面来说就在于人(和动物一样)靠无机界生活","人在肉体上只有靠这些自然产品才能生活,不管这些产品是以食物、燃料、衣着的形式还是以住房等等的形式表现出来。在实践上,人的普遍性正是表现为这样的普遍性,它把整个自然界——首先作为人的直接的生活资料,其次作为人的生命活动的对象(材料)和工具——变成人的无机的身体。自然界,就它自身不是人的身体而言,是人的无机的身体。人靠自然界生活。这就是说,自然界是人为了不致死亡而必须与之处于持续不断的交互作用过程的、人的身体。所谓人的肉体生活和精神生活同自然界相联系,不外是说自然界同自身相联系,因为人是自然界的一部分"。①

其次,马克思对人与动物作了区分。他说:"动物和自己的生命活动是直接同一的。动物不把自己同自己的生命活动区别开来。它就是自己的生命活动。"即动物只服从自己的本能,不能对自然界有任何创造性行为。而人不一样,"人则使自己的生命活动本身变成自己意志的和自己意识的对象。他具有有意识的生命活动"。"正因为人是类存在物,他才是有意识的存在物,就是说,他自己的生活对

————————

① 《马克思恩格斯文集》第 1 卷,人民出版社 2009 年版,第 161 页。

他来说是对象。仅仅由于这一点,他的活动才是自由的活动。""动物只是按照它所属的那个种的尺度和需要来构造,而人却懂得按照任何一个种的尺度来进行生产,并且懂得处处都把固有的尺度运用于对象","正是在改造对象世界的过程中,人才真正地证明自己是类存在物"。①

由于异化劳动的存在,人的产品被剥夺,人的劳动幸福也被剥夺,接下来,人的人性内涵——能够进行自由创造活动的类特性——也被剥夺了,"异化劳动从人那里夺去了他的生产的对象,也就从人那里夺去了他的类生活,即他的现实的类对象性,把人对动物所具有的优点变成缺点,因为人的无机的身体即自然界被夺走了"。"同样,异化劳动把自主活动、自由活动贬低为手段,也就把人的类生活变成维持人的肉体生存的手段。""因此,人具有的关于自己的类的意识,由于异化而改变,以致类生活对他来说竟成了手段。"②

马克思说:"生产生活就是类生活。这是产生生命的生活。一个种的整体特性、种的类特性就在于生命活动的性质,而自由的有意识的活动恰恰就是人的类特性。生活本身仅仅表现为生活的手段。"③就是说,人的生命而非动物的生命的本质就是自由的、创造性的实践和劳动,当人试图逃离劳动,蜷缩在自己的动物性本能中时,那就意味着人失去了自己的类本质,即人的本质。这样,异化劳动也就使人的类本质同人相异化,即人不再是人类,而是退回到一般动物的状态。

4. 人与人的关系的异化

第 164 页第 1 自然段至第 166 页第 6 自然段,在前三个异化的基础上,马克思认为,必须最后深化到人与人之间的关系,也就是说,第四种异化是前三种异化的逻辑上的深化。马克思说:"人的异化,一般地说,人对自身的任何关系,只有通过

---

① 《马克思恩格斯文集》第 1 卷,人民出版社 2009 年版,第 162—163 页。
② 《马克思恩格斯文集》第 1 卷,人民出版社 2009 年版,第 163 页。
③ 《马克思恩格斯文集》第 1 卷,人民出版社 2009 年版,第 162 页。

人对他人的关系才得到实现和表现。"

"总之,人的类本质同人相异化这一命题,说的是一个人同他人相异化,以及他们中的每个人都同人的本质相异化。"

为什么要追溯到人与人的关系呢?马克思合符逻辑地提出,当劳动产品对劳动者来说是作为异己的力量(即不属于自己)存在时,那么它到底属于谁呢?如果劳动者自己的活动不属于自己,而是一种异己的活动、一种被迫的活动,那么它到底属于谁(劳动活动属于谁的说法可以理解为,谁享受了劳动带来的快乐)呢?一定属于另一个有别于劳动者的存在物。

那么,"这个存在物是谁呢?"马克思回答说,这个存在物既不是神也不是自然界,"劳动和劳动产品所归属的那个异己的存在物,劳动为之服务和劳动产品供其享受的那个存在物,只能是人自身"。"不是神也不是自然界,只有人自身才能成为统治人的异己力量。"①这样,异化的最高形式就是人与人关系的异化。

至此,马克思完整地表述了异化劳动的逻辑环节:通过异化劳动,人不仅生产出他对作为异己的、敌对的力量的生产对象和生产行为的关系,而且还生产出他人对他的生产和他的产品的关系,以及他对这些他人的关系,他也生产出不生产的人对生产和产品的支配。

尽管马克思在这个时候还没有创造出"生产关系"这个唯物史观的重要概念,但是他已经触及到了唯物史观,以区别于唯心史观。因为,马克思已经不是抽象地使用人的概念,也不是抽象地讨论人际关系,他的着眼处实际上是不同阶级的人之生产关系。他说:"通过异化的、外化的劳动,工人生产出一个同劳动疏远的、站在劳动之外的人对这个劳动的关系。工人对劳动的关系,生产出资本家——或者不管人们给劳动的主宰起个什么别的名字——对这个劳动的

---

① 《马克思恩格斯文集》第 1 卷,人民出版社 2009 年版,第 164—165 页。

关系。"

马克思认为，人与人关系的异化之本质就是私有财产，"我们通过分析，从外化劳动这一概念，即从外化的人、异化劳动、异化的生命、异化的人这一概念得出私有财产这一概念"。"私有财产表现为外化劳动的根据和原因，但确切地说，它是外化劳动的后果。"

"私有财产只有发展到最后的、最高的阶段，它的这个秘密才重新暴露出来，就是说，私有财产一方面是外化劳动的产物，另一方面又是劳动借以外化的手段，是这一外化的实现。""这些论述使至今没有解决的各种矛盾立刻得到阐明。"马克思批评国民经济学："国民经济学虽然从劳动是生产的真正灵魂这一点出发，但是它没有给劳动提供任何东西，而是给私有财产提供了一切。"①所谓"私有财产发展到最后的、最高的阶段"，也就是资本主义阶段。对马克思来说，此时他只是意识到了资本主义生产的非道义性和不可持续性，但尚未来得及深入研究其全部机制，对异化劳动的批判是其开端。

（三）马克思对私有财产制不能解决各种社会矛盾的阐明

第 166 页第 7 自然段至第 169 页第 2 自然段，马克思的阐明分两个大的要点：

1. 提高工资不能解决异化劳动的内在矛盾

马克思批评道："国民经济学虽然从劳动是生产的真正灵魂这一点出发，但是它没有给劳动提供任何东西，而是给私有财产提供了一切。"

马克思认为，在不触及私有制的本质前提下，提高工资的主张并不能解决异化劳动的内在矛盾。即使能够强制提高工资，也无非是给奴隶以较多工资，而且既不会使工人也不会使劳动获得人的身份和尊严。因为，工资和私有财产是同一

---

① 《马克思恩格斯文集》第 1 卷，人民出版社 2009 年版，第 166 页。

的,用劳动产品、劳动对象来偿付劳动本身的工资,不过是劳动异化的必然后果。在工资这种形式中,劳动并不表现为目的本身,而表现为工资的奴仆。

2. 必须将社会从私有财产解放出来、从奴役制解放出来

马克思从所有制这个根本来考虑问题,提出:必须将社会从私有财产解放出来、从奴役制解放出来。而且,马克思不是抽象地谈论社会的解放,而是意识到,必须"通过工人解放这种政治形式来表现的,这并不是因为这里涉及的仅仅是工人的解放,而是因为工人的解放还包含普遍的人的解放。其所以如此,是因为整个的人类奴役制就包含在工人对生产的关系中,而一切奴役关系只不过是这种关系的变形和后果罢了"①。这已经触及到后来讨论的共产主义问题了。

马克思在这里还补充了对第 4 种异化形式的认识,他指出,通过考察外化劳动对工人本身的关系,"我们发现,这一关系的产物或必然结果是非工人对工人和劳动的财产关系。私有财产作为外化劳动的物质的、概括的表现,包含着这两种关系:工人对劳动、对自己的劳动产品和对非工人的关系,以及非工人对工人和工人的劳动产品的关系"②。这里还是强调异化劳动的最高形式就是人与人之间关系的异化,即人的阶级分化。

三、 私有财产的关系

"私有财产的关系"为笔记本 Ⅱ 之全部内容,所占篇幅较小。

---

① 《马克思恩格斯文集》第 1 卷,人民出版社 2009 年版,第 167 页。
② 《马克思恩格斯文集》第 1 卷,人民出版社 2009 年版,第 168 页。

(一) 对资本主义私有制财产关系的异化本质分析

1. 工人与资本所有者的互为性关系

第 170 页第 1 自然段集中讨论工人与资本所有者的生产关系,马克思认为其是一种互为性,从哲学上讲就是对立统一的关系,他揭示了这种生产关系是互相构成的,而不是个人的任意选择。

从表面上看,"资本和工人彼此是异己的,从而处于漠不关心的、外部的和偶然的相互关系中"。但实质上,"工人生产资本,资本生产工人,因而工人生产自身,而且作为工人、作为商品的人就是这整个运动的产物"。

所谓"资本一旦想到——不管是必然地还是任意地想到——不再对工人存在,工人自己对自己来说便不再存在:他没有工作,因而也没有工资,并且因为他不是作为人,而是作为工人才得以存在,所以他就会被埋葬,会饿死,等等"意思是,如果资本所有者不去雇佣工人,那么工人就不能作为工人而存在,在私有制条件下,一个一无所有而非雇佣工人的人,只能因贫而死。"工人只有当他对自己作为资本存在的时候,才作为工人存在,而只有当某种资本对他存在的时候,他才作为资本存在。"这里所说的工人的"资本",即"一种活的、因而是贫困的资本",也就是自己的生命肉体,这是他唯一的"资本"。

马克思揭示出,资本主义的生产方式会把劳动与资本对立的关系不断再生产出来。这样就从资本主义的经济结构说明了工人所处的社会地位。由此就可以得出一个结论:要消除工人的贫困状况,实行点滴改良是不行的,必须彻底推翻这个制度本身。

马克思还认为,工人和资本所有者都是异化之人,"在工人身上主观地存在着这样一个事实,即资本是完全失去自身的人;同样,在资本身上也客观地存在着这样一个事实，即劳动是失去自身的人"①。在工人身上，"资本是完全失去自身的人"是指，工人的肉体生命已经不属于自己所有；在资本身上，"劳动是失去自身的人"是指，资本所有者享受了劳动带来的一切，但这个劳动主体不是他自己，而是他剥夺了他人的劳动成果。

2. 资本主义生产把人当作商品、当作商品人

第171页第2自然段讲的是资本主义生产把人当作商品、当作商品人、当作具有商品的规定的人生产出来。马克思批判国民经济学的立场："在他们看来，生产的真正目的不是一笔资本养活多少工人，而是它带来多少利息，每年总共积攒多少钱。同样，现代英国国民经济学也合乎逻辑地进了一大步，它把劳动提升为国民经济学的唯一原则，同时十分清楚地阐释了工资和资本利息之间的反比例关系，指出资本家通常只有通过降低工资才能增加收益，反之则降低收益。"②因此，在早期资本主义阶段，压低工资是资本家通常的手段。

3. 揭示私有财产的关系的两个方面

第172页第1自然段论述了劳动的私有财产的关系和作为资本的私有财产的关系，以及这两种表现的相互关系。

"一方面是作为劳动的人的活动的生产，即作为对自身、对人和自然界，因而也对意识和生命表现来说完全异己的活动的生产，是人作为单纯的劳动人的抽象存在，因而这种劳动人每天都可能由他的充实的无沦为绝对的无，沦为他的社会的从而也是现实的非存在。"这是指人本来是作为单纯的劳动人而存在的，但在私有制条件下，现实的劳动的人的活动的生产，变成了对自身、对人和自然界，因而也对意识和生命表现来说完全异己的活动的生产。

"另一方面是作为资本的人的活动对象的生产，在这里，对象的一切自然的和

① 《马克思恩格斯文集》第1卷，人民出版社2009年版，第170页。
② 《马克思恩格斯文集》第1卷，人民出版社2009年版，第171—172页。

社会的规定性都消失了,在这里,私有财产丧失了自己的自然的和社会的特质(因而丧失了一切政治的和社会的幻象,而且没有任何表面上的人的关系混合在一起),在这里,同一个资本在各种极不相同的自然的和社会的存在中始终是同一的,而完全不管它的现实内容如何。"这是指,作为资本的私人财产,无论它面对的对象是什么,它只有一个指向,那就是财富的增长。因此,对象的一切自然的和社会的规定性都消失了,私有财产丧失了自己的自然的和社会的特质。既然一切如此,人也就微不足道了。

所谓"劳动和资本的这种对立一达到极端,就必然是整个关系的顶点、最高阶段和灭亡"①。这是马克思对资本主义生产关系在整个人类历史上的地位的判断,即最后一种剥削形式。

(二) 关于封建土地私有制向资本主义所有制的转变

1. 土地所有者变成极其普通的、平庸的资本家的过程

第 173 页第 1 自然段至第 177 页第 1 自然段,由于讨论到了资本的私有财产制度,马克思接下来分析了资本在工业和农业之间、私有的不动产和私有的动产之间的差别。触及资本主义的历史演进,由于土地所有者变成极其普通的、平庸的资本家,从而使社会的对立简单化并尖锐化。

马克思指出,在早期资本主义阶段,工商业企业成立了公会、行会和同业公会等形式,这些形式带有自己对立面的封建性质,意味着还没有成为获得自由的资本。"但是,获得自由的、本身自为地构成的工业和获得自由的资本,是劳动的必然发展。"

"工业对它的对立面的支配立即表现在作为一种真正工业的农业的产生上",

---

① 《马克思恩格斯文集》第 1 卷,人民出版社 2009 年版,第 172 页。

这句话就是指以租地为形式的农业转变为资本所有的私有制,"过去农业是把主要工作交给土地和耕种这块土地的奴隶去做的。随着奴隶转化为自由工人即雇佣工人,地主本身便实际上转化为工厂主、资本家"①。

马克思以非常感性的笔触描述了"地主以租地农场主的身份出现,本质上已变成普通的资本家"的过程,即资本主义过程中的阶级地位之戏剧性嬗变:

"当土地所有者和资本家回想起自己的对立面的产生,回想起自己的来历时,土地所有者才知道资本家是自己的目空一切的、获得自由的、发了财的昔日奴隶,并且看出他对自己这个资本家的威胁;而资本家则知道土地所有者是自己的坐享其成的、残酷无情的(自私自利的)昔日主人。""资本家把土地所有者看成自由工业和不依赖于任何自然规定的自由资本的对立面。他们之间的这种对立极其激烈,而且各自说出对方的真相。只要看一看不动产对动产的攻击,并且反过来看一看动产对不动产的攻击,对双方的卑鄙性就会有一个明确的概念。"

"土地所有者炫耀他的财产的贵族渊源,夸示封建时代留下的纪念物(怀旧),标榜他的回忆的诗意、他的耽于幻想的气质、他的政治上的重要性等等,而如果他用国民经济学的语言来表达,那么他就会说:只有农业才是生产的。同时,他把自己的对手描绘为狡黠诡诈的,兜售叫卖的,吹毛求疵的,坑蒙拐骗的,贪婪成性的,见钱眼开的,图谋不轨的,没有心肝和丧尽天良的,背离社会和出卖社会利益的,放高利贷的,牵线撮合的,奴颜婢膝的,阿谀奉承的,圆滑世故的,招摇撞骗的,冷漠生硬的,制造、助长和纵容竞争、赤贫和犯罪的,破坏一切社会纽带的,没有廉耻、没有原则、没有诗意、没有实体、心灵空虚的贪财恶棍。""这些幻想的特色是它们一刻也没有离开庸人的那种一本正经的、小市民的、'凡俗的'、平庸的狭隘眼界,虽然如此,它们仍然不失为纯粹的幻想。"②

---

① 《马克思恩格斯文集》第 1 卷,人民出版社 2009 年版,第 173 页。
② 《马克思恩格斯文集》第 1 卷,人民出版社 2009 年版,第 174—175 页。

而工业资本所有者"宣布自己的对手是诡计多端的垄断者;它回顾历史,以辛辣嘲讽的口气历数这个对手在浪漫的城堡里干的下流、残忍、挥霍无度、荒淫无耻、卑鄙龌龊、无法无天和大逆不道的勾当,以此来给对手的怀旧之情、诗意和幻想大泼冷水。动产宣称自己给人间带来了政治自由,解除了束缚市民社会的桎梏,把各领域彼此连成一体,创造了博爱的商业、纯洁的道德、令人愉悦的文化教养;它使人民摒弃低俗的需要,代之以文明的需要,并提供了满足这种需要的手段"①。

对封建土地所有者与新兴资本家的道义冲突,马克思显然是站在历史的前进方向,肯定了资本主义社会对封建社会的进步性,批判了"回到中世纪"的立场。

2. 马克思肯定土地私有制演进为资本主义所有制的进步意义

第 176 页全部两段至第 177 页全部:"动产认为,没有资本,地产就是死的、无价值的物质;资本的文明的胜利恰恰在于,资本发现并促使人的劳动代替死的物而成为财富的源泉。""由现实的发展进程产生的结果,是资本家必然战胜土地所有者,也就是说,发达的私有财产必然战胜不发达的、不完全的私有财产,正如一般说来动必然战胜不动,公开的、自觉的卑鄙行为必然战胜隐蔽的、不自觉的卑鄙行为,贪财欲必然战胜享受欲,直认不讳的、老于世故的、孜孜不息的、精明机敏的开明利己主义必然战胜眼界狭隘的、一本正经的、懒散懈怠的、耽于幻想的迷信利己主义,货币必然战胜其他形式的私有财产一样。"

马克思认为,"那些对完成的自由工业、完成的纯洁道德和完成的博爱商业的危险多少有点预感的国家,企图阻止地产资本化,却完全白费力气"。理由在于封建土地所有制的历史局限性,"与资本不同,地产是还带有地域的和政治的偏见的私有财产、资本,是还没有完全摆脱同周围世界的纠结而达到自身的资本,即还没有完成的资本。它必然要在它的世界发展过程中达到它的抽象的即纯粹的表

---

① 《马克思恩格斯文集》第 1 卷,人民出版社 2009 年版,第 175 页。

现"①。就是说,资本主义必定在一切领域中完成自身,然后才能进入新阶段。因此,资本主义既是历史发展的必然结果,又具有相对于封建制度的某种历史进步意义。

四、 私有财产和劳动

笔记本Ⅲ,"私有财产和劳动"为第一部分。

(一) 继续从哲学上批判国民经济学

第 178 页第 1 自然段至第 180 页第 1 自然段,马克思继续从哲学上批判国民经济学。

1. 国民经济学是私有财产的意识形态

国民经济学把劳动视为私有财产自己的原则,即只认为劳动产生了财富,而不承认在这个过程中隐藏了对人的劳动成果的剥削和人性的异化,"只有这种国民经济学才应该被看成私有财产的现实能量和现实运动的产物(这种国民经济学是私有财产的在意识中自为地形成的独立运动,是现代工业本身),现代工业的产物"②,也就是说,国民经济学是私有财产的意识形态。

2. 国民经济学彻底实现对人的否定

以劳动为原则的国民经济学表面上承认人,其实是彻底实现对人的否定,"实

---

① 《马克思恩格斯文集》第 1 卷,人民出版社 2009 年版,第 176—177 页。
② 《马克思恩格斯文集》第 1 卷,人民出版社 2009 年版,第 178 页。

际上是敌视人的"①,因为人本身已不再同私有财产的外在本质处于外部的紧张关系中,而是人本身成了私有财产的这种紧张的本质。以前是自身之外的存在——人的真正外化——的东西,现在仅仅变成了外化的行为,变成了外在化。

3. 国民经济学是只改变教规而不改变教义的宗教改革

马克思指出国民经济学类似于宗教改革,只改变教规而不改变教义,因而这是一套虚伪的理论。马克思认同了恩格斯的说法,把亚当·斯密称作国民经济学的路德。在宗教改革家路德那里,宗教信仰的笃诚在于人的内在本质,而不是由宗教的外部世界即繁琐的教规所决定的,路德是从这个角度去反对天主教的,并不是否认上帝的存在。亚当·斯密之所以是国民经济学的路德,是因为他认为人本身就是私有财产的本质,或者说人是私有财产的规定。因而,财产的外在方式,即所有制的不同表现,反而成为不必关注的对象,甚至可以被扬弃。

（二）批判重农学派的观点

第 180 页第 2 自然段至第 182 页第 1 自然段,马克思提出了批判重农学派的观点。

1. 重农学派本质是维护封建土地制度

马克思认为重农学派的本质是维护封建土地制度。"在重农学派看来,劳动首先只是地产的主体本质(重农学派是以那种在历史上占统治地位并得到公认的财产为出发点的);他们认为,只有地产才成为外化的人。他们既然把生产(农业)宣布为地产的本质,也就消除了地产的封建性质;但是,由于他们宣布农业是唯一的生产,他们就对工业世界持否定态度,并且承认封建制度。"②

---

① 《马克思恩格斯文集》第 1 卷,人民出版社 2009 年版,第 179 页。
② 《马克思恩格斯文集》第 1 卷,人民出版社 2009 年版,第 181 页。

2. 封建土地制度的解体是必然的

重申工业资本才是私有财产的完成了的客观形式,封建土地制度的解体是必然的。"工业在历史上最初仅仅作为财产的一个特殊种类与地产相对立——或者不如说它是地产的获得自由的奴隶——,同样,在科学地理解私有财产的主体本质,理解劳动时,这一过程也在重演。而劳动起初只作为农业劳动出现,后来才作为一般劳动得到承认。一切财富都成了工业的财富,成了劳动的财富,而工业是完成了的劳动,正像工厂制度是工业的即劳动的发达的本质,而工业资本是私有财产的完成了的客观形式一样。"

马克思提出:"只有这时私有财产才能完成它对人的统治,并以最普遍的形式成为世界历史性的力量。"①

五、 私有财产和共产主义

笔记本Ⅲ,"私有财产和共产主义"为第二部分。

(一) 关于共产主义

年轻的马克思曾经受青年黑格尔派思想的影响,而青年黑格尔派广泛受到了共产主义/空想社会主义的影响,用布鲁诺·鲍威尔的话来说,1843 年初,共产主义已经成为一种广为流传的口号。但实际上,这个时候的共产主义并不是科学社会主义意义上的共产主义。因此,在 1844 年,马克思所说的共产主义,既显示出共产主义/空想社会主义思想的某些影响,又有他自己的见解,成为后来共产主义

---

① 《马克思恩格斯文集》第 1 卷,人民出版社 2009 年版,第 182 页。

思想的重要起源。

1. 必须从劳动和资本的对立来观察无产和有产的对立

第 182 页第 1 自然段，马克思指出：“无产和有产的对立，只要还没有把它理解为劳动和资本的对立，它还是一种无关紧要的对立，一种没有从它的能动关系上、它的内在关系上来理解的对立，还没有作为矛盾来理解的对立。”①既然不能考察其能动关系、内在关系、矛盾关系，所以只是“一种无关紧要的对立”，即不科学的考察。

2. 关于当时流行的共产主义理念的表述及共产主义问题的五个层次

第 183 全页、第 185 页第 2、3 自然段，马克思提出了当时流行的共产主义理念的表述，并阐述了共产主义问题的五个层次。

首先，肯定共产主义是作为对私有制问题的解决路径而提出来的，“共产主义是被扬弃了的私有财产的积极表现；起先它是作为普遍的私有财产出现的。由于这种共产主义是从私有财产的普遍性来看私有财产关系的”。

其次，马克思指出，共产主义问题有五个层次。

（1）共产主义在它的最初的形态中不过是私有财产关系的普遍化和完成并以双重的形态表现出来的。

首先，“实物财产的统治在这种共产主义面前显得如此强大”，即是把一切财富公共化——不能公共化的则消灭之，甚至还“想用强制的方法把才能等等抛弃”。其次，“这个用普遍的私有财产来反对私有财产的运动是以一种动物的形式表现出来的：用公妻制——也就是把妇女变为公有的和共有的财产——来反对婚姻（它确实是一种排他性的私有财产的形式）”。试图从婚姻制度的角度彻底消灭财产的私人占有。马克思称此为“相当粗陋的和毫无思想的共产主义”②。

---

① 《马克思恩格斯文集》第 1 卷，人民出版社 2009 年版，第 182 页。
② 《马克思恩格斯文集》第 1 卷，人民出版社 2009 年版，第 183 页。

（2）共产主义的政治性质

马克思认为流行的共产主义的政治主张有二：或民主或专制；废除国家的，即无政府主义的倾向。马克思的判断："这两种形式的共产主义都已经认识到自己是人向自身的还原或复归，是人的自我异化的扬弃"，"但是，因为它还没有理解私有财产的积极的本质，也还不了解需要所具有的人的本性，所以它还受私有财产的束缚和感染。它虽然已经理解私有财产这一概念，但是还不理解它的本质"①。前一个判断，共产主义最终要达到的目标是人从异化下解放出来；后一个判断，认为流行的共产主义并不能达到这个目标，因为它不理解私有财产的本质，不能进行科学指导。

（3）什么是真正的共产主义？

这一段应该是马克思的理解或者主张，他指出："共产主义是对私有财产即人的自我异化的积极的扬弃，因而是通过人并且为了人而对人的本质的真正占有；因此，它是人向自身、也就是向社会的即合乎人性的人的复归，这种复归是完全的复归，是自觉实现并在以往发展的全部财富的范围内实现的复归。这种共产主义，作为完成了的自然主义，等于人道主义，而作为完成了的人道主义，等于自然主义，它是人和自然界之间、人和人之间的矛盾的真正解决，是存在和本质、对象化和自我确证、自由和必然、个体和类之间的斗争的真正解决。它是历史之谜的解答，而且知道自己就是这种解答。"②

在这段文字中，马克思一方面认为共产主义的真正意义是"通过人并且为了人而对人的本质的真正占有"，是人性的复归，而不只是调节财产关系。在更高的意义上，共产主义是人类文明的最高阶段，能够解决文明的终极问题：人与自然的关系问题，人与人的关系问题，人本身的自我设定问题。

---

① 《马克思恩格斯文集》第 1 卷，人民出版社 2009 年版，第 185 页。
② 《马克思恩格斯文集》第 1 卷，人民出版社 2009 年版，第 185—186 页。

（4）共产主义标志着人性的复归

第 189 页第 3 自然段，马克思认为，共产主义对私有财产积极的扬弃，意义不只在于改变社会的财产关系，而是人性的全面回归，是"人的一切感觉和特性的彻底解放"①。

（5）共产主义的历史必然性②

第 195 页第 1 自然段至第 196 页第 4 自然段，对这几段文字的阅读，如果顺着读下去，可能有点绕。而第 197 页第 1 自然段的最后一句是："共产主义是作为否定的否定的肯定，因此，它是人的解放和复原的一个现实的、对下一段历史发展来说是必然的环节。共产主义是最近将来的必然的形态和有效的原则，但是，这样的共产主义并不是人类发展的目标，并不是人类社会的形态。"③核心词是"必然的环节""必然的形态"，就是指私有制社会终结的必然性，而共产主义是实现的手段，这是必然的历史发展。

那么回过来看，前面的文字就是必然性问题之提出：

a. 指出宗教创造说对大众的影响："创造［Schöpfung］是一个很难从人民意识中排除的观念。自然界的和人的通过自身的存在，对人民意识来说是不能理解的，因为这种存在是同实际生活的一切明显的事实相矛盾的。"

自然科学的发展打击了创造说："大地创造说，受到了地球构造学即说明地球的形成、生成是一个过程、一种自我产生的科学的致命打击。自然发生说是对创世说［Schöpfungstheorie］的唯一实际的驳斥。"④

b. 提出反驳的逻辑：不能否定存在便必然承认发生与形成。

"如果你设想人和自然界是不存在的，那么你就要设想你自己也是不存在的，

---

① 《马克思恩格斯文集》第 1 卷，人民出版社 2009 年版，第 190 页。
② 马克思对共产主义的历史必然性的说明，撰写于本章节的最后部分，为了保持逻辑的完整性，领读前置。实际的阅读与学习，还是可以顺其自然。
③ 《马克思恩格斯文集》第 1 卷，人民出版社 2009 年版，第 197 页。
④ 《马克思恩格斯文集》第 1 卷，人民出版社 2009 年版，第 195 页。

因为你自己也是自然界和人。""你可能反驳我：我并不想设定自然界等等不存在；我是问你自然界的形成过程，正像我问解剖学家骨髓如何形成等等一样。"

c. 包括社会主义在内的"世界历史不外是人通过人的劳动而诞生的过程，是自然界对人来说的生成过程"。"所以关于他通过自身而诞生、关于他的形成过程，他有直观的、无可辩驳的证明。"①社会主义、共产主义是可以证明的历史必然进程。不过，马克思在这里并没有轻易判断共产主义是"人类发展的目标"及"人类社会的形态"，他更强调的是对私有财产的扬弃。

3. 马克思对粗陋的共产主义反文明性质的批判

第184页第1自然段，对于粗陋的共产主义的"共产共妻"的主张，马克思从文明史的角度进行了批判："粗陋的共产主义者不过是充分体现了这种忌妒和这种从想象的最低限度出发的平均主义。他具有一个特定的、有限制的尺度。对整个文化和文明的世界的抽象否定，向贫穷的、需求不高的人——他不仅没有超越私有财产的水平，甚至从来没有达到私有财产的水平——的非自然的简单状态的倒退，恰恰证明对私有财产的这种扬弃决不是真正的占有。"②

（二）关于人的本质问题

探寻共产主义运动的基础，即私有财产的生产和消费中人的实现或人的现实。

1. 提出正确的方法论

第186页第1、2自然段，马克思提出了正确的方法论："整个革命运动必然在私有财产的运动中，即在经济的运动中，为自己既找到经验的基础，也找到理论的

---

① 《马克思恩格斯文集》第1卷，人民出版社2009年版，第196页。
② 《马克思恩格斯文集》第1卷，人民出版社2009年版，第184页。

基础。""这种物质的、直接感性的私有财产,是异化了的人的生命的物质的、感性的表现。私有财产的运动——生产和消费——是迄今为止全部生产的运动的感性展现,就是说,是人的实现或人的现实。宗教、家庭、国家、法、道德、科学、艺术等等,都不过是生产的一些特殊的方式,并且受生产的普遍规律的支配。"①

提出共产主义是扬弃私有制,向人性回归。那么什么是人性? 怎么探寻人性之所在,需要有正确的方法论。此时的马克思尚未创立系统的唯物史观,但还是能够看出其唯物史观的思路:从经济生活出发研究人性问题。马克思已经明确了一个思想,一切上层建筑和观念形态都是受经济生活制约的。

2. 人的本质是自然性和社会性的统一

第187页第1自然段,在对人性或者人的本质的看法上,马克思从人的自然性和社会性相统一进行分析,特别强调社会存在的根本制约性。

马克思的基本观点是:（1）社会与人互相构建,"社会本身生产作为人的人一样,社会也是由人生产的"。（2）只有在社会中,才能发生真正的人与人之间的联系,自然人才能成为社会人,才有人性的存在,"自然界的人的本质只有对社会的人来说才是存在的;因为只有在社会中,自然界对人来说才是人与人联系的纽带","只有在社会中,自然界才是人自己的合乎人性的存在的基础,才是人的现实的生活要素。只有在社会中,人的自然的存在对他来说才是人的合乎人性的存在,并且自然界对他来说才成为人"。（3）社会实现了自然主义和人道主义的统一,"社会是人同自然界的完成了的本质的统一,是自然界的真正复活,是人的实现了的自然主义和自然界的实现了的人道主义"②。

3. 人的个体生活和类生活在社会中的存在

第188页全页,马克思论述了人的个体生活和类生活在社会中的存在。

---

① 《马克思恩格斯文集》第1卷,人民出版社 2009 年版,第186页。
② 《马克思恩格斯文集》第1卷,人民出版社 2009 年版,第187页。

人是一个综合概念、抽象概念，实际上人总是以个体形式存在的，因此，探讨人的本质必须讨论人的个体生活与人类整体生活（马克思说的"类生活"）的关系。

马克思的基本观点是：（1）任何个体都是在与他人相联系中存在的，"甚至当我从事科学之类的活动，即从事一种我只在很少情况下才能同别人进行直接联系的活动的时候，我也是社会的，因为我是作为人活动的。不仅我的活动所需的材料——甚至思想家用来进行活动的语言——是作为社会的产品给予我的，而且我本身的存在就是社会的活动；因此，我从自身所做出的东西，是我从自身为社会做出的，并且意识到我自己是社会存在物"。（2）个体生活和类生活的关系——个别与普遍的关系。一方面，个体生活总"是社会生活的表现和确证"；另一方面，社会总是要落实到个体生活中，"类生活是较为特殊的或者较为普遍的个体生活"。即是说："人是特殊的个体，并且正是人的特殊性使人成为个体，成为现实的、单个的社会存在物，同样，人也是总体，是观念的总体，是被思考和被感知的社会的自为的主体存在，正如人在现实中既作为对社会存在的直观和现实享受而存在，又作为人的生命表现的总体而存在一样。"因此，"应当避免重新把'社会'当做抽象的东西同个体对立起来"。①

4. 人的本质体现在人与世界的全面关系中

第189页第2自然段，马克思提出了人的全面本质的概念。（1）"人以一种全面的方式，就是说，作为一个完整的人，占有自己的全面的本质"。（2）马克思认为人的本质不能离开人与世界的关系，"个体的一切器官，正像在形式上直接是社会的器官的那些器官一样"。（3）人的全面本质通过人的一切生理和心理的活动在实践中表现出来，"人对世界的任何一种人的关系——视觉、听觉、嗅觉、味觉、触觉、思维、直观、情感、愿望、活动、爱，——总之，他的个体的一切器官，正像在形式上直接是社会的器官的那些器官一样，是通过自己的对象性关系，即通过

① 《马克思恩格斯文集》第1卷，人民出版社2009年版，第188页。

自己同对象的关系而对对象的占有,对人的现实的占有,这些器官同对象的关系,是人的现实的实现"。①

5. 批判私有制对人的本质的异化:"私有制使我们变得如此愚蠢而片面"

第 189 页第 2 自然段至第 190 页第 2 自然段,马克思批判了私有制对人的本质的异化。

(1)私有财产使人变成对自己来说"变成异己的和非人的对象",因此,"对私有财产的积极的扬弃,就是说,为了人并且通过人对人的本质和人的生命、对象性的人和人的产品的感性的占有",不应当把人性仅仅理解为直接的、片面的享受,不应当仅仅理解为占有、拥有。(2)私有制使人变得如此愚蠢而片面,"以致一个对象,只有当它为我们所拥有的时候,就是说,当它对我们来说作为资本而存在,或者它被我们直接占有,被我们吃、喝、穿、住等等的时候""才是我们的","一切肉体的和精神的感觉都被这一切感觉的单纯异化即拥有的感觉所代替。人的本质只能被归结为这种绝对的贫困",这就是马克思在揭示异化时所指出的,动物的东西成为人的。(3)只有扬弃私有制才能彻底解放人,人的解放意味着人的本质力量全面回归,"对私有财产的扬弃,是人的一切感觉和特性的彻底解放","只有当对象对人来说成为人的对象或者说成为对象性的人的时候,人才不致在自己的对象中丧失自身"②。

6. 关于人的本质力量对象化

第 190 页第 2 自然段至第 5 自然段,马克思阐述了人的本质力量对象化。

(1)什么是对象性关系?

马克思说:"感觉为了物而同物发生关系,但物本身是对自身和对人的一种对象性的、人的关系,反过来也是这样。"③就是指,人与世界(自然、社会)的关系是

---

① 《马克思恩格斯文集》第 1 卷,人民出版社 2009 年版,第 189 页。
② 《马克思恩格斯文集》第 1 卷,人民出版社 2009 年版,第 190 页。
③ 《马克思恩格斯文集》第 1 卷,人民出版社 2009 年版,第 190 页。

一种对象性关系,所谓"为了物而同物发生关系"是指这种关系的必然性,没有这种关系人就不能生存。

(2)什么是人的本质力量对象化?

第190页第6自然段至第191页,马克思指出:"一方面,随着对象性的现实在社会中对人来说到处成为人的本质力量的现实,成为人的现实,因而成为人自己的本质力量的现实,一切对象对他来说也就成为他自身的对象化,成为确证和实现他的个性的对象,成为他的对象,这就是说,对象成为他自身。"对象性关系的展开即人的本质力量对象化,在这种实践关系中,人充分运用自己的本质力量(从生理到心理、从感性到理性)去认识和改造对象,于是,人的本质力量作为痕迹留在改造出来的对象上,对象便成为他自身。由于人的本质力量是立体的、全方位的,"因此,人不仅通过思维,而且以全部感觉在对象世界中肯定自己"①。

(3)人的本质力量对象化对人性形成的意义

第191页第2自然段至第192页第2自然段,马克思讨论了一个非常重要的问题,人的本质力量对象化对人性形成的意义,对接一个重要的哲学命题:人类自己创造自己的历史。

从一个现象开始,"只有音乐才激起人的音乐感;对于没有音乐感的耳朵来说,最美的音乐也毫无意义"。即是说,只有"人的本质力量对象化"的成果(音乐),与能够感知音乐的人(耳朵)相结合,才能产生音乐对人的意义。而事实上,有音乐感的耳朵,就是在长期的音乐环境中创造出来的。

由于在自然界(马克思称为"人化的自然界")和社会中,存在着人的本质客观地展开的丰富性,主体的、人的感性的丰富性,于是,"那些能成为人的享受的感觉,即确证自己是人的本质力量的感觉,才一部分发展起来,一部分产生出来。因为,不仅五官感觉,而且连所谓精神感觉、实践感觉(意志、爱等等),一句话,人的

---

① 《马克思恩格斯文集》第1卷,人民出版社2009年版,第191页。

感觉、感觉的人性,都是由于它的对象的存在,由于人化的自然界,才产生出来的"。

马克思提炼出最经典的一句话:"五官感觉的形成是迄今为止全部世界历史的产物。"①这里的"全部世界历史"首先是指人类已经创造出来的文明。

(4) 人的本质力量对象化是必要的

第 192 页第 1、2 自然段,马克思提出:"一方面为了使人的感觉成为人的,另一方面为了创造同人的本质和自然界的本质的全部丰富性相适应的人的感觉,无论从理论方面还是从实践方面来说,人的本质的对象化都是必要的。""已经生成的社会创造着具有人的本质的这种全部丰富性的人,创造着具有丰富的、全面而深刻的感觉的人作为这个社会的恒久的现实。"②

这是说,人的本质力量对象化既是实践性活动(工业生产、农业生产等),也是精神性活动(理论、宗教、哲学、艺术等),都有一个共同的使命,提升人性的完善。

(5) 批判对象化问题上的唯心主义

第 192 页第 3 自然段,在同时讨论实践性活动和精神性活动的重要性时,马克思的唯物主义立场显示出来。他认为:"理论的对立本身的解决,只有通过实践方式,只有借助于人的实践力量,才是可能的;因此,这种对立的解决绝对不只是认识的任务,而是现实生活的任务,而哲学未能解决这个任务,正是因为哲学把这仅仅看做理论的任务。"

马克思提出一个现象:"在异化范围内活动的人们仅仅把人的普遍存在,宗教,或者具有抽象普遍本质的历史,如政治、艺术和文学等等,理解为人的本质力量的现实性和人的类活动。"就是说,有些人只把精神活动理解为人的本质力量的现实性和人的类活动,而没有看到,"工业的历史和工业的已经生成的对象性的存

---

① 《马克思恩格斯文集》第 1 卷,人民出版社 2009 年版,第 191 页。
② 《马克思恩格斯文集》第 1 卷,人民出版社 2009 年版,第 192 页。

在,是一本打开了的关于人的本质力量的书,是感性地摆在我们面前的人的心理学;对这种心理学人们至今还没有从它同人的本质的联系,而总是仅仅从外在的有用性这种关系来理解"①。

马克思批评道:"如果心理学还没有打开这本书即历史的这个恰恰最容易感知的、最容易理解的部分,那么这种心理学就不能成为内容确实丰富的和真正的科学。如果科学从人的活动的如此广泛的丰富性中只知道那种可以用'需要'、'一般需要!'的话来表达的东西,那么人们对于这种高傲地撇开人的劳动的这一巨大部分而不感觉自身不足的科学究竟应该怎样想呢?"②

(6) 提出工业形成"人本学的自然界",突出了实践的革命性意义

第 193 页第 2 自然段,马克思高度评价自然科学、工业对文明的意义:"自然科学却通过工业日益在实践上进入人的生活,改造人的生活,并为人的解放作准备,尽管它不得不直接地使非人化充分发展。工业是自然界对人,因而也是自然科学对人的现实的历史关系。""自然科学将抛弃它的抽象物质的方向,或者更确切地说,是抛弃唯心主义方向,从而成为人的科学的基础,""在人类历史中即在人类社会的形成过程中生成的自然界,是人的现实的自然界。因此,通过工业——尽管以异化的形式——形成的自然界,是真正的、人本学的自然界。"③在这里,马克思的"人本学的自然界"可以说是前面"人化的自然"之深化——"人化的自然"只是指人在自然界打下自己的烙印,而"人本学的自然界"着眼于工业对自然界的改造,揭示了人类世界对自然界的革命性改造,突出了实践的革命性意义。这为创造马克思主义实践哲学体系打下了基础。

(7) 人的历史与自然史的关系:人的科学与自然科学的统一

第 194 页第 1 自然段,马克思指出:"历史本身是自然史的一个现实部分,即

---

① 《马克思恩格斯文集》第 1 卷,人民出版社 2009 年版,第 192 页。
② 《马克思恩格斯文集》第 1 卷,人民出版社 2009 年版,第 193 页。
③ 《马克思恩格斯文集》第 1 卷,人民出版社 2009 年版,第 193 页。

自然界生成为人这一过程的一个现实部分。"

自然史是大概念，所以"科学只有从自然界出发，才是现实的科学"。历史是小概念，两者的连接是自然界生成为人这个过程，"全部历史是为了使'人'成为感性意识的对象和使'人作为人'的需要成为需要而作准备的历史（发展的历史）"。所谓"使'人'成为感性意识的对象和使'人作为人'"，就是肯定，同样处在自然界，但人与动物不一样，人的历史是使人更加人性化的历史。

现代意义上的自然科学在中世纪内部渐渐发育出来，而关于人的科学则在文艺复兴以后成长起来，马克思预言："自然科学往后将包括关于人的科学，正像关于人的科学包括自然科学一样：这将是一门科学。"这里，"人的科学"不只是关于人的生理、生物知识，还要包括人性、社会存在的科学；而"人的科学包括自然科学"指自然界已经是"人本学的自然界"。在此意义上，"自然界的社会的现实和人的自然科学或关于人的自然科学，是同一个说法"①。

（8）批判国民经济学对人性的忽视

第 194 页第 2 自然段，马克思批判了国民经济学对人性的忽视。他指出，国民经济学只关注财产造成的富有和贫困，而不知道人就是人，人有人性及其感性的表现，"富有的人同时就是需要有人的生命表现的完整性的人"，贫困的人亦是如此，"我的本质活动的感性爆发，是激情，从而激情在这里就成了我的本质的活动"②。

六、《1844 年经济学哲学手稿》的几个重要问题及其意义

学习《1844 年经济学哲学手稿》，首先必须承认几个相关要点：第一，这是马

---

① 《马克思恩格斯文集》第 1 卷，人民出版社 2009 年版，第 194 页。
② 《马克思恩格斯文集》第 1 卷，人民出版社 2009 年版，第 194—195 页。

克思青年时期的著作,写作时间早于马克思主义奠基之作《共产党宣言》四年;第二,这是一部从手稿中整理出来的作品,不成熟之处在所难免;第三,在学术界,对这部作品的解读存在异见。无论如何,有一点是毋庸置疑的,那就是《1844 年经济学哲学手稿》是马克思主义发展史上的重要文本,对马克思后来的很多思想具有开启性。基于此,对这部作品的阅读与学习,应该将重点置于整个马克思主义体系,充分重视那些对整个体系具有开启性意义的观点,而将某些带有早期不成熟性的内容留给马克思主义思想史的学术研究。对整个体系具有开启性意义的观点,可以提炼出三个:其一,关于异化的问题;其二,关于人的本质的问题;其三,关于共产主义的问题。

(一) 关于异化的问题

1. 关于异化这个概念

源自拉丁文 alination 包含异化、外化、转让、疏远、受异己力量支配等含义。马克思使用的 Entfremdung 一词,是从黑格尔开始流传的。在马克思以前,关于异化的研究早已有之,英国霍布斯第一个在不甚确切的意义上使用过异化概念,用来说明国家的意志和公共权利是个人自然权利的异化。卢梭的思想也是反异化的,所以主张回到"自然状态"中去。在德国古典哲学里,费希特首先使用异化概念来说明"自我"与"非我"的联系,"自我"是"非我"的异化并反作用于"自我"。黑格尔的异化是自我意识的异化,费尔巴哈通过对宗教的分析,揭示了人性的异化。

可知,对社会异化现象的研究由来已久,马克思并非首创。马克思的异化理论特别与黑格尔和费尔巴哈的理论有着本质区别。在黑格尔那里,异化的各种不同形式,不过是自我意识的不同形式。黑格尔把自我意识的异化当作思辨辩证法的一个重要环节,涉及自然界、人类社会和人的精神的各个领域,他的异化理论包含着内容丰富的合理内核,但是由于唯心主义的内核的存在,故而不可能真正触及异化现象的本质。费尔巴哈以人性异化论取代黑格尔的精神异化论,特别是对宗教异化的批判体现出历史的进步性。但是,费尔巴哈讲的异化只是在思维领域里以宗教和哲学的形式存在,并且抛弃了人的能动原则,同样不能真正揭示异化现象的本质。

2. 马克思对异化现象及其特征的阐述

马克思高于前人之处在于:他所讨论的异化现象是从人的实践活动即劳动开始的,是一种根本性的异化,同时,马克思把异化看作是社会历史过程中的一个现象,而不是观念形态的东西,马克思的方法论体现出唯物史观的前期特征。

马克思异化劳动理论的特征如下:

(1)确认异化劳动发生的社会历史前提

与后来创立唯物史观有关的是,《1844 年经济学哲学手稿》确认了工人进入异化劳动的前提是社会历史性的,而非观念性的:第一,感性的外部世界越来越不成为属于他的劳动的对象,不成为他的劳动的生活资料;第二,这个外部世界越来越不给他提供直接意义的生活资料,即维持工人的肉体生存的手段。这就是说,由于资本主义私有制的普及化,个人不可能超越生产资料私有制去面对外部世界,工人要维持自己的肉体生存,就必须投入私有制环节中去,即将自己的肉体能力出卖给雇佣者。对于后来发生的异化,他没有选择的余地。

(2)马克思分析异化劳动的严密逻辑性

马克思认为有四个环节,首要环节的设定就是劳动产品占有,这是任何社会都面临的第一个问题。由于本来意义上是产品归生产者所得,而在资本主义私有制条件下,劳动者拿不到应该属于自己的东西,接下来就会发生其他三个环节的递进关系:没有产品归己,劳动作为人的本质与劳动给人带来幸福就会失去,劳动本身异化——既然劳动成为痛苦之事,那么劳动作为人的类生活之特征便失去了,人只能在自然生存中苦中作乐了,人性异化了——劳动者该得之物(从产品到劳动的快乐)到哪里去了?被生产资料所有者拿去了,四海之内并非兄弟也,人对人是豺狼，人与人之间关系异化。

最后一个环节具有重要意义。马克思认为产生异化的根源在于生产关系，即一些人利用生产资料的占有权去剥削那些不拥有生产资料的人，所以解决之道在于进行私有制的扬弃。

（二）关于人的本质的问题

1. 人性、人的本质问题是欧洲思想史上的重要命题

在欧洲，"人是衡量万物之尺度"是古希腊的著名哲学命题。但是，普遍性而非个别性的对人的价值的承认，一直到欧洲中世纪晚期才形成，此时发生了人文主义的价值革命。青年马克思深受人文主义影响，对专制制度的批判就是从人文主义价值角度着眼的，他说："专制制度的唯一原则就是轻视人类，使人不成其为人，而这个原则比其他很多原则好的地方，就在于它不单是一个原则，而且还有事实。专制君主总把人看得很下贱。"[1]"专制制度必然具有兽性，与人性是不相容的。兽性的关系只能靠兽性来维持。"[2]由于商业社会的发展，新兴社会阶层出现，人的个体意识逐渐成熟，以文艺复兴、宗教改革、启蒙运动为突破，封建贵族与教会神职人员对平民权利的践踏和蔑视，便遭到批判和抵制。自文艺复兴到19世纪末，差不多整整四百余年，人性、人权、人道主义成为欧洲社会的革命性思想，严重冲击了封建贵族的特权，最重要的一句话由康德在18世纪说出来："任何时候都不应把自己和他人仅仅当作工具，而应该永远看作自身就是目的。"[3]上帝和国王的特权逐渐崩溃了。

马克思还在1843年《论犹太人问题》中提出："任何解放都是使人的世界即各

---

① 《马克思恩格斯全集》第1卷，人民出版社1956年版，第411页。
② 《马克思恩格斯全集》第1卷，人民出版社1956年版，第414页。
③ 伊曼努尔·康德：《道德形而上学原理》，苗力田译，上海人民出版社2005年版，第53页。

种关系回归于人自身。""只有当现实的个人把抽象的公民复归于自身,并且作为个人,在自己的经验生活、自己的个体劳动、自己的个体关系中间,成为类存在物的时候,只有当人认识到自身'固有的力量'是社会力量,并把这种力量组织起来因而不再把社会力量以政治力量的形式同自身分离的时候,只有到了那个时候,人的解放才能完成。"①

人性、人的本质问题是《1844 年经济学哲学手稿》中的重要内容,也是整个马克思主义人学思想中不可或缺的部分,奠定了马克思的解放全人类的伟大思想。

2. 马克思《1844 年经济学哲学手稿》中关于人性、人的本质问题之核心内容

(1) 马克思论证了人的本质是自然性和社会性的统一

与资产阶级思想家不同的是,马克思已经有了唯物史观的思路,能够从人的自然性和社会性相统一进行分析,特别强调社会存在的根本制约性。

马克思提出了明确的基本观点:① 只有在社会中,自然界才能成为人性存在的基础,即是说,人才能作为人存在;② 人的社会存在表现为个体生活与他人的关系。就是说,任何个体都是在与他人相联系中存在的,即使一个人从事一种只在很少情况下才能同别人进行直接联系的活动,这个人也是社会的,是作为社会人活动的。因此,应当避免重新把"社会"当作抽象的东西同个体对立起来。显然,就在这些观点的基础上,马克思在 1845 年的《关于费尔巴哈的提纲》中提出"人的本质不是单个人所固有的抽象物,在其现实性上,它是一切社会关系的总和"②的著名论断。

(2) 提出人的本质力量对象化理论,揭示人类文化与文明的本质

人与自然的关系是一种对象性的关系。对象化:原文是 vergegenstandlichen (动词)、Vergegenstandlichung(动名词),也译为"物化"。这里的基本词 Gegenstand

---

① 《马克思恩格斯文集》第 1 卷,人民出版社 2009 年版,第 46 页。
② 《马克思恩格斯文集》第 1 卷,人民出版社 2009 年版,第 505 页。

含义是物、事物、物品。用于哲学则含有对象、客体、事件等意义。

在人对对象的实践关系中,人充分运用自己的本质力量(从生理到心理、从感性到理性)去认识和改造对象,于是,人的本质力量作为痕迹留在改造出来的对象上,对象便成为他自身。而且,由于人的本质力量是立体的、全方位的,因此,人不仅通过思维,而且以全部感觉在对象世界中肯定自己。

(3) 人的本质力量对象化对人性形成的意义:人类自己创造自己的历史

由于在自然界(马克思称为"人化的自然界")和社会中,到处存在着人的本质客观地展开的丰富性,这些对象化成果作用于人,于是,人的本质力量才一部分发展起来,一部分产生出来。"不仅五官感觉,而且连所谓精神感觉、实践感觉(意志、爱等),一句话,人的感觉、感觉的人性,都是由于它的对象的存在,由于人化的自然界,才产生出来的。"

马克思由此指出:"五官感觉的形成是迄今为止全部世界历史的产物。"①这里的"全部世界历史"就是人类已经创造的文明,马克思这个论断的核心意义是,人类文明的成果不仅为人类提供了巨大的物质享受,而且成为培养人性、提升人性的最好形式。

3. 从人的本质力量对象化到实践的革命性意义

不同于唯心史观的是,马克思对人类的文明创造成果能够进行层次性区分,他反对只重视精神生产,忽视物质实践的观点,高度评价自然科学、工业对文明的意义。

马克思认为,只把宗教、政治、艺术和文学等理解为人的本质力量的现实性和人的类活动,这是"异化范围内活动的人们"的错误看法,马克思反对仅仅从外在的有用性这种关系来理解"工业的历史和工业的已经生成的对象性的存在",这是唯物史观对生产力重视的早期表达。

---

① 《马克思恩格斯文集》第 1 卷,人民出版社 2009 年版,第 191 页。

更进一步,马克思提出,由于工业对自然界的改造,自然界成为"真正的、人本学的自然界","人本学的自然界"是"人化的自然"之深化,揭示了人类世界对自然界的革命性改造,突出了实践的革命性意义,为创造马克思主义辩证唯物主义哲学体系打下了基础。后来,马克思、恩格斯在《德意志意识形态》中说,人类的"这种活动、这种连续不断的感性劳动和创造、这种生产,正是整个现存的感性世界的基础,它哪怕只中断一年,费尔巴哈就会看到,不仅在自然界将发生巨大的变化,而且整个人类世界以及他自己的直观能力,甚至他本身的存在也会很快就没有了"①。

(三) 关于共产主义的问题

习惯上,马克思主义的另一个名称就是共产主义。当然,在写作《1844 年经济学哲学手稿》时,马克思还不可能完整论证出科学的共产主义思想,但是,他能够借助已有的社会思想资源——英法空想社会主义思想以及德国的社会主义思想,他在"序言"中就说明,"不消说,除了法国和英国的社会主义者的著作以外,我也利用了德国社会主义者的著作"②,马克思列举了相关著作,即魏特林的《现实的人类和理想的人类》(1838 年)和《和谐与自由的保证》(1842 年),赫斯的《社会主义和共产主义》(1843 年)、《行动的哲学》(1843 年)和《唯一者和完全的自由》(1843 年)等。由此,马克思对共产主义问题已经有了非常深入的认识。可以说,马克思既从正面阐述了自己的共产主义观,又对不成熟的甚至粗陋的共产主义观进行了批判。

1. 共产主义的最高境界

马克思一方面认为共产主义的真正意义是"通过人并且为了人而对人的本质

① 《马克思恩格斯文集》第 1 卷,人民出版社 2009 年版,第 529 页。
② 《马克思恩格斯文集》第 1 卷,人民出版社 2009 年版,第 112 页。

的真正占有",即人性的复归,而不只是调节财产关系;另一方面,这种共产主义是"人和自然界之间、人和人之间的矛盾的真正解决,是存在和本质、对象化和自我确证、自由和必然、个体和类之间的斗争的真正解决。它是历史之谜的解答,而且知道自己就是这种解答"①。也就是说,共产主义是人类文明的最高阶段,能够解决文明的终极问题:人与自然的关系问题、人与人的关系问题、人本身的自我设定问题。

20 世纪以来的人类历史愈益显示,工业文明普及化以后,人类社会的问题逐渐向人与自然的关系问题、人与人的关系问题、人本身的自我设定三大问题集中,解决这些问题似乎成为文明的终极问题,回看马克思的这些论述,感觉到马克思的眼光何等远大,也感觉到共产主义能够占据人类文明的道义制高点。

2. 明确反对粗陋的共产主义观

马克思认为,当时存在的共产主义观念在很大程度上与原始共产主义没有区别,把共产主义简单理解为对所有财富的均等共享,即把一切财富公共化,甚至还"想用强制的方法把才能等等抛弃",这是指试图消灭人与人在能力上的差别;由于意识到婚姻与私有财产的联系,还散布"公妻制"的设想,把妇女变为公有的和共有的财产。马克思严厉批评为"相当粗陋的和毫无思想的共产主义",说明马克思的共产主义理想与民粹主义是泾渭分明的。

3. 共产主义的历史必然性

马克思认为,共产主义对下一段历史发展来说是必然的环节,也是最近将来的必然的形态和有效的原则,乃是基于私有制社会终结的必然性,而共产主义是实现的手段——私有财产的扬弃,所以是必然的历史发展,"历史将会带来这种共产主义行动"。

认识这个问题的科学方法论是发生学,而不是宗教的创造［Schöpfung］观

---

① 《马克思恩格斯文集》第 1 卷,人民出版社 2009 年版,第 185—186 页。

念——"这种存在是同实际生活的一切明显的事实相矛盾的"。马克思以自然科学的发展为例,指出:"大地创造说,受到了地球构造学即说明地球的形成、生成是一个过程、一种自我产生的科学的致命打击。自然发生说是对创世说[Schöpfungstheorie]的唯一实际的驳斥。"也就是说,包括社会主义在内的"世界历史不外是人通过人的劳动而诞生的过程,是自然界对人来说的生成过程"①,共产主义是一个自然历史的过程,而不是主观臆想出来的东西,所以才能成为必然性。

4. 共产主义将经历一个极其艰难而漫长的过程

马克思的远大历史眼光还表现在,他并不对共产主义运动抱有乌托邦式的浪漫主义幻想,而是意识到其长期性和艰难性。

首先,马克思认为共产主义必须是现实的改造社会的运动,而不只是停留在思想上,他说:"对异化的扬弃只有通过付诸实行的共产主义才能完成。要扬弃私有财产的思想,有思想上的共产主义就完全够了。而要扬弃现实的私有财产,则必须有现实的共产主义行动。"②马克思的态度印证了马克思主义哲学的实践性特征,即他自己在《关于费尔巴哈的提纲》中所说:"哲学家们只是用不同的方式解释世界,而问题在于改变世界。"③

其次,马克思坚信,"历史将会带来这种共产主义行动",但是,"我们在思想中已经认识到的那正在进行自我扬弃的运动,在现实中将经历一个极其艰难而漫长的过程。但是,我们从一开始就意识到了这一历史运动的局限性和目的,并且有了超越历史运动的意识,我们应当把这一点看做是现实的进步"④。共产主义不仅是一个极其艰难而漫长的过程,而且必须意识到"这一历史运动的局限性和目的",只有持有一种"超越历史运动的意识",才能发生"现实的进步"。应该理解

① 《马克思恩格斯文集》第 1 卷,人民出版社 2009 年版,第 196 页。
② 《马克思恩格斯文集》第 1 卷,人民出版社 2009 年版,第 231—232 页。
③ 《马克思恩格斯文集》第 1 卷,人民出版社 2009 年版,第 506 页。
④ 《马克思恩格斯文集》第 1 卷,人民出版社 2009 年版,第 232 页。

为,马克思意识到共产主义不可能一蹴而就,在实践过程中可能发生种种意想不到的问题。只要坚持理想信念,只要脚踏实地,不断获取"现实的进步",共产主义这一人类美好的未来是必定会实现的。

黄力之

思考题

1. 马克思关于异化劳动理论,主要讲了哪几个方面的异化?
2. 您如何理解"劳动为富人生产了奇迹般的东西,但是为工人生产了赤贫。劳动生产了宫殿,但是给工人生产了棚舍。劳动生产了美,但是使工人变成畸形"这句话?
3. 马克思认为,"工人和资本所有者都是异化之人",资本所有者为什么会成为异化之人呢?
4. 请您简单叙述关于共产主义问题的五个层次。
5. 为什么说"共产主义标志着人性的复归"?

马克思《关于费尔巴哈的提纲》领读

马克思的《关于费尔巴哈的提纲》①（以下简称《提纲》）写于1845年春；与《神圣家族》和《德意志意识形态》一样，《提纲》撰写的时候，马克思正流亡于比利时首都布鲁塞尔。《提纲》在作者生前没有发表；马克思去世以后，恩格斯把在老战友一本旧笔记中找到的一份关于费尔巴哈的提纲，以《马克思论费尔巴哈》为题，作为他自己的《路德维希·费尔巴哈和德国古典哲学的终结》单行本的附录刊印出来，并作了这样一个著名的说明：

"这是匆匆写成的供以后研究用的笔记，根本没有打算付印。但是它作为包含着新世界观的天才萌芽的第一个文献，是非常宝贵的。"②

《提纲》一共包括十一条，其中最长的（第一条）不到300字，最短的（第十一条）不到30字，全文不到1 300字。在《提纲》的题目下面，通常包括两份稿子，一

---

① 卡·马克思：《关于费尔巴哈的提纲》，《马克思恩格斯文集》第1卷，人民出版社2009年版，第499—506页。

② 弗·恩格斯："《路德维希·费尔巴哈和德国古典哲学的终结》1888年单行本序言"，《马克思恩格斯文集》第4卷，人民出版社2009年版，第266页。

份是马克思的原稿,一份是上面提到的恩格斯作为他自己一本书的附录在 1888 年"以马克思论费尔巴哈"为题首次发表的,文本内容稍微经过他的文字编辑。除极个别地方(以下会提到),两份稿子在内容上没有实质性区别。下面解说时会对两个版本的不同之处稍作说明。

一、 对《提纲》前十条的解读

《提纲》第一条提要:旧唯物主义和唯心主义有一个共同错误,那就是没有一个正确的实践概念。

在马克思看来,包括费尔巴哈在内的旧唯物主义虽然与只注重思想客体的唯心主义相反,重视感性客体,但它没有把对象、现实和感性当作感性的人的活动——实践;唯心主义虽然与唯物主义相反,发展了能动的方面,但它所理解的能动性并不是现实的人类实践的能动性。

这里所说的"唯物主义"和"唯心主义",是哲学史上对于"思维(精神)和存在(物质)何者为第一性"这个哲学基本问题的两种基本回答,唯物主义主张存在先于思维、物质先于精神,而唯心主义主张思维先于存在、精神先于物质。马克思撰写《提纲》之所以一开始就要对唯物主义和唯心主义进行讨论,是因为在当时的德国思想界,黑格尔哲学无论是作为最重要的思想资源,还是作为最重要的反叛对象,都是以哲学史上最庞大的唯心主义体系而出现的;而作为黑格尔哲学的对立面,路德维希·费尔巴哈的思想无论是就其在当时德国思想界所发挥的进步作用而言,还是就其作为马克思在撰写《提纲》那个时期要克服的思想障碍而言,其核心都是其唯物主义立场。因此,直面唯物主义和唯心主义的对立,对这个对立作深刻思考并从这种对立中有所收获,是马克思当时的重要任务,而费尔巴哈恰好提供了一个极好的思考文本。

相对于成为威权主义和神秘主义依据的黑格尔的唯心主义哲学,费尔巴哈的唯物主义的进步作用是明显的,那时真是有如恩格斯所说的破除"魔法"、炸开"体系"之功。但是,费尔巴哈像他之前的唯物主义者一样,只知道"客体",而不知道客体是相对于"主体"而言的,因此无法在思考客体的客观性的时候,同时考虑主体的能动性;只知道"直观",而不知道直观只是感官对外部世界的消极感受,而不是对外部现实的积极干预。唯物主义哲学家"睁眼看世界"确实比唯心主义哲学家"闭目静思"要高明;但如果对现实世界只是去"看"而不是去"干",费尔巴哈作为进步思想家要追求的改善社会和人性的理想,就只能是空想。

在这一条,也就是在《提纲》的第一条,最重要概念是"实践"。"实践"是从古希腊以来哲学史上经常出现的老概念,在《提纲》原稿中,这个概念马克思是用德文词 Praxis 表达的,而这个词也来源于古希腊。但马克思在现代经济和现代科学条件下赋予此概念以全新理解、赋予它以全新意义。马克思虽然也像有些哲学家(如亚里士多德、康德)那样把人的实践看作是人之为人的特征性活动,但他强调人类实践的首要领域并不是不受物质生活和实用目的"污染"的政治生活或道德生活,而是人以人所特有的方式满足其物质生活需要的活动,因而这种活动必须是与物质世界打交道的,必须是通过对物质世界的实际改造而获得满足人类物质生活需要的物资资料的。这种意义上的实践的最基本形式,就是马克思几个月前在巴黎撰写的《1844 年经济学哲学手稿》中深入讨论、将来在撰写《资本论》中将更加系统讨论的这个人类活动:劳动。

当然,费尔巴哈也经常谈论实践的重要性,但他在根本上仍然是把理论活动——其最典型形式是对世界的直观——看作是人之为人的特征性活动。在费尔巴哈看来,希腊人的那种好奇地观察世界的态度,才是体现人之为人的高贵的,而基督教《圣经》中有关"到黄昏的时候,你们要吃肉,早晨必有食物得饱,你们就知道我是耶和华你们的上帝"这样的内容,则体现了以色列人的"实惠"的自然观。因此,费尔巴哈所重视的"直观",实际上是一种理论态度的体现,而不是实践态度的体现。但在马克思看来,这样来理解他们自认为从唯心主义手下拯救下来的对象、现实和感性,旧唯物主义者是付出了太大的代价:把人作为主体的活动的能动性、革命性和批判性,拱手让给了唯心主义,尽管唯心主义也只能对这些方面作抽象的发展。

《提纲》第二条提要:人应该在实践中证明自己思维的真理性。

真理问题是哲学的核心问题之一,它不仅涉及什么是真理的问题,而且涉及用什么标准检验真理的问题,以及用什么方法来恰当地运用真理标准的问题。关于什么是真理的问题,哲学史上最常见的观点是"真理的符合论"。在认识论当中,说一个思想(命题、理论)是真的,就是说它是符合它所反映的对象的;在认识论以外的领域,比如在费尔巴哈所关注的宗教领域和马克思所关注的政治领域,说一个信仰或观点是真的,就是说它符合它所依据的正当性原则。但我们如何判断一个思想、信仰或观点具有真理性呢? 这就是马克思在这条论纲中要回答的问题,而他的回答是与费尔巴哈不同的。

费尔巴哈经常谈论真理;比如他说其《基督教的本质》的第一部分是对宗教之本质和真理的阐明,第二部分是对宗教之矛盾的阐明。如何判断一个人的信仰是否具有真理性呢? 他有时说要看不同人们之间的观点是否相互一致,有时候说要看信仰的内容是否自相矛盾,有时候说要借助于人对人的感性直观,有时甚至说"爱是存在的标准——真理和现实的标准,……没有爱,也就没有真理"[1]。

从某种意义上说,费尔巴哈的这些观点也是把人的思维的真理性的问题,不是当作一个理论问题,而是当作一个实践问题,因为他要讨论的不是对自然界之认识的真理性问题,而是人对上帝、世界和人自身之看法的真理性的问题。但对这种意义上的实践问题,费尔巴哈的处理方式却不是实践的,而是学院的、书斋的或理论的;他没有想过要在第一条论纲所说的"革命的""实践批判的"活动中,来

---

[1] 路·费尔巴哈:《未来哲学原理》,洪谦译,生活·读书·新知三联书店 1955 年版,第 59 页。

显示和验证自己的思想的真理性、现实性、此岸性;或者说,他没有想过要把自己的思想变成改变世界的实际力量。先把思想与实践分离开来,然后问思想是不是现实的,在马克思看来,是注定得不出有意义的结论来的。因此马克思把这样的提问方式比作"经院哲学的问题"①。

这里所说的"经院哲学",是指西欧中世纪通常在修道院学校或主教教会学校里传授的哲学,其特征是用源自古希腊的推理方法和论辩方法为基督教信仰提供论证。理性与信仰难以调和,但在哲学是神学的婢女的时代,理性必须用来论证而不能用来批判宗教信仰,因此经院哲学家的著作中往往就充满着从概念到概念的空谈,甚至沦为诡辩和文字游戏。最著名的论证是所谓关于上帝的"本体论论证":从"上帝"观念既然无所不包,因而包括"存在"的观念,又从"上帝"观念包含"存在"观念,得出上帝因此必定存在的结论。在马克思看来,关于思维——离开实践的思维——的现实性或非现实性的争论,就是一个与此类似的"纯粹经院哲学的问题"。

《提纲》第三条提要:旧唯物主义者无法解答"教育者谁来教育",这个难题的答案,要到革命的实践中寻找。

旧唯物主义者相信人是环境和教育的产物,因此,他们认为只要通过社会改造,让人们生活在良好的环境当中、接受良好的教育,人们就会弃恶从善、由低贱变高贵。在马克思看来,从这种观点出发,会很自然地引出共产主义的结论。在《提纲》前几个月完成的《神圣家族》中,马克思就此写了很长的一段来论述唯物主义哲学与共产主义理想的高度相关性。

但问题是,从"既然是环境造就人"这个前提出发,我们既可以引出"那就必须以合乎人性的方式去造就环境"的结论,也可以反过来追问:"那个以'合乎人性的

---

① 卡·马克思:《关于费尔巴哈的提纲》,《马克思恩格斯文集》第1卷,人民出版社2009年版,第500页。

方式去造就环境'的人,该由哪个环境来产生呢?"对这个问题,马克思认为"关于环境和教育起改变作用的唯物主义学说"很难回答,因为它"忘记了:环境是由人来改变的,而教育者本人一定是受教育的"①。对旧唯物主义来说,这样的人如果现在还没有产生,那么"以合乎人性的方式去造就环境"的任务就不可能完成,因为没有人来做这件事情;这样的人如果现在已经产生,那么"以合乎人性的方式去造就环境"的任务就没必要完成,因为造就这样的好人的环境已经有了。

要走出这样的两难困境,似乎只有一个办法,那就是对"环境造就人"这个命题作一个限制——说它只适用于多数群众,而不适用于少数精英。这也就是马克思在这条提纲中说的下面这句话的意思:"因此,这种学说必然会把社会分成两部分,其中一部分凌驾于社会之上。"②

为了让这句话的意思更加明确,恩格斯在这句话后面补充了一句括号里的话:"(例如,在罗伯特·欧文那里就是如此。)"③

英国的欧文和法国的圣西门、傅立叶一样在恩格斯看来是现代第一批空想社会主义者,他直接从法国唯物主义哲学那里引出了他的通过改造环境、改善教育而消除阶级差别、实现理性和正义的社会改造方案;但对这个方案本身,他却没有能力作出唯物主义的论证,因而就只能寄希望于社会有幸碰巧拥有的贤达人士的善良行动。恩格斯多年以后在《社会主义从空想到科学的发展》中对欧文等空想社会主义者作的那些评论,可帮助我们对马克思的第三条论纲有更好的理解。

马克思认为,旧唯物主义的这种学说实际上是与其唯物主义前提相矛盾的;

---

① 卡·马克思:《关于费尔巴哈的提纲》,《马克思恩格斯文集》第1卷,人民出版社2009年版,第500页。

② 卡·马克思:《关于费尔巴哈的提纲》,《马克思恩格斯文集》第1卷,人民出版社2009年版,第500页。

③ 卡·马克思:《关于费尔巴哈的提纲》,《马克思恩格斯文集》第1卷,人民出版社2009年版,第504页。

在马克思看来,回答"教育者谁来教育"或"环境的改变者如何改变"问题的关键,是找到一个把"环境的改变"与"人的活动或自我改变"两方面统一起来的中间项——马克思认为这就是实践:"环境的改变和人的活动的一致,只能被看做是并合理地理解为变革的实践。"①

就像"先有鸡还是先有蛋"这个问题只有放到物种起源和生物进化的过程中才能得到合理的解决一样,"教育者谁来教育"或"环境的改变者如何改变"的问题,也必须放到一个历史过程中去理解。但人类社会的历史发展与生物进化既相似,又不同;人类历史既有客观的自然发展的方面,也有主观的自觉意识的作用。正如马克思在《路易·波拿巴的雾月十八日》开篇就写道的那样:"人们自己创造自己的历史,但是他们并不是随心所欲地创造,并不是在他们自己选定的条件下创造,而是在直接碰到的、既定的、从过去承继下来的条件下创造。"②在这个过程当中,人的主观能动性,尤其是像马克思、恩格斯以及欧文、圣西门和傅立叶这样的个人固然是有重要作用的,但他们的个人成长,并不能完全看作是"侥幸的偶然现象",而是可以像马克思在 1847 年写的《哲学的贫困》一书中所说的那样,既把他们看作是"他们本身历史的剧中人物",也把他们看作是"他们本身的历史剧的剧作者"。③ 特别重要的是要看到:历史人物的思想,是要由社会历史发展的特定阶段来提供材料和依据的;他们头脑中的设想,是要由社会历史发展的特定阶段来提供付诸实现的条件和力量的。正是在这个意义上,恩格斯在分析了包括欧文在内的空想社会主义者的思想和实践以后指出:"为了使社会主义变为科学,就必

---

① 卡·马克思:《关于费尔巴哈的提纲》,《马克思恩格斯文集》第 1 卷,人民出版社 2009 年版,第 504 页。
② 卡·马克思:《路易·波拿巴的雾月十八日》,《马克思恩格斯文集》第 2 卷,人民出版社 2009 年版,第 470—471 页。
③ 卡·马克思:《哲学的贫困》,《马克思恩格斯文集》第 1 卷,人民出版社 2009 年版,第 608 页。

须首先把它置于现实的基础之上。"①

马克思在《提纲》第三条中讲的在革命的实践中实现人(革命者或环境改造者、教育他人者)的"自我改变",不仅适用于个人,而且适用于群体,比如阶级。在《德意志意识形态》中,马克思从这个角度来论证革命的必要性。

这一条的最后一句,恩格斯在马克思的原稿上作了一个小改动,即把马克思所说的"革命的实践"(revolutionäre Praxis)改为"变革的实践"(umwälzende Praxis)。②"革命"当然也是一种"变革",但它是一种程度比较激烈、政治色彩比较强烈的"变革"。

《提纲》第四条提要:费尔巴哈没有把宗教批判落实到政治批判,因而未能看到有必要在认识世俗社会之矛盾的基础上,对这个社会作革命的实践的改造。

费尔巴哈的最重要工作,是在宗教哲学上;他的最重要功绩,是"把宗教世界归结于它的世俗基础"③,把基督教——乃至宗教本身——归结为人性,把神的本质归为人的本质,或者用他自己的话来说,"将外于世界的、超于自然与超于人的上帝的本质还原成为属人的本质的组成部分,以作为其基本组成部分"④。当然,费尔巴哈从人类学角度解释宗教,并不是没有批判性的实践立场的;他的目的是要揭露"宗教使人的本质跟人割离开来",因为"上帝的活动、恩典,乃是人的被异化了的自我活动"。⑤

但是,马克思认为,费尔巴哈还应该做下去的工作,他却没有继续做下去。马

---

① 弗·恩格斯:《社会主义从空想到科学的发展》,《马克思恩格斯文集》第3卷,人民出版社2009年版,第537页。
② 卡·马克思:《关于费尔巴哈的提纲》,《马克思恩格斯文集》第1卷,人民出版社2009年版,第504页。
③ 卡·马克思:《关于费尔巴哈的提纲》,《马克思恩格斯文集》第1卷,人民出版社2009年版,第500页。
④ 路·费尔巴哈:《基督教的本质》,荣震华译,商务印书馆1984年版,第246页。
⑤ 路·费尔巴哈:《基督教的本质》,荣震华译,商务印书馆1984年版,第312页。

克思的这个意思,恩格斯编辑过的《提纲》文本比马克思自己的原稿表达得更加清楚:"他做的工作是把宗教世界归结于它的世俗基础。他没有注意到,在做完这一工作之后,主要的事情还没有做。"①

这种与宗教世界的"世俗基础"有关的工作,至少包括三个层面。

第一层是理论上对政治问题的关注。在马克思看来,虽然费尔巴哈的哲学具有明显的政治意义,但他自己对政治问题的关注是不够的。马克思的这个意思可以从 1843 年 3 月 13 日马克思致另一位青年黑格尔派成员卢格的信中看得更加清楚:"费尔巴哈的警句只有一点不能使我满意,这就是:他强调自然过多而强调政治太少。然而这是现代哲学能够借以成为真理的唯一联盟。"②

第二层是理论上对政治问题之经济基础——也就是物质利益关系和市民社会——的关注,这是费尔巴哈更加陌生的领域。显然,这与马克思在《提纲》第一条中所说的费尔巴哈"对于实践则只是从它的卑污的犹太人的表现形式去理解和确定"有关。

第三层是实践上对现实政治的参与;用马克思的话来说,不仅在理论上对"这个世俗基础本身""从它的矛盾中去理解",而且亲身投入"使之发生革命"的实践活动中去。但在这方面,从 1837 年开始就迁居到一个远离德国文化中心的村庄去生活的费尔巴哈,不仅力不从心,而且在很大程度上有意回避,有时甚至还寻找理由为自己辩护。

《提纲》第五条提要:费尔巴哈用人的感性的直观取代抽象思维的优先地位是对的,但可惜他只重视人的感性的直观,而不重视人的感性的实践。

这一条的意思前面基本已经都有了,但马克思在这里更加清晰地说明了认识论上以下三者之间的相互关系:抽象思维,感性直观,感性实践。"感性直观"一

---

① 卡·马克思:《关于费尔巴哈的提纲》,《马克思恩格斯文集》第 1 卷,人民出版社 2009 年版,第 504 页。

② 卡·马克思:《致卢格》,《马克思恩格斯全集》第 47 卷,人民出版社 2004 年版,第 53 页。

词跟马克思原稿中的用词不完全相同；恩格斯根据上下文的意思，把原稿中第一句"费尔巴哈不满意抽象的思维而喜欢直观"改成了"费尔巴哈不满意抽象的思维而诉诸感性的直观"，也就是说把"喜欢"改成了"诉诸"，从而加重了语气；并把"直观"（die Anschauung）改成了"感性的直观"（die sinnliche Anschauung），从而有助于避免对"直观"一词做另外理解（即对它做抽象的理解，如在世界观"die Weltanschauung"这个词当中）。

"感性的直观"与"感性的实践"相比是有局限性的，因为它非但不包括费尔巴哈所回避的政党活动和社会运动，而且不包括在 19 世纪初开始在西欧国家其社会影响越来越明显的科学研究和工业生产。现代科学是数学和实验结合的产物，而科学实验像工业生产一样都要求对自然对象的干预和改变。哪怕是科学观察，虽然看上去比较符合"感性的直观"的含义，而不是"感性的实践"，但现代科学研究中观察所需的仪器，则显然离不开工业生产。在《1844 年经济学哲学手稿》中，马克思肯定了费尔巴哈关于科学必须以自然为基础、感性是一切自然科学的基础的观点，但接着就结合科学与工业的联系，阐述了科学不仅对于认识自然而且对于认识人类的重要性。

《提纲》第六条提要：费尔巴哈用人的本质来解释宗教的本质是对的，但可惜他没有进一步从历史过程和社会关系的角度理解人的本质。

费尔巴哈把宗教的本质归结为人的本质，是他的宗教批判的主要方法；这样他在揭露宗教之虚妄性的同时，也保存了宗教当中有价值的内容。这样的宗教批判，对马克思产生了极大影响。比方说，他在《〈黑格尔法哲学批判〉导言》中写道："宗教是人的本质在幻想中的实现，因为人的本质不具有真正的现实性。因此，反宗教的斗争间接地就是反对以宗教为精神抚慰的那个世界的斗争。"①在马克思当

---

① 卡·马克思：《〈黑格尔法哲学批判〉导言》，《马克思恩格斯文集》第 1 卷，人民出版社 2009 年版，第 3 页。

时好几部著作中都能经常找到的这种以及类似的观点,显然是受费尔巴哈很大影响的结果。在《1844年经济学哲学手稿》中马克思还进一步肯定费尔巴哈用类似的方法批判以往的哲学,从而赋予哲学革命在消除人的异化方面以特殊使命。

但几个月以后,在《1844年经济学哲学手稿》中已经显露但没有明确表达的对费尔巴哈的宗教批判和哲学批判的不满,马克思把它在《提纲》中写下来了,并在随后与恩格斯一起撰写的《德意志意识形态》中,对之作了更充分阐述。费尔巴哈在探寻宗教本质之根据和奥秘时所谈论的那个人,只是人类学意义上的人,也就是自然科学意义上的,而不是社会学、历史学、政治学意义上的人,更不是经济学意义上的人;这种意义上的人,几乎是可以存在于地球以外的星球上的。用马克思的话来说,费尔巴哈把人的本质理解为"类",理解为"一种内在的、无声的、把许多个人自然地联系起来的普遍性"①。马克思在肯定费尔巴哈"达到了理论家一般所能达到的地步"的同时,指出费尔巴哈脱离具体历史条件而把人的本质直接等同于人的存在的观点,不仅在科学认识上是错误的,而且从社会立场上说也是错误的:当费尔巴哈说某物或某人的存在同时也就是某物或某人的本质,因此一个动物或一个人的一定生存条件、生活方式和活动,就是使这个动物或这个人的"本质"感到满意的东西的时候,他实际上是把任何例外视为不幸的偶然事件,是不能改变的反常现象。马克思写道:"这样说来,如果千百万无产者根本不满意他们的生活条件,如果他们的'存在'同他们的'本质'完全不符合,那么,根据上述论点,这是不可避免的不幸,应当平心静气地忍受这种不幸。"②但在马克思看来,这完全不是广大无产者或共产主义者所想的;他们所希望的,恰恰是将在适当时

---

① 卡·马克思:《关于费尔哈巴的提纲》,《马克思恩格斯文集》第1卷,人民出版社2009年版,第501页。恩格斯在这一句中的"自然地"一词前加了"纯粹"一词,见《马克思恩格斯全集》第1卷,人民出版社2009年版,第505页。

② 马克思、恩格斯:《德意志意识形态》,《马克思恩格斯文集》第1卷,人民出版社2009年版,第549页。

候,在实践中,也就是通过革命,来改变自己的"存在",进而以新的方式与自己的"本质"实现统一。

在很大程度上,上述思想已经蕴含在马克思在《提纲》中提出的这个命题之中:"人的本质不是单个人所固有的抽象物,在其现实性上,它是一切社会关系的总和。"①在《提纲》当中,这大概是最重要、引用率最高的命题之一。

这个命题虽短,但内容非常丰富,涉及了抽象与具体、存在与本质、可能与现实、个人与现实等多种关系。谈论人的本质,总要进行抽象,但人之为人的特点,恰恰在于在他身上存在着丰富的可能性,而这些可能性的实现程度和实现条件,则在不同历史时期、不同社会环境中,有非常大的不同。说人的本质"在其现实性上"是"一切社会关系的总和",并不是说环境完全支配人、社会完全支配个人,因为若这样认为的话,每个时代的个人身上都凝聚着的人类文明的发展成果就完全落在视野之外了。但承认人类个体从一开始就具有其未来发展所需要的丰富的自然潜能和文化潜能,并不妨碍承认这些潜能确实只有放在特定的社会环境和人际关系当中,才能变为现实。马克思告诉我们,离开了一个人所处的具体的社会关系,他是一个什么样的人,至多只能从其可能性上来谈论,而无法"在其现实性上"来谈论。

但对人的本质作这样的理解,会不会如马克思批评费尔巴哈的那样,是把人的"本质"归结为人的"存在"呢? 会不会因此而不加区别地承认一个人所处的任何社会关系,因而为任何现状进行辩护呢? 这种可能并非没有,如果我们撇开可能与现实的辩证关系,而把"人的本质"简单归结为"一切社会关系的总和"的话;如果我们撇开人与社会关系的历史变化,而静态理解人的本质的话。相反,如果我们避免这种简单的静态的理解,如果我们看到人是具有自我意识、因而能从事

---

① 卡·马克思:《关于费尔巴哈的提纲》,《马克思恩格斯文集》第1卷,人民出版社2009年版,第501页。

价值判断和进行目的选择的能动存在,如果我们又进一步主张社会的人性化和人的社会化之间的有机统一是生产力发展基础上必然发生和必须发生的历史过程,那么,我们就会看到,这个过程所趋向的那种"一切社会关系的总和",将是一个其个人成员在其中获得自由的"真实共同体"——如马克思在紧接着《提纲》撰写的《德意志意识形态》中所写的那样。

《提纲》第七条提要:分析宗教感情和人的本性,一定要从社会角度出发。

这一条是对第六条的继续。在第六条,马克思在费尔巴哈把宗教的本质归结于人的本质的基础上,进一步指出人的本质与社会关系之间的内在联系,从而间接地强调了从社会角度考察宗教的必要性。在第六条马克思也列出了费尔巴哈因为没有对人的现实的社会本质进行批判而导致的两个结果,其中之一就是与"宗教感情"有关的:"撇开历史的进程,把宗教感情固定为独立的东西,并假定有一种抽象的——孤立的——人的个体。"①但在第六条中,马克思并没有针对费尔巴哈有关宗教感情的观点而直接提出他自己的正面的观点,这一点是在第七条完成的:马克思以批判费尔巴哈的方式,强调了宗教感情和具体宗教感情的个人的社会性:"因此,费尔巴哈没有看到,'宗教感情'本身是社会的产物,而他所分析的抽象的个人,是属于一定的社会形式的。"②

在这一条,恩格斯在马克思的原稿上也作了一处编辑,即在第一句的"社会的产物"一词上加了重点号,把马克思的意思表达得更加突出和明确了:"……'宗教感情'本身是社会的产物。"③

《提纲》第八条提要:理论上神秘而不可解的问题,要到实践中找答案。

---

① 卡·马克思:《关于费尔巴哈的提纲》,《马克思恩格斯文集》第 1 卷,人民出版社 2009 年版,第 501 页。

② 卡·马克思:《关于费尔巴哈的提纲》,《马克思恩格斯文集》第 1 卷,人民出版社 2009 年版,第 501 页。

③ 卡·马克思:《关于费尔巴哈的提纲》,《马克思恩格斯文集》第 1 卷,人民出版社 2009 年版,第 505 页。

在这一条，马克思先对前面有关社会生活和实践的关系作了更加概括的表述："全部社会生活在本质上是实践的。"注意，马克思这里说的是"全部"社会生活，而不是"部分"社会生活；也就是说，有些社会生活领域，比如社会的精神生活领域，虽然看上去并不是实践性的，但它们"在本质上"也是实践的，如马克思在《德意志意识形态》中写道的："思想、观念、意识的生产最初是直接与人们的物质活动，与人们的物质交往，与现实生活的语言交织在一起的。人们的想象、思维、精神交往在这里还是人们物质行动的直接产物。"①

说全部社会生活在本质上是实践的，可以有两种理解。一种理解是：人的实践活动和实践关系为全部社会生活提供了存在条件；没有人的实践，人们的全部社会生活就失去了必不可少的物质条件。当马克思在《德意志意识形态》中说"全部人类历史的第一个前提无疑是有生命的个人的存在"②的时候，他表达了这样的意思。如果这样理解的话，人的实践活动和实践关系对于全部社会生活来说具有的是工具价值，而不是内在价值。

但对"全部社会生活在本质上是实践的"，还可以有另一种理解：人的实践活动和实践关系对于全部社会生活来说不仅具有工具价值，而且具有内在价值——人的实践不仅决定了人之所"有"（haben 或者 having）——人为了生活首先需要的"吃喝住穿以及其他一切东西"③，而且决定了人之所"是"（sein 或 being），决定了人之为人的根本特点："一当人开始生产自己的生活资料，即迈出由他们的肉体组织所决定的这一步的时候，人本身就开始把自己和动物

---

① 卡·马克思、弗·恩格斯：《德意志意识形态》，《马克思恩格斯文集》第 1 卷，人民出版社 2009 年版，第 524 页。

② 卡·马克思、弗·恩格斯：《德意志意识形态》，《马克思恩格斯文集》第 1 卷，人民出版社 2009 年版，第 519 页。

③ 卡·马克思、弗·恩格斯：《德意志意识形态》，《马克思恩格斯文集》第 1 卷，人民出版社 2009 年版，第 531 页。

区别开来。"①

在强调了全部社会生活在本质上都是实践的之后,马克思写道:"凡是把理论引向神秘主义的神秘东西,都能在人的实践中以及对这种实践的理解中得到合理的解决。"②

要理解马克思这句话的意思,可以参照《提纲》中的其他几条。

如《提纲》第四条,马克思在这里提出世界怎么会发生二重化、进而分为宗教世界和世俗世界的问题,认为这个问题只能从作为宗教世界之基础的世俗世界的自我分裂和自我矛盾得到说明和理解。但在马克思看来,对社会生活或社会实践的理解,还不是对"把理论引向神秘主义的神秘东西"的真正解答;真正的解答不仅是对于实践的理解,而且是对于理解的实践——在理解所产生的科学理论的指导下从事革命的实践,用革命实践的方式取消理论难题产生的实践条件:"自从发现神圣家族的秘密在于世俗家庭之后,世俗家庭本身就应当在理论上和实践中被消灭。"③

同样的分析也适用于《提纲》第三条。马克思在那里提出"教育者谁来教育"的问题,这个问题如果只是从理论上回答,会陷入无限循环或无穷递进的逻辑陷阱。但马克思说,对这个问题不能从理论上回答,而要由实践来回答。就"教育者谁来教育"这个问题而言,马克思所说的"环境的改变和人的活动或自我改变的一致,只能被看做是并合理地理解为革命的实践",可以作这样的理解:恰恰是通过革命的实践,才能实现一个人从非教育者向教育者的成长,才能实现教育者与被

---

① 卡·马克思、弗·恩格斯:《德意志意识形态》,《马克思恩格斯文集》第 1 卷,人民出版社 2009 年版,第 519 页。

② 卡·马克思:《关于费尔巴哈的提纲》,《马克思恩格斯文集》第 1 卷,人民出版社 2009 年版,第 501 页。

③ 卡·马克思、弗·恩格斯:《德意志意识形态》,《马克思恩格斯文集》第 1 卷,人民出版社 2009 年版,第 500 页。

教育者的共同学习,尤其是,才能实现教育者的自我教育。

《提纲》第八条关于理论难题要到实践中解决的观点,还可以在《德意志意识形态》中有关"利己主义"还是"自我牺牲"的讨论那里,找到一个案例。马克思在那里写道:"共产主义者既不拿利己主义来反对自我牺牲,也不拿自我牺牲来反对利己主义,理论上既不是从那情感的形式,也不是从那夸张的思想形式去领会这个对立,而是在于揭示这个对立的物质根源,随着物质根源的消失,这种对立自然而然也就消灭。"①

在这一条,恩格斯做了一个微小的改动,即把"凡是把理论引向神秘主义的神秘东西"改成"凡是把理论诱入神秘主义的神秘东西"②,把单纯描述性的"引向"改成了略带调侃的"诱入"。

《提纲》第九条提要:旧唯物主义至多能达到对市民社会中的单个人的直观。

从理论上说,人之为人的本质特点是个人与社会是密不可分的;哪怕是英国小说家笛福笔下的荒岛上生活的鲁滨逊,也不仅要与一个叫作"星期五"的仆人之间发生实际的社会关系,而且他在荒岛上所从事的各种有用劳动,其形式和性质也都来源于他因海上风暴而漂流到荒岛之前的社会关系,再加上他的思想、信仰和语言,也只有在他曾经经历的社会化过程中才能形成——正如马克思在《1844年经济学哲学手稿》中所说:"个体是社会存在物。因此,他的生命表现,即使不采取共同的、同他人一起完成的生命表现这种直接形式,也是社会生活的表现和确证。"③

但是,说个人与社会总有联系,并不等于说个人与社会都以同样方式发生联

---

① 卡·马克思、弗·恩格斯:《德意志意识形态》,人民出版社1961年版,第265页。
② 卡·马克思:《关于费尔巴哈的提纲》,《马克思恩格斯文集》第1卷,人民出版社2009年版,第505—506页。
③ 卡·马克思:《1844年经济学哲学手稿》,《马克思恩格斯文集》第1卷,人民出版社2009年版,第188页。

系;马克思在这一条提到的"市民社会",与下一条提到的"人类社会",就是个人与社会之间发生联系的两种不同方式。

"市民社会"这个术语在马克思的早期著作中经常出现,既用来表示"受到迄今为止一切历史阶段的生产力制约同时又反过来制约生产力的交往形式"①,也用来表示这种交往形式的特定形式,也就是资本主义社会,"在这个社会中,人作为私人进行活动把他人看做工具,把自己也降为工具,并成为异己力量的玩物"②。前一种意义上的"市民社会",在马克思著作中后来逐步被代之以"生产关系"或"经济基础"等概念③;后一种意义上的"市民社会",则被代之以"资本主义生产方式"的概念④。关于这两种意义上的"市民社会"之间的联系和区别,马克思在《德意志意识形态》当中有很清楚的说明。⑤

在这一条中,马克思还只是说了"直观的唯物主义"(也就是下一条所说的"旧唯物主义")作为一种思想体系(因而也是作为上层建筑的一部分)与"市民社会"作为资本主义经济基础之间的特殊联系:"直观的唯物主义,即不是把感性理解为实践活动的唯物主义,至多也只能达到对单个人和市民社会的直观。"⑥马克思在这里还没有把"市民社会"这种社会形态与超越"市民社会"的那种社会形态进行

---

① 卡·马克思、弗·恩格斯:《德意志意识形态》,《马克思恩格斯文集》第 1 卷,人民出版社 2009 年版,第 540 页。

② 卡·马克思:《论犹太人问题》,《马克思恩格斯文集》第 1 卷,人民出版社 2009 年版,第 30 页。

③ 卡·马克思:《〈政治经济学批判〉序言》,《马克思恩格斯文集》第 2 卷,人民出版社 2009 年版,第 591 页。

④ 如马克思在《资本论》序言中写道:"我要在本书研究的,是资本主义生产方式以及和它相适应的生产关系和交换关系。到现在为止,这种生产方式的典型地点是英国。"(卡·马克思:《资本论》(第 1 卷),《马克思恩格斯文集》第 5 卷,人民出版社 2009 年版,第 8 页。)

⑤ 卡·马克思:《德意志意识形态》,《马克思恩格斯文集》第 1 卷,人民出版社 2009 年版,第 582—583 页。

⑥ 卡·马克思:《关于费尔巴哈的提纲》,《马克思恩格斯文集》第 1 卷,人民出版社 2009 年版,第 502 页。

对比;这种对比将是下一条即第十条的内容。

当马克思说直观的唯物主义至多是对单个人和市民社会的直观的时候,他的意思是:直观的唯物主义作为一种不正确的世界观——因而也是一种不正确的社会历史观,恰恰可以从一种"不正确的"的社会历史现象那里得到合理的解释。马克思在《提纲》第六条中说,费尔巴哈假定有一种抽象的孤立的人的个体,而资本主义社会——也就是马克思所说的"随同资本主义发展起来的""真正的市民社会",恰恰就表现为人与人之间的相互疏远或相互孤立,"扯断人的一切类联系,代之以利己主义和自私自利的需要,使人的世界分解为原子式的相互敌对的个人的世界"①。马克思后来在《资本论》手稿中在谈论资产阶级经济学家们喜欢引用鲁滨逊一类故事时,对此又进一步作了说明。②

也就是说,以费尔巴哈为代表的旧唯物主义之所以只重视人的自然性而不重视人的社会性,之所以把人看作是孤立的个体,一个重要原因是他们局限于他们所处的时代,在那个时代中,人与人之间的联系确实是通过物——商品和货币——作为中介,因而显得是彼此疏远和异化的。旧唯物主义者的错误不在于指出资本主义时代人与人之间的孤立状况,而在于没有看到这种孤立状况是人的社会性的一种表现形态,更没有看到这种表现形态既不是从来如此,也不是一成不变,而是在生产力发展到一定水平、生产力和生产关系的矛盾发展到一定阶段的时候,会被代之以人的社会性的另一种表现形态的。

在这一条的马克思原稿中,"单个人"和"市民社会"是并列的。在编辑《提纲》时,恩格斯可能是觉得当马克思说直观唯物主义"至多也只能达到对单个人和市民社会的直观时",他所说的"单个人"就是指只有在"市民社会"中显得那么孤

---

① 卡·马克思:《论犹太人问题》,《马克思恩格斯文集》第 1 卷,人民出版社 2009 年版,第 54 页。
② 卡·马克思:《1857—1858 年经济学手稿》,《马克思恩格斯文集》第 8 卷,人民出版社 2009 年版,第 5 页。

立的单个人,所以,他把这句话改为"……至多也只能做到对'市民社会'中的单个人的直观"①。也就是说,在经过恩格斯修改后的文本中,"单个人"被放在"市民社会"之中。同时,可能是为了体现"市民社会"也是"资产阶级社会"的意思(这一点下面会解释),这个词在马克思原稿中并没有加引号,而恩格斯给加了引号。另外,在这一条的开头,恩格斯把马克思原稿中的"直观唯物主义"中的"直观"一词,加上了重点符号。

《提纲》第十条提要:新旧唯物主义的区别,在于它们所立足的是两种不同的社会。

在这一条马克思很明确地把新旧唯物主义的立足点作了一个对比:"旧唯物主义的立脚点是市民社会,新唯物主义的立脚点则是人类社会或社会的人类。"②

关于"市民社会"这个概念的意思,上文有所解释;在这里马克思把它跟"人类社会"作了对比,可以帮助我们对这个概念有更清楚的理解。

"市民社会"和"人类社会"德语原文分别是"die bürgerlich Gessellschaft"和"die menschliche Gesellschaft"——也就是说,分别以"bürgerlich"和"menschliche"这两个形容词修饰同一个名词"Gesellschaft"("社会")。有意思的是,"bürgerlich"和"menschliche"这两个词的意思很丰富,其中有的含义不容易简单地表达在中译本的字面意思当中。"bürgerlich"既可以译成"市民的",也可以译成"资产阶级的";"menschliche"既可以译成"人类的",也可以译成"属人的"。"人类的"只是一种描述,而"属人的"则具规范含义,有"合乎人性的"意思。从前面所引的马克思关于"人的本质不是单个人所固有的抽象物;在其现实性上,它是一切社会关系的总和"的观点出发,尤其是从他的"只有在共同体中,个人才能获得全面发展其

① 卡·马克思:《关于费尔巴哈的提纲》,《马克思恩格斯文集》第1卷,人民出版社2009年版,第506页。
② 卡·马克思:《关于费尔巴哈的提纲》,《马克思恩格斯文集》第1卷,人民出版社2009年版,第502页。

才能的手段,也就是说,只有在共同体中才可能有个人自由"的观点出发,我们可以知道,马克思认为真正合乎人性的社会,是由经历了真正意义上的社会化的个人或归属于"真正的共同体"的个人所组成的;所以,马克思在说了"新唯物主义的立脚点是人类社会"之后,又加了"或社会的人类"("新唯物主义的立脚点则是人类社会或社会的人类")。很显然,在马克思那里,"人类社会"与"社会的人类",更确切地说,"符合人性的社会"与"社会化了的个人",是同一枚硬币的两面。这样意义上的社会,实际上也就是超越资产阶级社会这种"虚假的共同体"的那个"真实的共同体",也就是共产主义社会。

像第九条一样,很可能是为了强调"市民社会"的"资产阶级社会"性质,恩格斯在这一条的"市民"("bürgerlich")这个形容词上也加了引号;同样,很可能是为了强调"资产阶级社会"与"合乎人性的社会"之间的对比,恩格斯在"die bürgerlich Gessellschaft"和"die menschliche Gesellschaft"这两个词组中的形容词"bürgerlich"(市民的或资产阶级的)和"menschliche"(人类的、属人的或合乎人性的)上,都加了着重号。

二、 对《提纲》第十一条的解读

《提纲》第十一条提要:新旧哲学之间的区别:改变世界还是解释世界。

这一条在整个《提纲》中享有三个"最"的地位:位列最后、篇幅最短、影响最大。

《提纲》第十一条的直接含义,是回答这个问题:哲学家应当做什么?

从形式上看,"哲学家们只是用不同的方式解释世界,问题在于改变世界"[1]

---

[1] 卡·马克思:《关于费尔巴哈的提纲》,《马克思恩格斯文集》第1卷,人民出版社2009年版,第502页。

这句话是一个复合句,包括两个并列的简单句。为了让这个复合句读起来更顺,恩格斯在编辑的时候加了一个连接词 aber(中译文中的"而")①。

这个复合句中的前一个句子,讲的是迄今为止哲学家们的工作,那就是"解释世界"。在德语原文中,这个句子用的是现在完成时,表明从过去到现在为止的情况。这个意思在中译文"哲学家们只是用不同的方式解释世界"中不明显;但我们读《提纲》的时候,不妨把它读作"迄今为止的哲学家们只是用不同的方式解释"。

与迄今为止的哲学家们对世界的态度只是"解释"不同,马克思认为,对世界的另一种态度——"改变",现在是真正重要的。这就是《提纲》第十一条的后半个句子,也是整个《提纲》的最后一句,是整个《提纲》的定锤之音。

马克思在《提纲》中表达的这个意思,几个月前在《神圣家族》中有更加明确的表达。马克思在那里批判那种认为"一切祸害都只在工人们的'思维'中"的观点,指出:"这些群众的共产主义的工人,例如在曼彻斯特和里昂的工场中做工的人,并不认为用'纯粹的思维'就能够摆脱自己的企业主和他们自己实际的屈辱地位。"②在他看来,"世俗社会主义的首要原理把单纯理论领域内的解放作为一种幻想加以摒弃,为了现实的自由,它除了要求有理想主义的'意志'以外,还要求有很具体的、很物质的条件"③。在 1843 年年底撰写的《〈黑格尔法哲学批判〉导言》中,马克思对同样的意思用更加思辨、但也更加精练的方式做了这样的表达:"哲学把无产阶级当做自己的物质武器,同样,无产阶级也把哲学当做自己的精神武

---

① 卡·马克思:《关于费尔巴哈的提纲》,《马克思恩格斯文集》第 1 卷,人民出版社 2009 年版,第 506 页。

② 卡·马克思、弗·恩格斯:《神圣家族》,《马克思恩格斯文集》第 1 卷,人民出版社 2009 年版,第 273 页。

③ 卡·马克思、弗·恩格斯:《神圣家族》,《马克思恩格斯文集》第 1 卷,人民出版社 2009 年版,第 297 页。

器;思想的闪电一旦彻底击中这块素朴的人民园地,德国人就会解放成为人。"①
"德国人的解放就是人的解放。这个解放的头脑是哲学,它的心脏是无产阶级。
哲学不消灭无产阶级,就不能成为现实;无产阶级不把哲学变成现实,就不可能消
灭自身。"②当然,对《提纲》第十一条内容的最经典的阐述,应该是《德意志意识形
态》中的这句话:"对实践的唯物主义者即共产主义者来说,全部问题都在于使现
存世界革命化,实际地反对并改变现存的事物。"③实际上,这里的"实践唯物主
义"(der praktische Materialismus)概念,可用来对整个《提纲》的思想进行概括。

这里有几个问题需要作一番讨论。

第一,马克思在这里是不是主张用"改变世界"的任务取代"解释世界"的任
务? 看上去有点像,但实际上并不是这样。马克思的意思是,只对世界进行理论
解释是远远不够的,因为,哪怕这种理论解释是带着对现实世界的尖锐批判的,单
靠这种批判也并不能造成现实世界的实际变化。但这并不是说对现实世界的理
论批判是不需要的,因为,改变世界是要在对这个世界——包括这个世界的内在
矛盾——的深刻理解的基础之上进行的。对《提纲》第十一条作这样的理解,在
《提纲》本身其他几条当中就可以找到依据。比如第四条中有这样一段:"世俗基
础使自己从自身中分离出去,并在云霄中固定为一个独立王国,这只能用这个世
俗基础的自我分裂和自我矛盾来说明。因此,对于这个世俗基础本身应当在自身
中、从它的矛盾中去理解,并且在实践中使之发生革命。"④在这里,马克思在说

---

① 卡·马克思:《〈黑格尔法哲学批判〉导言》,《马克思恩格斯文集》第 1 卷,人民出版社 2009
  年版,第 17—18 页。
② 卡·马克思:《〈黑格尔法哲学批判〉导言》,《马克思恩格斯文集》第 1 卷,人民出版社 2009
  年版,第 18 页。
③ 卡·马克思:《德意志意识形态》,《马克思恩格斯文集》第 1 卷,人民出版社 2009 年版,第
  527 页。
④ 卡·马克思:《关于费尔巴哈的提纲》,《马克思恩格斯文集》第 1 卷,人民出版社 2009 年版,
  第 500 页。

"在实践中"使"世俗基础""发生革命"之前,说要从"世俗基础"的"矛盾中去理解",而后者显然就是"解释世界"的工作。又如在第八条,马克思说:"凡是把理论引向神秘主义的神秘东西,都能在人的实践中以及对这种实践的理解中得到合理的解决。"①马克思说得很明白:能够让"把理论引向神秘主义的神秘东西"得到"合理的解决"的东西,不仅是"人的实践",而且是"对这种实践的理解"。

第二,解释世界有没有改变世界的作用?上面提到的第四条和第八条,某种意义上都已经对这个问题作出了肯定回答。当然,针对当时费尔巴哈等人幻想用理性批判加上"爱的宗教"来实现更好人生更好社会的理想的观点,马克思要强调的无疑是物质的现实必须用物质的力量去改变;但很显然,这种改变要真能发动和实现,马克思从巴黎和布鲁塞尔开始做、到了伦敦以后更加深入地做的那种理论工作,是必不可少的。马克思和恩格斯都曾说,从英国经验论和法国唯物论的哲学出发很容易得出共产主义的结论,但那是就一般意义上的共产主义的主张而言的;就科学共产主义或科学社会主义理论而言,他们——尤其是恩格斯,却强调德国古典哲学的理论铺垫、工人阶级的理论素养,起了极其重要的作用。

第三,马克思在这段话中是不是主张告别哲学?不仅在《提纲》中,而且在其前后的马克思的著作和笔记中,确实不难找到说马克思主张"哲学终结论"的证据,如他在《〈黑格尔法哲学批判〉导言》中,主张"不使哲学成为现实,就不能够消灭哲学",而反对那种认为"不消灭哲学,就能够使哲学成为现实"的观点。② 类似的观点在黑格尔哲学解体以后,主张的人不少,其中也包括费尔巴哈。但这样的观点,必须放到更广也更具体的语境当中去理解。就马克思而言,当他使用"哲学"这个词的时候,他往往是在谈论某种特定哲学体系(比如黑格尔哲学),谈论某

---

① 卡·马克思:《关于费尔巴哈的提纲》,《马克思恩格斯文集》第1卷,人民出版社2009年版,第501页。

② 卡·马克思:《〈黑格尔法哲学批判〉导言》,《马克思恩格斯文集》第1卷,人民出版社2009年版,第10—11页。

种虚假意识(作为意识形态的哲学),谈论某种哲学研究方法(比如鄙视经验方法的思辨哲学),谈论哲学当中不同于哲学方法的那部分内容(如黑格尔的包罗万象的哲学体系);在这种情况下,马克思哪怕是在明确地谈论"消灭哲学",也并非意味着他主张废除一般意义上的哲学这个学科,或终止一般意义上的哲学研究。且不论马克思年轻时期有重要的哲学研究和哲学著述(包括其博士论文),也且不说马克思在成熟时期撰写《资本论》时很自觉地运用黑格尔哲学中的辩证方法,即使从马克思主义作为一个理论体系(辩证唯物主义和历史唯物主义是其中三大部分之一)来看,从这个理论体系是马克思和恩格斯既有分工又有合作的创建结果来看,"告别哲学"都不应该是对马克思的观点的准确解读。更何况,"哲学的终结"本身是一个哲学命题;马克思主义哲学之核心部分的历史唯物主义,恰恰是在被认为马克思要"告别哲学"的那段时间经历了非常重要的酝酿和初创阶段。

在马克思的所有文字中,《关于费尔巴哈的提纲》的最后一句"哲学家们只是用不同的方式解释世界,问题在于改变世界"与《共产党宣言》的最后一句"全世界无产者,联合起来!"①大概是最为著名的。这两句话分别镌刻在马克思墓碑的上方和下方;而后面那句话,1953 年被镌刻在马克思的母校——柏林洪堡大学——的主楼阶梯的大墙上,并保存至今。俄国作曲家谢尔盖·普罗科菲耶夫(Sergei Prokofiev)的著名作品《十月革命二十周年康塔塔》的第二乐章《哲学家》,歌词就是《提纲》中这句最著名的格言。

三、《关于费尔巴哈的提纲》的历史影响和当代价值

关于《提纲》在马克思著作当中、在马克思主义理论体系及其形成和发展过程

---

① 卡·马克思、弗·恩格斯:《共产党宣言》,《马克思恩格斯文集》第 2 卷,人民出版社 2009 年版,第 66 页。

中的地位,法国哲学家路易·阿尔都塞有一个非常著名的说法:"在马克思的著作中,确确实实有一个'认识论的断裂';据马克思自己说,这个断裂的位置就在他生前没有发表过的,用于批判他过去的哲学(意识形态)信仰的那部著作:《德意志意识形态》。总共只有几段话的《关于费尔巴哈的提纲》是这个断裂的前岸;在这里,新的理论信仰以必定是不平衡的和暧昧的概念和公式的形式,开始从旧信仰和旧术语中表露出来。"①阿尔都塞说的"认识论的断裂",是指马克思思想发展的"两个大阶段"之间发生的转折,1845 年"断裂前"是"意识形态"阶段,1845 年"断裂后"是"科学阶段";经过这个"断裂",马克思在"在创立历史理论(历史唯物主义)的同时","同自己以往的意识形态信仰相决裂,并创立了一种新的哲学(辩证唯物主义)"②。关于《提纲》本身,阿尔都塞在肯定它的重要性的同时,强调它的过渡性质:"《关于费尔巴哈的提纲》的闪光使所有接近它的哲学家惊叹不已,但大家都知道,闪电的光只能炫目,而不能照明;对于划破夜空的闪光,再没有比确定它的位置更困难的事情了。总有一天应该把这十一条提纲的谜解开。"③

阿尔都塞把科学与意识形态截然分开,把马克思主义的不同时期截然分开,我们恐怕不能赞同,但要说 1845 年马克思撰写《关于费尔巴哈的提纲》和《德意志意识形态》的时候经历了思想上的重大进步,那是(正如阿尔都塞所说的)马克思自己在 1859 年就确认了的。

在这里要突出一点,如果我们把马克思早期著作的撰写史和发表史结合起来考虑的话,可以看到《提纲》的重要性实在是不同寻常的。确实,《提纲》的篇幅很短,而且它写在《德意志意识形态》之前,后者中讨论的许多重要问题、阐述的许多观点,《提纲》中要么还没有提出,要么还没有展开。但毕竟,《提纲》不仅是在紧接着《1844 年经济学哲学手稿》《神圣家族》之后、略早于《德意志意识形态》之前撰

---

① 路易·阿尔多塞:《保卫马克思》,顾良译,杜章智校,商务印书馆 1984 年版,第 13—14 页。
② 路易·阿尔多塞:《保卫马克思》,顾良译,杜章智校,商务印书馆 1984 年版,第 14 页。
③ 路易·阿尔多塞:《保卫马克思》,顾良译,杜章智校,商务印书馆 1984 年版,第 17 页。

写的,而且是在马克思主义理论另一位创始人即恩格斯还健在的时候就公开发表的。因此,《提纲》不像《德意志意识形态》那样,虽然可以按照其撰写的时间来帮助我们更好地理解马克思本人的思想历程,但无法按照发表的时间来帮助我们理解马克思主义在其创始人生活的那个时期——19世纪中后期——的理论发展进程。马克思的《关于费尔巴哈的提纲》虽然没有在其撰写后不久就像《神圣家族》《哲学的贫困》和《共产党宣言》那样被立刻公开发表,因而在当时(尤其对国际共产主义运动)就产生理论和实践的双重影响,但毕竟从1888年开始——比《德意志意识形态》早36年——它就进入了公共领域,开始产生公开影响。

当然,《提纲》在1888年发表以后到底直接产生了哪些理论影响和实践影响,是一个事实问题,还需要作专门的考察才能确定。李乾坤、张亮两位学者在《〈德意志意识形态〉费尔巴哈章导读》中告诉我们,在《德意志意识形态》公开发表之前出版(都在1918年)的弗兰茨·梅林写的《马克思传》和古斯塔夫·迈耶尔写的《恩格斯传》,虽然都提到了《关于费尔巴哈的提纲》,但都没有太强调它的价值和意义。① 从这点上说,《提纲》的影响并没有充分发挥。但是,在弗·列宁写于1914年11月(他自己记忆中是写于1913年)为《格拉纳特百科词典》撰写的词条《卡尔·马克思——传略和马克思主义概述》中,则不仅提到了《提纲》,而且多次提到其中的主要观点,这对于我们理解《提纲》的历史影响和当代价值非常重要。

沿着列宁的线索,《提纲》对中国马克思主义发展之影响②的最重要成果,是毛泽东的《实践论》(1937年7月)和《新民主主义论》(1940年1月)。《实践论》是毛泽东在延安抗大的讲演,从其一开头就看得出《提纲》的明显影响:"马克思以

---

① 李乾坤、张亮:《〈德意志意识形态〉费尔巴哈章导读》,江苏人民出版社2019年版,第28—29页。

② 《关于费尔巴哈的提纲》的最早中译本的译者是林超真(郑超麟),发表在1929年上海沪滨书局出版的恩格斯的论著集《宗教·哲学·社会主义》当中。(李乾坤、张亮:《〈德意志意识形态〉费尔巴哈章导读》,第89页。)

前的唯物论,离开人的社会性,离开人的历史发展,去观察认识问题,因此不能了解认识对社会实践的依赖关系,即认识对生产和阶级斗争的依赖关系。"①在后面论述实践是检验真理的标准的时候,毛泽东写道:"判定认识或理论之是否真理,不是依主观上觉得如何而定,而是依客观上社会实践的结果如何而定。真理的标准只能是社会的实践。实践的观点是辩证唯物论的认识论之第一的和基本的观点。"②《毛泽东选集》编辑委员会为这段话加了一个注,明确指出这段话与《提纲》的关系。③《新民主主义论》先是毛泽东应延安一个文化团体之邀做的演讲,后发表在延安的《中国文化》杂志上;在该文中,毛泽东直接引用了《关于费尔巴哈的提纲》:"一定的文化(当作观念形态的文化)是一定社会的政治和经济的反映,又给予伟大影响和作用于一定社会的政治和经济;而经济是基础,政治则是经济的集中的表现。这是我们对于文化和政治、经济的关系及政治和经济的关系的基本观点。那末,一定形态的政治和经济是首先决定那一定形态的文化的;然后,那一定形态的文化又才给予影响和作用于一定形态的政治和经济。马克思说:'不是人们的意识决定人们的存在,而是人们的社会存在决定人们的意识。'他又说:'从来的哲学家只是各式各样地说明世界,但是重要的乃在于改造世界。'这是自有人类历史以来第一次正确地解决意识和存在关系问题的科学的规定,而为后来列宁所深刻地发挥了的能动的革命的反映论之基本的观点。"④毛泽东在这里提出的"能动的革命的反映论"得到哲学家冯契的高度评价,认为它对认识论和历史观中的"心物之辩"的解决,"使近代哲学达到总结阶段"⑤。

　　《提纲》之影响的另外一条线索,是通往后来被称作"西方马克思主义"的那个

---

① 毛泽东:《实践论》,《毛泽东选集》第1卷,人民出版社1991年版,第283页。
② 毛泽东:《实践论》,《毛泽东选集》第1卷,人民出版社1991年版,第284页。
③ 毛泽东:《实践论》,《毛泽东选集》第1卷,人民出版社1991年版,第297页。
④ 毛泽东:《新民主主义论》,《毛泽东选集》第2卷,人民出版社1991年版,第663—664页。
⑤ 冯契:《认识世界和认识自己》,华东师范大学出版社1996年版,第70页。

思想传统的。前面提到的阿尔都塞是这个传统的重要人物。在上面所说的那个百科条目中,列宁在介绍了马克思本人著作后还介绍了别人论述马克思主义的著作,其中提到了中国不少读者比较熟悉的亚·波格丹诺夫。① 有意思的是,这位被列宁在《唯物主义和经验批判主义》一书中严厉批判的俄国哲学家,是最早高度重视《提纲》的人之一。在他写于 1910—1911 年的《生动经验的哲学》一书中,多次引用《提纲》来论证其"经验批判主义"。② 被认为与波格丹诺夫的观点有不少共同之处的匈牙利马克思主义哲学家卢卡奇③,则可以说是马克思主义理论史和学术史上最早重视《提纲》影响的一位关键人物。他的完成于 1922 年的《历史与阶级意识》,除了多次引用并发挥《提纲》以外,在正文首篇文章"什么是正统马克思主义"的篇首题词是《提纲》第十一条;另一篇重要文章"合法性和非法性"的篇首题词是《提纲》第三条。④ 在《历史与阶级意识》撰写和出版时,马克思、恩格斯的《德意志意识形态》还没有整理出版,但卢卡奇在《历史与阶级意识》中论证的观点,很大程度上类似于《德意志意识形态》所说的"实践唯物主义";在《历史与阶级意识》撰写和出版时,马克思的《1844 年经济学哲学手稿》也还没有公之于众,但卢卡奇在《历史与阶级意识》中关于"物化"问题的讨论,却与《1844 年经济学哲学手稿》中关于"异化"的讨论高度接近。卢卡奇作为马克思主义理论家之所以能取得这种不同寻常的思想成就,很可能是因为他深刻领会了写于《1844 年经济学哲学手稿》和《德意志意识形态》之间的《关于费尔巴哈的提纲》。

① 冯契:《认识世界和认识自己》,华东师范大学出版社 1996 年版,第 46 页。

② Alexander Bogdanov:*The Philosophy of Living Experience: Pupular Outlines*,Translated,Edited and Introduced by David G. Rowley,Brill,Leiden,Boston,2016.

③ Georg Lukacs:*A Defence of History and Class Consciousness: Tailism and the Dialectics*,Translated by Esther Leslie,with an introduction by John Rees and a postface by Slavoj ZiZek,Verso,London,2010,p. 138.

④ 卢卡奇:《历史与阶级意识——关于马克思主义辩证法的研究》,杜章智、任立、燕宏远译,商务印书馆 1999 年版,第 47、343 页。

卢卡奇的《历史与阶级意识》一书是西方马克思主义思潮的奠基性著作;很大程度上是通过卢卡奇,《提纲》对整个西方马克思主义传统发挥了重要影响。比方说,年轻时曾深受卢卡奇影响的德国哲学家恩斯特·布洛赫在其主要著作《希望的原理》(1938 年到 1947 年写于美国)中,有一章题目是"改变世界,或马克思关于费尔巴哈的十一条提纲"①。又比方说,多次说自己是最早通过阅读卢卡奇而关注青年马克思、进而关注批判理论传统的德国哲学家尤尔根·哈贝马斯,把《理论与实践》作为其第一本哲学著作(论文集)的书名,并把理论与实践的关系问题这个从《提纲》以后已成为所有马克思主义者关注的问题,作为自己的批判理论研究的核心问题之一。②

在冷战时期,《提纲》(尤其是其中的实践观)不仅深刻影响了"西方马克思主义"思潮,而且也深刻影响了"东欧新马克思主义"思潮;后者的一个重要部分在南斯拉夫,那里有一个哲学学派是以马克思在《提纲》中所使用的词源在古希腊语的关键词"Praxis"作为旗号的。在创立于 1964 年的《实践》(Praxis)杂志的基础上,同一批学者以及他们在西欧和北美的同道者们又于 1981 年创刊了《实践国际》(Praxis International)杂志。随着冷战结束、南斯拉夫分裂,东西欧、美国和世界其他地区受马克思主义影响的左翼知识分子队伍也发生重新组合;原来以《实践国际》杂志为学术平台的一些学者于 1999 年创立了另一个左翼理论刊物《星丛》(Constellations),其核心人物之一是 2022 年去世的美国哲学家理查德·伯恩斯坦,他的最著名著作之一是出版于 1971 年的《实践与行动:当代人类活动哲学》(Praxis and Action: Contemporary Philosophies of Human Activity)。③

---

① 恩斯特·布洛赫:《希望的原理》第 1 卷,梦海译,上海译文出版社 2012 年版,第 307—342 页。

② 尤尔根·哈贝马斯:《理论与实践》,郭官义、李黎译,社会科学文献出版社 2010 年版,第 238 页。

③ Richard J. Bernstein: *Praxis and Action: Contemporary Philosophies of Human Activity*, University of Pennsylvania Press, 1971.

　　说到底，马克思撰写于 1845 年春的《关于费尔巴哈的提纲》作为"包含着新世界观的天才萌芽的第一个文献"，它的历史影响和当代价值的最重要体现，是从其中包含的萌芽发展起来的那个"新世界观"的理论活力和实践成就。英国历史学家埃里克·霍布斯鲍姆曾经说："没有哪位思想家比马克思更成功地实践了自己的箴言：'哲学家们只是用不同的方式解释世界，而问题在于改变世界。'"①对于在不断变化着的环境中面对世界的每一代马克思主义者来说，这份《提纲》在回答了要不要改变世界的问题的同时，将始终如霍布斯鲍姆表达上述判断的那本书的书名那样追问：如何改变世界？

童世骏

思考题

1. 如何正确理解马克思主义的实践观点及其当代价值？

2. 马克思为何评价费尔巴哈对真理问题的认识是"纯粹经院哲学的问题"？

3. 简述马克思和费尔巴哈关于人的本质问题的理论分歧及其产生根源？

4. 如何理解"社会生活本质上是实践的"？

5. 如何理解实践是检验真理的唯一标准？

---

① 埃里克·霍布斯鲍姆：《如何改变世界：马克思和马克思主义的传奇》，吕增奎译，中央编译出版社 2014 年版，第 321 页。

马克思恩格斯《德意志意识形态》
——"费尔巴哈"章领读

　　《德意志意识形态》(下面简称《形态》)是马克思和恩格斯合作撰写的著作成果,迄今已有 170 多年了。《形态》在马克思主义发展史上具有极为重要的地位:第一次系统阐述了马克思主义唯物史观的基本原理,奠定了马克思主义的哲学基础,标志着马克思主义的诞生,被称为"马克思主义的奠基作"。要弄懂什么是马克思主义、什么是历史唯物主义,为什么共产主义具有社会发展的必然性,《形态》是必读的著作。就书的体量来看,《形态》是一部巨作,包括了两大卷八章,我们这里领读的是第一卷的第一章(又称为"费尔巴哈"章),这一章最为集中地体现了马克思主义的唯物史观。

一、《德意志意识形态》的写作目的与发表情况

　　在阅读第一章"费尔巴哈"之前,需要整体性地了解马克思恩格斯写作《形态》

的历史背景,了解马克思恩格斯撰写《形态》的缘由,包括:马克思恩格斯为什么要撰写《形态》? 为什么书名冠之以"德意志意识形态"?《形态》书名的含义是什么? 这一系列问题的破解对于深入理解《形态》文字中所蕴含的理论真谛十分重要。

(一) 马克思恩格斯写作《德意志意识形态》的目的

马克思恩格斯写作《形态》的目的主要有两点:一是批判当时霸占德国哲学论坛的"德意志意识形态家们"[1],揭露他们唯心主义的哲学立场;二是阐发他们自己唯物史观的哲学立场。这两点是相辅相成的,在批判中表明唯物史观立场,用唯物史观去批判德国当时的唯心主义社会历史观。马克思恩格斯写作《形态》的目的,在《形态》的文本中都有明确的表达,马克思和恩格斯也在之后文稿中有所说明。

1. 第一卷的序言:揭露青年黑格尔派的哲学斗争

《形态》第一卷的标题是"对费尔巴哈、布·鲍威尔和施蒂纳所代表的现代德国哲学以及各式各样先知所代表的德国社会主义的批判",书名《德意志意识形态》指的就是黑格尔之后的现代德国哲学。第一卷有个序言,表达了马克思、恩格斯写作的意图之一:揭露批判"现代青年黑格尔派哲学的核心",即德国青年黑格尔派的唯心主义。

序言有3个自然段。第1自然段呈现了当时德国青年黑格尔派在反对基督教神学名义下的唯心主义哲学观点。这一段有三层意思:第一,指出了长期影响人们的神学唯心主义观念。这些观念包括:关于人是什么和创造人的虚假观念;根据神的标准来建立人的关系;神灵本是人的头脑的产物,但是创造神的人们却屈从于创造物——神的支配。第二,指出青年黑格尔派反对基督教神学,表示要把

---

[1] 《马克思恩格斯文集》第 1 卷,人民出版社 2009 年版,第 512 页。

人们从"幻象、观念、教条和臆想的存在物的枷锁下"①解放出来,反抗神学思想的统治。第三,举了费尔巴哈、鲍威尔和施蒂纳三人试图改变神学的观点。费尔巴哈主张教会人们"用符合人的本质的思想来代替这些臆想";鲍威尔主张教会人们"批判地对待这些臆想";施蒂纳则提出要教会人们"从头脑里抛掉这些臆想"。②

第 2 自然段揭露了上述青年黑格尔派哲学观点是天真幼稚的空想。但是在当时的德国,青年黑格尔派的哲学观点很有迷惑性,不仅公众怀着畏惧和虔诚的心情接受这种哲学,而且这些哲学家们也自诩他们的哲学能够颠覆世界,就像英雄出世一样。马克思、恩格斯讽刺这些所谓的哲学英雄的外强中干,指出他们貌似像狼实质是羊,他们的夸夸其谈并不能改变德国的现状。马克思、恩格斯明确他们写书的目的就是"要揭穿同现实的影子所作的哲学斗争,揭穿这种投合耽于幻想、精神萎靡的德国民众口味的哲学斗争,使之信誉扫地"③。

第 3 自然段进一步批判了青年黑格尔派沉溺于思想观念的斗争,他们认为批判迷信观念和宗教观念就能解决问题,显然他们的哲学还是停留在思想领域。

2. 第一章"费尔巴哈":提出唯物主义与唯心主义的对立

第一章"费尔巴哈"由[Ⅰ][Ⅱ][Ⅲ][Ⅳ]部分以及"国家和法同所有制的关系"所组成。在[Ⅰ]的篇头部分,马克思、恩格斯承续序言中的批判立场,再次表明写书的目的。[Ⅰ]的篇头部分共有 4 个自然段,讲了两层意思:前 3 段揭示了青年黑格尔派哲学的唯心主义本质,第 4 段明确写作《形态》的目的。

第 1 段对德国所经历的哲学变革作了一个描述。德国的哲学变革是从"施特劳斯开始的黑格尔体系的解体过程"④,这个变革的一个特点是混乱,各种"思想勇士"纷纷登台,你方唱罢我登台,各种观点层出不穷,思想取代速度非常快,说明

---

① 《马克思恩格斯文集》第 1 卷,人民出版社 2009 年版,第 509 页。
② 《马克思恩格斯文集》第 1 卷,人民出版社 2009 年版,第 509 页。
③ 《马克思恩格斯文集》第 1 卷,人民出版社 2009 年版,第 510 页。
④ 《马克思恩格斯文集》第 1 卷,人民出版社 2009 年版,第 512 页。

这些思想的短暂性。

第 2 自然段就是一句话,深刻指出了德国哲学变革的实质,那就是"在纯粹的思想领域中发生的"①。揭示了"德意志意识形态"(德国哲学)的唯心主义本质。

第 3 自然段以市场竞争的样态讽刺在黑格尔体系瓦解过程中,那些哲学上"以经营绝对精神为生"的意识形态家仍然兜售绝对精神的残骸,并且产生激烈的竞争,而这种哲学斗争并没有提高哲学变革的质量,反而质量低廉,掺假不实,这与他们吹嘘的具有历史意义哲学变革的实际相去甚远。

第 4 自然段明确马克思、恩格斯写书的意图:为了正确评价在德国民众中有一定影响力的"哲学叫卖",指出"青年黑格尔派运动的狭隘性、地域局限性"②,并提出以一种新的立场来评判德国哲学的纷争。

马克思、恩格斯这里所提的新的立场就是唯物主义的立场,所以在第一章"费尔巴哈"题目之下有一个副标题:唯物主义观点和唯心主义观点的对立。这也反映了马克思、恩格斯写作《形态》的重要意图,即《形态》写作一方面是为了揭露青年黑格尔派的唯心主义哲学观,另一方面也为了提出和阐述他们唯物主义历史观的立场。历史唯物主义的创立既是马克思、恩格斯在历史哲学上的伟大创举,也是他们批判青年黑格尔派唯心主义哲学观的思想武器。

马克思、恩格斯写作《形态》的两大目的——批判和创立,除了在《形态》的序言等文本上体现,还能从马克思、恩格斯的其他文本上证实。如,马克思在《政治经济学批判》(1859 年柏林版)的序言中提到他与恩格斯合作《形态》的情况。马克思说,1845 年春,他和恩格斯都住在布鲁塞尔时,"我们决定共同阐明我们的见解与德国哲学的意识形态的见解的对立,实际上是把我们从前的哲学信仰清算一下。这个心愿是以批判黑格尔以后的哲学的形式来实现的"③。从这段话中可以

---

① 《马克思恩格斯文集》第 1 卷,人民出版社 2009 年版,第 513 页。
② 《马克思恩格斯文集》第 1 卷,人民出版社 2009 年版,第 513 页。
③ 《马克思恩格斯文集》第 2 卷,人民出版社 2009 年版,第 593 页。

获取两个信息,即马克思、恩格斯写作《形态》的心愿:一是要阐明他们与德国意识形态对立的哲学见解,也就是他们的唯物史观;二是要清算他们从前的哲学信仰。从前的哲学信仰就是马克思、恩格斯曾作为青年黑格尔派成员持有的观点,这种自我清算的形式是通过批判黑格尔以后的哲学来实现的,也就是对费尔巴哈、鲍威尔、施蒂纳等代表人物的历史唯心主义的哲学批判。马克思、恩格斯写作《形态》的两大愿望,恩格斯在《路德维希·费尔巴哈和德国古典哲学的终结》一书的"1888 年单行本序言"中也专门提及。

(二)《德意志意识形态》问世的文献学考察

这一节主要介绍《形态》写作的时间和著作发表的情况。在《形态》的文本中没有直接关于《形态》发表情况的文字说明,在马克思、恩格斯其他的著作中有少量这方面的信息,更多的还是来自学界对《形态》文献学的研究中所觅得的资料信息。

关于《形态》写作的时间。马克思曾说过,1845 年春,他和恩格斯都住在布鲁塞尔时有了共同写作的愿望,究竟什么时候动笔的,到什么时候完成的?学界有不同的说法,有的说是 1845 年 9 月,马克思、恩格斯从英国回到布鲁塞尔开始动笔撰写《形态》;也有的说写作起始于 1845 年 11 月,理由是 1845 年 10 月《维干德季刊》第三卷中包含有鲍威尔反驳费尔巴哈、施蒂纳、赫斯、马克思和恩格斯的文章,还有施蒂纳的拥护者反驳费尔巴哈和赫斯的文章,由此促发了马克思、恩格斯立即批判以费尔巴哈、鲍威尔、施蒂纳为代表的新德国哲学。① 本文采纳 1845 年 9 月动笔的说法。《形态》手稿有"两厚册"(马克思语)几百页,撰写工作一直持续

---

① 林建平:《马克思主义研究资料》第 1 卷《〈德意志意识形态〉研究》,中央编译局 2013 年版,第 153 页。

到 1846 年夏天。实际上《形态》是一部未完成稿,包括第一章费尔巴哈章,我们现在看到的文稿,其中存在着一些断稿和书写不全的痕迹,除了时间长久和文稿迁移中丢失的部分内容以外,确实也有一些批判性的内容未能完成。恩格斯在 1888年重审书稿时也说过:"其中关于费尔巴哈的一章没有写完",但是"已写好的部分是阐述唯物主义历史观的"。①

关于《形态》出版的情况。尽管《形态》在马克思主义形成过程中举足轻重,但是令人唏嘘的是,文稿在两位伟人生前并没有出版,虽然马克思早早就把厚厚的原稿送到了威斯特伐利亚的出版所,但是接到通知,"由于情况改变,不能付印"②,其原因很复杂。《形态》书稿沉睡 78 年后,终于在 1924 年苏联的马克思恩格斯研究院出版了《形态》的"一、费尔巴哈"章(俄文版),1926 年出版了德文版的"一、费尔巴哈"。直到 1932 年苏联出版了《形态》的全文(德文版),1933 年出版《形态》全文的俄文版。③

《形态》最早在我国传播是在 1930 年,在亚东图书馆出版的由河上肇选编、高语罕编译的《辩证法经典》中收录了《形态》部分章节。1932 年上海昆仑书店出版恩格斯的《机械论的唯物论批判》(即《路德维希·费尔巴哈和德国古典哲学的终结》,杨东莼、宁敦伍翻译)将《形态》的部分章节作为附录收录其书。1938 年郭沫若翻译了梁赞诺夫编辑的《马克思恩格斯文库》中的《形态》第一卷第一章(德文版),并由上海言行出版社于当年 11 月出版。④ 中华人民共和国成立以后,中共中央组织力量出版了《马克思恩格斯全集》,《形态》被收录于 1960 年出版的《马克思恩格斯全集》第 3 卷,其后,《马克思恩格斯选集》《马克思恩格斯文集》等都收录了《形态》的第一卷第一章。学术界掀起了研究《形态》的热潮,《形态》节选进入

---

① 《马克思恩格斯文集》第 4 卷,人民出版社 2009 年版,第 266 页。
② 《马克思恩格斯文集》第 2 卷,人民出版社 2009 年版,第 593 页。
③ 魏波、张梧:《〈德意志意识形态〉精学导读》,科学出版社 2019 年版,第 109—110 页。
④ 魏波、张梧:《〈德意志意识形态〉精学导读》,科学出版社 2019 年版,第 113—114 页。

党校、高校马克思主义学科的课程,成为必读的经典文献之一。本书领读的《形态》一书的文本是 2009 年人民出版社出版的《马克思恩格斯文集》第 1 卷收录的《形态》(节选)第一卷第一章"费尔巴哈"。

综上所述,《形态》的序言和[Ⅰ]的篇头语主要讲了马克思、恩格斯写作《形态》的目的。

第一,揭露批判黑格尔之后的青年黑格尔派的唯心主义哲学。

第二,在批判中清算他们过去的黑格尔哲学信仰。

第三,为了阐述唯物主义的历史观。

二、 解"历史之谜"的唯物史观新方法论

下面进入正文阅读。根据《形态》"一、费尔巴哈"五部分的大主题逐段进行。第一章"费尔巴哈"的第一部分[Ⅰ],在对青年黑格尔派唯心主义批判的基础上,提出马克思主义唯物主义历史观方法论。

(一)德国唯心史观哲学的批判

在[Ⅰ]篇头语之后的标题是:一、费尔巴哈,接下来的小标题是:A. 一般意识形态,特别是德意志意识形态。在这个标题下有 5 个自然段,谈了两个问题。

1. 对批判哲学的批判

这里的"批判哲学"指的是德国青年黑格尔派的哲学,第二个"批判"是指马克思、恩格斯对青年黑格尔派哲学的批判。第 1 自然段到第 3 自然段都是对德国青年黑格尔派批判哲学的批判。

第 1 自然段指出了青年黑格尔派自称是黑格尔哲学的批判派,但是他们对黑

格尔体系的批判一方面包含着神秘主义,另一方面没有一个人能够对黑格尔体系进行全面的批判。这些批判者之间相互论战,但都没有脱离黑格尔的哲学体系,只是抓住黑格尔体系的某一方面来反对黑格尔整个体系,或者来攻击对手,他们使用的哲学概念还是黑格尔的"自我意识""实体"等范畴,或者一些貌似世俗化的范畴,如:"类""人""唯一者"等。

第 2 自然段指出德国的哲学批判都是围绕着宗教批判来进行的。青年黑格尔派一直打着批判基督教的旗帜,如费尔巴哈对基督教本质的揭露,将神的本质归结于人的本质。然而他们的批判却并不是真正地否定宗教,相反,他们的哲学还是停留在宗教领域。第一,马克思、恩格斯批判说:"他们的出发点是现实的宗教和真正的神学。"①第二,他们把哲学观念(形而上学观念)、政治的、法律的、道德的等观念归入宗教神学观念的领域。第三,把具有政治的、法律的、道德的人"宣布为宗教的人"。总之,把一切占统治地位的关系宣布为宗教的关系。

第 3 自然段指出宗教使青年黑格尔派与老年黑格尔派殊途同归。黑格尔哲学解体后,德国哲学分为保守的老年黑格尔派和激进的青年黑格尔派,两个派别之间发生激烈的斗争。老年黑格尔派坚守黑格尔的哲学观点,青年黑格尔派批判老年黑格尔派,但是仍然用宗教的观念来批判老年黑格尔派的保守性。马克思、恩格斯指出,青年黑格尔派与老年黑格尔派持有同样的信念:"认为宗教、概念、普遍的东西统治着现存世界。"②只是在如何统治的形式上存在分歧,哲学观点根本上是一致的。

2. 青年黑格尔派历史观的本质

第 4 自然段批判了青年黑格尔派主张意识决定一切的唯心主义历史观。青年黑格尔派与老年黑格尔派一样都把一切事物,包括人们之间的关系、人们的社

---

① 《马克思恩格斯文集》第 1 卷,人民出版社 2009 年版,第 514 页。
② 《马克思恩格斯文集》第 1 卷,人民出版社 2009 年版,第 515 页。

会行为看作是意识的产物,认为束缚和限制人们行为的是意识问题,所以需要改变人们的意识。为此,他们提出道德上的要求,也就是"要用人的、批判的或利己的意识来代替他们现在的意识"①。马克思、恩格斯讽刺他们只是在词句上做文章,进行词句斗争,用某种词句来反对其他关于这个世界的词句。马克思、恩格斯一针见血地指出,他们仅仅反对这个世界的词句,而不是反对现存的世界。他们的批判只是意识范围的批判,最多是宗教意义上的一些说明,这种唯心主义的意识观根本无法发现具有世界历史意义的社会变化。

第 5 自然段直指青年黑格尔派哲学的要害,就是割裂了哲学与现实的联系、割裂了哲学批判与批判者所处的物质环境之间的联系。这一自然段也起到了承上启下的作用,引出马克思主义的历史观。

(二) 唯物史观形成的逻辑

《形态》"费尔巴哈"章[Ⅰ]部分紧接上面的小标题之后还有一个小标题:1. 一般意识形态,特别是德国哲学。这个标题下重起自然段,共有 20 个自然段,论述了两大主题,一是马克思主义唯物史观形成的现实前提;二是提出唯物史观的方法论。第一个主题从第 1 自然段到第 15 自然段,可以概括为五个方面的内容。

1. 唯物史观的现实前提

第 1 自然段提出了唯物史观理论的前提。如果说德国唯心主义哲学是以意识为前提的,那么与唯心主义哲学对立的唯物史观理论的前提是什么呢?马克思、恩格斯指出,唯物史观理论的前提是现实前提,这是完全不同于唯心主义的意识前提,"我们开始要谈的前提不是任意提出的,不是教条,而是一些只有在臆想

---

① 《马克思恩格斯文集》第 1 卷,人民出版社 2009 年版,第 516 页。

中才能撇开的现实前提"①。也就是说,任何想象的、教条的(思想理论的)都不是唯物史观的前提,因为那都是将意识作为问题研究或者认识人类社会的出发点。那么现实的前提是什么呢? 就是现实的个人,是现实个人的活动和他们的物质生活条件。现实的个人和活动是客观存在的,是看得见摸得着的东西,也就是书中所讲的"可以用纯粹经验的方法来确认"②的东西,而非想象出来的东西。

2. 个体生命存在和发展的自然条件

第 2 自然段从个体生命存在和发展的条件来论证为什么现实的个人及其活动是考察社会历史的现实前提。马克思、恩格斯说:"全部人类历史的第一个前提无疑是有生命的个人的存在。"③这本是一个人人都能理解的常识,有生命的个人是人类历史的主体和基础。有生命的个体的存在是需要条件的。首先是自然条件,包括个人肉体组织(生理性)的健全条件、个体生命存在所依赖的地质条件、山岳水文地理条件、气候条件等,离开这些条件,个人生命则不可能存在,更遑论人类历史发生和发展的问题了。马克思、恩格斯认为,个体生命活动(包括人的活动对自然的影响)所需要的自然条件是历史考察所不能忽略的,"任何历史记载都应当从这些自然基础以及它们在历史进程中由于人们的活动而发生的变更出发"④。

3. 生产活动是人最基本的活动

第 3 自然段到第 5 自然段主要讲人的生产活动(劳动)是人最基本的活动,因而也是唯物史观的现实前提(现实人的活动)。有三层意思。第一,生产活动是人不同于动物的根本标志。人与动物有什么不同? 对于这个问题,历史上有不少理论:有的将人具有意识作为区别人与动物的标志;有的认为宗教信仰使人区别于动物。马克思、恩格斯认为这些都没有讲到根本点上,他们认为,生产活动才是人

---

① 《马克思恩格斯文集》第 1 卷,人民出版社 2009 年版,第 516—519 页。
② 《马克思恩格斯文集》第 1 卷,人民出版社 2009 年版,第 519 页。
③ 《马克思恩格斯文集》第 1 卷,人民出版社 2009 年版,第 519 页。
④ 《马克思恩格斯文集》第 1 卷,人民出版社 2009 年版,第 519 页。

脱离动物界并且创造人类历史的最基本活动。他们说,当人开始生产自己需要的生活资料的时候,"人本身就开始把自己和动物区别开来。人们生产自己的生活资料,同时间接地生产着自己的物质生活本身"①。这里包含着劳动创造人和人类历史的观点。

第二,马克思、恩格斯提出了生产方式的问题。他们认为,人们的生产方式(活动方式)不能仅仅停留在肉体存在需要方面的考察,而要深入到人的生命活动和生活方式中去理解。因为生产方式一方面表现着他们自己生命的一定方式,也表现着人们一定的生活方式。这可以理解为人的生命活动的方式、生活方式来源于生产方式,以及与生产方式的一致性。另一方面,人们的生产活动即生产什么和怎样生产也是有条件的。也就是说,个人表现为生命方式的生产活动"取决于他们进行生产的物质条件"②。

第三,提出了生产与交往的关系。生产活动不是单个人的活动,生产中的个体之间必然发生交往,交往是生产的必要前提。但是如何交往,即交往的形式也不是随意确定的,而是由生产决定的。

4. 民族发展与生产活动的关系

第 6 自然段和第 7 自然段在个人生产活动讨论的基础上进入民族领域,探讨了民族发展与生产活动发展的关系。提出民族发展程度取决于生产力、分工和民族内部交往发展的水平,进而影响民族内部的结构,甚至决定一个民族在与其他民族关系中的地位。其中分工与民族生产力之间具有相互促进的关系:一个民族生产力发展水平往往明显地体现在"该民族分工的发展程度",而以新生产工具的使用所形成的新生产力"都会引起分工的进一步发展"③。

第 7 自然段着重讲了民族内部分工产生的结果:一是分工引起工商业劳动与

①　《马克思恩格斯文集》第 1 卷,人民出版社 2009 年版,第 519 页。
②　《马克思恩格斯文集》第 1 卷,人民出版社 2009 年版,第 520 页。
③　《马克思恩格斯文集》第 1 卷,人民出版社 2009 年版,第 520 页。

农业劳动的分离,并由此引起城乡的分离和对立;二是在前一个分工基础上,分工的进一步发展造成了商业劳动与工业劳动的分离;三是从事劳动的个人之间也形成了各种分工;四是分工中形成的各种相互关系,如不同的等级、阶级等关系,这些关系则是由"农业劳动、工业劳动和商业劳动的经营方式"①所决定的,经营方式同样出现在各民族交往的相互关系中。

5. 分工与所有制演变的历史

第 8 自然段到第 15 自然段重点阐述了分工与所有制的关系。

第 8 自然段是一个概括,有两层意思。第一,分工发展的不同阶段决定了所有制不同的形式,说明所有制形式与分工发展阶段的关系。第二,分工的不同阶段决定了个人在劳动材料的占有、劳动工具的使用和劳动产品分享中的相互关系。

第 9 段到第 15 段论述了三种所有制形式与分工发展的关系。第 9 自然段描述的第一种所有制形式是部落所有制,其特点是与不发达的生产阶段相适应:生产以耕种为主,辅之以狩猎、捕鱼和畜牧。生产以耕种为主,部落所有制"以有大量未开垦的土地为前提"②。这一阶段的分工不发达,只在家庭自然分工基础上扩大社会分工。与不发达分工相应的社会结构也仅仅是家庭的扩大,表现为父权制,部落首领管辖部落成员,包括奴隶。父权制是家庭形式的社会结构,随着内部人口的增长和外部战争和交易扩大,父权制的政治形式体现为奴隶制。

第 10 自然段和第 11 自然段描述的第二种所有制形式是古代的公社所有制和国家所有制。有四层意思:一是古代公社所有制是由若干个部落通过契约的形式联合或通过征服联合成一个城市而形成的。二是私有制已经发展起来了,但还保留着奴隶制。三是公社所有制的特征是政治上出现了具有支配奴隶权利的公民。

---

① 《马克思恩格斯文集》第 1 卷,人民出版社 2009 年版,第 520 页。
② 《马克思恩格斯文集》第 1 卷,人民出版社 2009 年版,第 521 页。

四是随着分工发展至比较发达,城乡对立的出现,不动产私有制的发展导致公社所有制的衰弱,出现了代表城市利益的国家与代表乡村利益的国家之间的对立、城市内部工业和海外贸易之间的对立,以及公民与奴隶之间阶级关系的对立。在这一阶段的后期,随着私有财产的集中,出现了平民小农向无产阶级的转化,就是在有产者公民和奴隶之间出现了平民的阶层。

第12自然段到第15自然段描述的第三种所有制形式是封建的或者等级的所有制。第12自然段讲述了封建的等级所有制形成的过程。第三种所有制形式就是西方进入中世纪后的封建社会所有制。中世纪有四个特点。第一,中世纪的起点是乡村,所以地域广阔,以农业为主。第二,中世纪与野蛮民族征服密切相关。战争征服过程中破坏了生产力,农业、工业、商业都遭到了不同程度的破坏。战争征服的组织方式是军事制度,所以西欧的封建所有制很大程度上受到了军事制度的影响。第三,封建所有制是以共同体为基础的。共同体指的是国家,所以与直接进行生产的阶级是对立的。马克思、恩格斯指出,共同体即国家是有产阶级的一种联合,其目的在于对付"被统治的生产者阶级"。由于生产条件的变化,共同体联合的形式与直接生产者的关系也有所不同,相对于古代共同体的对立面是奴隶,封建所有制国家共同体的对立面是农奴。第四,封建结构体现的是土地占有(乡村)的等级结构,通过军事力量使贵族掌握支配农奴的权力。

第13自然段指出了城市里与"土地占有的封建结构相适应的是同业公会所有制,即手工业的封建组织"①。这种封建结构产生了行会,并发展了帮工制度和学徒制度,这是一种和农村等级制相似的城市等级制。

第14自然段总结了封建所有制形式的两种劳动:土地所有制与农奴劳动;拥有少量资本并支配着帮工劳动的自身劳动。这两种所有制结构归根到底是由当时狭隘的生产关系(小规模的土地耕种和手工业式的工业)决定的。封建所有制

① 《马克思恩格斯文集》第1卷,人民出版社2009年版,第522—523页。

结构也与当时不发达的分工有密切关系,无论在乡村和城市中,分工都很少,只有在比较新的城市中分工才发展起来。

第 15 自然段指出,封建王国是地区联合的结果,产生了君主专制,君主领导满足统治阶级(贵族组织)的需要。

(三) 唯物史观的方法论

第 16 自然段到第 20 自然段在上述讨论的基础上,马克思、恩格斯提出并阐述了唯物史观的方法论。

1. 社会结构和国家产生于人们的生活过程

第 16 自然段有三层意思。第一,指出了人们之间的社会关系、政治关系与生产活动之间的联系。在现实中,在一定方式下进行生产活动的个人会发生一定的社会关系和政治关系。问题在于,这些关系是如何发生的? 用什么样的方法才能正确看待这些关系? 第二,要用经验的方法来"揭示社会结构和政治结构同生产的联系,而不应当带有任何神秘和思辨的色彩"[1]。这里经验的方法,就是客观实践的方法,它与思辨的想象的方法是完全不同的。马克思、恩格斯用经验的方法去看人们之间的关系,得出的结论就是"社会结构和国家(政治结构——作者注)总是从一定的个人的生活过程中产生的"[2]。这是唯物史观非常重要的观点。第三,马克思、恩格斯再次强调了,他们所说的个人是"现实中的人",不是想象中的人。所谓现实中的个人,就是指从事物质生产活动的人,强调人们的物质生产活动是有客观前提和物质条件的,这些物质条件并不因人们的意愿而随意改变,强调了人们生产活动的客观性和物质性。

---

① 《马克思恩格斯文集》第 1 卷,人民出版社 2009 年版,第 524 页。
② 《马克思恩格斯文集》第 1 卷,人民出版社 2009 年版,第 524 页。

2. 生活决定意识

第 17 自然段与第 18 自然段阐释了生活与意识的关系。究竟是思想意识决定生活还是生活决定意识? 这是唯物史观与唯心史观对立的核心观点。马克思主义的观点是:"不是意识决定生活,而是生活决定意识。"①第 17 自然段马克思、恩格斯层层递进地论证了思想意识是物质活动的产物。首先,最初思想意识是与人们的物质活动包括语言交织在一起的。这是指人们的实践活动中包含的意识,如种地活动中必然有意识的参与。其次,人们的想象、思维、精神交往是物质活动的直接产物。这里讲的是个体人的某种观念的产生、人们之间的精神交流都与人们的物质行动有关系。再次,意识形态的生产,也就是一个民族或国家的政治、法律、道德、宗教、哲学等精神生产也源于物质生活及其需要。总之,无论是个人的思想观念还是意识形态的精神生产都受制于人们的物质活动——生产力和交往形态的发展。对此,马克思、恩格斯界定了意识和存在的概念。所谓意识,就是"在任何时候都只能是被意识到了的存在"②,而存在就是人们现实的生活过程。简言之,包括个人观念在内的全部的意识形态都是从人们的历史过程中产生的,意识不过类似于照相机中的现实物体的映像(倒影)。

第 18 自然段,马克思、恩格斯将自己的唯物史观与德国哲学的唯心史观作了对比。他们说,德国哲学从天国降到人间;我们是从人间升到天国。什么意思呢? 就是德国哲学从意识包括神的意识、绝对精神等出发来解释人间生活;马克思主义则从有血有肉、从事实际活动的现实的人出发,来客观描绘生活过程在人们头脑中的反映,这些意识都可以通过经验来确认。所以,那些道德、宗教、哲学(形而上学)等意识形态都不是完全独立的,它们都有产生这些观念的物质生活基础。不仅如此,思维的意识形态还随着物质生活的改变而改变着思

---

① 《马克思恩格斯文集》第 1 卷,人民出版社 2009 年版,第 525 页。
② 《马克思恩格斯文集》第 1 卷,人民出版社 2009 年版,第 525 页。

维的内容,这就是:"发展着自己的物质生产和物质交往的人们,在改变自己的这个现实的同时也改变着自己的思维和思维的产物。"结论是:"不是意识决定生活,而是生活决定意识。"①唯心史观从意识出发,把意识看作有生命的个人;唯物史观则从有生命的个人出发,把意识仅仅看作是人们的意识,即人们生活的产物。

3. 唯物史观方法论的概括

第 19 自然段是对唯物史观方法的概括:一是唯物史观的方法有现实的前提,那就是处在现实的、可以通过经验观察到的、在一定条件下进行的发展过程中的人,而不是虚构的孤立的和固定不变的人。二是唯物史观的方法视域下的历史完全不同于抽象的经验主义者,将历史看成是一些僵死事实的汇集;历史也不是唯心主义者认为的是想象主体(从意识出发)的想象活动,就像德国哲学那样。

第 20 自然段是对第 19 自然段观点的补充:一是唯物史观的方法为实证科学开辟道路。克服唯心史观,关于意识的空话才能被真正的知识所代替。二是经验主义者对历史的抽象概括并不能真正地认识历史,最多只能提供某些资料,但是在解释资料的时候同样会面临着困难,原因在于,他们提供不了历史考察的现实前提。马克思、恩格斯再次强调,考察历史的现实前提只能从对每个时代个人现实生活过程和活动的研究中产生。

综上所述:《形态》"费尔巴哈"章的[Ⅰ]部分深刻阐述了下述观点:

第一,批判了德国哲学从意识出发的唯心主义历史观。

第二,提出了唯物史观理论的现实前提。

第三,提出了生产活动是人类最基本的活动,是产生分工、所有制、国家和意识形态的基础。

第四,阐述了唯物史观的方法论。

---

① 《马克思恩格斯文集》第 1 卷,人民出版社 2009 年版,第 525 页。

三、 唯物史观的全面论述

"费尔巴哈"章［Ⅱ］部分比较全面论述了马克思主义唯物史观的基本观点,内容非常丰富。这部分一共有 30 个自然段,可以从七个方面去阅读理解。

(一)人的解放与历史活动

第 1 自然段和第 2 自然段的主题是人的解放与历史活动,其中包含着对费尔巴哈人学观点的批判。

1. 人的解放是一种历史活动

第 1 自然段讨论了人的解放与历史活动的关系问题。当时德国那些聪明的哲学家——以费尔巴哈等为代表的青年黑格尔派在标榜自己与老年黑格尔派神学观点的不同时,使用了"自我意识""唯一者""个人"等新词,试图通过这些所谓的"人"的词句把人从神学的奴役下解放出来。这就提出了一个问题:人的解放究竟是思想活动还是历史活动? 显然,费尔巴哈等人把人的解放看作是一种思想解放(哲学词句的变革)。马克思、恩格斯一针见血地指出,这些新造的哲学词句在"人"的"解放"上并没有前进一步。他们认为,人只有在现实世界里使用现实的手段才能实现真正的解放。并举例论证:没有蒸汽机和珍妮走锭精纺机就不能消灭奴隶制;没有改良的农业就不能消灭农奴制,人的解放首先在于人们物质生活的得到保证,否则就谈不上人的解放。人的解放是一种历史活动,而不是思想活动。为什么人的解放是一种历史活动? 马克思、恩格斯的论证是:首先,人的解放是"由历史的关系,是由工业状况、商业状况、农业状况、交往状况促成的"①。其

---

① 《马克思恩格斯文集》第 1 卷,人民出版社 2009 年版,第 527 页。

次,还要根据上述状况的不同发展阶段,清除唯心主义哲学和宗教神学等对解放的误导(无稽之谈)。特别在德国唯心主义影响十分深厚的国家,与这些思想观念的斗争更具有必要性。

2. 共产主义者的使命

第2自然段包含了三个方面的内容。第一个内容就是提出了共产主义者的使命。这一使命的提出与马克思哲学上的唯物主义世界观密切相关。马克思在《关于费尔巴哈的提纲》一文中批判费尔巴哈直观的旧唯物主义,以实践观点奠基新唯物主义,也就是历史唯物主义。实践唯物主义的哲学与以往哲学的根本不同点在于:主张哲学不仅仅在于认识世界,更重要的是要改变世界。共产主义者在哲学上就是实践唯物主义者,共产主义者必须坚守实践唯物主义的哲学使命,就是:"使现存世界革命化,实际地反对并改变现存的事物。"[①]这里现存的事物指的是资本主义社会,共产主义的使命就是要通过世界革命,改变不合理的资本主义社会。

3. 批判费尔巴哈脱离现实历史的人学观

第2自然段的第二个内容是批判费尔巴哈的人学理论。费尔巴哈反对基督教神学,在自然观上坚持唯物主义立场,也曾经表示倾向共产主义。但是这些思想只具有微小的影响,因为费尔巴哈不是用现实的人和人的实践来认识社会历史,他用直观的感觉的方法去理解感性世界(人的世界)。这貌似也具有唯物主义的色彩,然而他所设定的人不是"现实的历史的人",而是抽象的人,也就是哲学理论(意识)所设定的人,这使他的"意识和他的感觉相矛盾",也就是马克思、恩格斯批判的"哲学直观"与"普通直观"的矛盾,前者是唯心的,后者是唯物的。

4. 感性确定性来源于人的历史活动

第2自然段的第三个内容提出了人的历史活动是哲学"感性确定性"来源的

---

① 《马克思恩格斯文集》第1卷,人民出版社2009年版,第527页。

观点。马克思、恩格斯剖析了费尔巴哈矛盾的根源,是他没有看到"感性确定性"来源于人的历史实践活动,"感性世界决不是某种开天辟地以来就直接存在的、始终如一的东西,而是工业和社会状况的产物,是历史的产物,是世世代代活动的结果"①。马克思、恩格斯以樱桃树为例,德国人能感知樱桃树的存在是由于商业活动移栽了樱桃树所致,指出了人们的感知、意识包括哲学概念来源于人们的生产活动。

(二) 自然与历史的关系

第 3 自然段到第 5 自然段提出了用唯物主义去看待自然与历史关系的思想,并且批判费尔巴哈历史唯心主义立场。

1. 人对自然的关系与历史活动

第 3 自然段主要讲了人的活动如何改变人与自然的关系。人与自然是一种什么样的关系? 布鲁诺的观点是将两者对立起来。马克思、恩格斯的唯物史观认为:要"按照事物的真实面目及其产生情况来理解事物"②的态度来看待自然与人的关系。他们指出,在工业中就必须实现"人与自然的统一",因为工业活动要有自然条件的支持。当然这种统一不是一成不变的,而是随着工业的发展不断改变统一的样貌。人与自然的关系不仅有统一方面,也有斗争方面,斗争甚至促进生产力的发展。而人与自然的密切关系归根到底在于人的生产活动和创造,这"正是整个现存的感性世界的基础"③。人的创造性生产活动不仅改变着自然界,使其发生了巨大变化,而且改变了整个世界和个人的感知能力。他们特别指出,人所面对的自然界大部分已经不是原始的自然界,而是人改造过的自然界,即人化的

---

① 《马克思恩格斯文集》第 1 卷,人民出版社 2009 年版,第 528 页。
② 《马克思恩格斯文集》第 1 卷,人民出版社 2009 年版,第 528 页。
③ 《马克思恩格斯文集》第 1 卷,人民出版社 2009 年版,第 529 页。

自然。

2. 自然科学与工商业发展

在第 3 自然段中,针对费尔巴哈把自然科学神秘化的问题,马克思、恩格斯破除了这种神秘性,提出"如果没有工业和商业,哪里会有自然科学呢"的质问。他们说,即使"纯粹的"(数学等)自然科学也是由于工业和商业,"由于人们的感性活动才达到自己的目的和获得自己的材料的"①。因为感性的生产活动才能提供科学家生存的物质需要和研究工作的各种物质材料。

3. 批判费尔巴哈的历史唯心主义

第 4 自然段和第 5 自然段批判了费尔巴哈的历史唯心主义。第 4 自然段指出,费尔巴哈虽然承认人是客观的感性存在,但是他只把人看作是"感性对象"而不是"感性活动"。"感性对象"与"感性活动"的区别在于:前者只把人看作是一种被动的存在,最终停留在抽象人的概念中;后者是人的活生生的可以改变世界的实践活动。费尔巴哈只承认人是"感性对象",是因为他"没有从人们现有的社会联系",从那些改变人的生活条件来观察人。虽然费尔巴哈也讲爱与友情,在这个范围也承认现实的人,但是他的爱和友情过于理想化,甚至提高到了宗教的程度,却没有批判现实生活中爱的关系,无视现实中两性关系被经济的、政治的因素所扭曲所侵蚀的事实。费尔巴哈的根本问题是"没有把感性世界理解为构成这一世界的个人的全部活生生的感性活动"②,只能求助于哲学上的"最高的直观"和观念上的类的平等。

第 5 自然段是对费尔巴哈哲学的概括,费尔巴哈是一个唯物主义者,他的唯物主义哲学思想也曾启发过马克思、恩格斯,但那是自然观上的唯物主义,而进入历史领域,费尔巴哈就抛弃了唯物主义,用抽象的人、宗教的爱来解释人的世界,

---

① 《马克思恩格斯文集》第 1 卷,人民出版社 2009 年版,第 529 页。
② 《马克思恩格斯文集》第 1 卷,人民出版社 2009 年版,第 530 页。

成为不折不扣的历史唯心主义者。

（三）历史关系的四个方面

如果说前面第 1 自然段到第 5 自然段是在批判费尔巴哈等唯心主义历史观中阐述马克思主义的历史观，那么后面的段落就是马克思、恩格斯正面阐述他们的唯物史观。首先他们讨论了历史发展中的四个最基本的关系要素或关系方面。

1. 一切历史的第一个前提

第 6 自然段确定生存的第一前提也就是一切历史的第一个前提，这个前提就是人们为了创造历史，必须能够生活。所以第一个历史活动就是要生产满足人们生存所需要的物质生活资料。几千年来人们为了维持生活每天必须从事生产活动，这是历史活动，也是一切历史的基本条件。马克思、恩格斯认为："任何历史观的第一件事情就是必须注意上述基本事实的全部意义和全部范围，并给予应有的重视。"①他们指出，德国研究历史的却不提供历史的世俗基础（生产活动），那不是真正的历史研究，研究者也称不上是历史学家。法国和英国的政治意识形态虽然对其本国人有束缚，但他们写出的市民社会史、商业史和工业史，其中必然涉及人们的日常生活和生产活动，多少包含着某些唯物主义要素。

2. 满足需要的历史活动

第 7 自然段讲了需要与历史活动的关系，其中提出了工具生产的意义。人们生产工具当然是为了满足生活的需要和满足需要的活动，而工具的使用又引起新的需要，从而推动历史的变化，所以把使用工具引起的新需要的产生也看作是第一个历史活动。他们批判德国那些无视人的需要的活动和引起新需要产生的工具生产的历史事实，而把神学、政治和文学的产生看作是历史的起始，其目的在于

————————

① 《马克思恩格斯文集》第 1 卷，人民出版社 2009 年版，第 531 页。

可以自由地随心所欲地提出他们关于历史的各种假说,掩盖历史的真相。

3. 家庭是最初的社会关系

第 8 自然段讲历史发展的第三个客观因素(第三种关系),就是家庭。家庭涉及人的繁殖和人类的延续。夫妻、父母与子女是家庭的基本关系。在人类各种关系中,家庭起初是唯一的社会关系,后来需要的增长产生了新的社会关系,人口的增多又产生了新的需要,这时家庭便成为从属关系了。如何认识和看待家庭?马克思、恩格斯认为,要根据客观的经验材料来考察和阐明家庭,而不能根据"家庭的概念"来考察和阐明家庭。前者是唯物史观的方法,后者是唯心主义的立场。

第 8 自然段的最后有一个非常重要的观点,就是对上述为了生存的活动、满足需要的活动和家庭的活动的三个方面的理解不能看作是三个不同的阶段,而是同时存在的三个客观因素,"从历史的最初时期起,从第一批人出现以来,这三个方面就同时存在着,而且现在也还在历史上起着作用"①。

4. 生命生产的双重关系与历史发展

第 9 自然段提出了第四个因素或历史关系。马克思、恩格斯把人类的生产称之为生命的生产,包括通过劳动生产自己生命和通过生育生产他人生命。在这两种生命生产中都包含着双重关系:一方面是自然关系,另一方面是社会关系。他人生命生产即生育活动的自然关系体现为配偶间的性关系、父母和子女之间的血缘关系;自己生命生产的自然关系体现为人与自然的关系(对自然的依赖和利用开发)。马克思、恩格斯在文稿中着重解释了社会关系,其含义是指"许多个人的共同活动",但是这种共同的活动是有条件的、是在某种方式下、出于某种目的而进行的。由此得出如下的重要论断:"一定的生产方式或一定的工业阶段始终是与一定的共同活动方式或一定的社会阶段联系着的,这种共同活动方式本身就是'生产力'","人们所达到的生产力的总和决定着社会状况","始终必须把'人类

---

① 《马克思恩格斯文集》第 1 卷,人民出版社 2009 年版,第 532 页。

的历史'同工业和交换的历史联系起来研究和探讨"①。这段话里,一是提出了生产活动中的社会关系,它具有共同活动特征,并与活动方式和社会阶段相联系的概念。二是共同活动也是生产力。这样对生产力(总和)的理解不仅仅指生产工具,还有人的活动。三是提出了生产力决定社会状况的观点。四是历史研究必须与生产力和生产方式的历史相联系。社会关系的本质就是人们之间的物质联系,这种联系是由生产力(需要)和生产方式决定的,它与人本身的历史是一致的;社会关系是不断变化的,由新的形式取代旧的形式,这就是客观存在的历史。

(四) 意识的本质与分工的关系

第10自然段讲了两层意思。一是论证了意识是社会产物的观点;二是谈了意识与分工的关系。

1. 意识是社会的产物

前面4个自然段考察了发生历史关系的四个因素、四个方面,这是经验可观察到的客观活动。第10自然段指出:人还有意识,因此必须研究意识与历史的关系,这里涉及意识与存在、精神与物质的关系。关于意识,他们区分了纯粹的意识和非纯粹的意识,前者体现为各种意识形态,后者是人们活动中的意识。无论是哪一种意识都依赖于物质和物质活动。即使非纯粹的意识也是同样如此,"'精神'从一开始就很倒霉,受到物质的'纠缠'"②,如,人的大脑、物质性的空气和语言是人们进行思考和交流信息必不可少的物质条件。语言具有实践性的特点,是人们交往所必需的。生产活动和交往所产生的社会关系是一种物质关系,"这种

---

① 《马克思恩格斯文集》第1卷,人民出版社2009年版,第533页。
② 《马克思恩格斯文集》第1卷,人民出版社2009年版,第533页。

关系都是为我而存在的",这句话怎么理解? 意思就是各种社会关系是我(主体)产生意识的来源,这是人有意识并区别于动物的关键所在。所以结论就是"意识一开始就是社会的产物,而且只要人们存在着,它就仍然是这种产物"①。

当然人的意识也是在发展的。最初是对直接感知环境的一种意识;对自己与他人、他物狭隘联系的一种意识;对于自然界的意识是出于对其无知和畏惧的状态,也就是一种纯粹动物式的意识。由于个人之间的交往,人们开始意识到人生活在社会中,但最初也带着动物的性质,被称为畜群意识。后来随着生产效率提高、需要增长和人口的增多,绵羊(畜群)意识或部落意识获得了进一步的发展。

2. 分工与纯粹意识的生产

随着生产力的提高,分工也发展了。人类的分工最早是性行为的分工,后来由于天赋、需要、偶然性(生活环境的因素)形成了自发(自然性)的分工,只有在物质劳动和精神劳动分离的时候才出现真正的分工。为什么物质劳动和精神劳动分离后才是真正的分工呢? 因为只有精神劳动独立之后,"意识才能现实地想象:它是和现存实践的意识不同的某种东西","从这时候起,意识才能摆脱世界而去构造'纯粹的'的理论、神学、哲学、道德等等"。② 要注意的是,现存实践意识就是"非纯粹"意识,是人们日常活动中所需要的意识,而纯粹的意识就是指精神劳动的产物,即各种意识形态。但是意识不可能是完全独立的,其与社会关系、生产力之间有联系,甚至会发生矛盾,其原因是:"分工使精神活动和物质活动、享受和劳动、生产和消费由不同的个人来分担"③,只要分工存在,这三个因素之间发生矛盾是必然的。意识、观念等精神产物都不可避免受到生活的生产方式及其相联系的交往方式的束缚和制约。

---

① 《马克思恩格斯文集》第 1 卷,人民出版社 2009 年版,第 533 页。
② 《马克思恩格斯文集》第 1 卷,人民出版社 2009 年版,第 534 页。
③ 《马克思恩格斯文集》第 1 卷,人民出版社 2009 年版,第 535 页。

（五）分工及其产生的矛盾

第11自然段到第15自然段主要讨论了分工发展所带来的分配上的、个人与共同利益之间的矛盾，提出了自发分工与自愿分工的本质区别。

1. 分工、私有制与国家的本质

第11自然段指出，分工包含着矛盾。分工的发展，使家庭的自然分工发展到单个的、对立家庭为基础的社会分工，由此出现了劳动和产品的不平等分配，所有制由此而产生。以往所有制的实质就是对他人劳动力的支配。文中说，分工和私有制是相等的表达方式。如何理解？因为分工的矛盾所出现的不平等分配与私有制密切相关，私有制支配了他人的劳动及其劳动产品，其本身也是分工的体现和结果。

第12自然段到第14自然段分析了分工中的利益矛盾。首先，分工产生了单个人或单个家庭利益与所交往的个人的共同利益的矛盾。他们指出，共同利益具有普遍性，但这种"普遍性的东西"不能仅仅理解为一种观念，而要看到，分工把个人之间联系起来的关系存在于现实中。其次，如何解决特殊利益（单个人或单个家庭利益）和共同利益的矛盾？国家出场了。独立形式的国家代表了共同利益，但他们同时指出，国家是一种虚幻的共同体的形式。国家虚幻性表明国家并不是真正代表共同利益，因为国家的背后始终存在着家庭集团和部落集团的利益关系。从历史来看，分工产生了不同的阶级，其中一个阶级统治着其他一切阶级，各阶级之间的利益是对立的；即使统治阶级内部也存在着权力斗争，马克思、恩格斯讽刺道，所谓普遍的东西不过是一种虚幻的共同体形式。他们指出，一方面，每一个力图取得统治的阶级首先要夺取政权，为了获得社会人群的普遍支持，便把自己的阶级利益说成是普遍的利益。另一方面，各个人追求的是与共同利益不相符合的个人的特殊利益，产生了与共同利益对抗的矛盾，于是由国家出面来解决这种矛盾就成为了必要。这里揭示了国家的阶级本质和虚假的共同性。

2. 自然的分工与自愿的分工

第15自然段探讨了自然分工与自愿分工的问题。所谓自然的分工，是指人的生产活动局限于某种特殊的范围，"这个范围是强加于他的，他不能超出这个范围"，这意味着他永远是一个猎人、渔夫、放牧者或批判者。显然这种分工的活动并非出于人的自愿性，根源还在于特殊利益和共同利益之间存在着分裂。马克思、恩格斯分析并批判自然分工的不人道："人本身的活动对人来说就成为一种异己的、同他对立的力量，这种力量压迫着人，而不是人驾驭着这种力量。"①自愿的分工，即自由地选择自己感兴趣的工作，这只有在共产主义社会才有可能。但马克思、恩格斯认为，尽管自然分工令人厌恶，"社会活动的这种固定化，我们本身的产物聚合为一种统治我们、不受我们控制、使我们的愿望不能实现并使我们的打算落空的物质力量"②，但是这种力量却是迄今为止历史发展的主要因素之一，因为受分工制约的共同活动产生的社会力量促进了成倍增长的生产力。

（六）共产主义与世界历史

第16自然段到第26自然段的主题是生产力发展与世界历史的形成，以及与共产主义的关系。

1. 生产力发展与世界历史性

第16自然段提出生产力高度发展是消灭异化和世界历史性形成的实际前提的思想。首先，消灭异化需要以生产力高度发展为前提。马克思、恩格斯说，分工造成的异化只有具备了两个实际前提（条件）才能消灭：一是要壮大无产阶级的队伍，即人类"大多数变成完全'没有财产的'人"；二是使无产阶级认识到并实际

---

① 《马克思恩格斯文集》第1卷，人民出版社2009年版，第537页。
② 《马克思恩格斯文集》第1卷，人民出版社2009年版，第537页。

地形成与有钱有教养(资产阶级)的世界相对立的力量。这两个条件都离不开生产力的巨大增长和高度发展。其次,生产力的发展是世界历史性存在绝对必须的实际前提。因为"只有随着生产力的这种普遍发展,人们的普遍交往才能建立起来"①。普遍交往的意义在于:通过普遍竞争,使无产阶级成为各民族共同的现象,并使各民族之间相互联系产生连锁性的民族变革。最后"地域性的个人为世界历史性的、经验上普遍的个人所代替"。提出了生产力发展与世界历史形成的观点。

2. 世界历史性与共产主义运动

普遍交往所形成的世界历史性使共产主义运动成为可能。第16自然段的后部分指出,没有普遍交往和世界历史性的产生,那么共产主义只能作为某种地域性的活动而存在;异化还不能成为一种普遍的不堪忍受的力量,难以唤起全世界无产阶级的觉醒。因此要消灭地域性的共产主义,使共产主义成为世界性的行动,必须"以生产力的普遍发展和与此相联系的世界交往为前提"②。

第17自然段强调共产主义不是固定的理想模式,更重要的是"那种消灭现存状况(资本主义——作者注)的现实的运动"③。当然共产主义运动也是需要条件的,这个条件是如何发生的呢?

第18自然段解答共产主义运动产生的前提条件——世界历史性的存在。由于世界市场的出现,由于竞争使大多数人失去了原来有保障的生活来源的工作,成为一无所有的无产者,所以无产阶级只在世界历史意义上才能存在,共产主义事业也只有作为"世界历史性的"存在才有实现的可能。对于在世界历史性背景下的个人也同样如此,个人是一种与世界历史直接相联系的个人存在。

第19自然段阐述了不同形式财产的变化形成的历史:地产经营在法英不同的演变;贸易——交换活动甚至通过供求关系统治全世界。这些都说明经济活动

① 《马克思恩格斯文集》第1卷,人民出版社2009年版,第538页。
② 《马克思恩格斯文集》第1卷,人民出版社2009年版,第539页。
③ 《马克思恩格斯文集》第1卷,人民出版社2009年版,第539页。

不断改变着现实世界,它可以创造王国,也可以把它摧毁,民族的兴衰也同样如此。如何才能摆脱被支配的命运? 马克思、恩格斯指出,只有消灭私有制,"随着对生产实行共产主义的调节以及这种调节所带来的人们对于自己产品的异己关系的消灭,供求关系的威力也将消失,人们将使交换、生产及他们发生相互关系的方式重新受自己的支配"①。

第21自然段②提出了人类活动的两个方面:人改造环境和人改造人。这一观点体现在后面的阐述中。第23自然段强调历史的依次更替是每代人前赴后继改变环境的活动,"每一代都利用以前各代遗留下来的材料、资金和生产力;由于这个缘故,每一代一方面在完全改变了的环境下继续从事所继承的活动,另一方面又通过完全改变了的活动来变更旧的环境"③。因此,历史绝不是如思辨者所发现的是人们特殊目的(观念)的结果,相反"使命""目的"恰恰是从历史活动中抽象出来的概念。

第24自然段阐述人类活动范围的扩大,日益完善的生产方式、交往和分工将原始封闭状态打破得越彻底,历史也就越是成为世界历史。举例:英国发明的机器进入印度和中国的市场,引起两个国家整个生存形式的改变,那意味着,机器的发明就是一个世界历史性的事实。咖啡和砂糖在19世纪具有世界历史意义也在于打破了民族之间的分割的状态。上述例子都说明:"历史向世界历史的转变,不是'自我意识'、世界精神或者某个形而上学幽灵的某种纯粹的抽象行动,而是完全物质的、可以通过经验证明的行动。"④

第25自然段讨论了单个人的解放与世界历史性的关系。历史经验表明,单个人的活动随着扩大为世界历史性的活动后,日益受到异己的世界市场力量的支

---

① 《马克思恩格斯文集》第1卷,人民出版社2009年版,第539页。
② 第20自然段和第22自然段主要是市民社会与国家关系,这将在后面的阅读领读中涉及。
③ 《马克思恩格斯文集》第1卷,人民出版社2009年版,第540页。
④ 《马克思恩格斯文集》第1卷,人民出版社2009年版,第541页。

配。但这不是永久的,随着共产主义革命推翻现存的社会制度和被视为神秘力量的私有制,便能把个人从被支配的状态下解放出来。所以,"单个人的解放的程度是与历史完全转变为世界历史的程度一致的"。"个人在精神上的现实丰富性完全取决于他的现实关系的丰富性。"①也就是说,当单个人同整个世界的生产(包括精神生产)发生实际联系,就能利用全面生产来提升自己的创造能力。马克思、恩格斯指出,各个人之间的全面依存关系都源自世界历史性的共同活动,无论是被异己力量的支配还是共产主义革命转化为对异己力量的控制和自觉的驾驭,人在世界历史性活动中创造人自身,而不是被神秘活动创造的"唯一者"。

第 26 自然段是对前面所述历史观的总结,概括为四点:第一,生产力发展达到一定的阶段、与现存生产关系发生的矛盾,使生产的力量变成了破坏的力量;与此同时产生了一个阶级,他们承受着社会的重负,但不能享受劳动的福利;他们被排斥于社会之外,不得不同压迫他们的阶级对立;当这个阶级(无产阶级)构成了社会的大多数,必然产生实行彻底革命的共产主义意识。第二,那些能够利用生产力条件的阶级同时具备了实行统治的条件,这个阶级(有产阶级)由于拥有财产而拥有了社会权力,并在国家的形式中行使权力,因此革命斗争都是针对统治阶级的。第三,历史上的一切革命都没有触动统治活动的剥削性质,不过是换一种形式重新分配(占有)劳动,共产主义革命则针对统治活动的剥削本质,那就是消灭私有制统治下的异化劳动,同时消灭阶级本身。完成这个革命的阶级一无所有,它成为一切阶级和国家解体的力量。第四,为了实现革命事业,使人们普遍产生共产主义意识从而使人们发生变化是必需的;共产主义意识的普遍化只有在实际运动中、在革命中才有可能实现。之所以需要革命,一是除了革命没有任何其他的办法能够推翻统治阶级;二是只有在革命中革命阶级才能抛掉自己身上的陈旧的东西,才能胜任重建社会的工作,就是革命者在改造社会的同时

---

① 《马克思恩格斯文集》第 1 卷,人民出版社 2009 年版,第 541 页。

改造自身。这也是第 21 自然段提到的,一方面是人改造自然,另一方面是人改造人。

(七) 历史发展与社会结构理论

第 27 自然段到第 30 自然段主要阐述了唯物史观的社会结构理论和对费尔巴哈等人的唯心史观的批判。

1. 交往形式与市民社会

市民社会是马克思、恩格斯社会结构理论中的一个关键概念。他们的市民社会理论虽然受黑格尔启发,但是完全不同于黑格尔,他们对市民社会的理解是建立在唯物史观的立场上的。对此要追溯到第 20 自然段,马克思、恩格斯所理解的市民社会是与历史发展的基础相联系的。他们认为,历史发展的各个阶段中受生产力制约的同时也对生产力具有反制约的交往形式,这个形式就是市民社会,所以"市民社会是全部历史的真正发源地和舞台"①。这一思想也将体现在社会结构理论中。

2. 市民社会与上层建筑的关系

第 27 自然段概括了社会结构的历史观:"从直接生活的物质生产出发阐述现实的生产过程,把同这种生产方式相联系的、它所产生的交往形式即各个不同阶段上的市民社会理解为整个历史的基础,从市民社会作为国家的活动描述市民社会,同时从市民社会出发阐明意识的所有各种不同的理论产物和形式,如宗教、哲学、道德等等,而且追溯它们产生的过程。"②这一段话的理解:就是包括生产活动和各种交往活动的市民社会是整个历史的基础部分,国家和各种

---

① 《马克思恩格斯文集》第 1 卷,人民出版社 2009 年版,第 540 页。
② 《马克思恩格斯文集》第 1 卷,人民出版社 2009 年版,第 544 页。

意识形态则是在市民社会的基础上建立起来的,通常被称为上层建筑。国家是制度性的上层建筑;意识形态是思想性的上层建筑。上层建筑貌似高高在上,但都离不开市民社会的基础,来源于市民社会。这就破除了国家和意识形态的神秘性。

这种社会结构的历史观是现实客观的,它不是从观念出发来解释社会实践,而是从物质实践出发来解释各种观念形态。从这一历史观出发还可得出如下的结论:一是意识的一切形式不能通过精神的批判来消灭,而只能通过推翻产生这些意识的现实社会关系才能把它们消灭。也就是说,历史的动力和各种理论的动力是革命(实践——作者注),而不是批判。二是历史不是源于"精神的精神"或"自我意识",而是历史阶段中一定的物质结果,包括一定生产力总和,人与自然以及人们之间形成的社会关系,人们在前一代人提供的物质基础上发展新的生产力、改变生活环境。三是人创造环境的同时环境也创造人。四是历史变更的革命条件取决于生产力发展水平、反抗旧社会的革命群众的力量。这些都是社会全面变革的物质因素,当这些因素不足以形成摧毁现存一切的基础时,即使已经有了变革的观念,反对旧社会的革命仍然不会发生。

3. 对历史唯心主义的批判

第 28 自然段到第 30 自然段是对唯心史观的批判。第 28 自然段指出以往历史观的根本问题:一是忽略了历史的现实基础;二是把生活生产看作是某种非历史的东西,其结果是把人与自然的关系排除在历史之外,造成自然界和历史的对立。这种历史观在历史中只能看到重大政治历史事件,看到宗教和理论的斗争,并且用时代的幻想去描述历史。具体表现为:第一,把纯粹政治的、宗教的动因作为人们实践活动的决定力量。德国人甚至把宗教幻想推崇为历史的动力。第二,德国历史学家在黑格尔历史哲学影响下,完全无视现实的利益,只在意纯粹的思想。如,布鲁诺的"自我意识",施蒂纳借助所谓"不信神"来编纂强盗和幽灵的历史,其本质上仍是宗教的历史观,是"用宗教的幻想生产代替生活资料和生活本身的现实生产"①。第三,历史观局限于民族的地域性。主要针对德国的理论家,空谈毫无意义的"从神的王国进入人的王国"。马克思、恩格斯指出,要消除这些不合实际的观念,要靠改变环境而不是靠理论上的演绎来实现的。

第29自然段继续批判布鲁诺等人脱离历史的事实和发展过程来虚构历史:一是他们编写历史的目的是使某个非历史人物及其幻想流芳百世,根本不提真正的历史事件;二是历史叙述不是以研究而是以虚构和文学闲篇为根据;三是用剽窃法国的哲学思想来掩盖他们的民族偏见。

第30自然段批判费尔巴哈对共产主义者的曲解。费尔巴哈用"共同人"的规定宣称自己是共产主义者,这样就像他抽象"人"一样把"共产主义者"抽象化了。他用人与人的互相需要来解释共同人,其实就是对现存人的关系的确认。马克思、恩格斯对此反驳说,一个真正的共产主义者的任务不是确认现存的东西而是要推翻这种现存的东西。费尔巴哈对共产主义者的曲解被布鲁诺和麦克斯钻了空子,他们利用费尔巴哈的共产主义者的观念来攻击真正的共产主义者。马克思、恩格斯指出,费尔巴哈与共产主义的对手实际上具有共同点,那就是用抽象的概念、人的感觉的东西来等同于现实的人和现实的状况,而且费尔巴哈还要求人们在"存在"与人的"本质"不一致时,要接受现状、忍受不幸。显然,这与千百万无产阶级或共产主义者所想的完全不一样,后者将在条件适当时,通过革命实践使自己的"存在"同自己的"本质"协调一致,就是消灭不合理的存在环境,使之有利于人的发展。费尔巴哈的哲学还停留在自然界,他并不了解现存的东西和人的世界,他要人们忍受环境的不幸和以幻想的方法去反抗环境的说辞与布鲁诺对无产者的责难是一样的。

综上所述,"费尔巴哈"章[Ⅱ]部分全面阐述了马克思主义的唯物史观,主要涉及七个方面的论题:

第一,人的解放与历史活动。

---

① 《马克思恩格斯文集》第1卷,人民出版社2009年版,第546页。

第二,自然与历史的关系。

第三,历史关系的四个方面。

第四,意识的本质与分工的关系。

第五,分工及其产生的矛盾。

第六,共产主义与世界历史。

第七,历史发展与社会结构理论。

四、 用唯物史观剖析统治阶级思想

在"费尔巴哈"章[Ⅲ]部分马克思、恩格斯用唯物史观来解剖统治阶级的思想,揭示统治阶级思想产生的物质根源,批判德国意识形态家意图提高统治阶级的思想统治地位的唯心史观的方法。

(一)统治阶级思想的实质

第1自然段到第4自然段揭示统治阶级思想的实质。

1. 统治阶级的思想是占统治地位物质关系的观念表现

统治阶级的思想一向被视为具有权威性和神圣性、是人们必须仰视必须服从的东西。但在唯物史观的解剖刀下,其神秘外衣下的内质昭然若揭。为什么统治阶级的思想占统治地位? 马克思、恩格斯说,那是统治阶级物质力量占统治地位所致。"一个阶级是社会上占统治地位的物质力量,同时也是社会上占统治地位的精神力量。"[①]统治阶级在支配着物质生产资料的同时,也支配着精神生产资料。

---

① 《马克思恩格斯文集》第1卷,人民出版社2009年版,第550页。

统治阶级的思想不过是以思想的形式表现出来的占统治地位的物质关系。马克思、恩格斯指出，作为一个阶级的统治，往往要在一切领域体现着他们的统治，在思想领域他们用自己生产的思想来调节自己时代的思想生产和分配，把握着思想生产的支配权，成为占统治地位的思想。举例，某个国家分权的学说占统治地位，是因为那个国家的现实统治的权力是分享的。

2. 分工与统治阶级思想家

第2自然段谈了分工与统治阶级思想家形成的关系。真正的分工是精神劳动从物质劳动独立出来的时候开始的，这样的分工形式同样体现在统治阶级内部。在统治阶级内部产生了专门从事思想生产的思想家，他们把编造有利于该阶级的精神成果当作主要的谋生之道；而统治阶级中另一些不善于思想的人则是接受思想家们编造的思想和幻想，这两部分人也可能产生某种分歧甚至某种程度的对立，但当统治阶级的思想受到威胁时，他们的对立和敌视就会消失，为了共同利益来拥护统治阶级的思想。这里马克思、恩格斯也提到了，革命阶级也会有自己的思想家并产生革命阶级的思想，不过，"一定时代的革命思想的存在是以革命阶级的存在为前提的"[1]。

3. 统治阶级思想的普遍形式与利益的关系

第3自然段强调：考察历史进程时，必须要考虑统治阶级思想产生的基础，包括思想家个人和历史环境。这样就能理解贵族统治时期的占统治地位的概念是荣誉、忠诚等，而资产阶级统治时期占统治地位的概念是自由、平等，等等。他们提到的一个重要问题是，18世纪的历史学家面临着这样一个问题，即统治阶级的思想越来越呈现出普遍性形式的特点。其原因何在？他们分析道，一个企图取得统治地位的新阶级，不得不把自己追求的利益说成是全社会的共同利益，在观念表达上则把自己的思想赋予普遍性的形式，把它们描绘成唯一合乎理性的、有普

---

① 《马克思恩格斯文集》第1卷，人民出版社2009年版，第551页。

遍意义的思想。也就是说,革命阶级对抗统治阶级,一开始是作为全社会的代表出现的,一方面革命阶级的特殊利益尚未形成,另一方面非统治阶级之间确实存在着一定共同利益的联系。所以,"每一个新阶级赖以实现自己统治的基础,总比它以前的统治阶级所依赖的基础要宽广一些"①。但同样,后来的非统治阶级与统治阶级的斗争更加激烈和彻底。

第 4 自然段总结:统治阶级思想普遍性形式的实质是利益问题,统治阶级之所以要把他们的特殊利益说成是普遍利益,恰恰是为了维护统治者的特殊利益。马克思、恩格斯说,在未来的社会,阶级没有了,就不存在把特殊利益说成是普遍利益,那么关于一定阶级的统治只是思想统治的假象也就消失了。

(二) 批判"思想占统治地位"的唯心史观

第 5 自然段到第 10 自然段揭示批判了那些抬高统治阶级思想统治一切的唯心史观的手段和方法。

1. "思想占统治地位"观点剖析

第 5 自然段对"历史上始终是思想占统治地位"的观点进行剖析。"历史上始终是思想占统治地位"的结论是怎么来的呢? 马克思、恩格斯揭示:"把占统治地位的思想同进行统治的个人分割开来,主要是同生产方式的一定阶段所产生的各种关系分割开来。"②这样就能从各种思想中抽象出思想、观念,并把个别的思想和概念说成是历史上发展着的概念的"自我规定",并从各种人的概念中引申出人们的一切关系,这样就颠倒了概念与人们关系的地位。由于思想在历史上的统治地

---

① 《马克思恩格斯文集》第 1 卷,人民出版社 2009 年版,第 553 页。
② 《马克思恩格斯文集》第 1 卷,人民出版社 2009 年版,第 553 页。

位,于是推出了"概念"的生产者即理论家、哲学家、意识形态家等,把这些人看作是自古以来就是在历史上占统治地位的。

2. 揭示精神在历史上最高统治的三个手段

第6自然段到第8自然段揭示唯心史观证明精神在历史上最高统治的三种手段。第一,必须把统治者个人的思想同这些进行统治的个人本身分割开来,实际上是把统治者的思想脱离统治者的活动现实,从而承认思想在历史上的统治。第二,必须使思想统治具有某种秩序。证明相继出现的占统治地位的思想之间存在着某种神秘的联系,从而把思想看作是概念自身的"自我规定",即使思想有差别,也是思维产生的自我差别。这样就使思想完全脱离了现实的基础。第三,为了消除"自我规定者的概念"的神秘外观,如上帝、神等,某些自喻是唯物主义者又把这些概念变成某种人物(思想家)的"自我意识",或者变成历史上许多被称为"思维着的人"、哲学家、意识形态家等人物,把他们看作是历史的制造者。马克思、恩格斯批判道,这样一来,一切唯物主义的因素都从历史上消失了,剩下的就是思辨之马的自由奔驰了。

3. 用实际生活破除思想统治历史的思辨幻想

第9自然段和第10自然段马克思、恩格斯指出,要说明唯心史观的历史方法,以及为什么在德国占统治地位,只要从这些历史唯心主义思想家们的实际生活状况、他们的职业和分工出发,就很容易说明他们的理论充满了幻想和曲解,不难判别假貌和真相。

综上所述,"费尔巴哈"章[Ⅲ]部分对统治阶级思想的来源、实质进行了解析,解开了统治阶级思想神秘性的面纱,本部分集中谈了三个问题:

第一,揭示了统治阶级思想占统治地位的实质。

第二,批判了"思想占统治地位"的唯心史观。

第三,指明了从实际生活破除思想统治历史的思辨幻想。

五、 唯物史观的重大创新： 历史发展的基本规律及其相关理论

"费尔巴哈"章[Ⅳ]部分的历史唯物主义理论有一个重大突破,就是马克思、恩格斯发现了历史发展最根本的原因,提出了生产力和生产关系(交往形式)的相互关系及其矛盾运动的辩证法,揭示了社会历史发展变化之源,论证了共产主义革命的必然性。这一发现是结合西欧近现代历史演变的具体过程得出的结论,体现了马克思主义理论逻辑与历史的统一性。

(一) 生产工具与所有制形式

第 1 自然段和第 2 自然段主要谈了两个问题: 其一是生产工具在历史发展中的决定性作用,其二是生产工具与所有制形式的关系。

1. 生产工具是区别时代的根本标志

生产工具是劳动生产必要的条件,作为生产力的重要组成部分,生产工具的变革必然引起一系列的劳动形态和社会变化。第 1 自然段指出,生产工具的差异决定了农业时代与工业时代的区别,前者是自然形成的生产工具;后者是文明创造的生产工具。这一差别带来了一系列劳动状况的差别:一是劳动主体受支配的对象不同。在自然形成的生产工具下,劳动者受自然界支配,体现为财产(地产)直接形成的统治;在文明创造的生产工具下,劳动者受劳动产品支配,表现为劳动即资本的统治。二是人们建立联系的性质不同。在农业时代人们是通过家庭、部落或者土地本身结合在一起,交换主要是人与自然的交换,亦即以人的劳动换取自然产品;在工业时代独立的各个人是通过交换集合在一起,主要是人与人的交换。三是体脑分工中的依赖关系不同。在农业时代体脑的活动尚未完全分开,财

产所有者对非所有者的统治依靠个人关系或依靠某种形式的共同体来进行;在工业时代财产所有者对非所有者的统治采取物的形式即通过货币来进行。在农业时代虽然存在一定的小工业,但这种工业取决于自然形成的生产工具的使用;在工业时代,工业在分工的基础上并依靠分工才能存在。

2. 生产工具与私有制的关系

第2自然段阐述了生产工具与私有制的关系。马克思、恩格斯指出,私有制在工业发展中是必要的,在不同的发展阶段上私有制与生产工具的关系也是不同的:在采掘时代,私有制与劳动完全一致;在农业时代,私有制是现存生产工具的必然结果;到了大工业时代,大工业的高速发展产生了生产工具和私有制的矛盾,说明了私有制不适应大工业生产工具的发展,那也意味着"随着大工业的发展才有可能消灭私有制"①。预示着共产主义的未来。

(二) 分工与城市的演变

第3自然段到第7自然段主要讲了物质劳动与精神劳动的分工促进城市的变化。

1. 分工与城乡对立

在第3自然段中,马克思、恩格斯指出,物质劳动和精神劳动的最大分工是城市和乡村的分离。城乡对立的出现其历史意义重大:一是开启了人类文明的进程。体现了野蛮向文明、部落制度向国家、地域局限性向民族的发展趋势。城市集中了人口、生产工具、资本、享受和需求;乡村则是隔绝和分散。二是城市的出现,不仅产生了行政性的公共机构,而且出现了两大对立阶级。他们强调阶级的划分是直接以分工和生产工具为基础的,并且只有在私有制范围内才能存在。三

---

① 《马克思恩格斯文集》第1卷,人民出版社2009年版,第556页。

是城乡对立的实质是:个人屈从于分工、屈从于他被迫从事的某种劳动。总之,劳动成为凌驾于个人之上的力量;城乡的分离还有资本和地产的分离,是资本独立发展的开始,是劳动与交换为基础的所有制的开始。四是消灭城乡对立是未来共同体的首要条件,这个条件取决于许多物质前提,单靠意志(愿望)是不能实现的。

2. 资本主义前期的城市演变

第4自然段到第7自然段从经济活动探讨了中世纪走向近代的城市变化。一是城市市民的来源,是由获得自由的农奴重新建立起来的。二是主要从事手工业劳动,并由于利益保护的需要,建立了手工业行会;劳动的形式使学徒和师傅之间建立起宗法关系。三是这些城市中的资本是等级资本,由住房、手工劳动工具和父传子、子传孙等自然世袭而形成的资本,不同于现代货币资本。四是城市行会中的分工和交往比较有限;手工业者安于自己的工作,对工作的屈从程度远超现代工人。

(三) 交往与现代大工业

第8自然段到第29自然段谈了分工所带来的交往和机器的使用所带来的生产力的发展,并由此产生的现代大工业及其各种矛盾。

1. 交往的扩展所产生的变化

从第8自然段到第10自然段主要探讨了交往从生产中分离后产生了一系列的生产和社会的变化。第一,由于分工的进一步扩大使交往从生产领域中分离出来,由此便形成了一个特殊的商人阶级。商业在新兴城市出现,使地区之间的贸易具有了可能性,但贸易的可能性转变为现实性取决于三个条件:一是交通工具的情况;二是政治关系所决定的社会治安情况;三是交往地区相应的文化水平。第二,交往的扩大促进新的分工。随着通商的扩大,打破了地域的局限,城市间建立了联系,新的劳动工具从一个城市运往另一个城市;同时生产与交往的分离也引起了各城市之间在生产上新的分工。第三，交往促进了生产力发展。马克思、恩格斯指出，某一地域创造出来的生产力（新的生产工具）是否能够保存下去，"完全取决于交往扩展的情况"①。他们举腓尼基人的例子和中世纪玻璃绘画术的例子说明了：如果只限于有限地域的交往，往往一些偶然因素如战争等就会毁掉新创造的生产力。重要的观点是：只有当交往成为世界交往并且以大工业为基础的时候，只有当所有的民族都卷入竞争斗争的时候，才能保障已创造出来的生产力。

2. 工场手工业及其带来的政治变化

第 11 自然段到第 18 自然段主要谈了城市间的分工（交往）产生的工场手工业所带来的所有制形式和商业政治化等变化。马克思、恩格斯指出，不同城市之间的分工的直接结果就是产生了工场手工业。工场手工业形成有三个历史前提：各民族的交往、人口的不断集中和资本的不断积累。织布业是最早建立工场手工业的，其形成有如下的因素：机器工具的采用、交往扩大带来的动力、人口增长的需求、流通加速的资本积累，所有这一切推动了织布业在数量质量上的发展，使它脱离行会束缚的旧生产方式，并产生了新的织工阶级。

工场手工业摆脱行会束缚之后，所有制关系也发生了变化。资本越过自然形成的等级资本，出现了以货币计算的现代资本；取消了封建侍从，解散了效忠帝王和镇压工具的军队，也就是封建制度的瓦解；各国进入竞争关系，通过战争、保护关税和各种禁令来进行商业斗争，至此商业具有了政治意义；工人和雇主的关系发生变化，行会中的帮工和师傅的宗法关系被工场手工业中的工人和资本家的金钱关系代替了。

3. 交往与世界市场

第 19 自然段到第 26 自然段讨论了交往开辟了世界市场的史实。马克思、恩格斯指出，世界新航线的发现更扩大了交往，殖民地的开拓使市场日益扩大为世

---

① 《马克思恩格斯文集》第 1 卷，人民出版社 2009 年版，第 559 页。

界市场,从而助长了各国之间的商业斗争。商业和工场手工业的发展,加速了活动资本(货币资本)的积累,并产生了大资产阶级挤压行会中的小资产阶级,在城市中占据了统治地位。在各国交往过程中充满了竞争,国家通过关税、禁令等来对付国内外竞争。随着瓜分殖民地开辟出来的世界市场,维护本国利益的竞争主要通过战争来解决,其中最强大的海上强国英国在商业和工场手工业方面都占有优势。国家对工场手工业一直采用保护的办法:在国内市场实行保护关税,在殖民地市场实行垄断,在国外市场上实行差别关税。但是在世界市场上,工场手工业的产品输出依赖于商业,商业的地位在提升,这是交往扩大的结果。在沿海城市出现了商业城市,商人具有大资产阶级的性质,当时的商人与工场手工业者相比,他们就是大市民——资产者,工场手工业者只能算是小市民、小资产者。

4. 大工业与世界历史

第27自然段到第29自然段讲大工业的产生引起了一系列的社会变化,开启了世界历史的新篇章。马克思、恩格斯阐述了三个问题:问题一,大工业是怎么形成的? 大工业最早产生于英国,当时英国集中了商业和工场手工业,已经创造了相对的世界市场,对工场手工业产品的需求急剧上升,这是生产力发展为大工业的动力。但是产生大工业最重要的条件就是采用机器生产和最广泛的分工;此外还有国内自由竞争的环境和理论力学发展等条件,英国具备了所有这些条件,国家还在保护关税之下兴办大工业。

问题二,大工业创造了什么? 一是大工业使竞争普遍化了,使个人精力高度紧张于竞争而无暇意识形态的纷争。二是大工业创造了交通工具和世界市场,控制了商业,把所有的资本变为工业资本,货币流通加速,资本集中。三是开创了世界历史,大工业消灭各国自然形成的闭关自守的状态,使每个国家及其个人需要的满足都依赖于整个世界。四是大工业使自然科学从属于资本;分工丧失自然的性质;人们之间的自然关系变成了货币关系;现代大工业城市代替了自然形成的城市,使城市战胜了乡村。

问题三,大工业内含的矛盾预示着什么? 大工业在创造各种辉煌的同时也创造了消灭自身的条件。一是私有制成了生产力发展的桎梏,私有制成了生产力的破坏力量,预示着改变私有制成为必然。二是大工业在世界范围内造成了社会各阶级间相同的关系,从而消灭了各民族的特殊性,为世界革命提供了条件。三是大工业创造了与整个旧世界对立的无产阶级。四是大工业使工人对资本家的关系乃至整个雇佣劳动制度成为不堪忍受的东西,预示着革命不可避免。五是不同国家大工业发展的程度不同,但并不能阻碍无产阶级革命运动,因为各个国家由于世界交往而被卷入普遍的竞争,所以大工业产生的无产者领导着这个运动并引导着所有的群众。

(四) 生产力和交往形式的矛盾是历史发展的物质根源

第 30 自然段和第 31 自然段是本章最核心的部分,马克思、恩格斯发现了历史发展的物质根源,揭示了社会历史发展的基本规律,是马克思主义唯物史观的精髓。从第 1 自然段以生产工具为出发点,随着生产力、分工、交往的提高和扩大,所导致的生产形态、所有制形式、社会关系和国家的演变,在这些历史考察的基础上,马克思、恩格斯发现了历史发展最基本的矛盾: 生产力和交往形式的矛盾。这一基本矛盾是各种阶级冲突、意识的矛盾、思想斗争和政治斗争的根源,这一矛盾一般通过革命才能解决。由此提出马克思主义的基本观点:“一切历史冲突都根源于生产力和交往形式之间的矛盾。”①这是唯物史观对“历史之谜”最彻底的解答,这个基本矛盾不仅存在于大工业发达的国家,也存在于不发达的国家里。因为“由广泛的国际交往所引起的同工业比较发达的国家的竞争,就足以使工业比

---

① 《马克思恩格斯文集》第 1 卷,人民出版社 2009 年版,第 567—568 页。

较不发达的国家内产生类似的矛盾"①。

（五）个人发展的历史条件

如果说前面的段落主要是从生产活动本身来探讨历史发展问题的话,那么从第 32 自然段开始马克思、恩格斯将着重于探讨历史的主体——个人的发展与历史演变的关系。

1. 大工业与个人生存状况

第 32 自然段和第 33 自然段阐述了大工业下个人的生存状况。马克思、恩格斯指出,竞争把各个人汇集在一起(如,城市和工场),但它又使各个人彼此孤立起来。如何能够把个人联合起来? 大工业应当创造必要的手段,即大工业城市和廉价便利的交通;还需要经过长期的斗争,才能战胜那些造成个人孤立状况的组织势力;另外还有家庭住宅。在农业时代,家庭和家庭经济是单个分散的;在大工业时代,由于城市建造的进步和机器的发明为共同家庭住宅和家庭经济提供了物质条件,城市里的自来水、煤气照明、蒸汽采暖都与机器发明分不开。马克思、恩格斯旨在说明个人的生活状况取决于经济活动的物质基础。

2. 个人发展与阶级关系

第 35 自然段到第 37 自然段主要论述了个人与阶级的关系,讲了三点:

一是阶级形成的条件。随着城市的发展,从城市的地方性市民团体中缓慢产生了市民阶级,市民社会的劳动方式创造了市民的生活条件,这些条件成为他们个体对抗封建制度的物质力量。资产阶级是与他们的生存条件一同发展起来的,由于分工,资产阶级又分裂为各种不同的集团;当财产被变为工业资本或商业资本时,资产阶级成为经济上的统治阶级,并同时造就了一个新的阶级——无产阶级。二是阶级形成的原因。

---

① 《马克思恩格斯文集》第 1 卷,人民出版社 2009 年版,第 568 页。

"单个人所以组成阶级只是因为他们必须为反对另一个阶级进行共同的斗争。"①虽然阶级内部也充满了竞争。三是个人隶属于阶级。为什么呢？因为各个人的社会地位,从而他们个人的发展是由阶级决定的。个人隶属于阶级的现象只有消灭了私有制和雇佣劳动制度才能消除。个人的这种发展与他们在历史上所处的等级和阶级的共同生存条件分不开,而不能脱离这些生活条件臆想出这些个人发展了人。马克思、恩格斯批判了那种撇开了个人与等级和阶级的共存条件抽象地讲人的发展的哲学观点。

3. 个人自由与共同体

第38自然段讨论了个人自由与共同体的关系。第一,个人获得自由必须依靠共同体。马克思、恩格斯指出,由于分工个人力量不得不被物所控制,个人要重新得到驾驭物的自由,没有共同体是不行的。"只有在共同体中,个人才能获得全面发展其才能的手段","只有在共同体中才可能有个人自由"。② 第二,虚假共同体和真实共同体。在虚假共同体(国家等)中,个人自由是对于统治阶级内部的个人来说的,因为个人属于这一阶级的个人。这种共同体是一个阶级反对另一个阶级的联合,而对被统治阶级来说,它不仅是完全虚幻的共同体,并且是新的桎梏。真正的共同体才能够提供给各个人在联合中获得自己自由的条件。

第39自然段到第42自然段探讨了个人发展的历史条件。第39自然段指出,个人独立(个性)及其发展总是受到历史条件的限制,各个人都是处于既有历史条件和关系范围之内的自己。由于分工,每一个人的生活总是屈从于某一劳动部门,从而影响个人的个性,所以他们的个性是由阶级关系决定和规定的。由于个人生活条件的偶然性,每个人也有一些纯属于他本身的个性,所以存在着有个性的个人与阶级的个人的差别。资产阶级产生后的竞争发展了个性自由的偶然性

---

① 《马克思恩格斯文集》第1卷,人民出版社2009年版,第570页。
② 《马克思恩格斯文集》第1卷,人民出版社2009年版,第571页。

（历史条件），但事实上，他们虽然挣脱了封建社会对个性的枷锁，但是"他们当然更不自由，因为他们更加屈从于物的力量"①。从社会来看，个体摆脱了封建等级，使他们的个性得到了一定的发展，但他们在资产阶级与无产阶级的对立中并没有越出等级制度的范围，只是形成一个新的等级。

第40自然段进一步指出，就无产者来说，他们的生存条件是单个无产者所无法把控的，这使无产者的个性与他们的生活条件（雇佣劳动）存在着矛盾，因此影响着无产者个性自由的发展。第41自然段指出，农奴逃出领主的领地，目的是上升为市民，但只是达到了劳动自由。马克思、恩格斯指出，无产者要实现自己的个性，就应当消灭他们迄今面临的生存条件，即消灭劳动，同时必须推翻那个与他们对立的整体表现形式——国家，才能使自己的个性得以实现。

第43自然段进行了概括：第一，共同体的内核是共同利益（阶级利益）。共同体是基于某阶级内的各个人由于共同利益（反对另一阶级）所结成的共同关系。第二，个人由于本阶级的生存条件才隶属于这种共同体。马克思、恩格斯十分强调共同体的阶级性，认为："他们不是作为个人而是作为阶级的成员处于这种共同关系中的。"②再次说明了存在着个性的个人与阶级的个人的差别甚至对立。第三，革命无产者的共同体。革命无产者的共同体中的每个人都是作为个人参加的，这样的联合体能够把个人的自由发展和运动的条件完全置于他们自身的控制之下。第四，个人自由的基础是生存条件，也就是各个时代的生产力和交往形式。

4. 共产主义与个人自由

共产主义与个人自由是什么关系？第44自然段指出，共产主义运动是要"推翻一切旧的生产关系和交往关系的基础，并且第一次自觉地把一切自发形成的前提看做是前人的创造，消除这些前提的自发性，使这些前提受联合起来的个人的

---

① 《马克思恩格斯文集》第1卷，人民出版社2009年版，第572页。
② 《马克思恩格斯文集》第1卷，人民出版社2009年版，第573页。

支配"①。这段话可以从三个方面来理解：第一，共产主义运动的目的是个人的自由；第二，改变支配个人的自发分工才能解放个人；第三，自发形成的前提就是旧的生产关系和物质基础，只有推翻旧的物质基础，个人才能从被支配的地位转变成支配者。简言之，共产主义要创造的是个人自由的物质条件。

5. 历史发展的辩证法与个人发展

在第 44 自然段中，马克思、恩格斯还专门探讨了有个性的个人与偶然的个人之间的差别，强调这种差别不是概念的差别，而是历史的事实。有个性的个人可以理解为自然属性的个人；偶然的个人则是指物质生产环境中的个人。他们举例，等级在 18 世纪对个人来说就是一种偶然的东西，但却是在当时物质生活冲突的影响下产生的，是曾经与生产力发展一定水平相适应的交往形式所决定的，所以，"生产力与交往形式的关系就是交往形式与个人的行动或活动的关系"②。这样就把个人的活动、个人的自由程度与所处时代的生产条件和交往形式联系起来了。他们特别指出，个人活动的历史条件不是一成不变的。个人相互交往的条件在矛盾没有凸显出来之前，是与他们的个性相适应的条件，也是有助于个人发展的条件。在这种情况下，在一定关系中的个人生产自己的物质生活以及有关的东西，个人生产的条件也是个人自主活动的条件，当然这种条件也是人们自主活动产生出来的。

第 45 自然段阐述了历史发展的辩证法以及个人发展历史与生产力发展历史的同步性。接着第 44 自然段提出，个人活动所需要的一定的生产力与交往形式，起初是个人自主活动的条件，后来却变成了自主活动的桎梏，也就影响了个人自由发展。这种变化在历史发展过程中不断出现，构成各种交往形式相互联系的序列。具体而言，"已成为桎梏的旧交往形式被适应于比较发达的生产力，因而也适

① 《马克思恩格斯文集》第 1 卷，人民出版社 2009 年版，第 574 页。
② 《马克思恩格斯文集》第 1 卷，人民出版社 2009 年版，第 575 页。

应于进步的个人自主活动方式的新交往形式所代替;新的交往形式又会成为桎梏,然后又为另一种交往形式所代替"①。如何理解这段话?一是成为桎梏的旧交往形式将被新的交往形式所取代。二是新交往形式的衡量标准有两条:适应于比较发达的生产力和适应于进步的个人自主活动方式。这里要注意新交往形式必须包括有助于个人自由发展的要求。三是个人本身力量发展的历史与新的生产力发展的历史是一致的。由于个人自主活动的条件在历史发展的每一阶段都是与同一时期的生产力发展相适应的,所以"由每一个新的一代承受下来的生产力的历史,从而也是个人本身力量发展的历史"②。四是新的交往形式取代旧的交往形式是一个不断的序列,由此推动历史的发展。

第46自然段继续阐发上面的观点,指出以往的发展具有自发性,并不是按照自由联合起来的个人制订的计划进行的,而是以不同的地域、部落、民族和劳动部门为出发点,因而具有狭隘性;自发性的发展比较缓慢;满足于追求阶段性的利益;即使新的交往形式取代了旧的交往形式,但是独立于个人之上的虚假共同体(国家)的传统权力还可能久久存在,因为这种权力只有通过革命才能被打倒。

第47自然段则提到了北美和殖民地历史发展的特殊性。由于移居到北美的个人与他们原来国家的交往形式不相适应,因此他们是移民去的国家里最进步的个人,这些移民国家也拥有与移民个人相适应的最发达的交往形式。殖民地的情况也差不多如此,那就是发展起来的交往形式可以被现成地搬到被征服国家,使其能够充分地、不受阻碍地确立起来。

(六)生产力的占有与个人的自主活动

第48自然段到第60自然段结合历史的例子阐述了生产力的理论,以及生产

① 《马克思恩格斯文集》第1卷,人民出版社2009年版,第575—576页。
② 《马克思恩格斯文集》第1卷,人民出版社2009年版,第576页。

力中人的因素和人的自主活动的关系。

1. 占领与生产力

第48自然段针对将征服看作是历史动力的观点，马克思、恩格斯认为，征服本身是一种特殊的交往形式，征服的行为破坏了古老文明，但开始形成一种新的社会结构。从这个意义上，不能否定征服的历史意义。但是如果征服仍然维持旧的制度，也就不能推动历史进步。所以，要以社会经济的变化来评价征服行为。

第49自然段针对占领决定历史的观点，马克思、恩格斯指出，从古代世界向封建制度的过渡主要取决于三个因素：一是取决于被占领国家是否像现代国家那样发展了工业生产力，或者被占领国家的生产力是否以它的联合和共同体为基础，二是受占领对象的制约。就是说，占领者必须依从被占领国家的生产条件和交往条件，否则无法占领银行家在证券中的财产，三是占领之后必须进行生产。结论是：定居下来的占领者所采纳的共同体形式，应当适应于他们所面临的生产力发展水平，共同体形式应当按照生产力来改变，并接受被征服民族的语言、教育和风俗。第50自然段补充道，封建制度之所以在被征服国家里建立，主要在于被征服国家内遇到的生产力的影响才发展为真正的封建制度，生产力是最根本的决定因素。

2. 大工业中资本与劳动的对立

马克思、恩格斯认为，在大工业和竞争中，私有制和劳动既是各个人的生存条件，也是制约各个人、使个人片面发展的两种形式。在第52自然段中，他们指出，货币（可理解为资本）使交往形式和交往本身成为对个人来说是偶然的东西，因为货币使个人的交往只能是在一定条件下的交往，这种交往是制约个体自由的交往，因而不是作为个人意愿的个人交往。一定条件指的是积累起来的劳动和私有制，如果两者缺一，交往就会停止。由于个人屈从于分工，更使个人置于相互依赖的关系之中。与劳动相对立的私有制是从资本积累的过程中发展起来的。私有制古已有之，起初保存着共同体的形式，随着资本积累，私有制的发展越来越具有现代形式,即资本主义形式。分工原来包含着劳动条件(劳动工具和材料)的分配,也包含着资本与劳动(劳动者)之间的分裂,以及私有制的各种形式。大工业时代,分工越发达,积累越增加,资本与劳动的分裂发展得越尖锐,劳动只能在这种分裂的条件下存在。

3. 生产力与个人的关系

在大工业中生产力与个人是一种什么样的关系?在第54自然段和第55自然段中,马克思、恩格斯论述了自己的观点。在资本与劳动对立的情况下,生产力表现为一种完全不依赖各个人并与各个人分离的东西。如何理解?如果生产力是指生产工具和生产对象,各个劳动者并不拥有它们,所以作为生产力的生产工具和生产对象与劳动者是分离的;如果生产力指的是劳动者(文中说,他们的力量就是生产力),劳动者个体之间是分散和彼此对立的。作为生产力的各个人只有在个人交往和相互联系中才是真正的力量。因此,作为生产力的总和应该包含着生产力中物的因素和人(劳动者)的因素。但是在资本与劳动对立的情况下,生产力具有一种物的形式,对个人来说不再是个人的力量,而是私有制的力量。他们补充说,生产力只有在个人是私有者的情况下才是个人的力量。也就是说,私有者的个人拥有生产工具和生产资料,作为生产力的劳动者个体与作为生产力的工具等是统一的,因而生产力才是个人的力量。与生产力相对立的大多数个人和生产力(生产工具等)是分离的,其必然失去现实的生活内容,成了抽象的个人,即劳动者不再作为自身的个人,只是作为生产工具的存在,并在这个意义上,他们才可能作为个人彼此发生联系。

劳动者的个体与生产力并同他们自身存在保持的唯一联系,就是劳动。但是劳动对于劳动者来说,不是一种自主的活动,而是用摧残生命的方式来维持他们的生命。马克思、恩格斯指出,在以前,自主活动和物质生活的生产是分开的,由不同的人来承担,那时物质生活的生产还被认为是自主活动的从属形式。而现在物质生活和物质生活的生产相互分离,物质生活表现为目的,物质生活的生产即劳动表现为手段。劳动本身存在着矛盾：一方面劳动是自主活动唯一可能的形式，因为劳动使生产力个体与自身存在保持着联系；另一方面劳动也是自主活动的否定形式，即劳动者在劳动中失去活动的自主性。

4. 革命实现生产力占有

第 56 自然段到第 58 自然段阐述了生产力占有的制约条件，并提出用革命来实现生产力占有的观点。马克思、恩格斯说，每个人为了实现他们的自主活动从而从根本上保证自己的生存，就必须占有现有的生产力总和。生产力总和可以理解为生产工具加上劳动者的力量。但是对生产力总和的占有要受到三种制约。第一，占有受到所要占有对象的制约，也就是受"发展成为一定总和并且只有在普遍交往的范围里才存在的生产力的制约"①。这可以理解为，占有必须带有同生产力和交往相适应的普遍性质。占有对象主要指物质生产工具所体现的生产力总和，马克思、恩格斯认为，不能脱离人的活动来理解生产工具的生产力总和。物质生产工具在生产力中占有重要地位，生产工具的变革对生产力的发展有决定作用，可以说，物质生产工具的先进与否标志着某种时代，但是生产工具的生产力作用也离不开劳动者对工具的运用。所以说：占有本身就是同物质生产工具相适应的个人才能的发挥，"对生产工具一定总和的占有，也就是个人本身的才能的一定总和的发挥"②。

第二，占有受到进行占有活动的个人的制约，即占有主体本身的制约。他们认为，只有现代无产者才能够实现自己充分的自主活动，自主活动就是对生产力总和占有以及由此而来的个人才能总和的发挥。在这之前的革命和占有制下，占有都有局限性：各个人的自主活动受到了有局限性的生产工具和有局限性的交往的束缚，所以那种占有只是达到了新的局限性，劳动者仍然屈从于分工和自己的

---

① 《马克思恩格斯文集》第 1 卷，人民出版社 2009 年版，第 581 页。
② 《马克思恩格斯文集》第 1 卷，人民出版社 2009 年版，第 581 页。

生产工具。只有在无产者的占有制下,生产工具归属于每一个个人,财产归属于全体个人;现代的普遍交往的权利归属于全体个人,而非个别人。

第三,占有还受实现占有所必须采取的方式的制约。马克思、恩格斯认为,无产者的占有只有通过联合才能实现。由于无产阶级的阶级本性,联合必须具有世界的普遍性。同时占有只能通过革命才能实现。因为在革命中,才能打倒迄今为止的生产方式和交往方式的权力(私有制的权力)、打倒社会结构(国家)的权力,同时无产阶级的历史使命和无产阶级为实现占有所必需的能力得到发展,无产阶级通过革命消灭包括自身在内的一切阶级。

只有到了无产者占有的共产主义阶段,自主活动才与物质生活一致起来,消除个人身上所强加于他的自发性,使每个人获得全面的个人发展。同时劳动不再是屈从的而转向了自主活动;交往也转向有利于个人本身的交往。马克思、恩格斯断定:随着联合起来的个人对全部生产力的占有,私有制也就终结了。原来制约个人的生产条件和交往形式的偶然,被各个人本身的独自活动,即生产领域的个人特殊职业的偶然所取代。

5. 唯心史观历史动力论的批判

第59自然段批判了唯心史观的历史动力论。批判哲学家们从抽象"人"的理想出发,把马克思主义所阐述的整个历史过程看作是"人"的发展过程,把抽象的"人"取代了每个历史阶段中存在的个人,把抽象的"人"描述成历史的动力。其结果是,整个历史过程被看作是"人"的自我异化过程。唯心主义历史观的根源在于,他们无视历史的客观现实,从意识出发去想象历史,这种将意识与历史现实颠倒的哲学方法,满足了他们把整个历史变成意识发展过程的目的。

6. 市民社会与生产力

第60自然段谈了市民社会,其中涉及生产力的关系。关于市民社会在前面的章节中马克思、恩格斯已有论及,本段中有些观点是对前面市民社会理论的重申,也有补充的新内容。第一,一定阶段上的生产力发展是构成市民社会的物质基础。马克思、恩格斯重申：市民社会就是"包括各个人在生产力发展的一定阶段上的一切物质交往"①。生产力发展包括了一定阶段的整个商业生活和工业生活，因此不能离开生产力发展来谈论市民社会。第二，资产阶级社会是真正的市民社会。如果前面马克思、恩格斯将经济基础和交往形式作为市民社会的内容，那只是市民社会的一般含义，是阶级社会中相对于上层建筑的基础部分的指称。"市民社会"一词产生于18世纪，是由于当时的财产关系摆脱了古典古代世界和中世纪的共同体，随着现代城市的出现，产生了市民阶级，由此才有了"市民社会"的概念。所以马克思、恩格斯说："真正的市民社会只是随同资产阶级发展起来的"②，因此也可以将市民社会理解为资产阶级社会。第三，重申市民社会是国家等上层建筑的基础的观点。在市民社会一般意义上，马克思、恩格斯说，尽管市民社会对外与民族有关系，对内与国家有关系，但是市民社会超出国家、民族的范围，或者不属于国家民族的范畴，而是国家借以产生的基础。他们强调市民社会这一名称始终标志着直接从生产和交往中发展起来的社会组织，并且构成国家和观念的上层建筑的基础。

综上所述，"费尔巴哈"章［Ⅳ］部分的唯物史观有诸多的理论创新，内容丰富，思想深刻，主要涉及六个方面的内容：

第一，生产工具与所有制形式。

第二，分工与城市的演变。

第三，交往与现代大工业。

第四，生产力和交往关系的矛盾是历史发展的物质根源。

第五，个人发展的历史条件。

第六，生产力的占有与个人的自主活动。

---

① 《马克思恩格斯文集》第1卷，人民出版社2009年版，第582页。
② 《马克思恩格斯文集》第1卷，人民出版社2009年版，第582—583页。

六、 国家和法同所有制的关系

《形态》"费尔巴哈"章在"序"和四个部分之后,还有一个题目为"国家和法同所有制的关系"的部分,主要是从上层建筑——国家与法的视角来阐述上层建筑与市民社会(经济基础)特别是私有制之间的关系。这部分是个未完成稿,前面5个自然段有比较全面的阐述,后面部分有5个段落或条款具有观点或简略的阐述,其余的都是小标题,可能是作为以后研究的思考之纲。

(一) 所有制形式的历史形态

第1自然段主要阐述了所有制的形式及其演变。

1. 部落所有制

马克思、恩格斯指出,部落所有制是所有制的最初形式,包括古典古代世界、中世纪。部落所有制形成的原因各有不同,在罗马人那里部落所有制是由战争决定的;在日耳曼人那里部落所有制是由畜牧业决定的。在古代民族中,一个城市可能聚居几个部落,这样的城市部落所有制具有了国家所有制的形式,如古希腊的城邦国家。在部落所有制形式下,个人的权利只限于对土地的简单占有。

2. 真正的私有制

古代部落所有制包括国家所有制,其本质上也是私有制,但由于其个人的私有权利只限于土地(不动产)的占有,在马克思、恩格斯看来还不是真正意义上的私有制。他们认为,真正的私有制是随着动产的出现才开始的。古代的部落所有制经过封建地产、同业公会的动产、工场手工业资本等若干个阶段,当发展出现大工业和普遍竞争所引起的现代资本,才产生了纯粹的私有制。所谓纯粹的私有制是指现代资本这种以货币为标志的资本不受国家的控制,相反,现代国家必须与现代私有制相适应,因为国家税收、国债被私有者所操纵;现代国家既受到证券行市的涨落的影响,也依赖于私有的资产者提供给国家的商业信贷。其原因是,资产阶级强大起来了,形成了一个阶级,已不是封建社会中无权力的一个等级,他们必须使自己的利益用一种普遍的形式确定下来,那就是现代的私有制。

(二) 国家的本质与形式

在第 1 自然段的后半段和第 2 自然段中,马克思、恩格斯阐述了私有制与国家的关系,揭示了现代国家的本质和法律与国家的关系。

1. 国家本质与私有制

当私有制摆脱了共同体(国家),国家的地位发生了变化,国家不再是威权的、高高在上的一种存在,而是与市民社会并列的甚至独立于市民社会的一种存在。国家是资产者为了保障他们财产和利益所必然要采取的一种组织形式。马克思、恩格斯指出,国家独立性的作用主要体现在那些私有制还没有发展到纯粹私有制的国家,而在完善的现代国家里人们已经有这样的思想常识: 国家只是为了私有制才存在的。换言之,"国家是统治阶级的各个人借以实现其共同利益的形式,是该时代的整个市民社会获得集中表现的形式"①。揭示了国家的阶级性和国家服务于市民社会(资产阶级社会)的本质。

2. 法律是国家的政治形式

在第 2 自然段中,马克思、恩格斯在谈到国家是市民社会获得集中表现的形式之后,得出一个结论:"一切共同的规章都是以国家为中介的,都获得了政治形

---

① 《马克思恩格斯文集》第 1 卷,人民出版社 2009 年版,第 584 页。

式。"①如何理解这句话？这里的一切共同的规章指的是法律。法律是以国家普遍意志的面目出现的，是由国家立法机构制定、由国家颁布、由国家机构执行的规章。在这个意义上，法律就是国家的政治形式。然而国家的基础是市民社会，国家集中表现市民社会的要求，因此，以国家为中介的法律（共同的规章）也是以市民社会为基础并服务于市民社会的。但是，法律以国家为中介给人产生一种错觉，好像法律是以脱离现实基础的意志为基础的。这种观点是错误的。唯物史观认为，法律作为一种上层建筑，虽然其表现为国家普遍意志，但是法律意志归根结底源自现实的基础。

（三）法律与私有制、交往形式的关系

在第 3 自然段到第 5 自然段包括后面零星的段落中，马克思、恩格斯深入分析了历史上的法律（主要是私法）与私有制、与交往形式之间的关系，进一步揭示了法律的阶级性。

1. 私法与私有制

第 3 自然段要说的是私法与私有制一样，其发展的基础是生产方式。马克思、恩格斯指出，私法是与私有制同时从自然的共同体的解体过程中发展起来的。古罗马最早制定了法典性的私法，但是罗马私法和私有制的发展并没有关于工业和商业的法律，原因在于当时的整个生产方式没有改变。到了现代，工业和商业瓦解了封建的共同体，于是，私有制和私法才发展到了一个新阶段。例如：有了海上贸易才有了海商法；当工业和商业起初在意大利出现后不仅发展了私有制，罗马的私法也得到了恢复并取得威信；随着资产阶级的力量摧毁封建贵族的统治，为了资产阶级的利益，私法在所有国家真正地发展起来了。从法的形式来看，大

---

① 《马克思恩格斯文集》第 1 卷，人民出版社 2009 年版，第 584 页。

多数私法都以罗马法典为基础。在这一自然段最后的括号里有一句话：不应忘记,法也和宗教一样是没有自己的历史的。对这句话可以这样理解：就是作为上层建筑的法律和宗教一样,其变化都是由生产方式包括私有制形式所决定的,它们本身无法决定自己的发展,在这个意义上,法律和宗教没有自己的历史。

在第4自然段里进一步纠正关于法律是纯粹意志的错觉。马克思、恩格斯说,在私法中,现存所有制关系是作为普遍意志的结果来表达的。这使人们运用权利不用依赖国家,同时也会造成错觉,好像私有制的基础就是人们能够以个人意志来任意地支配物。马克思、恩格斯认为,仅仅从私有者的意志来考察的物,根本不是物,物只有在交往中发生转移,才成为物,即真正的财产。这里他们反对将权利理解为纯粹的意志。举例来说,如果某人在法律上对某块土地享有使用的权利,但由于竞争,这块土地不提供地租,那么土地所有者享有的权利对他毫无用处,因为他没有经营土地也就一无所获。其意思是,在私有制下法的权利只有在物的交换和运用中才有意义,空洞地抬高法的权利没有实际的价值。

2. 交往形式决定了私法的内容

第5自然段指出,私法的内容源自社会的交往形式,是由交往形式决定的。每当工业和商业的发展创造出新的交往形式,法律就要给予承认和保护。文中举例,当金融的发展出现了保险公司的融资形式,法律就不得不承认保险公司的保险活动是获得财产的方式,也就有了保险法。

3. 法律维护资产阶级的统治

在零散段落中,马克思、恩格斯揭示了法律的阶级性,其是服务于资产阶级的。他们说,资产阶级为了实现他们的阶级统治,资产者必然要在法律中使自己得到普遍表现。也就是说,法律体现了资产阶级利益的普遍要求,并服务于资产阶级的阶级统治。

（四）意识形态家的本末倒置

在零散的段落中，马克思、恩格斯对意识形态家进行了分析批判。首先，意识形态家是指法学家、政治家、伦理学家和笃信宗教者等从事意识形态研究的学者。其次，他们指出，意识形态家是统治阶级内部分工的产物。意识形态家有各自的职业领域，这些也只是由于分工而独立出来的职业，意识形态家们都认为自己所从事的意识形态工作（手艺）是真实的。为什么会产生把观念的东西误认为是与现实相联系的真实的呢？马克思、恩格斯指出，这是由他们所从事的意识形态职业本身的性质所决定的，即是由维护统治阶级意识形态的目的所决定的。现实的关系在法学、政治学中变成为概念，但是现实关系是会发生变化的，然而意识形态家们关于关系的概念没有跟随着变化，并且以往的关系概念在他们的头脑中成为固定不变的概念。这样法的观念、国家的观念这些来自于现实的东西在意识中把事情本末倒置了，本来是现实关系产生了观念，变成了观念造成了现实关系。如，宗教从一开始就是超验性的意识，这种超验性的意识是从现实力量中产生的，但是在笃信宗教者看来，宗教意识是与现实无关的并且是永恒的意识。

综上所述，本部分主要围绕国家、法与私有制的关系，深刻地阐述了四个方面的问题：

第一，所有制形式的历史形态。

第二，国家的本质与形式。

第三，法律与私有制、交往形式的关系。

第四，意识形态家的本末倒置。

七、 唯物史观在中国特色社会主义建设中的科学运用

中国是社会主义国家,国家宪法明确,马克思主义是国家的指导思想。唯物史观和剩余价值学说则是马克思的两大发现。虽然《德意志意识形态》阐述的唯物史观是 170 多年前的产物,"但马克思主义所阐述的一般原理整个来说仍然是完全正确的"①。唯物史观提供了科学认识人类历史和改造社会的方法,至今仍闪耀着真理的光辉,具有无可取代的指导价值。如今,国家正在进行伟大的中国特色社会主义建设,我们阅读《德意志意识形态》这本经典著作,不仅要准确地把握唯物史观的科学含义和丰富的知识,更要结合新时代国家现代化建设的实际,将唯物史观的方法运用到中国特色社会主义建设的实践之中。《德意志意识形态》中的唯物史观的内容涉及很多,根据国家正在进行的现代化建设,至少有如下的理论启示。

第一,坚持经济发展是现代化强国基础的思维。唯物史观的第一要义就是人们的物质生活的生产是历史活动基础,人类其他的活动都是建立在经济活动的基础上的。经济活动或者经济发展在马克思、恩格斯的唯物史观中就是生产力,生产力在整个历史活动中是最为重要的、具有决定意义的,甚至共产主义革命和建立自由人的联合体都是在生产力极大发展的基础上才有可能。今天中华民族和中华人民共和国在中国共产党的领导下,正从富起来走向强起来的路程上。国家富强是个多元要素的结合体,党和国家提出了建设五大文明的强国目标,这些目标都是相互联系的,但是始终要坚持经济发展为基础的理念。那就是坚持"发展是硬道理"的原则,理直气壮地将经济发展放

---

① 习近平:《习近平谈治国理政》第三卷,外文出版社 2020 年版,第 75 页。

在第一位的原则,排除经济发展中的一切干扰。当然追求现代强国,必然要把现代科技发展纳入现代生产力发展之中,推动生产力更快、更好、更有质量的发展。

第二,坚持改革创新推动社会发展的理念。唯物史观揭示了生产力与交往形式的矛盾运动是历史发展的源泉。根据马克思主义历史发展的辩证法,虽然交往形式是由生产力水平决定的,但是交往形式发展到一定阶段就会成为生产力进一步发展的桎梏,成为生产力发展的破坏力量,社会革命就要破除旧的交往关系及其保护的上层建筑,代之以新的生产关系。生产力与交往形式的矛盾存在于一切社会之中,社会主义社会也存在这种矛盾,只是矛盾的性质不是对抗性的,不过解决矛盾也是不可回避的问题。唯物史观使我们认识到,社会主义要自觉地解决不适应生产力发展的交往形式的问题,那就是要用改革创新的方式去解决这个矛盾。关于改革创新的问题要打开思路,一是交往形式的概念要拓宽。交往形式不仅仅指生产领域的生产关系,还包括与经济发展相关的其他领域,甚至上层建筑领域,都需要通过改革来改变不合理的结构关系、组织形式和制度安排。二是改革创新的领域要拓宽。改革创新还应该扩展到生产力的方面,包括生产工具、生产工艺和生产设备的革新等。三是注重改革创新的标准和质量。并非一切改革都是合理的,要防止改革成为一种没有质量效益的形式。改革应该是改革不合理的东西,为合理的东西的出台创造条件,所以改革是一种改善性的、合理性的改革。创新同样如此,不是一切新的东西都是合理的有生命力的。所以改革创新应该有一个标准:那就是有利于生产力为代表的经济发展、有利于人民群众个体的自主活动的发展、有利于社会文明进步和国家强盛发展。

第三,坚持经济发展与人的发展一致性的现代化思路。唯物史观的名称常常被误解为只讲物不见人,这是对唯物史观的曲解。与唯心史观强调意识是和历史发展相对立的不同,唯物史观确实强调物质在历史发展中的基础性价值,认为物质生活是第一位的,意识是物质生活的产物。但是历史唯物主义自始至终没有忽视人(现实的个人)的问题,而是围绕人来进行历史的阐述。唯物史观的前提是现实的个人及其活动,批判私有制下物质生产与人的自主活动的对立,追求共产主义来解放人和建立能够自主活动的自由人的联合体。特别值得一提的是,唯物史观中的生产力是包括人的要素的,生产力的总和既有生产工具的总和,还有人运用工具发挥才能的力量。交往形式同样如此,衡量新旧交往形式的标准,不仅以是否适应比较先进的生产力发展为标准,还有适应于进步个人的自主活动发展的标准。这些思想启示我们,在中国特色社会主义的现代化建设中要坚持经济发展与人的发展的一致性,经济发展最终以服务于人的发展为目的。

余玉花

思考题

1. 《德意志意识形态》在马克思主义发展史上具有何种地位和意义?

2. 相较于费尔巴哈等人的唯心主义历史观,马克思主义历史观的科学性体现在哪里?

3. 如何正确理解个人的发展与历史演变的关系?

4. 马克思、恩格斯如何运用生产力和生产关系的相互关系及其矛盾运动的辩证法,揭示了社会历史发展变化规律?

5. 唯物史观对中国特色社会主义建设有何启示?

马克思恩格斯《共产党宣言》领读

人类历史上第一个无产阶级政党叫做"共产主义者同盟"。1847 年 11 月，"共产主义者同盟"在伦敦召开代表大会，会议委托两个年轻人以宣言的形式为同盟起草一个准备公布的完备的理论和实践的党纲。接受这一任务的就是马克思和恩格斯，他们当时一个 30 岁，一个 28 岁。他们认为："现在是共产党人向全世界公开说明自己的观点、自己的目的、自己的意图并且拿党自己的宣言来反驳关于共产主义幽灵的神话的时候了。"①于是，他们花了不到 2 个月时间，即从 1847 年 12 月至 1848 年 1 月底，在原有的两个文献，即《共产主义信条草案》和《共产主义原理》的基础上，写成了这一题为《共产党宣言》的著作。马克思把所完成的《共产党宣言》的稿本，从布鲁塞尔直接寄往伦敦的"共产主义者同盟"的党中央。1848 年 2 月 24 日，《共产党宣言》以"共产主义者同盟"的名义，在伦敦第一次用德文发表。《共产党宣言》的篇幅不大，译成中文只有区区 25 000 多字，但其威力却犹如精神原子弹。它一问世，就震撼了整个世界。它的问世标志着这个世界上

---

① 《马克思恩格斯文集》第 2 卷，人民出版社 2009 年版，第 30 页。

从此有了以马克思的名字命名的"马克思主义",意味着从此世界的面貌将得以彻底改变,意味着苦难的工人阶级和整个人类可以获得新生了。

一、《共产党宣言》诞生的历史背景

《共产党宣言》出于马克思和恩格斯之手,但不能认为这是他们两人凭自己的智慧和才能面壁构思出来的。恩格斯在论述马克思主义何以能产生出来时指出,马克思主义决不是"某个天才头脑的偶然发现",而是"两个历史地产生的阶级即无产阶级和资产阶级之间斗争的必然产物"。① 确实,如果说《共产党宣言》所创立的是一座马克思主义的真理大厦,那么这座真理大厦是按无产阶级的愿望,用无产阶级革命运动的经验构筑的,建筑师则是马克思和恩格斯。

1. 社会经济基础

资本主义社会化大生产的发展,以及与此联系在一起的资本主义所固有的矛盾的日益显露,是马克思主义产生的物质经济条件。在以手工劳动为基础的个体小生产条件下不可能出现《共产党宣言》这样的著作,在资本主义的简单协作和工场手工业阶段也不可能出现《共产党宣言》这样的著作。原因就在于,在资本主义生产状况尚不成熟的情况下,解决其矛盾的手段也只能隐藏在不发达的经济条件之中。而只有到了19世纪40年代,社会化大生产和资本主义私人占有之间的矛盾激化了,这一矛盾本身就孕育着解决矛盾的手段,也孕育着从科学理论上加以阐述的可能性。这说明,历史发展到这一时期,滋生了对社会的发展作出全面的了解,对社会发展的根本问题加以科学回答的迫切需求。《共产党宣言》正是适应这一历史需求诞生出来的。

---

① 《马克思恩格斯文集》第3卷,人民出版社2009年版,第545页。

2. 阶级基础

和社会化大生产与资本主义私人占有的矛盾日益激化相伴随的是,无产阶级与资产阶级的矛盾也不断尖锐起来了。"资产阶级不仅锻造了置自身于死地的武器;它还产生了将要运用这种武器的人——现代的工人,即无产者"①,"无产阶级经历了各个不同的发展阶段。它反对资产阶级的斗争是和它的存在同时开始的"②。起初,这种斗争是分散的自发的反对个别厂主的斗争;接着,发展到组织工人团体,进行经济斗争。而到了19世纪30年代,无产阶级反对资产阶级的斗争从单纯的经济斗争发展成为独立的政治运动。进入19世纪40年代,当时西欧的几个主要资本主义国家爆发了大规模的工人运动,开辟了无产阶级反对资产阶级斗争的新纪元。

独立无产阶级政治运动的出现,是《共产党宣言》诞生的阶级基础。所有这些斗争,尽管都被镇压了下去,但为马克思和恩格斯写作《共产党宣言》提供了宝贵的材料。随着无产阶级独立的政治运动的兴起,无产阶级迫切需要认识自己的历史地位和历史任务,了解资本主义制度究竟是一种什么样的制度,以及究竟如何去推翻这一制度,以使自己获得解放。也就是说,无产阶级迫切需要有一种科学的革命理论来指导无产阶级的革命运动。《共产党宣言》的诞生,也正是适应了这一时代的要求。《共产党宣言》是无产阶级解放斗争的思想表现,它标志着无产阶级由"自在的阶级"转变为"自为的阶级",而无产阶级的斗争也由"自发的阶段"转变为"自觉的阶段"。

3. 主观条件

19世纪40年代的西欧,已经具备了《共产党宣言》诞生的社会经济基础、阶级基础。但这仅仅是《共产党宣言》诞生的客观条件。问题在于,面对着同样的历史条件、理论成就,为什么马克思和恩格斯能写出这样一部改变整个人类命运的著

---

① 《马克思恩格斯文集》第2卷,人民出版社2009年版,第38页。
② 《马克思恩格斯文集》第2卷,人民出版社2009年版,第39页。

作,而其他人却不能? 是的,《共产党宣言》是顺应了时代的呼唤来到这个世界上的,但为什么这一著作偏偏出于马克思和恩格斯之手? 这就涉及《共产党宣言》诞生的主观因素。

对于这一问题的简单回答是:马克思和恩格斯与同时代的某些人相比,具有双重的"优越性":比起工人活动家,他们具有高度的理论素养,而比起那些蛰居书斋的学者,他们则具有强烈的现实关怀和实践经验。这样,他们既继承了人类优秀的遗产,又抓住了时代的脉搏,解决了人类所面临的迫切任务,从而写出了如此不朽的著作。

从马克思和恩格斯写作和发表《共产党宣言》的这几年投身于无产阶级革命斗争的实践中我们可以充分地领悟到,《共产党宣言》确实是马克思和恩格斯对发生于19世纪40年代中叶的西欧无产阶级反对资产阶级斗争的经验总结,同时又是他们带领无产阶级同各种冒牌社会主义思潮进行斗争所取得的理论成果,更是他们将科学理论运用于工人革命运动、创立无产阶级政党的产物。在一定意义上《共产党宣言》的产生,是"双向需要"的结果:从恩格斯起草的《共产主义信条草案》和《共产主义原理》试着被"共产主义者同盟"接受,再到后来马克思和恩格斯合作撰写的《共产党宣言》成为"共产主义者同盟"的纲领,我们可以看到当时的无产阶级需要马克思和恩格斯的科学理论指导,而马克思和恩格斯也需要无产阶级作为自己理论的阶级基础。

二、《共产党宣言》在中国的传播和所产生的影响

马克思曾指出:"理论在一个国家实现的程度,总是取决于理论满足这个国家的需要的程度。"①《共产党宣言》在19世纪40年代末问世之时,当时中国正值第

---

① 《马克思恩格斯文集》第1卷,人民出版社2009年版,第12页。

一次鸦片战争失败的境地,自此以后,中国就沦为半殖民地半封建社会。须知,这样一种社会状态并不具备传播马克思主义的土壤。一直到半个世纪以后,即到了19世纪末、20世纪初,中国在甲午战争中惨败,西学东渐,中国才有了译介和传播《共产党宣言》的客观条件。① 这一客观条件就是:中国处于生死存亡的关头,一些先进的中国人开始寻找救国救民的道路,他们掀起了一场向西方学习的高潮,而他们对西方的学习则经历了一个从器物到制度再到文化的过程。西方论著的译本在中国大地上不断地涌现,《共产党宣言》也就这样来到了中国。

1.《共产党宣言》在中国传播的历程

有学者认为,最早读到《共产党宣言》的中国人是孙中山。早在1895年,由于广州起义失败,他被迫流亡国外。1896年他流亡至英国伦敦,正是在此时此地,他第一次读到了马克思的《共产党宣言》,眼界大开。② 而且,据宋庆龄回忆,他还"敦促留学生研究马克思的《资本论》和《共产党宣言》并阅读当时的社会主义书刊"③。与此同时,在国内一些中国人通过1899年上海广学会主办的《万国公报》上发表的,经由英国传教士李提摩太译、蔡尔康撰文的《大同学》一文,也最早开始知道了《共产党宣言》。原文是这样的:"今世之争,恐将有更甚于古者,此非凭空揣测之词也。试稽近世学派,有讲求安民新学之一家,如德国之马客偲,主于资本者也……。"④

《共产党宣言》在中国经历了从片译、段译、摘译到全文翻译的过程,与此相应,其传播对象也实现了从最初的知识精英到中共党员干部再到普通民众的扩展的过程。⑤

---

① 杨金海:《〈共产党宣言〉与中华民族的百年命运》,《光明日报》2008年7月3日。

② 高放:《〈共产党宣言〉在中国的传播》,《学习与探索》1983年第1期,第45页。

③ 杨金海、胡永钦:《〈共产党宣言〉在中国一百年》,光明网,http://www.gmw.cn/01gmrb/1998-09/13/GB/17814%5EGM3-1305. HTM,检索日期2017-03-31。

④ 彭明:《马克思学说何时介绍到中国》,《科学社会主义参考资料》1981年第2期,第36页。

⑤ 下述关于《共产党宣言》在中国传播的三个阶段的论述参见陈红娟:《〈共产党宣言〉在中国的翻译与传播》,《马克思主义研究》2018年第4期,第24—33页。

（1）《共产党宣言》在士大夫、传教士、知识精英中传播。

1899—1919 年间关涉《共产党宣言》的译文共有 17 篇文章，起初只是对《共产党宣言》进行只言片语的翻译，后来则是篇章译述。此时，译者对《共产党宣言》的翻译内容、方式都具有选择性，主要是片译、摘译和段译。《共产党宣言》被夹杂在社会进化论、改良主义等社会思潮中进行翻译与传播，不同译者都根据自己的目的对《共产党宣言》展开阐释。那个时期，《共产党宣言》与其他西方理论一样，引介与传播的主体主要是士大夫、传教士、知识精英。可以说，此时中国人所理解的《共产党宣言》基本上是碎片化的，且为"他者"即改良主义、激进革命、无政府主义等目的服务。

（2）《共产党宣言》在中共党员干部中传播。

1920—1949 年间，译者对《共产党宣言》的理解与认识水平有所提升，翻译方式多采用直译与意译相结合，《共产党宣言》作为"马克思主义经典著作"得到解读和阐释。十月革命以后，马克思主义学会、社会主义研究会、俄罗斯研究会等纷纷涌现，越来越多的知识分子意识到马克思主义与改良主义、无政府主义的本质区别，阶级斗争、武装推翻政权的革命理论作为马克思主义理论的核心内容日渐凸显。马克思主义成为独立的社会思潮和中国共产党的指导思想。译者和读者从阶级、革命等视角审视和解读《共产党宣言》成为可能。这期间，《共产党宣言》传播日渐广泛，阅读和传播的主体由社会知识精英拓展至中共党员干部，传播的地区主要集中在中国共产党局部执政地区，如瑞金、延安等。中国共产党学习制度的确立与规范大大提升了《共产党宣言》在党内的阅读率。随着延安时期中国共产党政治学习制度的完善，共产党的干部成为阅读《共产党宣言》的主要群体。

（3）《共产党宣言》在普通民众中传播。

中华人民共和国成立后，中国共产党对《共产党宣言》的翻译、出版由以往的"多样分散"的"自由行为"上升为"统一集中"的"国家行为"。中共中央先后成立俄文编译局、中央编译局等专门机构。翻译行为规范化和组织化后，翻译工作集中了全国专家学者力量,技术层面更加科学化,《共产党宣言》和马克思主义的其他经典著作的翻译水平得到大幅度提升。中华人民共和国成立以后,中国曾数次掀起自上而下的马克思主义学习运动,《共产党宣言》是学习的重要文本之一。《共产党宣言》的传播范围拓展至全国各地,阅读对象由高级干部、党员扩展至普通民众。《共产党宣言》成为党政干部和人民群众学习马列经典著作的重要文本。此时《共产党宣言》的学习和阅读的对象不再只限于党政干部而是扩展至青年团员,工厂、机关和学校中的党外积极分子,学界知识分子等。对于普通工人而言,每个单位还专门配有学习辅导员,针对文化水平低的老工人通过"逐字逐句念""一句一句解读"的方式开展。《共产党宣言》在中国大地上传播之广泛和深入令人难以想象。

2.《共产党宣言》在中国的各种译本

《共产党宣言》在中国的译介传播已经有一个多世纪的历史了。这100多年来,不同的翻译者对《共产党宣言》进行反复译介阐释,前后共有十余个译本、数十版次出版发行。《共产党宣言》是马克思主义在中国译本最多、版次最多的经典文献,这也意味着是传播最广、受众最多的经典文献。①

(1)中华人民共和国成立之前的《共产党宣言》的主要译本。

陈望道译本:1920年8月,《共产党宣言》首个中文全译本在上海出版,该译本由陈望道(1891—1977)根据《共产党宣言》英译本及日译本译出,由社会主义研究社印刷发行。陈望道早年留学日本,接触过日本早期社会主义者及马克思主义新思潮,回国后应《星期评论》杂志约稿翻译《共产党宣言》,"此译本经过中共早期领导人李汉俊和陈独秀先后校阅后正式出版发行"②。该版印数共千余册,很快

---

① 下述关于《共产党宣言》在中国各种译本的情况主要参考了方红:《〈共产党宣言〉百年汉译出版及传播考释》,《出版发行研究》2020年第5期,第95—101页。

② 佟景洋:《〈共产党宣言〉(中译本)版本考证及实践影响》,《出版发行研究》2015年第10期,第104页。

赠售一空。同年9月,该译本再版,此后该版本一再翻印,流传甚广。该译本在《共产党宣言》汉译史上具有开创性的意义与价值。2020年6月27日习近平总书记给复旦大学《共产党宣言》展示馆党员志愿服务队全体队员的回信中,对100年前复旦大学老校长陈望道首译《共产党宣言》中文全译本给予高度肯定,他说:"100年前,陈望道同志翻译了首个中文全译本《共产党宣言》,为引导大批有志之士树立共产主义远大理想、投身民族解放振兴事业发挥了重要作用。"①鲁迅也曾对《共产党宣言》陈望道中译本称赞道:"埋头苦干,把这本书翻译出来,对中国做了一件好事。"②

华岗译本:1930年初,华岗(1903—1972)翻译的《共产党宣言》译本由上海华兴书局出版,该译本根据《共产党宣言》1888年英文版译出,是中国共产党成立后组织翻译出版的首个《共产党宣言》译本。华岗1925年加入共产党,长期从事团中央和党的宣传组织工作,1928年从莫斯科回国后,华岗接到中央任务重新翻译《共产党宣言》。华岗翻译《共产党宣言》时正值大革命失败后的白色恐怖氛围中,因此该译本的初版及各版次多以伪装本发行,且华岗的名字也并未以译者形式出现。该译本在上海、汉口多次再版,不但是苏区军民学习马克思主义的必读书目,在当时国统区也发挥了重要作用。

成仿吾、徐冰译本:1938年8月,成仿吾(1897—1984)、徐冰(1903—1972)合译的《共产党宣言》译本由延安解放社出版,该译本从《共产党宣言》的德文版译出,是中国共产党在解放区组织翻译出版的第一个《共产党宣言》全译本,也是首次从德文原版译介《共产党宣言》。当时正值抗日战争爆发之后,党中央在延安领导敌后战争,迫切需要理论上的武装与力量,已有的《共产党宣言》译本难以为用,

---

① 《习近平给复旦大学〈共产党宣言〉展示馆党员志愿服务队全体队员的回信》,中国新闻网,http://www.chinanews.com/gn/2020/06-30/9225124.shtml,检索日期2020-06-30。

② 《思想的历程》创作组:《思想的历程——马克思主义在中国的百年传播》,中央编译出版社2011年版,第24页。

成仿吾、徐冰的《共产党宣言》新译本及时地推出了。成仿吾、徐冰译本在抗战时期传播甚广,不但在延安是干部的必读书目,还在国统区广为传播,甚至流传到日伪区,扩大了《共产党宣言》的影响。该译本还在 1947 年 10 月由中国出版社首次在香港出版。

博古译本:1943 年 8 月,博古(1907—1946)的《共产党宣言》译本由延安解放社出版。在延安整风运动中,中宣部成立了翻译校阅委员会,以大量出版马列原著,博古作为委员会成员,接受了根据俄文版《共产党宣言》校译《共产党宣言》新译本的任务。博古根据俄文版《共产党宣言》对成仿吾、徐冰的《共产党宣言》译本作了重新校译。该译本出版次年,即被中共中央列为高级干部必读的 5 本马列原著之一。博古译本的出版发行数量远远超过其他几个汉译本的总和,是中华人民共和国成立前印数最多、流传最广、影响最大的《共产党宣言》译本。

陈瘦石译本:陈瘦石《共产党宣言》译本的初版时间应为 1945 年。陈瘦石时任国统区资源委员会秘书,该译本是中国共产党成立后第一个由非党人士翻译的版本,也是国统区唯一出版的《共产党宣言》译本。当时国共关系愈趋紧张,蒋介石集团大肆攻击打压共产主义,在这样的背景下,直接译介《共产党宣言》在国统区刊行几乎是不可能的。当时的商务印书馆以"经济学思想文献"之名通过了《共产党宣言》的审查,使之成为国统区唯一"隐蔽"发行的《共产党宣言》译本。陈瘦石译本是所有《共产党宣言》译本中发行量最少的。但该译本附在学术专著中出版,加之其阅读对象多为受过教育的学者和学生,这无疑在客观上丰富了《共产党宣言》的传播路径和受众群体。

莫斯科译本:1948 年,为了纪念《共产党宣言》发表一百周年,苏联外国文书籍出版局在莫斯科出版了《共产党宣言》百周年纪念版汉译本。该译本没有注明译者,长久以来一直被认为是集体翻译的成果,但实际上是谢唯真(1906—1972)个人负责校译出版了"百周年纪念版"译本。1949 年该译本在莫斯科再版,并于同年运送到中国,1949年11月解放社在北京再版发行了该译本。"莫斯科译本"不但是当时内容最为完整、翻译质量最高的《共产党宣言》译本,而且在中华人民共和国成立后逐渐取代其他译本广为流传,并为后来的编译局译本出版奠定了重要基础。

(2)中华人民共和国成立之后的《共产党宣言》的主要译本。

中华人民共和国成立之后的《共产党宣言》汉译出版主要分为三类:

早期译本的修订及重译:莫斯科百周年纪念版译本在中华人民共和国成立后被广泛传播,以平装、精装、丛书等形式再版印发十余次,谢唯真对《共产党宣言》译文多次作了校订。成仿吾在中华人民共和国成立后两次修订了自己早年的译本。1978年11月,《共产党宣言》发表130周年之际,人民出版社出版了成仿吾根据德文版《共产党宣言》重新校译的版本。此版译文修改较大,因此,该版本可视为一个独立的新译本。

编译局译本:编译局译本最早出版于1964年,是人民出版社于当年5月发行的供老干部阅读的大字本,这也是最早署名"中共中央编译局译"的译本,同年9月人民出版社出版了《共产党宣言》该译本的单行本。此后在1978年、1995年6月及2009年12月,编译局又分别重新编译校订《共产党宣言》的新译本并由人民出版社出版,每个译本又由人民出版社或中央编译出版社发行了单行本、纪念版或珍藏版。最新的《共产党宣言》编译局译本收录在2009年出版的《马克思恩格斯文集》第2卷中。2014年12月,人民出版社根据该译本出版了《共产党宣言》的单行本。毋庸置疑,编译局译本目前已成为《共产党宣言》在中国流传最广、最为权威的汉译本,而且随着时代的发展,编译局译本也将推陈出新,不断完善。

少数民族及港台地区译本:1971年,民族出版社用蒙古语、藏语、维吾尔语、哈萨克语和朝鲜语出版了《共产党宣言》的少数民族语文本,后来还出版了彝语、壮语的《共产党宣言》译本。此外,1968年和1971年,上海和北京的盲文出版社还分别出版了盲文版《共产党宣言》。1969 年,台湾相关研究所出版的《共产党原始资料选辑》(第一集)收录了《共产党宣言》,"这是目前为止在台湾地区见到的最早公开出版的全译本《共产党宣言》"①。近年在中国香港、台湾地区还出版过至少 6 种汉译本。②港台地区《共产党宣言》的出版传播有限,但这些译文是《共产党宣言》汉译传播的组成部分和有益补充。

3.《共产党宣言》在中国所产生的影响

《共产党宣言》百年汉译的历史见证了中国共产党追求真理、与时俱进的成长过程,也见证了中华民族坚定信念、开拓创新的博大情怀。《共产党宣言》是马克思主义思想的浓缩精华,为中国共产党提供理论指导,为中国革命指明前途。可以说,没有以《共产党宣言》标志的马克思主义的指引,就没有中国的民主革命的胜利,也没有中国的社会主义建设和改革开放的成功。《共产党宣言》的每一个译本都曾肩负着历史担当。正因为如此,习近平总书记指出,《共产党宣言》是一部洞见人类社会发展规律的经典著作,是一个内容丰富的理论宝库,常读常新。

毛泽东、周恩来、邓小平是当今中国人民心目中的伟人,他们为中华民族的解放和振兴立下了不朽的功勋。他们都不约而同地认为是《共产党宣言》指引自己走上了马克思主义的革命道路的。下面我们就用这三个伟人的相关话语从一个侧面来说明《共产党宣言》对中国所产生的影响。

(1)毛泽东论《共产党宣言》对自己的影响。

1939 年,毛泽东在延安对斯诺这样说道:我第二次到北京期间,读了许多关于俄国所发生的事情的文章。我热切地搜寻当时所能找到的极少数的共产主义文献的中文本。有三本书特别深刻地铭记在我的心中,使我树立起对马克思主义

---

① 张守奎:《〈共产党宣言〉在台湾地区的传播和研究》,《现代哲学》2019 年第 2 期,第 14 页。
② 高放:《〈共产党宣言〉有 23 种中译本》,《中共天津市委党校学报》2009 年第 2 期,第 3—7 页。

的信仰。毛泽东所说的第一本书就是陈望道译的《共产党宣言》。他说：在《共产党宣言》的影响下，到了 1920 年夏天，我已经在理论上和在某种程度的行动上，成为一个马克思主义者，而且从此我也自认为是一个马克思主义者了。在斯诺的《红星照耀中国》中可以看到他所记忆的毛泽东的原话："有三本书特别深刻地铭刻在我的心中，建立起我对马克思主义的信仰。我一旦接受了马克思主义是对历史的正确解释以后，我对马克思主义的信仰就没有动摇过。这三本书是：《共产党宣言》，陈望道译，这是用中文出版的第一本马克思主义的书;《阶级斗争》，考茨基著;《社会主义史》，柯卡普著。"①也正是在这一年，陶铸的夫人曾志在延安向毛泽东汇报工作和请教学习问题时，毛泽东对曾志说：《共产党宣言》我看了不下一百遍，遇到问题，我就翻阅马克思的《共产党宣言》，有时只阅读一两段，有时全篇都读，每阅读一次我都有新的启发。

1941 年毛泽东在《关于农村调查》的讲话中说："记得我在一九二〇年，第一次看了考茨基著的《阶级斗争》，陈望道翻译的《共产党宣言》，和一个英国人作的《社会主义史》，我才知道人类有史以来就有阶级斗争，阶级斗争是社会发展的原动力，初步地得到认识问题的方法论。"②

（2）周恩来论《共产党宣言》对自己的影响。③

1936 年，周恩来在延安对斯诺说：在"赴法国之前，我从译文中读过《共产党宣言》"。至今，复旦大学《共产党展示馆》还展陈着 1943 年 12 月周恩来在延安时期读过的其签名版《共产党宣言》。

中华人民共和国成立后，周恩来每次开会见到陈望道，总要问及《共产党宣言》。陈望道回忆："有一次，周总理亲切地问我：《共产党宣言》你是参考哪一国的版本翻译的？ 我回答说：日文和英文，主要是英文，周总理就用英文和我交谈，

---

① 埃德加·斯诺：《红星照耀中国》，董乐山译，作家出版社 2012 年版，第 106 页。
② 《毛泽东文集》第 2 卷，人民出版社 1993 年版，第 378—379 页。
③ 下述关于周恩来论述《共产党宣言》的材料参考《共产党员》2022 年第 6 期。

对《共产党宣言》英文版作了一些分析,和我商讨翻译上的一些问题,给了我很大的启发。"

1975 年 1 月,在四届全国人大一次会议上,罹患重病、坚持到会的周恩来还急切地询问陈望道是否已找到首印本,并殷切地说:当年长征的时候我就把《共产党宣言》当作"贴身伙伴",如果能找到第一版的《共产党宣言》,"真想再看一遍"。陈望道看着周总理期待的目光,摇了摇头。周恩来遗憾地表示,这是老祖宗在我们中国的第一本经典著作,找不到它"是中国共产党人的心病"。

(3)邓小平论《共产党宣言》对自己的影响。

邓小平是在巴黎勤工俭学期间接触到《共产党宣言》的,正是由于受到了《共产党宣言》的熏陶,才选择了加入共产党,走上了革命的道路。他在 1992 年著名的南方谈话中深情地说:"我的入门老师是《共产党宣言》……马克思主义是打不倒的……马克思主义的真理颠扑不破。"①

三、《共产党宣言》7 篇序言所作的修正、说明和对原先观点的重申

马克思和恩格斯是在 1848 年推出《共产党宣言》的,后来,《共产党宣言》不断再版,马克思和恩格斯没有对这一历史文件的正文作过任何修改。但是,在 1872年至 1893 年这 20 多年的时间里,他们为不同的版本写了 7 篇序言。前两篇序言由马克思和恩格斯合写,从第 3 篇序言开始,由于马克思"已经长眠于海格特公墓,他的墓上已经初次长出了青草"②,只能由恩格斯一人撰写。

① 《邓小平文选》(第 3 卷),人民出版社 1993 年版,第 382 页。
② 《马克思恩格斯文集》第 2 卷,人民出版社 2009 年版,第 9 页。

1. 序言所作的修正与说明

（1）他们对《共产党宣言》中的有些观点进行了修改。

例如，马克思和恩格斯在《共产党宣言》中论述无产阶级革命时曾经这样说道："共产党人的最近目的是……使无产阶级形成为阶级，推翻资产阶级的统治，由无产阶级夺取政权。"①"工人革命的第一步就是使无产阶级上升为统治阶级，争得民主。"②马克思和恩格斯在这里尽管没有直接提出"无产阶级专政"这一词，但显然已有了关于无产阶级专政的思想。问题在于，因为他们当时并没有这方面的具体实践，从而他们当时不可能具体说明无产阶级究竟如何对待旧的国家机器。1871年的巴黎公社则提供了新的关于无产阶级专政的实践经验。马克思在《法兰西内战》一书中总结了这一经验，明确提出："工人阶级不能简单地掌握现成的国家机器，并运用它来达到自己的目的。"③马克思和恩格斯认为巴黎公社这一经验十分重要，所以他们在1872年的德文版序言中特地指出要用"无产阶级第一次掌握政权达两个月之久的巴黎公社"的这一"实际经验"来修正《共产党宣言》中这一"已经过时"的观点。④ 后来列宁对马克思和恩格斯所作的这一修改非常重视，认为这是对《共产党宣言》的"一个极其重要的修改"⑤。

（2）他们要求在实际运用《共产党宣言》的原理时，"随时随地都要以当时的历史条件为转移"⑥，并明确指出其中的个别观点已经"不适合"和"过时"。

他们在《共产党宣言》第2章的结尾处，提出过共产主义革命必须采取的10条措施，他们在1872年的德文版序言中指出那些革命措施"根本没有特别的意

---

① 《马克思恩格斯文集》第2卷，人民出版社2009年版，第44页。
② 《马克思恩格斯文集》第2卷，人民出版社2009年版，第52页。
③ 《马克思恩格斯选集》第3卷，人民出版社2012年版，第95页。
④ 《马克思恩格斯文集》第2卷，人民出版社2009年版，第6页。
⑤ 《列宁选集》第3卷，人民出版社1995年版，第142页。
⑥ 《马克思恩格斯文集》第2卷，人民出版社2009年版，第5页。

义"①。他们在《共产党宣言》中对一些社会主义文献提出了批判,而在这同一序言中他们坦率地承认对这些社会主义文献所作的批判"在今天看来是不完全的,因为这一批判只包括到1847年为止"②。在《共产党宣言》的第4章他们曾经论述了共产党人对待各种反对派的态度,也在这同一序言中,他们特别指出这一论述"虽然在原则上今天还是正确的,但是就其实际运用来说今天毕竟已经过时"③。

(3)他们对在《共产党宣言》中个别表述不够确切的地方加以完善。

《共产党宣言》的第一句话是:至今一切社会的历史都是阶级斗争的历史。这一表述显然是不确切的,恩格斯在1883年德文版序言中转引这句话时于这句话的前面加上了一个括注,在括注中他写道:"从原始土地公有制解体以来。"④在随后的1888年英文版的正文中,恩格斯特地在"至今一切社会的历史"后面加上了这样一个脚注:"这是指有文字记载的全部历史。"⑤经这样一补充,原文中的这句话就变得更加准确、严密,更加符合社会历史发展的客观现实。

(4)他们把依据各国无产阶级革命斗争的实践而获得的新的理论成果补充进《共产党宣言》之中。

《共产党宣言》发表以后,马克思和恩格斯一直非常关心俄国的革命运动。在1882年俄文版序言中,他们在阐述俄国应如何根据《共产党宣言》的基本原理来解决所面临的历史任务时,提出了应当怎样看待俄国农村公社的问题。他们这样询问道:"俄国公社,这一固然已经大遭破坏的原始土地公共占有形式,是能够直接过渡到高级的共产主义的公共占有形式呢? 或者相反,它还必须先经历西方的

① 《马克思恩格斯文集》第2卷,人民出版社2009年版,第5页。
② 《马克思恩格斯文集》第2卷,人民出版社2009年版,第6页。
③ 《马克思恩格斯文集》第2卷,人民出版社2009年版,第6页。
④ 《马克思恩格斯文集》第2卷,人民出版社2009年版,第9页。
⑤ 《马克思恩格斯文集》第2卷,人民出版社2009年版,第31页。

历史发展所经历的那个瓦解过程呢?"①他们所作出的回答是:"对于这个问题,目前唯一可能的答复是:假如俄国革命将成为西方无产阶级革命的信号而双方互相补充的话,那么现今的俄国土地公有制便能成为共产主义发展的起点。"②马克思和恩格斯在这里补充进《共产党宣言》中的这一论断后来被十月革命所完全证实。恩格斯在 1892 年的波兰文版序言中论述了伴随资本主义发展起来的波兰无产阶级与民族运动的关系,他指出:"波兰贵族既没有能够保持住波兰独立,也没有能够重新争得波兰独立……这种独立只有年轻的波兰无产阶级才能争得,而且在波兰无产阶级手里会很好地保持住。"③恩格斯不仅把波兰的民族独立寄希望于波兰的无产阶级,而且还向国际无产阶级发出号召:波兰的这种独立"是实现欧洲各民族和谐的合作所必需的","欧洲所有其余各国工人都像波兰工人本身一样需要波兰的独立"。恩格斯在这里所阐述的波兰无产阶级对于民族独立的历史作用,以及波兰独立对于世界和谐的意义的观点,后来被历史进程证明是完全正确的。

2. 序言对原先观点的重申

在 1872 年德文版序言中,马克思和恩格斯在指出《共产党宣言》的有些内容已过时需要修正的同时,强调说:"不管最近 25 年来的情况发生了多大的变化,这个《宣言》中所阐述的一般原理整个说来直到现在还是完全正确的。"④

在 1882 年俄文版序言中,马克思和恩格斯提出,《共产党宣言》的任务"是宣告现代资产阶级所有制必然灭亡"⑤。也就是说,他们把消灭资产阶级所有制作为《共产党宣言》的不可能过时的最重要的原理。他们还说当《共产党宣言》在 19 世纪 60 年代初俄文第一版问世时,西方认为这件事"不过是著作界的一件奇闻",而

---

① 《马克思恩格斯文集》第 2 卷,人民出版社 2009 年版,第 8 页。
② 《马克思恩格斯文集》第 2 卷,人民出版社 2009 年版,第 8 页。
③ 《马克思恩格斯文集》第 2 卷,人民出版社 2009 年版,第 24 页。
④ 《马克思恩格斯文集》第 2 卷,人民出版社 2009 年版,第 5 页。
⑤ 《马克思恩格斯文集》第 2 卷,人民出版社 2009 年版,第 8 页。

"这种看法今天是不可能有了"①。

在 1883 年德文版序言中,恩格斯说"本版序言不幸只能由我一个人署名了"。他认为"谈不上对《宣言》作什么修改或补充了"②,但有必要再次明确《共产党宣言》的基本思想。于是,他概括了"贯穿《宣言》的基本思想"。这就是:"每一历史时代的经济生产以及必然由此产生的社会结构,是该时代政治的和精神的历史的基础;因此,(从原始土地公有制解体以来)全部历史都是阶级斗争的历史,即社会发展各个阶段上被剥削阶级和剥削阶级之间、被统治阶级和统治阶级之间斗争的历史;而这个斗争现在已经达到这样一个阶段,即被剥削被压迫的阶级(无产阶级),如果不同时使整个社会永远摆脱剥削、压迫和阶级斗争,就不再能使自己从剥削它压迫它的那个阶级(资产阶级)下解放出来。"③这一段话是对《共产党宣言》的思想的最确切、最精练的概括,揭示了《共产党宣言》基本原理之间的内在联系。恩格斯不仅认为"这个基本思想""完全是属于马克思一个人的"④,而且实际上还向人们表明,贡献给无产阶级和全人类的"这个基本思想"是不朽的。

在 1888 年英文版序言中,恩格斯明确地把《共产党宣言》视为全世界无产阶级的"共同纲领"。他这样说道:"《宣言》的历史在很大程度上反映着现代工人阶级运动的历史;现在,它无疑是全部社会主义文献中传播最广和最具有国际性的著作,是从西伯利亚到加利福尼亚的千百万工人公认的共同纲领。"⑤恩格斯为了强调《共产党宣言》的基本原理的正确性,在这里转引了他在前一个序言中所概括的"贯穿《宣言》的基本思想",并特地指出:"在我看来这一思想对历史学必定会

① 《马克思恩格斯文集》第 2 卷,人民出版社 2009 年版,第 7 页。
② 《马克思恩格斯文集》第 2 卷,人民出版社 2009 年版,第 9 页。
③ 《马克思恩格斯文集》第 2 卷,人民出版社 2009 年版,第 9 页。
④ 《马克思恩格斯文集》第 2 卷,人民出版社 2009 年版,第 9 页。
⑤ 《马克思恩格斯文集》第 2 卷,人民出版社 2009 年版,第 13 页。

起到像达尔文学说对生物学所起的那样的作用。"①恩格斯在这里又说明了为什么把这篇宣言称为《共产党宣言》而不叫《社会主义宣言》的缘由,在他看来,主要原因就在于,当时,"社会主义是资产阶级的运动,而共产主义则是工人阶级的运动"。他还特地补充说:"后来我们也从来没有想到要把这个名称抛弃。"②恩格斯说"从来也没有想到"要抛弃共产主义这个名称,是他与马克思从来也没有放弃《共产党宣言》的基本原理的最好佐证。

在1890年德文版序言中,恩格斯全部转述了他与马克思最后共同署名的那个序言,即1882年俄文版序言的全部内容。恩格斯之所以这样做,一个重要原因实际上是要再次肯定"宣告现代资产阶级所有制必然灭亡"的这篇1882年俄文版序言中曾经强调过的《共产党宣言》的基本原理。

在1892年波兰文版序言中,恩格斯非常高兴地叙述说,"首先值得注意的是,近来《宣言》在某种程度上已经成为测量欧洲大陆大工业发展的一种尺度","根据《宣言》用某国文字发行的份数,不仅可以相当准确地判断该国工人运动的状况,而且可以相当准确地判断该国大工业发展的程度"③。关键在于,他还论述了《共产党宣言》具有这样效用的原因:"某一国家的大工业越发展,该国工人想要弄清他们作为工人阶级在有产阶级面前所处地位的愿望也就越强烈,工人中间的社会主义运动也就越扩大,对《宣言》的需求也就越增长。"④恩格斯讲得十分清楚,《共产党宣言》的功能就在于能满足无产阶级了解自己的真实处境和历史使命的欲望,工业越是发展,无产阶级的这种愿望就越是强烈,从而对《共产党宣言》的需求也就越大。

在1893年意大利文版序言中,恩格斯根据1848年革命,以及1848年革命以

---

① 《马克思恩格斯文集》第2卷,人民出版社2009年版,第14页。
② 《马克思恩格斯文集》第2卷,人民出版社2009年版,第14页。
③ 《马克思恩格斯文集》第2卷,人民出版社2009年版,第23页。
④ 《马克思恩格斯文集》第2卷,人民出版社2009年版,第23页。

来的无产阶级革命斗争的实践,高度肯定了《共产党宣言》中所作出的无产阶级是资本主义社会的"掘墓人"的判断。他这样说道:"最近 45 年来,资产阶级制度在各国引起了大工业的飞速发展,同时造成了人数众多的、紧密团结的、强大的无产阶级;这样就产生了——正如《宣言》所说——它自身的掘墓人。"①他还预言,《共产党宣言》意大利文版的出版能成为"良好的预兆",意大利因此而"会给我们一个新的但丁来宣告这个无产阶级新纪元的诞生"②。没有对《共产党宣言》所提出的基本原理的坚定信念,就不可能如此乐观地展望意大利,乃至整个欧洲和整个世界无产阶级革命斗争的前景!

四、《共产党宣言》正文特别是前两章的主要理论观点

《共产党宣言》的正文共有四章,正是在这四章,特别是在前两章中,提出了一系列的理论观点。这些理论观点的提出,标志着马克思主义理论体系的形成。这些理论观点也构成了"全世界无产阶级的共同纲领"。这些理论观点归纳起来主要有以下六个方面。

1. 《共产党宣言》在人类历史上第一次深刻地揭示出:"每一历史时代的经济生产以及必然由此产生的社会结构,是该时代政治的和精神的历史的基础。"③从此无产阶级和广大劳动人民知道了如何解开纷繁复杂的社会现象之谜。

马克思和恩格斯所发现的社会发展规律就是:每一历史时代的经济生产以及必然由此产生的社会结构,是该时代政治的和精神的历史的基础。恩格斯在《共

---

① 《马克思恩格斯文集》第 2 卷,人民出版社 2009 年版,第 26 页。
② 《马克思恩格斯文集》第 2 卷,人民出版社 2009 年版,第 26—29 页。
③ 《马克思恩格斯文集》第 2 卷,人民出版社 2009 年版,第 9 页。

产党宣言》的 1883 年德文版序言中指出,这是"贯穿《宣言》的基本思想"①,而在《共产党宣言》的 1888 年英文版序言中,恩格斯再次强调这是"构成《宣言》核心的基本思想"②。

具体说来,生产关系一定要适应生产力状况。有什么样的生产力,就有什么样的生产关系。当生产关系适合生产力状况时,生产关系对生产力的发展起着促进的作用,而当生产关系不适合生产力的状况时,生产关系对生产力的发展就起着阻碍作用。在一定的条件下,不变革旧的生产关系,生产力就不能继续发展,这时就必须以主要精力去改变那种阻碍生产力发展的旧的生产关系。

上层建筑一定要适应经济基础的状况。整个社会好像一座极其复杂的建筑物,它有自己的基础,又有自己的上层建筑。经济基础与上层建筑的矛盾统一体就是社会形态。经济基础的需要决定上层建筑的产生,经济基础的性质决定上层建筑的性质,经济基础的变化发展必然引起上层建筑的变化。

2.《共产党宣言》开宗明义作出这样一个判断:"至今一切社会的历史都是阶级斗争的历史。"③从此无产阶级和广大劳动人民知道了推动社会发展的直接动力究竟是什么。

其主要体现为以下三点。

首先,马克思和恩格斯写作《共产党宣言》时,人们对人类的史前史还不甚了解。1888 年恩格斯在《共产党宣言》的英文版上,对《共产党宣言》的"至今一切社会的历史都是阶级斗争的历史"的论断特地加了一个注,说明这里所说的"至今一切社会的历史"应当明确为"这是指有文字记载的全部历史",或者说是指"原始公社的解体"以来的全部历史。④ 恩格斯所加的这个注使《共产党宣言》的这一重要

---

① 《马克思恩格斯文集》第 2 卷,人民出版社 2009 年版,第 9 页。
② 《马克思恩格斯文集》第 2 卷,人民出版社 2009 年版,第 14 页。
③ 《马克思恩格斯文集》第 2 卷,人民出版社 2009 年版,第 31 页。
④ 《马克思恩格斯文集》第 2 卷,人民出版社 2009 年版,第 31 页。

论断更为科学、准确。

其次，马克思和恩格斯在《共产党宣言》中除了阐述阶级社会发展的一般规律外，着重论述了资本主义社会中无产阶级与资产阶级之间的斗争的特点。他们不但提出在无产阶级反抗资产阶级统治的斗争中，"一切阶级斗争都是政治斗争"①，而且还特别指出，无产阶级必须"用暴力推翻资产阶级而建立自己的统治"②，无产阶级要从非人的生活条件下真正获得解放。第一步就是"使无产阶级上升为统治阶级"，即夺取政权，建立自己的"政治统治"，建立无产阶级专政。在此基础上，利用自己的政治统治，"一步一步地夺取资产阶级的全部资本，把一切生产工具集中在国家即组织成为统治阶级的无产阶级手里，并且尽可能快地增加生产力的总量"③。马克思和恩格斯在这里最鲜明地表述了"无产阶级专政"这一"最卓越"的思想。

最后，马克思和恩格斯在《共产党宣言》中用历史唯物主义的观点分析了无产阶级政权和国家的历史作用，在他们看来，当无产阶级政权完成了自己的历史使命之时，"公共权力就失去政治性质"。也就是说，一旦消灭了阶级对立的存在条件，消灭了阶级本身存在的条件，无产阶级的政治统治也就消失了。马克思和恩格斯在这里最深刻地阐明了国家政权、无产阶级专政是一个历史的范畴，它总有一天要退出历史舞台的。

3. 《共产党宣言》向全世界宣告："资产阶级的灭亡和无产阶级的胜利是同样不可避免的。"④从此无产阶级和广大劳动人民知道了什么是人间正道、人类社会究竟会走向哪里。而无产阶级和广大劳动人民则从中获取了无穷的精神力量。

《共产党宣言》所全面论证的"资产阶级的灭亡和无产阶级的胜利是同样不可

---

① 《马克思恩格斯文集》第 2 卷，人民出版社 2009 年版，第 40 页。
② 《马克思恩格斯文集》第 2 卷，人民出版社 2009 年版，第 43 页。
③ 《马克思恩格斯文集》第 2 卷，人民出版社 2009 年版，第 52 页。
④ 《马克思恩格斯文集》第 2 卷，人民出版社 2009 年版，第 43 页。

避免的"这一理论,简称为"两个必然"理论。"两个必然"理论也可规范表述为"资本主义必然灭亡、社会主义必然胜利",或者"社会主义、共产主义必然代替资本主义"。这种客观依据存在于资本的本性之中。主要体现为以下两点:

首先,资本作为生产出来的产品在不断地增加,但消费这些产品的能力十分不足,这就使资本的增殖受到了消费不足的限制。资本为了实现自己增殖的目的总是要残酷地剥削和压迫劳动者,而这种剥削和压迫是不可能得以遏制的。这样必然造成在少数人财富越积越多的同时,为数众多的人日益陷于贫困。"工人变成赤贫者,贫困比人口和财富增长得还要快。"①在这种情况下,生产能力与消费能力之间形成了巨大的反差。

其次,资本作为生产出来的产品在不断地增加,但是现有的等价物的量毕竟有限,这又使资本的增殖受到了货币量的限制。剩余价值的实现需要"剩余等价物"。问题在于,由于资本主义的生产是以追求剩余价值为宗旨的,从而必然出现个别企业的有组织性和整个社会生产的弱组织性之间的对立,这样,就总体交换而言,就不可能具有使所有剩余价值得以实现的等价物,其结果就是使用价值的生产受制于交换价值。正如马克思所指出的:资本受到"货币量的限制","剩余等价值现在表现为[对于资本的]第二个限制"②。因此,由于资本增殖受到限制所导致的这种危机,实际上就是资本主义生产方式的危机。资本拥有者即资本家不理解也不愿意承认,无论是消费量的限制,还是货币量的限制,归根结底是资本主义生产关系对生产力无限发展趋势的限制,从某种意义上说,这就是资产阶级不愿正视也无法突破的"大限"。上文所说的"生产关系一定要适应生产力状况"的社会发展规律在这里实实在在地起着作用。在《共产党宣言》发表 40 年之后,恩格斯再次重申了《共产党宣言》所论述的这一基本思想:"生产过剩和大众的贫

---

① 《马克思恩格斯文集》第 2 卷,人民出版社 2009 年版,第 43 页。
② 《马克思恩格斯全集》第 46 卷[上],人民出版社 1979 年版,第 388 页。

困,两者互为因果,这就是大工业所陷入的荒谬的矛盾,这个矛盾必然要求通过改变生产方式使生产力摆脱桎梏。"①

4.《共产党宣言》旗帜鲜明地指出:"共产主义革命就是同传统的所有制关系实行最彻底的决裂;毫不奇怪,它在自己的发展进程中要同传统的观念实行最彻底的决裂。"②从此无产阶级和广大劳动人民知道了社会主义社会、共产主义社会区别于此前一切剥削阶级社会的本质特征究竟是什么。

两个"彻底决裂"的思想不仅是《共产党宣言》,而且是整个马克思主义的基本原理之一。它揭示了共产主义革命区别于此前一切革命的崇高使命,也阐述了社会主义社会、共产主义社会区别于此前一切剥削阶级社会的本质特征之所在。它深刻地体现了共产党人彻底的革命精神。放弃了两个"彻底决裂"的使命,也就等于放弃了共产主义的伟大理想。

与"传统的所有制关系""彻底决裂"是社会主义社会、共产主义社会的经济特征。其宗旨就是消灭私有制。马克思和恩格斯在《共产党宣言》中运用历史唯物主义的观点和方法,不但阐述了私有制是如何产生和发展的,而且揭示了私有制的社会本质。在他们看来,消灭私有制是共产主义革命的客观要求。共产主义革命不是用一种剥削制度去代替另一种剥削制度,而是要从根本上消灭人剥削人的制度,建立一个没有阶级剥削和阶级压迫的社会。只有废除生产资料的私有制,代之以生产资料公有制,才能挖掉剥削制度存在的根子。

共产主义革命要同"传统观念""彻底决裂",是不是不仅要同"在历史进程中不断改变的"宗教的、道德的、哲学的、政治的、法的观念"彻底决裂",而且还要同"在这种变化中却始终保存着"的宗教、道德、哲学、政治和法本身"彻底决裂",甚至还要同"存在着一切社会状态所共有的永恒真理",如自由、正义等"彻底决裂"?

① 《马克思恩格斯选集》第4卷,人民出版社2012年版,第257页
② 《马克思恩格斯文集》第2卷,人民出版社2009年版,第52页

马克思和恩格斯指出,至今一切社会的历史都是在阶级对立中运动的,而这种对立在不同的时代具有不同的形式。但是,不管阶级对立具有什么样的形式,社会上一部分人对另一部分人的剥削却是过去各个世纪所共有的事实。因此,毫不奇怪,各个世纪的社会意识,尽管形形色色、千差万别,总是在某些共同形式中运动的。如果所谓的"永恒真理"就是指这些"共同形式"的话,那么共产主义革命最终也是要与之"决裂"的,只是必须明白:"这些意识形式,只有当阶级对立完全消失的时候才会完全消失。"①

5.《共产党宣言》提出了这样一个富有结论性的命题:"代替那存在着阶级和阶级对立的资产阶级旧社会的,将是这样一个联合体,在那里,每个人的自由发展是一切人的自由发展的条件。"②从此无产阶级和广大劳动人民知道了人究竟应当发展成什么样子、真正的理想社会又是如何的。

马克思和恩格斯在这里讲了"每个人的自由发展"与"一切人的自由发展"之间的关系,他们特别强调前者是后者的条件与前提。"每个人"与"一切人"是两个不同的概念,"每个人"指的是"个体",而"一切人"指的是"整体"。在他们之前,许多思想家总是打着代表"全人类""一切人"的旗号,以维护"整体"的名义,宣扬"一切人的发展是个人发展的条件"。马克思和恩格斯则和这些人相反,认为每个人的自由发展才是一切人自由发展的条件,没有每个人自由发展这一前提,就不可能实现一切人的自由发展。

特别需要指出的是,马克思和恩格斯在这里所说的每个人的自由发展是有客观的历史条件的,千万不要忘记他们表述这一命题的前半段话,即"代替那存在着阶级和阶级对立的资产阶级旧社会的,将是这样一个联合体"。这说明,在他们看来,只有当阶级与阶级对立消失的时候,才能真正实现每个人的自由发展,只要阶

---

① 《马克思恩格斯文集》第 2 卷,人民出版社 2009 年版,第 52 页。
② 《马克思恩格斯文集》第 2 卷,人民出版社 2009 年版,第 53 页。

级和阶级对立还存在着,只要这个社会还是属于资产阶级社会,那么就不可能建立"自由人的联合体"。

6.《共产党宣言》特别强调了这样一个原则:"共产党人不是同其他工人政党相对立的特殊政党。他们没有任何同整个无产阶级的利益不同的利益。"①从此无产阶级和广大劳动人民知道了应当如何建设自己的政党,作为自己的先锋队的无产阶级政党应该是一个什么样的组织。

无产阶级是最革命的阶级,它负有充当资本主义社会的"掘墓人",推翻资本主义社会建设一个新社会的历史使命。那么,它究竟如何才能履行这一历史重任呢? 马克思和恩格斯在《共产党宣言》中指出,无产阶级要实现伟大的历史使命,就必须建立无产阶级独立的革命政党,即共产党。马克思和恩格斯强调,作为无产阶级政党的共产党,是无产阶级革命事业的领导力量,共产党的正确领导,是实现无产阶级历史使命的根本保证。《共产党宣言》系统地论述了无产阶级政党的性质、特点、任务和策略。

马克思和恩格斯是这样从实践和理论两个方面总结共产党人的主要特征的:"在实践方面,共产党人是各国工人政党中最坚决的、始终起推动作用的部分";"在理论方面,他们胜过其余无产阶级群众的地方在于他们了解无产阶级运动的条件、进程和一般结果"②。这就是说,共产党是这样一个组织:它以最坚定不移、始终如一的实际行动投入无产阶级革命运动,它最透彻地了解无产阶级革命运动具有怎样的条件才能形成,其实际进程如何,最终它将产生什么样的成果。

基于对共产党这一无产阶级政党的性质的深刻洞见和对其前途的无限信任,马克思和恩格斯以这样气吞山河的语言来结束《共产党宣言》的全文:"共产党人不屑于隐瞒自己的观点和意图。他们公开宣布:他们的目的只有用暴力推翻全部

---

① 《马克思恩格斯文集》第 2 卷,人民出版社 2009 年版,第 44 页。
② 《马克思恩格斯文集》第 2 卷,人民出版社 2009 年版,第 44 页。

现存的社会制度才能达到。让统治阶级在共产主义革命面前发抖吧。无产者在这个革命中失去的只是锁链。他们获得的将是整个世界。"①

五、《共产党宣言》后二章对各种社会主义流派的批判

马克思和恩格斯在《共产党宣言》中在阐述了科学社会主义的理论的同时,对当时存在的其他各种社会主义流派进行了批判分析。《共产党宣言》专设第三章用以批判各种社会主义流派,而最后一章则阐述了共产党人反对各种反动的、保守的、空想的社会主义流派的原则立场。②

1. 对反动的社会主义流派的批判

在《共产党宣言》中,马克思、恩格斯把封建的社会主义、小资产阶级的社会主义、德国的或"真正的"社会主义,归结为反动的社会主义加以批判。《共产党宣言》对反动的社会主义的批判着力于批判其"反动"。

产生于 19 世纪 30 年代英国和法国的封建的社会主义流派,是代表封建贵族利益的一种反动思潮。马克思指出该思潮"带有旧的封建纹章",不懂得历史发展的客观规律,没有认识到无产阶级是与资产阶级同时产生又不可分割的;他们在政治上限制无产阶级的革命运动,在经济上"做羊毛、甜菜和烧酒的买卖"。《共产党宣言》辛辣地指出:"为了拉拢人民,贵族们把无产阶级的乞食袋当做旗帜来挥舞。但是,每当人民跟着他们走的时候,都发现他们的臀部带有旧的封建纹章,于是就哈哈大笑,一哄而散。"③

---

① 《马克思恩格斯文集》第 2 卷,人民出版社 2009 年版,第 66 页。
② 下述对《共产党宣言》对各种社会主义流派的批判的论述参考了高晓雁、胡晨:《〈共产党宣言〉对社会主义流派的批判及当代价值》,《党史博采》2017 年第 9 期,第 25—27 页。
③ 《马克思恩格斯文集》第 2 卷,人民出版社 2009 年版,第 55 页。

产生于 19 世纪上半叶的小资产阶级的社会主义流派,是代表小资产阶级利益的一种反动思潮。《共产党宣言》批判了"用小资产阶级和小农的尺度去批判资产阶级制度"①的错误做法。该流派没有看到社会发展的一般规律,没有看到资本主义打破宗法关系和在生产力发展上的巨大的历史作用,也没有了解到资本主义社会的实质所在。

产生于 19 世纪 40 年代的德国的"真正的"社会主义思潮,代表了德国小资产阶级的利益。该流派是德国唯心主义哲学和法国的社会主义、共产主义的简单拼凑,造成了社会主义理论与社会现实状况的脱节。该流派完全看不清社会发展的一般规律,转而维护现存的封建主义制度,违背了历史发展的趋势。《共产党宣言》指出:"这种社会主义成了德意志各邦专制政府及其随从——僧侣、教员、容克和官僚求之不得的、吓唬来势汹汹的资产阶级的稻草人。"②

2. 对保守的或资产阶级的社会主义的批判

《共产党宣言》指出,这种保守的或资产阶级的社会主义以"改善工人的生活"作为社会主义的由头,以"人道""博爱"等口号作为批判封建等级制度的武器,假装与社会主义有一样的社会追求。实质上是在资本主义制度的基础上作的一些不痛不痒甚至对其还有好处的政策调整。事实上,"丝毫不会改变资本和雇佣劳动的关系"③。随着生产力的发展,生产社会化与生产资料私人占有之间的矛盾越来越尖锐,带来了其自身无法摆脱的周期性的"生产过剩的瘟疫"。资产阶级的社会主义企图通过减缩生产力和扩大市场来克服危机,但这些措施反而使整个资产阶级社会陷入混乱,威胁到了资产阶级所有制的存在。《共产党宣言》指出:"资产阶级的社会主义就是这样一个论断:资产者之为资产者,是为了工人阶级的利

---

① 《马克思恩格斯文集》第 2 卷,人民出版社 2009 年版,第 56 页。
② 《马克思恩格斯文集》第 2 卷,人民出版社 2009 年版,第 59 页。
③ 《马克思恩格斯文集》第 2 卷,人民出版社 2009 年版,第 61 页。

益。"①《共产党宣言》对保守的社会主义的批判主要揭露了其"保守"。

3. 对批判的空想的社会主义和共产主义的批判

《共产党宣言》在肯定空想社会主义的进步意义的同时,也对空想社会主义进行了批判,一是他们看不到无产阶级的历史作用,找不到实现理想社会的依靠力量,并把希望寄托在统治阶级和少数精英身上。二是他们不了解阶级斗争是推动社会历史发展的动力,看不到无产阶级解放的物质条件,找不到推翻资本主义、实现社会主义的正确道路。马克思指出"批判的空想的社会主义和共产主义的意义,是同历史的发展成反比的"②。空想社会主义随着无产阶级反对资产阶级的斗争越激烈,越来越具有"具体的形式",就会失去它的理论依据和实践意义。《共产党宣言》对空想的社会主义的批判把重心放在分析其"空想"。

六、《共产党宣言》在当今中国的意义

毫无疑问,中国革命的胜利,中国实现民族的解放,也离不开《共产党宣言》的指引。问题在于,中华人民共和国建立以后,特别是在中共十一届三中全会确定工作的重心转移到经济发展上以后,当中国人民在实现民族解放的基础上,进一步自觉地把实现民族振兴作为自己的历史使命以后,还需要不需要《共产党宣言》的指引? 历史已证明,中华民族的解放是在《共产党宣言》的旗帜下取得的,那么实现民族的振兴是否可以丢掉这面旗帜? 以毛泽东为代表的老一代中国共产党人成功地把实现民族解放与实现《共产党宣言》的理想结合在一起,在今天我们是否还有必要和还有可能把实现民族振兴与实现《共产党宣言》的理想结合在一起?

---

① 《马克思恩格斯文集》第 2 卷,人民出版社 2009 年版,第 61 页。
② 《马克思恩格斯文集》第 2 卷,人民出版社 2009 年版,第 64 页。

行进在中国特色社会主义道路上的中国人民,是不是还要像老一辈无产阶级革命家那样"遇到问题""就去阅读《共产党宣言》",把《共产党宣言》视为自己的"入门老师",一直到自己的生命行将结束时还渴望"看一遍"《共产党宣言》的首版中译本?

事实上,当今中国人民需要《共产党宣言》的指引一点不亚于以往任何一个历史时期。为了推进建设中国特色社会主义的伟大事业,为了真正实现振兴中华民族的宏伟目标,当今急需要做的就是进行《共产党宣言》的启蒙教育。当今的中国人,特别是先进的中国人只有像当年毛泽东、周恩来、邓小平等那样如饥似渴地从《共产党宣言》中接受真理的熏陶,用《共产党宣言》的理论武装自己,才能真正担当起自己新的历史使命。

1.《共产党宣言》论证了人类走向共产主义的必然性,当今中国人民必须以《共产党宣言》为思想武器,把在"社会主义初级阶段"所做的一切与实现共产主义的远大目标联系在一起,坚持共产主义的崇高理想。

马克思和恩格斯的《共产党宣言》的"两个必然"的结论实际上为资本主义社会下了"死亡判决书",所以整个资本主义世界都把《共产党宣言》视为洪水猛兽,对之抱恨终天,而无产阶级和广大劳动人民则从中获取了无穷的精神力量,树立了"两个必然"的坚定信念,义无反顾地为实现崇高的理想而努力奋斗。

我们正处于社会主义的初级阶段,我们现在所做的一切应当与"社会主义初级阶段"这一历史背景相符合。在这样一种历史背景下,特别需要学习与把握《共产党宣言》关于共产主义信念的基本理论。处于"社会主义初级阶段"上的中国人民务必要牢记马克思为人类所揭示的资本主义一定会灭亡、共产主义一定会胜利这一历史发展的客观规律,或者说,一定不能放弃马克思为人类所指引的实现共产主义这一崇高理想。只有这样,才能把目前所做的与"社会主义初级阶段"相符合的事,不是与资本主义联系在一起,而是引向社会主义、共产主义的大方向。只要我们胸中有了《共产党宣言》,我们就会自觉地领悟我们所说的"初级阶段"是

"社会主义"的"初级阶段"而不是其他什么社会的"初级阶段",我们一方面不能超越这一"初级阶段",把将来要干的事放到现在来做,另一方面我们不能永远停留在这一"初级阶段",要把现在所做的一切视为进入"高级阶段"的必要准备。我们不应当因为共产主义的真正实现离当今还很遥远从而就否定这一目标的存在,更不应当把眼前所做的与实现这一目标完全割裂开来。实际上,做与"社会主义初级阶段"相符合的事情,有没有社会主义、共产主义这一指向,头脑中有没有历史发展客观规律这一信念,其结果是大相径庭的。如果我们确实是想用马克思主义来指导我们当下的实际活动,那么我们所要做的最重要的事情是揭示我们目前所做的一切与共产主义目标之间的真实关系。显然,在当今的历史阶段,坚信马克思和恩格斯在《共产党宣言》中为人类所揭示的历史发展客观规律,坚持马克思和恩格斯在《共产党宣言》中所树立的共产主义的崇高信仰,是那么地重要和迫切。

2.《共产党宣言》为人类走向社会主义、共产主义提出了一系列的理论,当今中国人民必须从《共产党宣言》的这些理论中获取启示,正确认识和把握中国特色社会主义的内涵,更坚定走中国特色社会主义道路的决心和信心。

马克思和恩格斯在这里揭示了社会历史发展规律,具体地说就是:生产关系一定要适应生产力状况,上层建筑一定要适应经济基础的状况。走在中国特色社会主义大道上的中国人民必须牢记马克思和恩格斯在这里所揭示的生产关系一定要适应生产力状况,上层建筑一定要适应经济基础的状况这一历史发展规律,只有这样才能深刻认识中国特色社会主义理论体系对当今中国处于"社会主义初级阶段"的认定的正确性。在某种意义上,我们以前正是有时偏离了《共产党宣言》的历史发展规律的理论,从而离开了生产力发展的实际情况,把明明需要建立的是有待于吸收"资本主义文明成果"的社会主义生产关系,而误认为需要建立的是超越"资本主义文明成果"的社会主义生产关系。邓小平开创的中国特色社会主义使我们真正明确了当今中国的社会主义的位置究竟在哪里。中国特色社会主义的基点是把当今中国定位于处于"社会主义初级阶段",只有借助于《共产党宣言》的马克思主义的唯物史观的视野才能明白这一定位对当今中国人民是如此地重要。

运用《共产党宣言》的阶级斗争理论来指导我们的中国特色社会主义实践,主要不在于还得承认阶级斗争仍然存在这一点,而关键在于要根据《共产党宣言》的阶级斗争理论正确分析现阶段阶级斗争的特点。论述《共产党宣言》的阶级斗争理论,不能不提及马克思在 1852 年致约·魏德迈的信中的那段著名的话。马克思在那封信中说道,"无论是发现现代社会中有阶级存在或发现各阶级间的斗争,都不是我的功劳",他只是加上了若干新内容,他所说的第一点"新内容"就是"证明了""阶级的存在仅仅同生产发展的一定历史阶段相联系"①。实际上,马克思在这里既然提出了阶级斗争不是从来就有的,而是与特定的历史阶段联系在一起的,那么他实际上也认为在各个不同的历史阶段阶级斗争也有其不同的特点。

读过《共产党宣言》的人,都会对马克思和恩格斯所表述的两个"彻底决裂"思想留下极其深刻的印象。我们探究《共产党宣言》的两个"彻底决裂"思想,不但要认识马克思和恩格斯对两个"彻底决裂"的重要性的强调,同时也要把握他们关于实现两个"彻底决裂"需要一个历史过程的论述。马克思这样说道:"在资本主义社会和共产主义社会之间,有一个从前者变为后者的革命转变时期","这个时期的国家只能是无产阶级的革命专政"。②"这种专政是达到消灭一切阶级差别,达到消灭这些差别所由产生的一切生产关系,达到消灭和这些生产关系相适应的一切社会关系,达到改变由这些社会关系产生出来的一切观念的必然的过渡阶段。"③马克思在这里所说的"四个达到"是与两个"彻底决裂"相一致的。可见,马克思把实现两个"彻底决裂"视为是贯穿于从资本主义到共产主义的整个过渡时

① 《马克思恩格斯选集》第 4 卷,人民出版社 2012 年版,第 426 页。
② 《马克思恩格斯选集》第 3 卷,人民出版社 2012 年版,第 373 页。
③ 《马克思恩格斯选集》第 1 卷,人民出版社 2012 年版,第 532 页。

期的历史使命。我们要根据马克思和恩格斯这一思想,一方面认识到作为共产党人最终实现两个"彻底决裂"是坚定不移的,另一方面也必须知道共产党人实现两个"彻底决裂"决不会一蹴而就,决不会无视用公有制取代私有制、用社会主义核心价值观念取代资产阶级的核心价值观念是一个漫长的历史过程,决不会离开具体国情和生产力的发展状况来谈论消灭私有制和消灭传统观念。当我们这样来认识和理解《共产党宣言》的两个"彻底决裂"思想,目前中国特色社会主义在所有制和观念问题上的一系列政策的合理性和合法性就不言而喻了。

3.《共产党宣言》就如何建设共产党揭示了许多原则,当今中国人民,特别是中国共产党人必须在这些建设原则的指引下,加强和改善中国共产党的领导,使中国共产党作为无产阶级政党更好地履行自己的历史使命。

《共产党宣言》强调无产阶级必须组织自己的政党即共产党。无产阶级要开展革命斗争之所以必须首先组织自己的政党,这是由无产阶级的地位和任务所决定的。无产阶级由于没有自身的生产资料,往往被无政府的竞争所分散,除了组织起来,没有别的武器。无产阶级必须组织起自己的政党,贯穿于无产阶级完成自己的历史使命的全过程,而不是仅仅在革命的某一个时期才是必要的。马克思和恩格斯在《共产党宣言》中不仅论述了无产阶级组织起自身的政党的重要性,而且进一步阐述了无产阶级政党即共产党在无产阶级革命斗争中的领导作用是不可替代的。他们强调,在无产阶级革命运动中,共产党是"最坚决的、始终起推动作用的部分"。按照马克思和恩格斯在《共产党宣言》中所提出的这一党建设原则,当今中国的无产阶级和广大劳动人民在实现民族振兴的过程中,也必须像当年实现民族解放时那样,组织起自己的政党即共产党,充分展现和发挥中国共产党的不可替代的领导作用。必须抵制和反对一切削弱中国共产党领导的企图与倾向,加强中国共产党在实现民族振兴中的领导作用。

在《共产党宣言》中马克思和恩格斯如此强调共产党只能是无产阶级性质的政党,就是为了防止曲解甚至改变共产党的性质。而在以后的岁月中,他们更是为了捍卫共产党作为无产阶级性质的政党的纯洁性展开了不懈的斗争。马克思和恩格斯关于共产党只能是无产阶级性质的政党的思想,对当今中国共产党来说具有特别重要的意义。

马克思和恩格斯在《共产党宣言》中所阐述的党建思想给人留下最深刻印象的是,特别强调共产党人没有任何同整个无产阶级的利益不同的利益。重温马克思和恩格斯的这一党建思想,对当今的中国共产党人来说大有益处。中国共产党当今所面临的最大的问题可能正在于是否真正代表无产阶级和广大劳动人民的利益,除了无产阶级和广大劳动人民的利益之外是否还存在着自己的"特殊利益"。人民群众对中国共产党的某些人的不满可能也就在这里。在这种情况下,中国共产党确实特别需要用马克思和恩格斯在《共产党宣言》中关于共产党只能代表无产阶级利益,在无产阶级利益之外没有自身"特殊利益"的思想,认真地审视自己。

马克思和恩格斯的"在当前的运动中同时代表运动的未来"这一思想对当今中国共产党来说,太有针对性了。我们知道,当今中国共产党正在带领中国人民做与"社会主义初级阶段"相符合的事情,中国的无产阶级和广大劳动人民在这一历史阶段有着与这一历史阶段相符的利益,当然中国共产党代表着中国无产阶级和广大劳动人民在这一历史阶段上的利益。问题在于,有些人基于此就把无产阶级和广大劳动人民的眼前利益与长远利益割裂开来,千方百计地促使中国共产党为了无产阶级和广大劳动人民的眼前利益而不顾他们的长远的、整体的利益。《共产党宣言》所阐述的党建思想在这方面有着巨大的启迪作用。

4.《共产党宣言》展望了人类的未来,当今中国人民必须以《共产党宣言》所展望的未来为蓝图,创建一种新的人的存在方式,为创建人类新的文明形态作出重大贡献。

原先人们总把《共产党宣言》只是视为批判资本主义、宣布资本主义必然走向灭亡的著作,实际上《共产党宣言》在批判资本主义的同时,为人类构建了一个意义世界。马克思和恩格斯在批判资本主义的过程中向人类指明了一个前进的目标,告诉了人类究竟应当走向何处。我们不能忽视《共产党宣言》作为指引人类前进的指路明灯的巨大功能。确实,当今中国人民在创建新的生活方式的征途上只有凭借马克思所揭示的"意义世界",才能在"一堆乱麻"中理出一个思路,找到自己真正应当通往的方向,知道自己的目标之所在以及为了实现这一目标眼下究竟应该做些什么和如何去做。具体地说,必须抓住以下两点。

其一,人应当全面地发展自己,而不是只从某一方面,如仅仅从满足物质需求的方面片面地发展自己。无论是考察《共产党宣言》还是探究马克思和恩格斯的其他著作,都可以知道马克思和恩格斯谈及人究竟如何生活、如何发展时都把重心放在"全面"两字上。不管他们从什么样的角度规定人的本质,我们所看到的人都是具有无限丰富性的总体的人。这就是说,按照马克思和恩格斯的要求,我们今天创建新的生活时首先要做到的是使人的各个方面、各个层次兼容并包地、铢两悉称地、相互协调地得以发展。

其二,人必须充分地享受自由,但这种自由只有通过"联合体"才能实现。马克思和恩格斯在这里提出了"自由人的联合体"的概念,这是一个对人的未来存在模式的总体设计。我们应当用马克思和恩格斯所提出的这一概念的内涵来规范人的自由。一方面,我们不能使联合体吞没个人的自由,联合体是"自由人"的联合体,也就是说,联合体的基点是自由的、现实的个人;另一方面,我们要让个人的自由融入联合体之中,让个人的自由通过联合体来实现。我们一定要像他们所说的那样去做,使每个人的自由发展成为"前提",而让一切人的自由发展只是个"结果",永远把实现个人的自由发展视为一切工作的出发点。

1998年5月中旬,全世界的1 500多位马克思主义的追随者和研究者云集法国巴黎,参加"纪念《共产党宣言》发表150周年国际大会"。大会组委会主席、法共政治局委员、前马克思主义研究所所长弗·拉扎尔夫人在致开幕词时动情地说道:《共产党宣言》不是一般的书。它不是冰,而是炭,放在锅里能使水沸腾起来。

我们为什么不使历史重新沸腾起来呢?"拉扎尔夫人的意思是,《共产党宣言》在150年前曾经是使整个世界沸腾起来的"炭",而150年以后的今天,它仍然是能使世界重新沸腾起来的"炭"。《共产党宣言》至今仍闪耀着真理的光辉。

当然,认为当今世界仍然需要《共产党宣言》的即使在西方世界也绝不仅是拉扎尔夫人一人,英国著名历史学家霍布斯鲍姆在《共产党宣言》发表150周年之际也专门撰文指出:"《共产党宣言》是一部自法国大革命中《人权宣言》诞生以来,迄今影响最大的单篇政治文献",并一再提醒人们:"《共产党宣言》对于处于21世纪前夜的世界仍有许多发言权。"

发表于170多年前的《共产党宣言》当今是否还有着现实意义,是不是如拉扎尔夫人所说的那样仍然是"炭"而不是"冰",是不是如霍布斯鲍姆所说的那样对当今世界,特别是当今中国仍然有"发言权",这是我们面对这一著作所要思索和回答的最重要的问题。

习近平总书记在纪念马克思诞辰200周年大会上指出:"《共产党宣言》发表170年来,马克思主义在世界上得到广泛传播。在人类历史上,没有一种思想理论像马克思主义那样对人类产生了如此广泛而深刻的影响。""马克思主义为中国革命、建设、改革提供了强大思想武器,使中国这个古老的东方大国创造了人类历史上前所未有的发展奇迹。历史和人民选择马克思主义是完全正确的,中国共产党把马克思主义写在自己的旗帜上是完全正确的,坚持马克思主义基本原理同中国具体实际相结合、不断推进马克思主义中国化时代化是完全正确的!""从《共产党宣言》发表到今天,170年过去了,人类社会发生了翻天覆地的变化,但马克思主义所阐述的一般原理整个来说仍然是完全正确的。"①习近平总书记在中国共产党第二十次全国代表大会上的报告中说道:"马克思主义是我们立党立国、兴党兴国的根本思想。实践告诉我们,中国共产党为什么能,中国特色社会主义为什么好,归

---

① 习近平:《在纪念马克思诞辰200周年大会上的讲话》,《人民日报》2018年5月5日。

根到底是马克思主义行,是中国化时代化的马克思主义行。拥有马克思主义科学理论指导是我们党坚定信仰信念、把握历史主动的根本所在。"①这是习近平总书记代表中国共产党人和中国人民对《共产党宣言》,对马克思主义还有没有现实意义,还是不是当今中国的根本指导思想的明确回答。

陈学明

思考题

1. 请您简单谈谈《共产主义信条草案》《共产主义原理》和《共产党宣言》三者之间的关系。

2. "每个人的自由发展"就是"一切人的自由发展"的说法正确吗？为什么？

3. 为什么说中国革命的胜利,中国实现民族的解放,离不开《共产党宣言》的指引,而实现中华民族的振兴,同样离不开《共产党宣言》的指引？

4. 请简单叙述《共产党宣言》是如何对各种社会主义流派进行批判的？

5. 两个"彻底决裂"思想是指什么？为什么说放弃了两个"彻底决裂"的使命,也就等于放弃了共产主义的伟大理想？

---

① 习近平:《高举中国特色社会主义伟大旗帜 为全面建设社会主义现代化国家而团结奋斗——在中国共产党第二十次全国代表大会上的报告》,人民出版社 2022 年版,第 16 页。

马克思《〈政治经济学批判〉序言》领读

《〈政治经济学批判〉序言》(以下简称《序言》)是马克思主义发展史上一篇重要的经典文献。如果说《德意志意识形态》是唯物史观形成的标志,那么约 2 800 字的《序言》则是唯物史观基本原理全面精准阐发的标志。恩格斯指出:"这个原理,不仅对于经济学,而且对于一切历史科学(凡不是自然科学的科学都是历史科学)都是一个具有革命意义的发现。"[1]列宁也认为,马克思在这篇文献中"对推广运用于人类社会以及历史的唯物主义的基本原理,作了如下的完整的表述"[2]。为此,习近平总书记在中央党校 2011 年春季学期第二批进修班开学典礼上的讲话中,将《序言》列为 18 篇需要精读的马克思主义经典著作之一。

该文献之所以重要,因为它集中体现了唯物史观七个方面的核心原理:(1)"对市民社会的解剖应该到政治经济学中去";(2)如何看待纷繁复杂的社会经济结构?(3)社会存在决定人们的意识;(4)判断变革时代的根据;(5)分析社

---

① 《马克思恩格斯文集》第 2 卷,人民出版社 2009 年版,第 597 页。

② 《列宁选集》第 2 卷,人民出版社 1995 年版,第 423—424 页。

会变革的两种维度;(6)具有历史演化创新意义的"社会危机"判断;(7)经济的社会形态演进规律等原理。今天重温这篇经典文献,对于我们深度理解马克思主义理论的科学性和当前改革开放的必要性有着重要的理论和实践意义。

一、《〈政治经济学批判〉序言》写作动因

马克思为什么要撰写《序言》?

从马克思哲学世界观发展的心路历程透视,有着四个重要阶段需要提及。从 1843 年青年马克思撰写的《黑格尔法哲学批判》,到 1859 年撰写的《序言》的问世,标志着马克思唯物史观思想的生成、发展乃至走向全面成熟期。在这 16 年期间,马克思思想进程有两种逻辑贯穿其中:唯物史观的科学逻辑与"政治经济学批判"的思想逻辑,相互渗透、相互作用、协同发展。应当说,撰写《序言》是双重逻辑达到协同一致的最成熟的代表作品,也是历史唯物主义经典原理的集中呈现。

第一阶段:青年马克思哲学世界观处在信奉黑格尔客观唯心主义向唯物主义世界观的转变期。受黑格尔晚年著作《法哲学原理》思想的启示,青年马克思在 1843 年 3 月中—9 月底,撰写了第一部政治经济学批判著作《黑格尔法哲学批判》。在这部著作中,马克思政治经济学批判的核心命题是:不是国家决定市民社会,而是市民社会决定国家。

在黑格尔撰写的这部晚期著作中,论述了德国古典哲学意义上的西方现代性运动的思考。在他看来,英国经济学和哲学的教条,反映了近代第一次工业革命以来,西方现代性发展模式最初的认知:欲望驱动世界。这是对历史特殊性的倚重,它导致财富涌流的市民社会效应,这是值得肯定的政治经济学体系。但是,在黑格尔看来,市民社会应当趋向国家普遍精神的追求,理性驱动世界应是德国人

对现代性发展所持有的理智态度。然而,青年马克思在《黑格尔法哲学批判》这部著作中深刻揭示了黑格尔法哲学核心命题——市民社会与国家关系的本质。黑格尔把国家视为精神的主体,市民社会的财产关系由它而派生。但是,在马克思看来,在现实世界里,利益决定国家,必须把颠倒的思维再颠倒过来,马克思为之提出了第一个唯物主义的政治经济学批判核心命题:市民社会决定国家。即后来提出的唯物史观经典原理:经济基础决定上层建筑的萌芽思想。应当说,青年马克思在这部著作中,其思想逻辑并不热心于黑格尔空泛的概念论精神游戏,而是有志成为脚踏实地有思想的社会批判者。其批判的逻辑遵循着"经济——政治——哲学"上升运动的方向,不可否认,这种方向促使了青年马克思政治经济学批判思想的应运而生。

第二阶段:1843年10月中—12月中,马克思政治经济学批判的无产阶级立场的确立时期。核心命题是:思想闪电必须要击中人民园地。这为唯物史观产生找到了应有的核心价值观原点。重要经典文献是马克思在此期间撰写的《〈黑格尔法哲学批判〉导言》。

从时间判断,此时马克思中断了对黑格尔法哲学原理的系统研究和批判。为什么要中断?原因似乎有三个:一是当时欧洲资本主义快速发展,带来了无产阶级与资产阶级矛盾尖锐化,阶级斗争的现实促使青年马克思去深刻思考"市民社会特殊阶级的彻底解放"问题;二是他不愿继续扎在黑格尔繁杂的法哲学体系中做没完没了的批判,而是要走出自己新世界观意识形态方面的新道路;三是马克思愈来愈感到德国人的解放,需要物质力量和精神力量的结合,即代表历史未来发展的先进阶级与关于实现全人类解放的哲学思想的结合。思想闪电要击中人民园地,精神才能彻底改造现实世界。显然,马克思已经鲜明地提出了政治经济学批判的阶级立场问题。在《〈黑格尔法哲学批判〉导言》中,以下观点值得重视:"哲学把无产阶级当做自己的物质武器,同样,无产阶级也把哲学当做自己的精神武器;思想的闪电一旦彻底击中这块素朴的人民园地,德国人就会解放成为人。"①这里有三层意思:一是德国革命应当是德国人民的革命,革命最大现实性是对当下德国现实制度的否定。现实制度最大不合理性在于,它不断地生产出一无所有的无产阶级。二是如何看待无产阶级?马克思认为,无产阶级诞生于市民社会之中,是一个具有特殊历史地位的阶级,一方面与社会化先进生产力相联系,另一方面备受剥削和凌辱,尽管没有任何地位,但是有着必须"成为一切"的胸怀和革命意志。三是无产阶级与马克思政治经济学批判结合,人类的解放才有巨大的促进历史解放的物质力量。

第三阶段:1844年马克思对异化劳动深度研究及批判时期。该时期马克思政治经济学批判核心命题是"劳动与资本对立"的异化本质。这种批判为唯物史观的产生,提供了理论分析的逻辑通道——关注市民社会,深究资本主义社会生产关系的本质。主要文献有马克思撰写的《1844年经济学哲学手稿》。

众所周知,异化范畴早在法国启蒙思想家卢梭文献中有所提及。从自然人到文明人的历史化发展过程,异化现象的发生,说明人类文明发展所付出的历史代价。后来,近代德国古典哲学文献中也有所提及,尤其是黑格尔哲学和费尔巴哈哲学中的异化思想,对青年马克思哲学世界观的转变起着重要作用。从宗教异化到政治异化再到劳动异化,说明马克思对异化哲学认知越来越趋于现实和事物本身。此时具有无产阶级世界观的青年马克思,带着"解剖市民社会要到政治经济学中寻找"的思维向度,探寻现实经济关系异化的本质:资本与劳动的对立事实。主要观点有:(1)"资本、地租和劳动的分离对工人来说是致命的。"②(2)资本是积累起来的劳动。(3)劳动产品是固定在对象中的、物化为对象的劳动,是劳动的对象化。劳动的现实化就是劳动的对象化。在国民经济学以之为前提的那种状态下,"劳动的这种现实化表现为工人的非现实化,对象化表现为对象的丧失和

---

① 《马克思恩格斯文集》第1卷,人民出版社2009年版,第17—18页。
② 《马克思恩格斯文集》第1卷,人民出版社2009年版,第115页。

被对象奴役,占有表现为异化、外化"①。可见,正是马克思特有的"经济——政治——哲学"的政治经济学批判方法运用,才使得他通过异化概念深刻揭示了资本主义经济、政治本质所反映出的非理性哲学异化问题。

第四阶段:1845 年—1846 年建立在唯物史观基础上的马克思政治经济学批判理论走向成熟期。恩格斯在《卡尔·马克思〈政治经济学批判〉》书评中指出,马克思政治经济学批判"本质上是建立在唯物主义历史观的基础上的"②。这里有两个标志是重要的:其一,唯物史观的系统原理构建,使马克思政治经济学批判建立在人类社会历史发展规律基础上。从此,这种批判有了坚实的经济基础阐释原理、政治结构的批判原则、哲学意义上追求历史进步的共产主义目标。其二,政治经济学批判与意识形态批判相结合,使批判达到事实判断与价值判断、历史洞穿与现实分析、原理阐释与实践批判等相契合。马克思对意识形态的批判,主要是追问旧意识形态存在的思想痼疾,让批判回到现代性本身,即工业及交换、交往的历史变革的本身。主要文本有马克思、恩格斯共同写作的《德意志意识形态》。这个时期马克思政治经济学批判主题应当是"观念论"与"实践论"的对立。旧意识形态"观念论"持有者,把德国的未来发展寄托在逻辑思辨的历史演绎中;马克思、恩格斯持有实践的唯物主义哲学世界观,把德国现实革命理解为深究现代性本质(从工业史、交换史、货币史、交往史等现代经济视域入手),注重人改造人、消灭异化以及真正实现"真正的历史"。在这部著作中,马克思、恩格斯还提出若干政治经济学批判重要思想与理念。如对思辨哲学、直观哲学的批判;对"感性确定性"原理的诠释;关于"历史前提"的批判;关于生产、劳动、分工、交换、所有制等范畴的批判;等等。这些都极大丰富了马克思唯物史观思想体系,也极大增强了政治经济学批判的实践穿透力。

---

① 《马克思恩格斯文集》第 1 卷,人民出版社 2009 年版,第 157 页。
② 《马克思恩格斯选集》第 2 卷,人民出版社 2012 年版,第 8 页。

19 世纪 50 年代末,马克思经过长期的政治经济学研究,初步形成了其政治经济学思想体系,将自己的政治经济学巨著命名为《政治经济学批判》,并已逐步确立写作的基本结构。在相关经济学手稿以及大量前期研究的基础上,马克思于 1859 年 1 月完成了他的《政治经济学批判·第一分册》,并于同年 6 月 11 日由德国柏林敦克尔出版社以德文公开出版。《序言》就是马克思为《政治经济学批判·第一分册》所写的"序言"。这篇"序言"在经过部分删节之后,曾于 1859 年 6 月 4 日发表在英国伦敦德意志工人共产主义教育协会的机关报《人民报》的第 5 期上,而后陆续在美国的许多德文报纸上发表,并被当时的很多报纸进行了转载。《政治经济学批判·第一分册》在马克思生前并未再版,而《序言》却一版再版。

恩格斯曾于 1859 年 8 月 3 日至 15 日特地撰写了对以德文刚刚出版的《政治经济学批判·第一分册》的评论性文章《卡尔·马克思〈政治经济学批判〉·第一分册》,分别于 1859 年 8 月 6 日和 8 月 20 日刊登在《人民报》,很好地推广和传播了《序言》中关于唯物史观经典原理的论述。马克思、恩格斯去世之后,《序言》也不断地被整理进不同版本的马恩著作集中在世界各地发表出版。我们目前在由中共中央马克思恩格斯列宁斯大林著作编译局编译校订的《马克思恩格斯文集》第 2 卷第 588—594 页读到的《序言》,是根据《马克思恩格斯全集》历史考证版第 2 部分第 2 卷并参考《马克思恩格斯全集》德文版第 13 卷翻译的。

二、《〈政治经济学批判〉序言》重要原理领读

《序言》全文不足 3 000 字,从文本的整体结构来看,这篇《序言》共有七条唯物史观重要原理。

（一）对市民社会的解剖应该到政治经济学中去寻求

马克思在《序言》中通过回顾自己研究政治经济学的最初动因，在批判黑格尔法哲学的基础上确立了政治经济学研究的起点：市民社会。文中说道："为了解决使我苦恼的疑问，我写的第一部著作是对黑格尔法哲学的批判性的分析，这部著作的导言曾发表在 1844 年巴黎出版的《德法年鉴》上。我的研究得出这样一个结果：法的关系正像国家的形式一样，既不能从它们本身来理解，也不能从所谓人类精神的一般发展来理解，相反，它们根源于物质的生活关系，这种物质的生活关系的总和，黑格尔按照 18 世纪的英国人和法国人的先例，概括为'市民社会'，而对市民社会的解剖应该到政治经济学中去寻求。"[①]在这里，马克思深刻地阐述了市民社会及其与政治经济学研究的关系。这种关系主要有如下两层意思。

第一，马克思所有理论研究最关注的问题是，西方现代性的批判问题，即"市民社会"发展的一般规律问题。换言之，深度揭示资本主义发展的一般规律，为无产阶级革命提供"头脑"和"武器"。众所周知，青年马克思告别自我意识哲学后，特别注重德国现实批判的逻辑。当时德国最大的现实问题，就是现代性发育问题，直接关系到德国经济、政治、哲学三大核心问题的现代性批判。经济关涉保持封建生产方式还是推进发育现代生产方式，政治关涉维系封建专制制度统治还是推进自由民主化进程，哲学关涉观念论还是实践论的选择。它首先反映在国家和经济这两个最具活力的核心领域，市民社会是现代性关注的焦点。

现代性的所有创构，都聚焦于创造一种新的经济共同体以及与之相适应的政治哲学模式：展现自由个体性、倡导普遍的理性化制度，尤其是拥有以劳动、土地、所有制、资本为基础的现代市场体系，这是市民社会的本质。它正冲击当时普鲁

[①] 《马克思恩格斯文集》第 2 卷，人民出版社 2009 年版，第 591 页。

士王朝封建割据的德国落后体系。一个世界已经死亡,一个世界尚无力诞生。青年马克思为德国现代性发育而激动,因批判西欧以英国工业革命为特征的现代性发展模式的抽象教条(古典政治经济学传统)而成熟。马克思创建唯物史观的关键环节,一是生产力与生产关系原理的发现与思考,与 19 世纪上半叶古典政治经济学走向自我批判精神相关。尤其是,李斯特生产力范畴思想的政治经济学批判和西斯蒙第对资本主义生产关系内在矛盾的政治经济学批判,程度不同地影响了青年马克思早期世界观的转变,从历史唯物主义诞生地——《德意志意识形态》可以看出,马克思对他们思想的继承、批判与超越。二是马克思通过对古典政治经济学体系与方法论的批判,获得了以现实的生产关系来定义唯物史观的历史前提"个人"范畴的深刻内涵,并且以此批判费尔巴哈的抽象人性论和抽象的人本主义哲学,从而实现了哲学世界观的根本性转变。

第二,解剖市民社会应当到政治经济学中去寻找。17—18 世纪政治经济学的诞生,是人类思想史上一个重大事件。从古代社会单纯的感性需要及其满足方式,过渡到有思想地认知人类"需要体系"并自觉组织生产与交换形式,这是人类文明的一大进步。英国古典政治经济学在一定程度上揭示了人性中私向化与社会化、利己与利他的矛盾,并上升到规律与学说的领域,使近代人类有了激活人的欲望发展的理性工具。正因为这一点,黑格尔对政治经济学的诞生作了较高评价:"这是在现代世界基础上所产生的若干门科学的一门。它的发展是很有趣的,可以从中见到思想(见斯密,塞伊,李嘉图)是怎样从最初摆在它面前的无数个别事实中,找出事物简单的原理,即找出在事物中发生作用并调节着事物的理智。"①

不可否认,政治经济学起源与西方现代性发育和发展相伴随,它是现代性打造世俗化社会的观念形态。现代性生成从两个方面提出了政治经济学的诉求。首先,从神性的人向俗性的人转变,它需要解读"世俗化"的宏大叙事。其次,现

---

① 黑格尔:《法哲学原理》,范扬、张企泰译,商务印书馆 1961 年版,第 204 页。

代性的经济共同体构建——市民社会,它承载着历史特殊性与普遍性的辩证运动,而政治经济学能够提供"受到普遍性限制的特殊性是衡量一切特殊性是否促进它的福利的唯一尺度"①。斯密似乎是第一个而且远远早于黑格尔在经济上理解市民社会的人,只不过在他看来,市民社会是近一个世纪以来整个英国哲学界已经彻底解决的问题,因此国家可以使市民社会从一种法律、政治含义过渡到一种经济含义。

政治经济学虽然研究经济现象,但并不局限于此,而是努力集中在阐述一种从自然状态的任性的特殊性,上升到从家政管理进入国家公共行政和事务管理、从人的单纯生活需要和私欲上升到具有一定道德情操观念的个人财富动力学。说它是政治哲学,是因为它彻底颠覆了"朕即国家"模式治理国家的理念。政治经济学本质上既是一门科学,又是一种治理术。作为一门科学,政治经济学是"需要和理智的国家"②的知识体系,在这个体系与制度的基础上,个人的生活和福利以及他的权利的定在,与众人的生活、福利和权利交织在一起。政治经济学诞生于资产阶级上升期,其理论观点有一定的革命性和先进性,但阶级属性毕竟带有资产阶级经济意识形态的烙印,理论的乌托邦和价值观的虚伪性不可忽视。斯密曾入木三分地说,国家的职能允许富人安安静静地睡在他们的床上。所以,英国古典政治经济学说与资本主义早期发展的历史事实之间的距离是可想而知的。马克思在《1857—1858 年经济学手稿》中指出:"17 世纪经济学家无形中是这样接受国民财富这个概念的,即认为财富的创造仅仅是为了国家,而国家的实力是与这种财富成比例的,——这种观念在 18 世纪的经济学家中还部分地保留着。这是一种还不自觉的伪善形式,通过这种形式,财富本身和财富的生产被宣布为现代国家的目的,而现代国家被看成只是生产财富的手段。"③马克思所说的伪善形

---

① 黑格尔:《法哲学原理》,范扬、张企泰译,商务印书馆 1961 年版,第 198 页。
② 黑格尔:《法哲学原理》,范扬、张企泰译,商务印书馆 1961 年版,第 198 页。
③ 《马克思恩格斯文集》第 8 卷,人民出版社 2009 年版,第 32 页。

式,实际上揭示了资产阶级政治经济学从诞生那天起,就以抽象的国家概念隐蔽了它与资产阶级利益和属性捆绑在一起的实质。

早在近代苏格兰启蒙运动时期,英国学者弗格森撰写了专著《市民社会史》,书中对资本主义未来文明社会作了构想,暗含以下几条原则:其一,法律对公民财产权、自由权的保障必不可少;其二,以经济属性为核心的现代市民生活范式是自由民主精神落地的重要实践场域;其三,参政议政、培育公共精神是现代自由不可缺少的一部分。弗格森的"市民社会"具有承前启后、传统与现代认知转型的关键意义,在理论渊源上他既重视古典政治哲学的道统,又强调现代政治哲学的世俗基础与权利诉求,真正开启了市民社会的现代逻辑。因此,解释何谓资本主义有着多种八卦:有"新教"资本主义之说,有"永恒资本"的资本主义之说,有"自由、民主、博爱"的伦理资本主义之说,有"终极理想王国"的资本主义之说,等等。马克思运用历史唯物主义的分析方法,重点关注资产阶级学者常用的"市民社会"概念,并把它解释为"资产阶级社会"的代名词。在马克思看来,资本主义社会,针对前现代性社会而言,它是一种新型文明社会形态,有着历史进步性(俗性社会代替了中世纪的神性社会);但就正在生成的现代性社会而言,它是一种有着历史发展过程性特征的社会形态,是一种被资本宰制的畸形社会,是一个充满着人的异化和多数人贫困的不合理的社会,要揭示如此重要的社会哲学本质,思辨的哲学中找不到答案,只有到政治经济学中去寻找。我们必须到社会存在的本体论中去寻找,即从工业史、交换史、货币史和交往史的角度去理解,也就是从社会的生产关系、经济关系中去理解。物质生产力的发展是社会历史发展的最终动力。这种视域有着三个方面的优势:其一,经济关系是人类生存的最基本的物质关系,关涉着人类一切创造历史活动的第一需要。从这里我们可以发现如此事实:在市民社会里,生产关系的私有制揭示了"少数人占有多数人劳动的本质道理"。不是资本家养活工人,而是工人养活资本家的事实。其二,经济关系可以帮助我们廓清社会各种复杂的精神关系、意识关系。从这里我们可以发现如此事实:资本主义的民主、自由、博爱等虚伪的意识形态,都不过是资本主义经济关系派生的意识幻象,是对私有制合理性、合法性的虚伪证明。其三,这是唯物史观和唯心史观两者的分水岭。从经济关系出发,我们就会按照马克思的唯物史观的世界观和方法论分析社会和历史发展的规律,走向全人类解放的大道;如果从人们的意识或少数人意志出发,我们就会按照唯心史观的分析方法,把社会发展历史过程,解释为帝王将相的历史、权力意志的历史或超人宰制的历史。

(二) 唯物史观关于社会经济结构的原理

马克思在《序言》确立了政治经济学研究的起点之后,进一步直截了当地阐明了进行政治经济学研究的总的世界观和方法论,也就是唯物史观这一指导思想:"指导我的研究工作的总的结果,可以简要地表述如下:人们在自己生活的社会生产中发生一定的、必然的、不以他们的意志为转移的关系,即同他们的物质生产力的一定发展阶段相适合的生产关系。这些生产关系的总和构成社会的经济结构,即有法律的和政治的上层建筑竖立其上并有一定的社会意识形式与之相适应的现实基础。物质生活的生产方式制约着整个社会生活、政治生活和精神生活的过程。"[1]这是唯物史观关于社会经济结构原理的经典表述。对于这段话所包含的原理可以从以下三个方面来理解。

第一,这里的"总的结果"指的是马克思自关注"物质利益问题"以来,特别是在巴黎和布鲁塞尔时期,通过对资本主义经济制度和资产阶级政治经济学进行批判,以及哲学方面的研究所得出的总的结果,即通过政治经济学研究所证明和揭示的唯物主义历史观核心原理。可见,这个"总的结果"作为一种"方法"用来"指导"马克思之后的"研究工作"的总纲领。"指导"突出了这一唯物主义历史观的

---

[1] 《马克思恩格斯文集》第2卷,人民出版社2009年版,第591页。

重要性,因为它的形成为马克思之后的研究工作确立了"指导思想"。

第二,看待纷繁复杂的人类社会我们应当从何着手? 马克思认为,精准把握人类社会的经济结构是庖丁解牛的最佳分析框架。在马克思看来,人类社会由两对基本关系构成,即:生产力和生产关系的关系、经济基础和上层建筑的关系。这就是这里所要表达的社会经济结构。

首先,人总要进行"自己生活的社会生产"[1],这种"生产"即人的生命活动的展开,是人存在的历史前提。这与马克思、恩格斯在 1845 年 10 月开始写作的《德意志意识形态》中的历史唯物主义观点是一致的:"个人怎样表现自己的生命,他们自己就是怎样。因此,他们是什么样的,这同他们的生产是一致的。"[2]在这种作为人的生命活动展开的"生产"中,发生了不同层面的"关系",其中最基础的是人与自然的关系,它体现为人的生产能力,即"生产力",其首要的表现就是人为了满足吃喝住穿这些基本物质需要而产生的变更自然的能力,因此这一自然段中又把它叫作"物质生产力"。同时,由于自然自身具有客观的规律,人并不能随心所欲地变更自然,所有物质生产力总是处于"一定发展阶段"上且具有客观性。

人们为了进行"生产",还要相互之间发生关系,因为人不可能孤立地与自然发生关系,而必须结成人与人之间的关系才能进行,所有唯物史观才把人们对自己生活的生产称为"社会"生产。这种在人们自己生活的社会生产过程中结成的人与人之间的关系,就是"生产关系"。"生产关系"同样是"一定的、必然的、不以他们的意志为转移的"。因为,生产关系总是"适应"于物质生产力,而物质生产力总是处于"一定发展阶段",总是客观的。这一点在 1847 年马克思《哲学的贫困》这部论战性著作中已作了非常形象的表达:"手推磨产生的是封建主的社会,蒸汽磨产生的是工业资本家的社会。"[3]这里表达了唯物史观社会经济结构原理的第一

---

① 《马克思恩格斯文集》第 2 卷,人民出版社 2009 年版,第 591 页。
② 《马克思恩格斯文集》第 1 卷,人民出版社 2009 年版,第 520 页。
③ 《马克思恩格斯文集》第 1 卷,人民出版社 2009 年版,第 602 页。

重关系,即"一个社会的生产力状况产生与之相适应的生产关系形式"。

第三,任何社会中总是存在着不同层次的物质生产力,因此也就产生与之相适应的不同类型的生产关系,而在其中占支配地位的"生产关系的总和"就是这个社会的"经济结构",它是整个社会的"现实基础",因此又可称为社会的"经济基础"。也就是说,一个社会的"经济基础"本质上就是这个社会中占支配地位的生产关系。这一自然段中用"经济基础"取代了《德意志意识形态》中带有黑格尔思想色彩的"市民社会"概念。与之相对应,由"市民社会"所决定的"法的关系"和"国家形式"这些概念,以及《德意志意识形态》中的"意识形态"概念,也在这里统一概括为"上层建筑"这一范畴。这就是这一自然段中说的,作为生产关系总和的社会的"经济基础",总是有"法律的和政治的上层建筑竖立其上并有一定的社会意识形式与之相适应"①。这里表达了唯物史观社会结构原理的第二重关系,即"一个社会的经济基础产生与之相适应的上层建筑面貌"。

(三) 社会存在决定人们的意识原理

马克思在《序言》中阐明了社会历史观的基础问题,即社会存在与社会意识的关系问题,这一基本问题在唯物史观中直接表现为:"不是人们的意识决定人们的存在,相反,是人们的社会存在决定人们的意识。"②这句经典表述包含有两层意思。

第一,社会存在和社会意识是唯物史观考察社会纵横的两个核心概念,充分显示了哲学的高度抽象力,是哲学基本问题贯彻到人类社会的根本发问。这里的"存在"指的是人的"社会存在",即人的生命活动的展开,就是人的"自己生活的

---

① 《马克思恩格斯文集》第 2 卷,人民出版社 2009 年版,第 591 页。
② 《马克思恩格斯文集》第 2 卷,人民出版社 2009 年版,第 591 页。

社会生产",它既是物质的,又与自然界物质不同,自然界物质是被动的质料,僵死的实体,靠自然力的作用而运动;而社会存在是人类社会物质集合体,由现实人的实践活动表现出来,主动性、自由自觉意志是这种物质活动的重要特点。尽管如此,自然界和人类社会都有着物质共同的秉性:客观实在性,并不以人的意志为转移。这句话中的"意识"指的是人的"社会意识",即对人的生命活动的意识,对社会存在的意识,主要指大群体特有的人类对世界和自身的态度和信念的总和,包括哲学、政治、经济、法律、宗教、道德、艺术、科学、生态及日常生活等观点。

第二,这一思想论断,是马克思创立唯物史观始终关注的重要原理。早在马克思、恩格斯共同撰写的《德意志意识形态》中,有四处专门论述了唯物史观关于社会存在与社会意识的辩证关系原理。其一,思想、观念、意识的生产最初是直接与人们的物质活动,与人们的物质交往,与现实生活的语言交织在一起的。人们的想象、思维、精神交往在这里还是人们物质行动的直接产物。其二,不是意识决定生活,而是生活决定意识。其三,德国哲学的悲哀,在于它没有发现和触及工业和交换的历史,因此,其精神反思没有进入"真正历史"。其四,意识一开始就是社会的产物。可见,在《序言》里马克思首次直接明了地提出"社会存在决定人们的意识"的原理论断,精准概括,言简意赅,说明社会存在范畴是唯物史观的重要基石。在这里社会存在范畴具有深刻的哲学寓意,即人类的经济活动、生产实践、社会关系、物质生活等。

值得提及的是,社会存在与社会意识的关系问题是社会历史领域的基础问题,对这一问题的不同回答产生了唯物主义和唯心主义两种不同的社会历史观。此处这句话清楚地表达了唯物主义的历史观,即认为"社会存在决定社会意识",而不是相反。这里的"决定"是说:有什么样的社会存在就有什么样的社会意识,社会意识不会凭空自我产生;而社会意识的发展变化归根结底是因为社会存在产生了变化。这一唯物史观基本原理批判了那些把政治经济学看作是研究永恒观念和永恒范畴的超历史学说的做法,从而把资本主义社会现实的生产关系和交换关系及其变化当作政治经济学的现实研究对象。

(四)唯物史观判断"社会革命何时发生的客观依据"

马克思在《序言》中以唯物史观为思想基础,进一步阐明了社会革命的发生学原理。此文中指出:"社会的物质生产力发展到一定阶段,便同它们一直在其中运动的现存生产关系或财产关系(这只是生产关系的法律用语)发生矛盾。于是这些关系便由生产力的发展形式变成生产力的桎梏。那时社会革命的时代就到来了。随着经济基础的变更,全部庞大的上层建筑也或慢或快地发生变革。"①这段话以社会革命的发生为轴心论述了社会发展的基本矛盾和基本动力,包含三层意思。

第一,判断一个国家或社会是否具备自我改革乃至自我革命的必要性,标准是什么?有三种标准值得质疑。其一,宫廷政治权力的易位。其二,信仰危机的到来。其三是领袖人物的意志。这些判断有着程度不同的主观决定论成分,极易导致社会革命条件的不成熟而致使社会革命不充分、不深刻和不成功。唯物史观判断"社会革命发生的必然性"根据,主要是历史发展自身的客观性状,其关键在于社会基本结构内部的"生产力与生产关系的矛盾状况"。众所周知,生产力是社会生产中最为活跃的因素,它总是处于不断的变革当中,而生产关系一旦确立之后往往具有相对稳定性,因此变化也相对缓慢一些。于是,生产力与生产关系总是在运动过程中不断地发生不相匹配、不平衡的情况。同时,与前面论述"社会基本结构理论"时强调生产力对于生产关系的"决定"性质相对应,这里说明了生产关系对生产力的"反作用"。生产关系的反作用往往一开始表现为生产力的"发展形式",是促进生产力的力量,但当生产力"发展到一

---

① 《马克思恩格斯文集》第2卷,人民出版社2009年版,第591—592页。

定阶段"，原先起促进作用的生产关系由于自身变化相对缓慢，就会"变成生产力的桎梏"①。

第二，当这样的"一定阶段"到来的时候，同时也是"社会革命"到来的时候。这里的"社会革命"首先是生产关系的巨大变革，以解决由于生产力的发展所产生的生产力与生产关系之间的不匹配、不平衡问题，并最终使得生产关系从生产力的桎梏再次成为生产力的促进力量。生产关系发生变革，也就是整个社会的经济基础发生"变更"，原先竖立在经济基础之上的"全部庞大的上层建筑"也随之发生变革，上层建筑的变革是由经济基础（生产关系的总和）所引起的。同时，由于上层建筑自身具有相对的稳定性，因此它的变革并不总是与经济基础的变革同步进行，而是"或快或慢"发生的。

第三，唯物史观更加主张社会革命的必然性判断与人的主观能动性发挥的有机结合。社会革命的确定，不单在革命本身有客观根据，而且在社会的主体——人自身中有根据。后者比前者更重要。社会革命的本质，应当从历史的积极能动因素——人的自由自觉活动方面去思考，而不是从消极的、静观的、自发的"生活过程"去思考，更不是从某种亚实体化的"规律教条"去思考。主体对客体的介入，应当把社会革命解释为主体的自觉运作和推进。人类为什么要不断地"再建构""再创造"自己赖以生存的社会活动方式呢？唯物史观认为，社会活动方式变更根源于生产方式的内在矛盾。人的自觉活动是根本。实际上，它是历史主体受自身需要的驱使并在生产实践中对客体知识的不断积累以及它在工具上的物化所引起的结果，这是与主体在实践中有着认识客体、统摄客体、复制客体、改造客体、变革客体的实践本能分不开的。正是历史主体有着不可遏止的创造、变革世界的本能，历史才有着永恒变迁、永远进步的意义。

---

① 《马克思恩格斯文集》第2卷，人民出版社2009年版，第591页。

（五）唯物史观分析社会变革的两个维度

马克思在《序言》中考察了唯物史观分析社会变革的两个维度,并进一步强调了社会生产的客观物质力量在社会变革中的根本性作用。文中指出:"在考察这些变革时,必须时刻把下面两者区别开来:一种是生产的经济条件方面所发生的物质的、可以用自然科学的精确性指明的变革,一种是人们借以意识到这个冲突并力求把它克服的那些法律的、政治的、宗教的、艺术的或哲学的,简言之,意识形态的形式。我们判断一个人不能以他对自己的看法为根据,同样,我们判断这样一个变革时代也不能以它的意识为根据;相反,这个意识必须从物质生活的矛盾中,从社会生产力和生产关系之间的现存冲突中去解释。"①马克思在这里特别强调了考察社会变革的方法论原则,更进一步加深了对社会存在与社会意识关系的理解。主要有如下两层意思。

第一,考察一个社会变革时必须区分开两个层面:第一个层面是"生产的经济条件方面"所发生的变革,这是"物质的、可以用自然科学的精确性指明的"变革;第二个层面是"意识形态"领域所发生的变革,包括法律、政治、宗教、艺术、哲学等诸种形式,它们是人们意识到社会变革中的冲突并力求克服这些冲突的种种观念体系。这两种不同层面的社会变革是相互制约、相互作用的,但却是社会变革中的不同内容。

第二,在对上述两个层面进行区别的基础上,进一步说明两种不同的判断社会变革的根据。首先,判断一个社会的变革就像判断一个人,"不能以他对自己的看法为根据",而要看他在现实活动基础上的实际生活过程。其次,判断一个社会的变革,也不能以这个社会自身的意识内容为根据,而必须分析产生这种变革意识的物质生活基础。这里有两种判断社会变革的标准:一种是从社会基本矛盾出

---

① 《马克思恩格斯文集》第2卷,人民出版社2009年版,第592页。

发,在"物质生活的矛盾中"来进行,其中最根本的就是"社会生产力和生产关系之间的现存冲突",即判断一个社会变革的根本标准在于这个社会中的生产力与生产关系是否发生了无法调和的冲突;另一种是从单纯的社会意识出发,以社会意识自身的变革来看整个社会的变革。这句话要提醒我们的是,社会意识的变革不是最终的社会判断标准,因为它根源于社会存在方面的变革。真正推动社会变革的力量是生产力与生产关系的冲突,根源上决定于社会生产力的变革。

(六) 具有历史演化创新意义的"社会危机"判断原理

马克思在《序言》中深刻考察了"社会危机"问题,在此基础上进一步深化了对人类社会发展规律的理解。文中强调:"无论哪一个社会形态,在它所能容纳的全部生产力发挥出来以前,是决不会灭亡的;而新的更高的生产关系,在它的物质存在条件在旧社会的胎胞里成熟以前,是决不会出现的。所以人类始终只提出自己能够解决的任务,因为只要仔细考察就可以发现,任务本身,只有在解决它的物质条件已经存在或者至少是在生成过程中的时候,才会产生。"[①]在这里,马克思对社会危机问题的考察,既坚持了社会形态更替的历史必然性与客观性,又始终强调社会形态更替的物质条件性。主要有如下两层意思。

第一,社会更新与历史演化创新是人类始终必须接受的任务。它往往表现为一定的社会危机而导致的人类自觉改革、改良或社会革命的任务提出。随着人类对社会结构自觉的再创造,社会形态更替成为势所必然,历史达到演化创新的目的。如何精准判断社会危机的到来?在这里,马克思提出"两个决不会":当生产力与生产关系没有发生激烈冲突之前危机是决不会到来的,这说明只有社会生产力发展到质向飞跃时,才会提出生产关系作出相应改变的要求,这时社会危机才

---

① 《马克思恩格斯文集》第 2 卷,人民出版社 2009 年版,第 592 页。

会到来;新生的生产关系还没有被召唤之前,社会危机是决不会到来的。这说明只有新生的生产关系与新生的生产力同步发展时社会形态的更替才会实现,历史演化创新才会成功。一个社会形态中总是存在生产力与生产关系的矛盾冲突,但是只要生产关系还能容纳生产力的发展,它就"决不会灭亡",一种社会形态往往具有强大的自适应性和自我调整能力,只有当生产关系严重阻碍生产力发展的时候,这个社会形态才会很难继续存在下去。此外,社会形态变革是有条件的并因此是有序的,并不是跳跃式的、无序的,在新"物质存在条件"下,即社会生产力在旧社会的胎胞里尚未成熟以前,"新的更高的生产关系"也是"决不会出现的"。同时,这里所用的"胎胞"一词是说,"新社会"总是诞生于"旧社会",总是带着旧社会的痕迹,它保留了"旧社会"中的积极成分,而不是完全与"旧社会"相孤立或断裂。这就是著名的"两个决不会"的观点。马克思、恩格斯曾在 1848 年的《共产党宣言》中提出:"资产阶级的灭亡和无产阶级的胜利是同样不可避免的。"①也就是后来被概括成"两个必然"的观点,它是唯物史观所揭示的资本主义和人类社会命运的必然历史趋势。"两个决不会"不是对"两个必然"的否定,而是对"两个必然"发生条件的科学补充和完善,说明了"两个必然"的长期性和复杂性。正是由于"两个决不会"的观点,这一自然段进一步指出了人类的历史任务问题。人类的每一个历史任务本身都是需要具备一定"物质条件"的,没有这个"物质条件",就不可能出现与之相适应的"任务"。同时,"任务"一旦提出,意味着产生和解决它的物质条件"已经存在或者至少是在生成过程中"了。

第二,不能根据主观意志来判定社会危机问题。从生产力与生产关系的辩证运动原理来看,社会危机与社会发展是一个铜币的两个面,承认危机就是关注发展,危机既可通向衰亡,也可通向兴盛,关键取决于社会主体的能动性发挥。更重要的是,马克思在《序言》中特别强调"无论哪一个社会形态",都会出现演化创新

---

① 《马克思恩格斯文集》第 2 卷,人民出版社 2009 年版,第 43 页。

意义上的"社会危机",包括资本主义社会,也应当包括社会主义社会。正如恩格斯指出的:"历史同认识一样,永远不会在人类的一种完美的理想状态中最终结束;完美的社会、完美的'国家'是只有在幻想中才能存在的东西;相反,一切依次更替的历史状态都只是人类社会由低级到高级的无穷发展进程中的暂时阶段。每一个阶段都是必然的,因此,对它发生的那个时代和那些条件说来,都有它存在的理由;但是对它自己内部逐渐发展起来的新的、更高的条件来说,它就变成过时的和没有存在的理由了;它不得不让位于更高的阶段,而这个更高的阶段也要走向衰落和灭亡。"①可见,唯物史观具有历史演化创新意义的"社会危机"判断原理,应当适用于任何社会历史发展的全过程。

(七)"经济的社会形态演进规律"原理

马克思在《序言》进一步提出了"经济的社会形态演进规律"原理,深化了唯物史观历史分期的理论。文中指出:"大体说来,亚细亚的、古希腊罗马的、封建的和现代资产阶级的生产方式可以看做是经济的社会形态演进的几个时代。资产阶级的生产关系是社会生产过程的最后一个对抗形式,这里所说的对抗,不是指个人的对抗,而是指从个人的社会生活条件中生长出来的对抗;但是,在资产阶级社会的胎胞里发展的生产力,同时又创造着解决这种对抗的物质条件。"②这段话从整个人类历史发展趋势的高度揭示了资本主义必然被共产主义代替的历史进程。主要包含三层意思。

第一,从历史哲学的角度,揭示了"经济的社会形态演进"的一般规律。所谓"经济的社会形态"这一概念指的是从"经济的"方面或者说是以"经济的"标准对

---

① 《马克思恩格斯文集》第4卷,人民出版社2009年版,第270页。
② 《马克思恩格斯文集》第2卷,人民出版社2009年版,第592页。

不同社会形态进行的一种历史唯物主义的界划和表述,是建立在一定生产力水平之上的经济基础与上层建筑的统一体。显然,马克思在这里所揭示的"经济的社会形态演进"主要是自阶级社会出现后,不同经济的社会形态产生、发展和更替过程。按照这种演进规律,人类社会迄今可以划分为"亚细亚的、古希腊罗马的、封建的和现代资产阶级的生产方式"四种不同的"经济的社会形态"。马克思对人类社会形态发展作了如此高度的概括,其中强调:包括"资产阶级生产关系"在内的人类此前所经历的全部生产关系都属于"人类社会的史前时期"①。为什么要如此评述? 这里主要是指阶级出现以来,私有制为特征的社会形态发展大致所经历的过程。其中,"资产阶级的生产关系"是迄今为止最高级的社会形态。这里主要指,自近代西方发生的第一次工业革命以来,随着资本主义生产力的飞速发展,蒸汽机代替了手推磨,资产阶级生产关系拥有以资本雇佣劳动为特征的私有产权制度,以及有价格灵活变动的现代商品市场,因此,马克思才将资本主义称为"私有制社会形态系列中最高级的社会形态"。这是符合历史事实的。

第二,马克思同时又深刻指出,资本主义社会也是"社会生产过程的最后一个对抗形式"②。这里所说的"对抗","不是指个人的对抗",而是"阶级的对抗",是资产阶级与无产阶级之间的对抗。这种对抗是"从个人的社会生活条件中生长出来的对抗"③,"人类社会"即共产主义社会,它消除了生产过程的对抗性质,"人类社会的史前时期"则是在社会生产的不同对抗形式中发展的过程。资本主义社会形态之所以是最后一个对抗形式,有五层寓意值得思考:在资本主义社会存在着一种人的劳动被另一种人无偿剥夺的阶级压迫现象,其矛盾冲突不可避免;生产资料的私人占有与社会化大生产,其矛盾不可调和;劳动与资本之间的直接对立和异化不可消失;资本逻辑与劳动者追求精神解放的目标背道而驰;对抗还意味

---

① 《马克思恩格斯文集》第 2 卷,人民出版社 2009 年版,第 592 页。
② 《马克思恩格斯文集》第 2 卷,人民出版社 2009 年版,第 592 页。
③ 《马克思恩格斯文集》第 2 卷,人民出版社 2009 年版,第 592 页。

着多数人的贫困和极少数人利益集团的极端富有的根本矛盾不可调和。凡此种种,马克思正是在深刻揭示资本主义生产关系的对抗性本质的基础上,作出了资本主义必然灭亡的科学判断。

第三,如何理解马克思的"在资产阶级社会的胎胞里发展的生产力,同时又创造着解决这种对抗的物质条件"①。众所周知,资本主义的生产关系带来了社会生产力的巨大发展,生产力的高度发展及其带来的无产阶级的壮大,必然成为解决"生产资料私有制和生产社会化之间矛盾"的现实条件,从而成为消灭生长出"对抗"的社会生活条件的物质力量。如马克思、恩格斯在《德意志意识形态》中指出:"随着私有制的消灭,随着对生产实行共产主义的调节以及这种调节所带来的人们对于自己产品的异己关系的消灭,供求关系的威力也将消失,人们将使交换、生产及他们发生相互关系的方式重新受自己的支配。"②由此可知,随着私有制的消灭,社会形态发展才真正进入了"人类社会"的发展历史。而解决这种物质对抗的真正条件,正是来自市民社会又不属于市民社会的特殊阶级——无产阶级。

三、《〈政治经济学批判〉序言》的现实意义

党的十九届六中全会通过的《中共中央关于党的百年奋斗重大成就和历史经验的决议》深刻总结了在我国革命、建设、改革各个历史时期,我们党团结带领人民不断把对中国特色社会主义规律的认识提高到新的水平,不断开辟当代中国马克思主义发展新境界的伟大历史进程。习近平总书记在党的二十大报告中深入总结了过去五年的工作和新时代十年的伟大变革,科学擘画了在实现中华民族伟

---

① 《马克思恩格斯文集》第 2 卷,人民出版社 2009 年版,第 592 页。
② 《马克思恩格斯文集》第 1 卷,人民出版社 2009 年版,第 539 页。

大复兴历史征程上,未来五年乃至更长时间党和国家事业发展的宏伟蓝图。今天,我们正处在实现第二个百年奋斗目标的新的历史起点,中国特色社会主义道路将迎来一个新的重要历史阶段。在这一时代背景下,认真学习马克思《序言》这篇名作,细致把握其中的唯物史观基本原理,最大的体会就是,我们要在坚持唯物史观中不断提高对中国特色社会主义规律的认识水平。

第一,《序言》中关于社会基本矛盾的论述,使我们更加深刻认识到改革在推进中国特色社会主义制度自我完善和发展过程中的重要作用。《序言》深刻论述了生产力与生产关系、经济基础与上层建筑的矛盾,将其看作社会发展的基本矛盾和人类社会发展的根本动力。在中国特色社会主义道路迎来新的发展阶段的历史时刻,应当深刻体会到,生产力与生产关系、经济基础与上层建筑的矛盾是贯穿人类社会发展过程始终的矛盾。社会主义发展过程中社会基本矛盾运动的结果,表现为通过改革不断实现社会主义制度的自我调整和完善的历史过程。每一次成功的改革,都是对社会基本矛盾某一方面或某种程度的解决。四十多年的改革开放进程中,我们始终坚持把解放和发展生产力与不断革新生产关系、推进经济基础革新与变革上层建筑结合起来,实现了社会发展的巨大成就。这表明了社会主义社会也是一个需要改革并经常进行改革的社会。习近平总书记曾于2013年11月12日党的十八届三中全会第二次全体会议的发言中,援引了《序言》中唯物史观的经典表述,对全面深化改革过程中深刻把握经济基础与上层建筑辩证关系的重要性作了重要论述。在新的历史起点上,坚持唯物史观社会矛盾基本原理,应当更加深刻认识到改革在推进中国特色社会主义制度自我完善和发展过程中的重要作用,必须在党的领导下继续把我国改革事业推向纵深。改革总在路上,社会主义自我革新永不止步。

第二,《序言》中关于社会形态发展规律的论述,使我们更加深刻认识到中国特色社会主义道路的世界历史意义。《序言》中对人类社会发展的不同社会形态进行了划分,这种划分是建立在唯物史观对人类社会发展规律的科学认识基础上的。通过学习,我们认识到:一方面,资本主义自身发展过程中创造了许多积极的文明成果,当今资本主义社会产生的种种新变化表明资本主义生产关系所能容纳的生产力还没有完全发挥出来,中国特色社会主义发展走向更高阶段需要适当学习和借鉴这些积极的成果;另一方面,资本主义社会产生的种种新变化,并没有解决资本主义生产方式的根本矛盾,并不能改变资本主义必然灭亡的历史命运,相反,资本主义国家在政治、经济、社会等领域愈发乱象丛生。在世界百年未有之大变局进入加速演变期的今天,我们应当更加树立和坚持对中国特色社会主义发展道路的自信,因为它不仅符合中国国情和中国社会发展进步的必然趋势,而且它符合唯物史观所揭示的人类社会发展规律。中国特色社会主义道路代表着人类社会进步的方向,它的不断成功扭转了冷战结束以来社会主义在同资本主义竞争中的被动局面,实现了世界社会主义发展的新高度。正如党的二十大报告所指出的:"科学社会主义在二十一世纪的中国焕发出新的蓬勃生机,中国式现代化为人类实现现代化提供了新的选择。"因此,中国特色社会主义道路具有巨大世界历史意义。

第三,《序言》中关于社会存在与社会意识关系的论述,使我们更加深刻认识到加快构建中国特色哲学社会科学的紧迫性和重要性。《序言》论述了社会存在与社会意识之间的辩证关系原理,这对于一个社会的文化发展和精神文明建设具有重要指导意义。党的二十大报告指出,全面建设社会主义现代化国家,必须坚持中国特色社会主义文化发展道路,增强文化自信,建设社会主义文化强国,增强实现中华民族伟大复兴的精神力量。同时,强调"物质文明和精神文明相协调"是中国式现代化的鲜明特色。物质财富的不断增长必须有与之相适应的精神文化成果不断涌现,在不断提高人民物质生活水平的同时应当不断满足人民日益增长的精神文化需求。哲学社会科学作为文化的重要组成部分和精神文明建设的重要阵地,其发展水平应当突出反映一个国家现实的社会物质生活水平的总和。2022年4月25日,习近平总书记在中国人民大学考察时强调:"要坚持把马克思主义基本原理同中国具体实际相结合、同中华优秀传统文化相结合,立足中华民族伟大复兴战略全局和世界百年未有之大变局,不断推进马克思主义中国化时代化。加快构建中国特色哲学社会科学,归根结底是建构中国自主的知识体系。要以中国为观照、以时代为观照,立足中国实际,解决中国问题,不断推动中华优秀传统文化创造性转化、创新性发展,不断推进知识创新、理论创新、方法创新,使中国特色哲学社会科学真正屹立于世界学术之林。"这是习近平总书记对哲学社会科学发展提出的最新要求,这一要求指明中国特色哲学社会科学应当以中国社会发展的现实为依据,自觉回答中国社会的实际问题。改革开放以来,我国现代化建设取得了举世瞩目伟大成就,物质生产水平和财富创造能力达到历史新高度,中国特色社会主义的发展产生许多新问题新情况,这在客观上对我国哲学社会科学的创新发展提出了紧迫要求。这意味着要从我国改革开放和现代化建设的现实实践中发现新问题、提炼新观点,深刻阐明中国奇迹所蕴含的基本原理和科学道理,向世界传递和展示具有中国特色、中国风格、中国气派的哲学社会科学。新形势下建设具有中国特色、中国风格、中国气派的哲学社会科学,必须坚持以习近平新时代中国特色社会主义思想为指导,全面贯彻习近平总书记相关重要讲话精神,不断推进与我国物质文明成就相匹配的精神文明建设,不断繁荣与我国社会主义现代化强国建设相适应的社会主义文化事业。

张 雄

思考题

1.《1844 年经济学哲学手稿》与《政治经济学批判〈导言〉》之间有什么关系?《黑

格尔法哲学批判〈导言〉》与《政治经济学批判〈导言〉》之间有什么关系?

2. 您是如何理解"思想闪电要击中人民园地,精神才能彻底改造现实世界"这句话的?

3. 请您结合所学知识,谈谈为什么马克思说生产关系的总和是整个社会的"现实基础"。

4. 请您结合社会发展实际谈谈《〈政治经济学批判〉序言》的现实意义。

5. 请您展开说一说《〈政治经济学批判〉序言》中提到的 7 条重要的唯物史观基本原理。

马克思《资本论》第一卷（节选）领读

一、《资本论》写作和发表的背景

西方社会经过漫长的千年黑暗的中世纪封建，终于在公元 14 与 15 世纪发生了文艺复兴运动，西方社会开始逐步走入新的时代。而这场文艺复兴之所以能够兴起，其物质基础是意大利城市商业资本主义开始萌芽。商业资本主义（连同与其同时发生和发展的工场手工业）逐渐蔓延到西班牙、葡萄牙、荷兰等国，促成了对美洲的地理大发现。一个广阔的世界市场逐渐形成。而世界市场的不断扩大，在 18 世纪诱发了英国的工业革命，商业资本主义发展出了工业资本主义，资本主义生产方式正式登上历史舞台。人类社会进入生产力蓬勃发展的资本主义社会，整个社会结构和人们的社会生活方式、价值观念和思想方式都发生了根本性改变，人类从传统社会进入"现代社会"。这种具有活力的资本主义社会一方面带来了社会生产力的巨大飞跃，"资产阶级在它的不到一百年的阶级统治中所创造的生产力，比过去一切世代创造的全部生产力还要多，还要大"①。然而生产力的发展和资本财富的巨额扩张,并没有给人民带来幸福与富裕,恰恰相反,它所引起的"羊吃人"的圈地运动,使广大农民和其他小生产者纷纷破产,沦为不得不向资本家出卖劳动力的日趋贫困的无产阶级。同时也周期性地爆发经济危机,使无数企业倒闭与工人失业。到了 19 世纪,资本主义生产方式产生的各种社会后果逐渐显露出来。当时的英国作家狄更斯曾经在他的《双城记》中这样刻画他所看到的资本主义时代:"这是一个最好的时代,也是一个最坏的时代。"

那么,产生这样的时代的根本原因是什么?它的发生和发展的规律是什么?它要将人类社会带往何方?这是人类面临的巨大而迫切的时代之问。

《资本论》横空出世,最深刻而科学地回答了这些时代之问。它指出:产生现代社会的根本原因是作为剩余价值的历史积累的资本,资本通过无偿使用劳动力而使自身不断增殖与积累,同时也使劳动者依附于资本而陷入贫困的积累,由此产生了生产力的社会化与生产资料的私人占有这个根本矛盾。这个根本矛盾的运行和发展产生了资本主义危机,最终必将被新型的社会主义制度所取代。

马克思从青年时代起就一直关心他所处的时代的历史命运和人类的命运,为此进行了复杂而艰辛的理论探索。最初他企图通过将费尔巴哈的异化哲学改造为人类劳动的异化来回答这样的时代之问。由此通过批判地吸收和彻底改造古典经济学的劳动价值理论,发现了由劳动价值积累而来的资本才是产生各种现象的根源,"资本是资产阶级社会的支配一切的经济权力"②。大约在 1848 年之前马克思得到了这样的思想,要对其进行系统而严密的科学研究。而由于工人运动的需要,马克思、恩格斯在 1848 年将他们对于资本主义社会发展规律与发展趋势的主要判断,写成了震惊世界的《共产党宣言》。而在此后,马克思用他毕生的精力

---

① 《马克思恩格斯文集》第 2 卷,人民出版社 2009 年版,第 36 页。

② 《马克思恩格斯文集》第 8 卷,人民出版社 2009 年版,第 31—32 页。

投入到《资本论》的研究之中，进一步科学地论证与深刻分析这些科学结论，得到了关于现代资本主义社会深层本质、根本矛盾、发展规律、历史趋势的系统的科学理论体系。其中的第一卷于《共产党宣言》出版后 19 年，即 1867 年出版。而第二卷、第三卷则在马克思逝世后，由恩格斯经过十年的整理，先后出版。

《资本论》是马克思毕其一生所著的最重要的伟大著作，是马克思主义的百科全书，被列宁称为"工人阶级的圣经"。《共产党宣言》可以说是 30 岁的马克思对他的这部巨著将要得到的最主要结论的预先宣告。可见，这部鸿篇巨制在马克思主义经典著作中的重要性，可以说无论怎样强调也不为过。《资本论》三卷作为人类历史上空前伟大的鸿篇巨制，从根本上深刻地科学地回答了人类进入现代社会所产生的时代之问，揭示了现代社会（特别是现代社会的经济生活）的产生根源、根本矛盾和发展规律，指出了人类社会发展的必然前途。只要世界上还存在着资本与资本主义，《资本论》就不会过时，就是我们分析与应对各种复杂社会现象的思想指南与宝库。

二、《资本论》整体内容简介

西方经济学认为经济运行所趋向的最终平衡状态是经济规律的最终体现，它是超时代、超社会的标准状态。《资本论》则与此根本不同。它的研究对象不是经济系统的最终状态，而是社会经济过程本身。以过程为主轴，是《资本论》的秘诀之所在，是读懂《资本论》的关键。而资本主义生产的全过程包括生产、流通、分配环节。那么，如何研究这些过程？马克思对生产、流通、分配依次展开研究，由此形成了《资本论》三卷的鸿篇巨制。《资本论》第一卷的核心主题，是分析资本本身是如何进行生产和再生产的，这是资本主义生产方式的最基本的过程，其规律是资本主义生产方式的本质性规律，但是这些本质规律不会直接表现出来，必须通过流通过程与分配过程的阻滞与折射才能表现出来,产生出与本质不完全相同的复杂现象。于是,第二卷专门分析了资本的流通过程,分析这个流通过程资本经历的各个形态——生产资本、商业资本和货币资本,揭示了资本形态转换与流通过程中产生的规律,包括流通过程的价值损耗——流通费用、由生产资料的价值壁垒造成的流通的周期性波动,以及资本在两大部类(生产资料的生产和消费品生产)之间循环流通的规律,等等。资本的生产过程与流通过程组成了"资本主义生产的总过程",这是《资本论》第三卷的研究内容。在这个"总过程"中,各个产业资本之间、生产资本、商业资本、金融资本、土地资本之间组成了复杂的关系,形成了复杂的市场权力结构。而这个由复杂的市场权力结构所进行的"资本主义生产的总过程"的主题,归根到底就是各种力量分割由第一卷所揭示的资本生产的剩余价值、第二卷所揭示的资本形态流通过程所产生的结果,使资本的生产过程的本质规律得到了光怪陆离的表现形态。于是,《资本论》三卷完整地揭示了资本主义从本质到现象的全过程,展示了资本主义生产方式的全景图。马克思自己说:"不论我的著作有什么缺点,它们却有一个长处,即它们是一个艺术的整体。"①

现实世界资本运行的规律,根本上是《资本论》第一卷所分析的"资本的生产过程"的本质规律。而这个本质规律并不直接表现为经济现象,必须通过流通过程、分配过程而显示为现实现象,而资本的流通规律、分配规律正是本质层次的规律如何表现为现象的规律。因此,资本主义生产方式的现实表现是三个层次的规律的有机统一所产生的结果。所以,《资本论》第一卷的一些理论判断只是揭示了深层本质,是现实世界的资本现象的深层本质,而并非直接与现象完全一致。马克思深刻地指出:"如果事物的表现形式和事物的本质会直接合而为一,一切科学

---

① 《马克思恩格斯文集》第 10 卷,人民出版社 2009 年版,第 231 页。

就都成为多余的了。"①这种不完全一致，导致一些人用《资本论》第一卷的一些判断直接与经济现象相对照，从而否定《资本论》。这是出于对《资本论》的完全无知与故意曲解。

以上背景知识是我们理解《资本论》第一卷的基础。限于篇幅，节选了以下三部分：1867 年第一版序言；1872 年第二版跋；第七篇"资本的积累过程"的部分章节。

三、《第一版序言》（1867 年）领读

继《共产党宣言》于 1848 年出版之后，间隔 11 年，马克思在 1859 年出版了《政治经济学批判》（第一分册），其主要内容是劳动价值论。再过了 8 年，马克思的巨著《资本论》（第一卷）于 1867 年出版，此时的马克思已经 49 岁，距《共产党宣言》已经 19 年。马克思当然极其珍视这部呕心沥血的巨著，为此写了此篇序言。此序言中的最重要的内容观点，具有永恒的哲理价值。

1. 阐述劳动价值论在整个《资本论》理论体系中的奠基性作用，指出货币理论解决了千古难题

《序言》交代了此书与 1859 年出版的《政治经济学批判》（第一分册）的关系，指出为了理论的"联贯和完整"，《资本论》第一卷的第一章概述了《政治经济学批判》的内容。但不是完全重复，而是进行了精简与改进，同时又在注释中补充了关于"价值理论和货币理论"的历史考察的新资料。马克思指出："万事开头难，每门科学都是如此。所以本书第一章，特别是分析商品的部分，是最难理解的。"②在第

---

① 《马克思恩格斯文集》第 7 卷，人民出版社 2009 年版，第 925 页。
② 《马克思恩格斯文集》第 5 卷，人民出版社 2009 年版，第 7 页。

一章,马克思指出,"商品中包含的劳动的这种二重性,是首先由我批判地证明的。这一点是理解政治经济学的枢纽"①,是马克思全部理论的出发点与基础。商品的交换价值是商品间物与物的关系,其背后掩藏着人与人的关系——人们相互交换劳动的关系,这种关系最后表现为"以货币形式为完成形态的价值形式"。因此劳动二重性成为将"物质关系"与"社会关系"联系起来的"枢纽"。这一思想贯穿于全部《资本论》的始终。由此建立起来的货币理论,解决了"两千多年来人类智慧对这种形式进行探讨的努力"未解之难题,"至少已接近于成功"。② 可见马克思在交换价值上的最重要成果是揭示了货币的本质:这就是货币是劳动价值的符号。金属货币本身的价值等于其交换的商品的价值,而纸币也在交换过程中承载了所交换商品的价值,成为价值符号。货币正因为是价值的符号,因而拥有配置资源的经济权力。③ 马克思在《政治经济学批判》(1859 年)中指出:"商品价格随着纸票数量的增减而涨跌(这种现象发生在纸票成为唯一流通手段的地方),不过是由流通过程强制实现一个受到外力机械地破坏的规律,即流通中金量决定于商品价格,流通中价值符号量决定于它在流通中所代表的金铸币量。因此,另一方面,不论多少纸币都可以被流通过程所吸收,仿佛被消化掉,因为,价值符号不论带着什么金招牌进入流通,在流通中总是被压缩为能够代替它来流通的那个金量的符号。"④马克思基于劳动价值论的货币理论,至今对理解美元霸权仍然具有极其重要的理论意义。

2.《资本论》的根本方法是唯物辩证法

马克思写道:"分析经济形式,既不能用显微镜,也不能用化学试剂。二者都

---

① 《马克思恩格斯文集》第 5 卷,人民出版社 2009 年版,第 54—55 页。
② 《马克思恩格斯文集》第 5 卷,人民出版社 2009 年版,第 8 页。
③ 《马克思恩格斯文集》第 8 卷,人民出版社 2009 年版,第 44、51—52 页。
④ 《马克思恩格斯全集》第 31 卷,人民出版社 1998 年版,第 111 页。

必须用抽象力来代替。"①这种"抽象力"，实际上就是"分析经济形式"的根本方法。恩格斯在为马克思《政治经济学批判·第一分册》写的书评中分析了这种方法，指出其正是唯物辩证法。② 在后面我们讨论《资本论》第二版跋的时候，再重点讨论这一方法。

3.《资本论》的目的是"揭示现代社会的经济运动规律"

资本论使用唯物辩证法的分析方法"揭示现代社会的经济运动规律"，它是社会运动的"自然规律"③，并且提出："现在的社会不是坚实的结晶体，而是一个能够变化并且经常处于变化过程中的有机体。"④马克思指出，这个社会有机体的规律是不以人的意志为转移的，也不以人的价值取向与情感色彩而转移："我决不用玫瑰色描绘资本家和地主的面貌。不过这里涉及的人，只是经济范畴的人格化，是一定的阶级关系和利益的承担者。我的观点是把经济的社会形态的发展理解为一种自然史的过程。不管个人在主观上怎样超脱各种关系，他在社会意义上总是这些关系的产物。同其他任何观点比起来，我的观点是更不能要个人对这些关系负责的。"⑤这是马克思关于唯物史观的重要观点：人的本质是由其社会关系决定的，是历史的产物，而不是相反。

4.《资本论》揭示的资本主义生产方式的发展规律是现代社会的普遍发展趋势

马克思说，上述客观规律是他以资本主义生产方式最典型的地点英国作为其研究对象而得到的，但所得到的结论却具有普遍意义，因为是对资本本性的深刻揭示："如果德国读者看到英国工农业工人所处的境况而伪善地耸耸肩膀，或者以

① 《马克思恩格斯文集》第 5 卷，人民出版社 2009 年版，第 8 页。
② 《马克思恩格斯文集》第 2 卷，人民出版社 2009 年版，第 601 页。
③ 《马克思恩格斯文集》第 5 卷，人民出版社 2009 年版，第 10 页。
④ 《马克思恩格斯文集》第 5 卷，人民出版社 2009 年版，第 10—13 页。
⑤ 《马克思恩格斯文集》第 5 卷，人民出版社 2009 年版，第 10 页。

德国的情况远不是那样坏而乐观地自我安慰,那我就要大声地对他说:这正是说的阁下的事情!"因为"问题在于这些规律本身,在于这些以铁的必然性发生作用并且正在实现的趋势。工业较发达的国家向工业较不发达的国家所显示的,只是后者未来的景象。"①但是同一规律在不同的社会还是有不同的表现,其具体表现形式会因各国的情况不同而相异。马克思指出,在当时新兴的欧洲资本主义国家(如德国),劳动者不仅受到资本的压迫,而且还受到旧封建制度的压迫。所以这些国家"除了现代的灾难而外,压迫着我们的还有许多遗留下来的灾难,这些灾难的产生,是由于古老的、陈旧的生产方式以及伴随着它们的过时的社会关系和政治关系还在苟延残喘。不仅活人使我们受苦,而且死人也使我们受苦。死人抓住活人"②!

5. 理论的实践意义:客观规律与主体能动作用的关系

尽管历史是不以人的意志为转移的"一种自然史的过程",人们虽然不能改变该规律,但是如果能够认识与遵循这些客观规律,还是能够有助于促进历史发展,减少规律带来的社会痛苦。这就是理论的巨大的现实功能,它通过人的主观能动性来实现。马克思指出:"一个社会即使探索到了本身运动的自然规律——本书的最终目的就是揭示现代社会的经济运动规律——,它还是既不能跳过也不能用法令取消自然的发展阶段。但是它能缩短和减轻分娩的痛苦。"③理论可以改变工人,同时也能改变资本家。马克思指出:"正像18世纪美国独立战争给欧洲中等阶级敲起了警钟一样,19世纪美国南北战争又给欧洲工人阶级敲起了警钟。……它达到一定程度后,一定会波及大陆。在那里,它将采取较残酷的还是较人道的形式,那要看工人阶级自身的发展程度而定。所以,现在的统治阶级,撇开其较高尚的动机不说,他们的切身利益也迫使他们除掉一切可以由法律控制的、妨害工

① 《马克思恩格斯文集》第5卷,人民出版社2009年版,第8页。
② 《马克思恩格斯文集》第5卷,人民出版社2009年版,第9页。
③ 《马克思恩格斯文集》第5卷,人民出版社2009年版,第9—10页。

人阶级发展的障碍。"①马克思说，为了使德国资本主义学习英国对资本的残酷剥削"起抗衡作用的工厂法"，"我在本卷中还用了很大的篇幅来叙述英国工厂立法的历史、内容和结果"②。由此可以看到马克思希望他的理论提高促进工人阶级觉悟，使工人阶级联合起来，并且由此来改造资本家。

《序言》的最后交代了《资本论》的总体结构，第七篇的篇首语③对此有更清楚的说明。我们在讲"第七篇"时再讨论。

最后要说明的是：贯穿在这篇著名《序言》中的灵魂，则是马克思无私无畏的追求真理的科学精神。这首先是无私而勇敢的"自由的科学研究"精神。由于政治经济学研究的是人们的现实利益，追求真理要求人们敢于"批评传统的财产关系"。正因如此，坚持真理必然会触犯权贵集团的根本利益，"把人们心中最激烈、最卑鄙、最恶劣的感情，把代表私人利益的复仇女神召唤到战场上来反对自由的科学研究"④。对于这种批评的恶浪与舆论的偏见，马克思毫无畏惧与犹豫。所以在序言的结尾，马克思的话掷地有声："任何的科学批评的意见我都是欢迎的。而对于我从来就不让步的所谓舆论的偏见，我仍然遵守伟大的佛罗伦萨人的格言：走你的路，让人们去说罢！"⑤

四、《第二版跋》（1872 年）领读

《第二版跋》清晰地包括三层意思：一是《资本论》第二版对第一版的修订，二

---

① 《马克思恩格斯文集》第 5 卷，人民出版社 2009 年版，第 9 页。
② 《马克思恩格斯文集》第 5 卷，人民出版社 2009 年版，第 9 页。
③ 《马克思恩格斯文集》第 5 卷，人民出版社 2009 年版，第 651 页。
④ 《马克思恩格斯文集》第 5 卷，人民出版社 2009 年版，第 10 页。
⑤ 《马克思恩格斯文集》第 5 卷，人民出版社 2009 年版，第 13 页。

是对于资产阶级经济学的批判与无产阶级经济学诞生的历史条件的分析,三是关于《资本论》的唯物辩证法的著名论述。下面对这三方面的内容作简略的解读。

1. 关于《资本论》第二版对第一版的修订

《资本论》第一卷第一版出版之后,虽然资产阶级企图用"沉默"来扼杀,但无法消除它在德国与世界的巨大的影响力。1872 年春,彼得堡出版了《资本论》的优秀的俄译本,其初版 3 000 册很快售卖一空。马克思说:"《资本论》在德国工人阶级广大范围内迅速得到理解,是对我的劳动的最好的报酬。"①这句话充分说明了《资本论》的阶级立场。正是为了唤醒无产阶级反抗资本主义,实现人类解放的伟大斗争,马克思对第一版进行修订,于 1872 年出版了第二版。从这些修订中,我们看到马克思的严谨的科学精神和极其重视叙述方式的写作态度。此跋的开头清楚地交代了哪些地方作了修订,特别指出,"第一章第三节(价值形式)全部改写了",第一章最后一节"商品的拜物教性质及其秘密"大部分修改了。这些对于我们研究《资本论》中相关思想的发展进程具有启示作用。

2. 关于两种经济学产生的社会历史条件

《第二版跋》第二部分讲的是资产阶级经济学与无产阶级经济学诞生的社会历史条件。当社会主要矛盾是资产阶级与封建贵族的矛盾,而无产阶级与资产阶级的矛盾还处于潜伏阶段时,资产阶级经济学是科学,它主要发生地也就必然在英国,李嘉图经济学是其最高成就。这是由于以神圣同盟为代表的封建主同资产阶级所领导的人民大众之间发生了纠纷,在经济方面是由于工业资本家和贵族土地所有权之间围绕着"谷物法"发生了纷争(谷物法通过关税保护贵族地主阶级的利益,而资本家则希望通过废除谷物法实行自由贸易来降低雇佣工人所花费的成本)。这时的资产阶级还是革命阶级,资产阶级经济学的目的是证明资本主义自由经济制度是具有合理性的经济制度。这一主张符合当时社会发展的趋势,所以

---

① 《马克思恩格斯文集》第 5 卷,人民出版社 2009 年版,第 15 页。

在一定时期和范围内它们具有科学性。资本和劳动之间的阶级斗争被掩藏在资产阶级与封建贵族的矛盾的后面。马克思说："只要政治经济学是资产阶级的政治经济学，就是说，只要它把资本主义制度不是看做历史上过渡的发展阶段，而是看做社会生产的绝对的最后的形式，那就只有在阶级斗争处于潜伏状态或只是在个别的现象上表现出来的时候，它还能够是科学。"①值得重视的是：马克思把资产阶级经济学的本质确定为论证资本主义制度是永恒制度的经济学。一旦资本主义制度充分发育，无产阶级与资产阶级的斗争上升为社会主要矛盾时，资本主义制度的根本矛盾已经显现，因而资本主义只能被"看做历史上过渡的发展阶段"，而不能被"看做社会生产的绝对的最后的形式"②。这时资产阶级经济学就不能被看作是科学了。真正的科学的经济学应当是批判的、革命的经济学，即把资本主义只是看作历史发展的一个过渡形态，它通过经济危机进行自我否定。《资本论》正是在这样的背景下诞生的。

李嘉图经济学是这两个时期的中介。一方面它是作为科学的资产阶级经济学的最高成就，它承认无产阶级与资产阶级的阶级对立的存在，比完全无视阶级斗争的经济学进步。但李嘉图只是将这种阶级斗争看作是"社会的自然规律"（生物竞争）而将永远存在，而没有看作是一定历史时期中人与人的社会关系的规律，因而仍然是资产阶级经济学。但正因承认这种阶级对立的存在，从而为无产阶级经济学奠定了基础。

马克思用这种唯物史观分析了德国经济学的历史发展状况。当时英法资产阶级处于上升阶段，德国资产阶级尚未真正诞生，所以无法提出具有科学意义的政治经济学，只能是对英法经济学的贩卖。而当德国资本主义已经发展起来的时候，资产阶级和无产阶级的阶级斗争已经上升为社会主要矛盾，那种把资本主义

---

① 《马克思恩格斯文集》第 5 卷，人民出版社 2009 年版，第 16 页。
② 《马克思恩格斯文集》第 5 卷，人民出版社 2009 年版，第 16 页。

制度永恒化的资产阶级经济学已经不是科学,而是必须批判的对象。马克思指出:"在资本主义生产方式的对抗性质在法国和英国通过历史斗争而明显地暴露出来以后,资本主义生产方式才在德国成熟起来,同时,德国无产阶级比德国资产阶级在理论上已经有了更明确的阶级意识。因此,当资产阶级政治经济学作为一门科学看来在德国有可能产生的时候,它又成为不可能了。"因此,在德国产生的作为科学的政治经济学,只能是反映"德国无产阶级意识"的经济学。"所以,德国社会特殊的历史发展,排除了'资产阶级'经济学在德国取得任何独创的成就的可能性,但是没有排除对它进行批判的可能性。就这种批判代表一个阶级而论,它能代表的只是这样一个阶级,这个阶级的历史使命是推翻资本主义生产方式和最后消灭阶级。这个阶级就是无产阶级。"①于是,作为无产阶级的科学的政治经济学的马克思主义经济学由此应运而生了。这说明了马克思主义经济学的阶级性,是用唯物史观分析经济思想史的范例。

3. 对《资本论》的唯物辩证法的著名论述

《第二版跋》的最重要的内容是对于唯物辩证法的著名论述。这是马克思本人对《资本论》的辩证法的论述,所以特别值得珍视。

马克思分析了各种对《资本论》的方法论的评论。许多评论都只是看到《资本论》的方法的某一方面,因而都是片面的。马克思本人予以充分肯定的评论是指伊·伊·考夫曼写的《卡尔·马克思的政治经济学批判的观点》的评论:"这位作者先生把他称为我的实际方法的东西描述得这样恰当,并且在谈到我个人对这种方法的运用时又抱着这样的好感,那他所描述的不正是辩证方法吗?"②而他的评论的错误,在于用词不当:把"辩证法"混同于"唯心主义",把唯物辩证法说成是"实在论",错误的原因是把"辩证法"与"黑格尔唯心主义哲学"相等同。此外只

---

① 《马克思恩格斯文集》第5卷,人民出版社 2009 年版,第 18 页。
② 《马克思恩格斯文集》第5卷,人民出版社 2009 年版,第 21 页。

看到马克思的叙述方法，而没有看到其研究方法。马克思由此提出下面的著名表述，公开承认自己是黑格尔这位大思想家的学生，既继承黑格尔辩证法的合理内核，又批判其唯心主义的神秘外衣：

"我的辩证方法，从根本上来说，不仅和黑格尔的辩证方法不同，而且和它截然相反。在黑格尔看来，思维过程，即甚至被他在观念这一名称下转化为独立主体的思维过程，是现实事物的创造主，而现实事物只是思维过程的外部表现。我的看法则相反，观念的东西不外是移入人的头脑并在人的头脑中改造过的物质的东西而已。"①

黑格尔哲学的合理内核是什么？是"辩证法在对现存事物的肯定的理解中同时包含对现存事物的否定的理解，即对现存事物的必然灭亡的理解；辩证法对每一种既成的形式都是从不断的运动中，因而也是从它的暂时性方面去理解；辩证法不崇拜任何东西，按其本质来说，它是批判的和革命的"②。这就是把世界看成一个不断否定现状的过程，世界因而不是事物的集合体，而是过程的集合体。这就是"批判的和革命的"含义。这就与形而上学完全相反：形而上学把世界看成既成事物的集合体，运动不过是从一种既成的静止状态过渡到另一种静止状态。

辩证法从何而来？黑格尔认为来自"绝对精神"，是绝对精神的理性逻辑，而概念是绝对精神的表达形式，因此辩证法是概念自身的运动发展过程的逻辑，而现实世界的过程只是概念自身运动的物质表现。因此概念的辩证法产生了物质世界的辩证法。马克思则与之相反：指出辩证法是"移入人的头脑并在人的头脑中改造过的物质的东西"。黑格尔把这一事实颠倒了，从而"辩证法在黑格尔手中神秘化了"，世界的辩证发展过程被他理解为上帝通过概念的运动而创造世界的过程，因此黑格尔哲学乃是对基督教创世说的一种理性主义的哲学诠释。马克思

---

① 《马克思恩格斯文集》第5卷，人民出版社2009年版，第22页。
② 《马克思恩格斯文集》第5卷，人民出版社2009年版，第22页。

批判了黑格尔哲学的这种唯心论的错误,但是同时指出,这种错误"决没有妨碍他第一个全面地有意识地叙述了辩证法的一般运动形式"①。马克思把被黑格尔倒立的辩证法再"倒过来",以便发现神秘外壳中的合理内核,改造为《资本论》的唯物主义辩证方法。

马克思恢复了辩证法的原本面貌——客观世界的自我否定的运动发展过程的逻辑,这个自我否定过程就是解决客观世界矛盾的过程,由此成为现实世界的革命的武器。马克思不仅使无产者理解资本主义是个自我否定的过程,甚至使资产阶级也不得不承认资本主义的自我否定。于是马克思在此跋的结尾说道:辩证法"使实际的资产者最深切地感到资本主义社会充满矛盾的运动的,是现代工业所经历的周期循环的各个变动,而这种变动的顶点就是普遍危机。这个危机又要临头了,虽然它还处于预备阶段;由于它的舞台的广阔和它的作用的强烈,它甚至会把辩证法灌进新的神圣普鲁士德意志帝国的暴发户们的头脑里去"②。

五、 第七篇"资本的积累过程"领读

《资本论》第一卷对资本的生产过程的研究,包括七篇。为了讲清楚专门讨论资本积累与集中的第七篇,我们先简单概述一下《资本论》前六篇得到的主要结论。第一篇"商品和货币"讲的是劳动价值论,劳动二重性思想贯穿在全部《资本论》中:作为抽象劳动结晶的劳动价值是人与人之间最基本的经济关系,它以生产的使用价值为物质载体,最后结论是劳动价值通过货币符号来表现。第二篇到第五篇的总体内容是货币转化为资本、资本通过劳动力的活劳动生产出剩余价值,

---

① 《马克思恩格斯文集》第 5 卷,人民出版社 2009 年版,第 22 页。
② 《马克思恩格斯文集》第 5 卷,人民出版社 2009 年版,第 23 页。

包括绝对剩余价值生产和相对剩余价值生产。投入于实体经济生产的资本分为两个部分：一部分以生产资料为物质载体，它只是提供劳动条件，其劳动价值作为成本转移到产品中，其价值不变，所以称为"不变资本"；另一部分以人的劳动力为物质载体，它通过劳动力的活劳动而生产出的价值量，超过其作为商品的劳动力所含有的必要劳动价值量，超额的部分则是剩余劳动价值，这是由劳动力的活劳动所生产出的新增价值，所以这部分的资本是可以增值的资本，称为"可变资本"。资本的生产本质上是在不变资本提供的劳动条件下，由可变资本进行的价值的生产，其生产的价值一部分归还劳动者，以供劳动力的恢复、还原与世代接替，其余则是剩余价值，被资本家所占有。剩余价值是可变资本生产的结果，而其物质载体（劳动产品）是所有生产要素的共同结晶。第六篇专门研究关系到劳动者的切身利益的工资问题，指出工资的本质是作为商品的劳动力的价格，其功能是进行劳动力的再生产。它本身并非来自资本家的恩赐，而是劳动者自己生产出的价值的一部分，因此资本家实质上无偿使用工人用自己的生理过程生产的"人的自然力"——劳动力。以上都是《资本论》的基础性理论。在此基础上，第七篇研究资本生产的剩余价值如何转化为资本，以进行扩大再生产而进行资本积累，以及资本积累和集中的过程的规律。第七篇的结尾两章讨论的"资本的原始积累"和"现代殖民理论"则属于对《资本论》的补充性说明，以使《资本论》成为非常完整的理论。这两章虽然非常重要，但本文限于篇幅，不作讨论了。

第七篇的篇首语，首先简明地阐述了《资本论》三大卷的逻辑结构。资本家占有剩余劳动价值，进而把剩余价值转化为资本，投入到再生产中，以生产新的剩余价值，由此完成资本的再生产循环过程。这个再生产循环过程是资本积累过程的基本单元。所以马克思的资本积累过程从分析资本再生产循环过程开始。而这个基本循环单元由三个过程组成：一是资本的生产过程，二是流通过程，三是剩余价值分配过程。由生产资本生产的剩余价值在流通过程中必然有一部分被消耗掉(流通费用),还会受到供求关系波动的影响;同时这个剩余价值必然在资本流动过程中被商业资本、金融资本、土地所有者等所瓜分。这三个过程交织在一起才能形成再生产过程。资本的生产过程、流通过程、全部社会资本共同构筑的资本主义生产总过程(社会生产的总价值在这个总过程中进行分配)是不可分离的总体,离开任何其一,资本主义生产必将崩溃。

第七篇开端部分,马克思指出,《资本论》是将这三个过程分开来进行研究的,并对此作了逻辑清晰的说明。交代了流通过程与分配过程要在《资本论》第二卷、第三卷进行研究。那么马克思这样做的理由是什么呢? 这就是马克思的科学方法论:因为只有把其中某个过程从总体中抽象出来加以逻辑分析,才能得到这个过程所产生的规律。为了研究"资本的生产过程"所产生的规律,《资本论》第一卷把资本的流通过程、分配过程统统简化为理想状态——没有对生产过程所生产的劳动价值作丝毫的改变的状态。第一是假定流通过程没有使用、消耗与阻碍价值及其流通,因此"生产商品的资本家按照商品的价值出售商品",第二个假定是资本主义生产总过程中的各个部门,如金融部门、土地部门、政府、其他企业部门等,没有分割与消耗任何价值,从而"把资本主义的生产者当作全部剩余价值的所有者,或者,不妨把他当作所有参加分赃的人的代表"①。即假定生产某商品的企业的全部价值都流回到该企业。这种简化能够将由资本生产过程的规律鲜明地展示出来。

当然,这种假定不符合事实。但只有作这样的假定后,才能发现资本的运行规律中,哪些是资本的生产过程的规律,而不受流通部门和资本主义生产总过程的影响与干扰。这是《资本论》第一卷的任务。由此揭示的资本的生产过程的规律是资本主义生产方式的深层本质的规律,这些规律是资本主义社会一切经济现象的产生根源。在此基础上,《资本论》第二卷、第三卷把这些去除了的过程再恢

———————————

① 《马克思恩格斯文集》第 5 卷,人民出版社 2009 年版,第 652 页。

复回来,分析这个深层本质的规律如何通过流通过程、生产总过程表现出来,由此分别得出资本的流通过程的规律、在资本主义生产总过程中价值分配的规律。这样,《资本论》三卷就从总体上得到了资本主义生产方式的总体规律及其现实表现。我们在用现实检验《资本论》第一卷的结论时,务必要全面准确地考虑这三个过程的总体。

那么,这个新增的剩余价值用来干什么呢? 除了资本家的消费之外,都转化为资本:投入到生产过程中,以生产出更多的剩余价值。这个过程便是资本的积累。第七篇研究的就是资本积累的规律。

(一)"第二十一章 简单再生产"领读

简单再生产是资本再生产过程的最基本的组成部分。扩大再生产由"简单再生产"和"资本积累"(剩余价值转化的新增资本)两个部分构成:前者产生了资本制度的持续,它使最初投入的资本持续不断地再投入到生产中,从而成为永久化的资本,持续不断地产生剩余价值,从而不断再生产出资本主义制度;而后者形成资本的积累和扩张,使资本主义制度体系不断扩张与发展。

商品价值中包括生产资料转移的价值(不变资本 c)、作为商品的劳动力的必要劳动价值(可变资本 v)、由劳动力生产的剩余价值 m,其中剩余价值 m 是新增的价值,它是资本家的净收入。资本家占有剩余价值有两个用途:一是作为资本家的消费基金,由资本家消费掉,二是投入到生产中,进行扩大再生产,由此产生资本的增长,这就是资本积累。"如果这种收入只是充当资本家的消费基金,或者说,它周期地获得,也周期地消费掉,那么,在其他条件不变的情况下,这就是简单再生产。"①简单再生产是没有资本积累的再生产,但却是资本积累的基础和起点,

---

① 《马克思恩格斯文集》第 5 卷,人民出版社 2009 年版,第 654 页。

所以马克思予以详尽的分析,其主要思想如下。

1. 工人工资是由工人自己生产出来的,原始资本不断被剩余价值所替换

简单再生产中首先包括劳动力的再生产,即将产品中的作为劳动力的价值的工资投入到再生产中,形成与上次生产中等值的可变资本。表面上看,工资是资本家花费的给工人的报酬,由此产生了"资本有偿购买工人的劳动力""资本家养活工人"的错觉。但事实是劳动力的简单再生产:工人自己生产出自己的工资,通过工人的消费进行资本的简单再生产,资本家只是控制其流程和数量的中转者。马克思指出:"只要我们不是考察单个资本家和单个工人,而是考察资本家阶级和工人阶级,货币形式所造成的错觉就会立即消失。资本家阶级不断地以货币形式发给工人阶级票据,让工人阶级用来领取由它生产而为资本家阶级所占有的产品中的一部分。工人也不断地把这些票据还给资本家阶级(工人阶级为购买生活资料而付出货币——引者),以便从资本家阶级那里取得他自己的产品中属于他自己的那一部分(工人阶级取回维持他们生命的生活资料——引者)。产品的商品形式和商品的货币形式掩饰了这种交易。"①在这个过程中资本未付分文,因为工人从资本家那里拿到的工资,只是领回了自己生产的劳动价值的一部分——必要劳动价值部分。而由于资本占有了劳动者的生产条件,所以资本家拥有了占有劳动者生产的剩余价值的权力,其中一部分作为资本家的消费基金。所以绝非资本家养活劳动者,而是工人养活了资本家。请注意马克思使用了总体分析方法,使整个过程清晰明了。

那么,如何看待资本家用自己创业时付出的第一笔资本——原始资本来购买劳动力呢?表面看起来,这些预付的原始资本的确不是工人自己生产的,是资本家给予工人的。马克思对此作出了澄清:因为资本家总要从生产的产品的劳动价值中提取部分劳动价值投入到生产过程中,来维持简单再生产,同时提取剩余价

---

① 《马克思恩格斯文集》第5卷,人民出版社2009年版,第655页。

值作为自己的消费基金来消费。这个过程实质上相当于资本家每天从自己的原始资本中提取与这个消费基金等额的资金来消费。于是,原始资本总有一天被资本家提取完,而全部由工人生产的劳动价值所替代。所以简单再生产的过程在最开始就是资本家消耗其原始资本的过程——也即原始资本并没有给工人,而是给了资本家自己。一旦原始资本消耗完毕,这时生产系统中的"这些资本的价值不过只代表他无偿占有的剩余价值的总额。他的原有资本的任何一个价值原子都不复存在了"①。因此全部原始资本是供资本家消费的,而不是用来支付给工人的。因此整个生产系统的资本最终都是由剩余价值积累而形成,这些积累形成了统治工人和剥削工人的权力。② 马克思的这种深刻的总体溯源法,值得我们用心体会。

2. 简单再生产中工人阶级的再生产:工人消费过程是资本再生产的组成部分

简单再生产过程,首先包括工人阶级的再生产。要得到这样的深刻的看法,同样不能只是考察单个资本家和单个工人,而是要考察资本家阶级和工人阶级,不是孤立的商品生产过程,而是在社会范围内不断进行的资本主义生产过程。③从这个总体性观点来考察,就会发现:资本家支付给工人工资进行生活资料的消费,本质上是"为了再生产现有工人的肌肉、神经、骨骼、脑髓和生出新的工人",从而将"生活资料再转化为可供资本重新剥削的劳动力。这种消费是资本家最不可少的生产资料即工人本身的生产和再生产"。资本家所操心的只是把工人的个人消费尽量限制在必要的范围之内。④ 马克思由此得到结论:工人不但在生产过程中是劳动的机器,即使在日常生活的消费过程中,"也同死的劳动工具一样是资本

---

① 《马克思恩格斯文集》第 5 卷,人民出版社 2009 年版,第 657 页。
② 《马克思恩格斯文集》第 5 卷,人民出版社 2009 年版,第 659 页。
③ 《马克思恩格斯文集》第 5 卷,人民出版社 2009 年版,第 655 页。
④ 《马克思恩格斯文集》第 5 卷,人民出版社 2009 年版,第 660 页。

的附属物。甚至工人阶级的个人消费,在一定限度内,也不过是资本再生产过程的一个要素"①。因此,工人的消费过程是简单再生产的组成部分。再加上技能的世代传授和积累,构成了"工人阶级的再生产"②。马克思的这段话,后来被西方马克思主义,尤其是法兰克福学派的理论所吸收,并且进行了淋漓尽致的发展。

3. 简单再生产过程是资本主义生产方式和社会结构的再生产过程

从总体系统上分析资本的简单再生产过程,会发现这个过程不仅是物质产品的生产过程,而且是资本主义生产方式的生产过程,也即资本主义社会结构的生产过程。这个过程包括可变资本投入生产中进行工人阶级肉体的简单再生产(使工人队伍永久化),同时也包括把不变资本投入到生产中进行生产资料的生产与更新,使生产资料永久化,这些生产资料是劳动者必须依赖的劳动条件,由此形成以物质为载体的"同他(劳动者——引者)相异己的、统治他和剥削他的权力"③。

可变资本与不变资本的再生产过程是通过工人的两种消费过程来进行的。一是生产消费:消费生产资料与工人自己的劳动力,生产出剩余价值供资本家的生活之用;另一是工人自己的生活消费,生产出工人的劳动力。"在这种情况下,他给自己添加生活资料,是为了维持自己劳动力的运转,正像给蒸汽机添煤加水,给机轮上油一样。"④工人的这种不断再生产或永久化使资本主义生产方式持续存在。

于是,简单再生产过程,归根到底就是"再生产出劳动力和劳动条件的分离。这样,它就再生产出剥削工人的条件,并使之永久化。它不断迫使工人为了生活而出卖自己的劳动力,同时不断使资本家能够为了发财致富而购买劳动力"⑤。马克思由此得到结论:"可见,资本主义生产过程,在联系中加以考察,或作为再生产

---

① 《马克思恩格斯文集》第 5 卷,人民出版社 2009 年版,第 661 页。
② 《马克思恩格斯文集》第 5 卷,人民出版社 2009 年版,第 662 页。
③ 《马克思恩格斯文集》第 5 卷,人民出版社 2009 年版,第 659 页。
④ 《马克思恩格斯文集》第 5 卷,人民出版社 2009 年版,第 659 页。
⑤ 《马克思恩格斯文集》第 5 卷,人民出版社 2009 年版,第 665—666 页。

过程加以考察时,不仅生产商品,不仅生产剩余价值,而且还生产和再生产资本关系本身:一方面是资本家,另一方面是雇佣工人。"①这是对资本的简单再生产的本质的深刻揭示。

(二)第二十二章"剩余价值转化为资本"领读

第二十二章考察了剩余价值转化为资本的"资本积累",即扩大再生产过程。简单再生产过程是资本主义生产关系的再生产过程,扩大再生产过程既包括简单再生产,又包括剩余价值转化为新资本的"资本积累",从而使"商品生产所有权规律转变为资本主义占有规律"②,导致资本主义生产关系不断增长扩大。其主要思想如下。

1. 资本积累过程是资本无限增长的过程

马克思说:"把剩余价值再转化为资本,叫做资本积累。"③我们把资本从投入到产出的时间视为一个生产周期。假如投入第一周期的原始资本是 K1,其产生的剩余价值是 $m=xK_1$(x 表示剩余价值 m 在全部资本中所占比重),m 全部转化为资本而投入到第二周期中作为新增资本,那么第二周期投入的预付总资本就是 $K_2 = K_1(1+x)$。第二周期所生产的剩余价值再全部投入到第三周期中,于是 $K_3 = K_2(1+x) = K_1(1+x)^2$,依此类推,第 n 周期投入的资本 $K_n = K_1(1+x)(n-1)$,资本按照指数律不断积累扩张,剩余价值不断转化为新扩大的生产资料与新扩充的工人的生活资料,因此"积累就是资本以不断扩大的规模进行的再生产。简单再生产的循环改变了,按照西斯蒙第的说法,变成螺旋形了"④。由此形成资本的指数律无限增长,而且积累倍数越来越大,增长速度越来越快。"资本家积累的越多,他就

---

① 《马克思恩格斯文集》第 5 卷,人民出版社 2009 年版,第 666—667 页。
② 《马克思恩格斯文集》第 5 卷,人民出版社 2009 年版,第 668 页。
③ 《马克思恩格斯文集》第 5 卷,人民出版社 2009 年版,第 668 页。
④ 《马克思恩格斯文集》第 5 卷,人民出版社 2009 年版,第 671 页。

越能更多地积累。"①资本在不断积累,如果资本构成不改变,那么资本扩张的加速度越来越小,无限接近于 0,资本积累日趋最大值。这是指数增长的普遍特征。马克思在此章开头用简单的算术运算来说明这个道理,目的是使没有学过数学的工人们也能明白。读者可以自己去阅读(第 668—669 页)。

2. 剩余价值转化为资本的物质条件

剩余价值转化为资本需要的条件,一是资本家的主体意愿,有追求资本积累的愿望与动力;二是客观物质条件,即资本所生产的产品能够完全售出,从而其中的剩余价值能转化为货币,然后再用货币购买两样东西:生产所需要的生产资料与劳动力。

从全社会的生产体系来说,"一部分年剩余劳动必须用来制造追加的生产资料和生活资料,它们要超过补偿预付资本所需的数量。总之,剩余价值所以能转化为资本,只是因为剩余产品(它的价值就是剩余价值)已经包含了新资本的物质组成部分"②。也即下一轮扩大再生产所需要的新增的生产资料必须先生产出来,否则市场无法买到,剩余价值就无法转化为现实的生产资本。

同时,将增加的可变资本也要增加相应的生活资料以实现劳动力的增长,因为"要使这些组成部分真正执行资本的职能,资本家阶级还需要追加劳动。如果从外延方面或内涵方面都不能增加对已经就业的工人的剥削,那就必须雇用追加的劳动力"③。这就要求社会劳动力也要进行扩大再生产。因此,资本积累过程必须以相应的各种生产资料的增长,以及由生活资料的增长导致的劳动力的增长为条件。资本扩张过程于是就是生产资料的扩张过程与人口的扩张过程。马克思在第二十三章"资本主义积累的一般规律"中对此有透彻的分析,我们在后面将予

---

① 《马克思恩格斯文集》第 5 卷,人民出版社 2009 年版,第 673 页。
② 《马克思恩格斯文集》第 5 卷,人民出版社 2009 年版,第 670 页。
③ 《马克思恩格斯文集》第 5 卷,人民出版社 2009 年版,第 670 页。

以阐释。

3. 资本积累的来源

马克思所举的扩大再生产的例子中（第 668—669 页），10 000 镑原有资本带来 2 000 镑剩余价值，这些剩余价值占总的预付资本的 1/5，全部转化为第二周期的预付资本，按照同样的比例，产生了 400 镑剩余价值；这个剩余价值又资本化了，又带来 80 镑新的剩余价值，依此类推，剩余价值不断产生，资本因而不断积累，所以剩余价值的增长速度不断减少，但总是在增长，因而资本总是在不断积累。新增剩余价值又转化为资本而不断地生产剩余价值，剩余价值又不断转化为资本。

马克思指出：这种新增资本的产生过程"我们是一清二楚的。这是资本化了的剩余价值。它一开始就没有一个价值原子不是由无酬的他人劳动产生的"。"资本家也许还把追加资本转化为机器，而机器又把这种追加资本的生产者抛向街头，用几个儿童来代替他们。不管怎样，工人阶级总是用他们这一年的剩余劳动创造了下一年雇用追加劳动的资本。这就是所谓'资本生资本'。"[1]

那么，资本家创业的最初的原始资本是从哪里得到的呢？"是通过他本人的劳动和他的祖先的劳动得到的！——政治经济学的代表人物一致这样回答我们，而他们的这种假定好像真的是惟一符合商品生产的规律的。"[2]但这些原始资本一定会被剩余价值转化的资本所替代。马克思指出："在生产的巨流中，全部原预付资本，与直接积累的资本即重新转化为资本（不论它是在积累者手中，还是在他人手中执行职能）的剩余价值或剩余产品比较起来，总是一个近于消失的量（数学意义上的无限小的量）。所以，政治经济学一般都把资本说成是'用来重新生产剩余价值的积累起来的财富'。"[3]这个道理，马克思在前面的简单再生产理论中已经

① 《马克思恩格斯文集》第 5 卷，人民出版社 2009 年版，第 672 页。
② 《马克思恩格斯文集》第 5 卷，人民出版社 2009 年版，第 671 页。
③ 《马克思恩格斯文集》第 5 卷，人民出版社 2009 年版，第 678 页。

说清楚了。因而全部资本都是由工人所创造的剩余价值转化和积累而来。

4. 剩余价值转化为资本的过程,是"商品生产所有权规律转变为资本主义占有规律"的过程

这是因为在生产要素市场上,"一个价值额最初转化为资本是完全按照交换规律进行的。契约的一方出卖自己的劳动力,他方购买劳动力"①。这是作为商品的劳动力按照所有权进行市场交换的过程。"工人得到了付给他的劳动力的交换价值,让渡了他的劳动力的使用价值,这同任何买卖都一样。""交换规律只要求彼此出让的商品的交换价值相等。这一规律甚至从来就要求商品的使用价值各不相同,并且同它们的消费毫无关系,因为消费只是在买卖结束和完成以后才开始的。"②

但是,劳动力一旦转化为资本,这个所有权的交换规律便会转化为资本主义占有规律:这是因为"1.(由劳动力生产的)产品属于资本家,而不属于工人;2. 这一产品的价值除包含预付资本的价值外,还包含剩余价值,后者要工人耗费劳动,而不要资本家耗费任何东西,但它却成为资本家的合法财产;3. 工人保持了自己的劳动力,只要找到买者就可以重新出卖"。马克思由此指出:"尽管每一个单独考察的交换行为仍遵循交换规律,但占有方式却会发生根本的变革,而这丝毫不触犯与商品生产相适应的所有权。"③

5. 政治经济学关于规模扩大的再生产的错误见解

马克思在分析了扩大再生产过程之后,接着专门用一节批判旧政治经济学在扩大再生产问题上的错误见解。资产阶级经济学"宣布资本积累是每个公民的首要义务",从而把资本积累说成是最符合正义与道德的行为。他们提出:要把剩余价值转化为资本,就意味着这部分的剩余价值不能用来供资本家消费,而是必须

① 《马克思恩格斯文集》第 5 卷,人民出版社 2009 年版,第 674 页。
② 《马克思恩格斯文集》第 5 卷,人民出版社 2009 年版,第 675 页。
③ 《马克思恩格斯文集》第 5 卷,人民出版社 2009 年版,第 677 页。

要将其转化为工人的消费，因为只有通过雇佣工人劳动，才能产生剩余价值。这样一来，本来是占有工人的剩余价值转化为资本，进而用此资本来压迫和剥削工人劳动的资本积累，就被他们说成是为工人提供消费、服务于工人的善举。

那么，如此颠倒黑白的荒谬的观点是怎么得到的呢？旧政治经济学家们首先指出，剩余价值转化为资本家的消费，是不能进行资本积累的，因此他们反对旧贵族大量消费的行为，特别反对讲究个人侍奉的豪华，以示阔绰。同时，他们也反对"把货币贮藏起来不投入流通"而不进行消费的吝啬鬼行为，因为这同样不能进行资本积累。因此资本积累的唯一途径就是"剩余产品由生产工人消费，而不由非生产工人消费"①。亚当·斯密说，剩余产品转化为资本，虽然每一单个资本分成购买劳动和购买生产资料两个部分，但购买的生产资料又是由其他工人生产的，依此类推下去，就全社会而言，购买生产资料所花费的钱最终还是给予了工人。马克思指出："这个论据的全部力量就在于把我们推来推去的'依此类推'这几个字。事实上，亚当·斯密正是在困难开始的地方中止了他的研究。""各个资本的运动和个人收入的运动交错混合在一起，消失在普遍的换位中，即消失在社会财富的流通中，这就迷惑了人们的视线，给我们的研究提出了极其复杂的问题需要解决。在本书第二册第三篇（指《资本论》第二卷《资本的流通过程》，《马克思恩格斯文集》第 6 卷第 389—539 页——原注）中，我将对实际的联系进行分析。"②马克思正是在这些理论中指出，在亚当·斯密所说的"依此类推"的过程中，大量剩余价值被流通过程所消耗与阻滞，大量地被各种资本所瓜分，而且资本的有机构成越来越高，可变资本的占比越来越小，只有越来越少的部分花费在劳动者的消费上。

马克思深刻地指出，资本积累必须要求剩余价值转化为资本，一部分转化为

---

① 《马克思恩格斯文集》第 5 卷，人民出版社 2009 年版，第 680 页。

② 《马克思恩格斯文集》第 5 卷，人民出版社 2009 年版，第 681 页。

工人消费的可变资本,另一部分转化为购买生产资料的不变资本。可变资本表面上是由工人用工资来消费生活资料,但工人消费过程并没有产生资本积累。真正产生资本积累的,不是工人消费,而是工人的劳动力本身在生产过程中"被资本家消费了",同时劳动力"通过自己的职能——劳动——消费生产资料"①。由此才产生出资本积累。因此资本积累的本质是资本家消费工人的劳动力,而不是工人消费生活资料。资本积累是通过消费工人生命而生产出来剩余价值的积累。资本家消费生活资料不产生资本积累,资本家贮藏货币不产生资本积累,工人的消费也不产生资本积累,只有当资本家消费工人的生命,并且占有其生产的剩余价值时,才能进行资本的积累。这才是资本积累的秘密。马克思的逻辑辨析力与理论透视力实在令人赞叹!

马克思的这种批判具有鲜明的价值立场。他指出:"不言而喻,政治经济学不会不利用亚当·斯密的所谓纯产品中转化为资本的部分完全由工人阶级消费这一论点,来为资本家阶级的利益服务。"②而马克思主义经济学追求的则是工人的解放。

6. 剩余价值的组成及节欲论

马克思在这一节提出了资本家的享受欲与积累欲的冲突,最早提出了后来被韦伯在《新教伦理与资本主义精神》中宣扬的理性资本主义精神。

在简单再生产中,剩余价值全部转化为资本家的消费基金。在上面的讨论中,剩余价值只是看作转化为资本的积累基金。而在现实中,"剩余价值一部分由资本家作为收入消费,另一部分用作资本或积累起来"。而这两个部分是相互排斥的:"在剩余价值量已定时,这两部分中的一部分越大,另一部分就越小。在其他一切条件不变的情况下,这种分割的比例决定着积累量。"③这就使资本家由此

---

① 《马克思恩格斯文集》第 5 卷,人民出版社 2009 年版,第 681 页。
② 《马克思恩格斯文集》第 5 卷,人民出版社 2009 年版,第 682 页。
③ 《马克思恩格斯文集》第 5 卷,人民出版社 2009 年版,第 682—685 页。

处于纠结与矛盾之中："因此,在资本家个人的崇高的心胸中同时展开了积累欲和享受欲之间的浮士德式的冲突。"①而这一冲突的结果是生成了所谓"资本主义精神"。

一方面,资本家作为人格化的资本,他的意志体现着资本的意志,以资本积累作为自己的根本目的来追求。马克思指出："资本家只有作为人格化的资本,他才有历史的价值,才有像聪明的利希诺夫斯基所说的'没有任何日期'的历史存在权。"②因此,"他的动机,也就不是使用价值和享受,而是交换价值和交换价值的增殖了。作为价值增殖的狂热追求者,他肆无忌惮地迫使人类去为生产而生产,从而去发展社会生产力,去创造生产的物质条件;而只有这样的条件,才能为一个更高级的、以每一个个人的全面而自由的发展为基本原则的社会形式建立现实基础。只有作为资本的人格化,资本家才受到尊敬"③。马克思由此肯定了资本意志在历史发展上的积极意义。这种积累欲由资本的本性所决定,是驱使资本积累的内在动力。此外,资本之间的激烈的市场竞争压力则形成资本积累与扩张的外在压力,因为如果不最大程度地积累与扩张,资本会面临破产倒闭的危境："而竞争使资本主义生产方式的内在规律作为外在的强制规律支配着每一个资本家。竞争迫使他不断扩大自己的资本来维持自己的资本,而他扩大资本只能靠累进的积累。"因此资本积累和扩张是资本主义社会机器的必然产物,"而资本家不过是这个社会机制中的一个主动轮罢了"④。这种资本积累的结果,"是对社会财富世界的征服。它在扩大被剥削的人身材料的数量的同时,也扩大了资本家直接和间接的统治"⑤。

---

① 《马克思恩格斯文集》第 5 卷,人民出版社 2009 年版,第 685 页。
② 《马克思恩格斯文集》第 5 卷,人民出版社 2009 年版,第 683 页。
③ 《马克思恩格斯文集》第 5 卷,人民出版社 2009 年版,第 683 页。
④ 《马克思恩格斯文集》第 5 卷,人民出版社 2009 年版,第 683 页。
⑤ 《马克思恩格斯文集》第 5 卷,人民出版社 2009 年版,第 684 页。

同时在另一方面,资本家的享受欲也被资本化了,被资本力量所支配和驱使。如果说,封建时代贵族们的享受是"讲究个人侍奉的豪华,以示阔绰"①,由此显示自身的身份地位,那么,资本家的"享受"则是为了投机与信用而"创立了一个享乐世界":"随着投机和信用事业的发展,它还开辟了千百个突然致富的源泉。在一定的发展阶段上,已经习以为常的挥霍,作为炫耀富有从而取得信贷的手段,甚至成了'不幸的'资本家营业上的一种必要。奢侈被列入资本的交际费用。"②与贵族享乐不同,资本家的享乐的背后"总是隐藏着最肮脏的贪欲和最小心的盘算",享乐也成为实现资本积累的一种手段。

于是,资本家胸中的"积累欲和享受欲之间的浮士德式的冲突"的结果,生成了这样一种"资本主义精神":一方面他为了进行资本积累而"禁欲"——压制自己的享受冲动,另一方面又要把自己追求享受的欲望资本化,变成实现资本积累的手段。这二者都是出于对资本积累的理性算计,这就是资本主义精神,其本质正是资本拜物教精神。由此产生的结果是:"积累啊,积累啊!这就是摩西和先知们……节俭啊,节俭啊,也就是把剩余价值或剩余产品中尽可能大的部分重新转化为资本!为积累而积累,为生产而生产——古典经济学用这个公式表达了资产阶级时期的历史使命。"③

(三) 第二十三章"资本主义积累的一般规律"领读(1)
——资本有机构成与及其引起的辩证运动规律

此章在《资本论》第一卷中意义非常重大,可以说是第一卷的最主要结论,指出了资本积累的一般规律。内容十分丰富,值得反复阅读。此章主要理论在前四

---

① 《马克思恩格斯文集》第5卷,人民出版社2009年版,第679页。
② 《马克思恩格斯文集》第5卷,人民出版社2009年版,第685页。
③ 《马克思恩格斯文集》第5卷,人民出版社2009年版,第686页。

节,第五节是用当时的实践来检验其理论。

首先,马克思根据劳动二重性引入了"资本构成"这一重要概念。劳动二重性产生了资本的二重性:资本作为投入到生产过程中追求自身增值的剩余价值,其本质上是社会关系——由人们为他人服务的社会劳动所生成的价值,并且以此价值为基础形成支配劳动者的资本权力,此为资本的社会性;而其载体则是作为生产资料(不变资本的载体)和劳动力(可变资本的载体)的物质,此为资本的自然性,劳动力也是一种"自然力"。而资本包括不变资本与可变资本两个部分,所以资本的二重性就导致这两个部分之间的关系也具有了二重性:一是社会关系,即价值关系,形成资本的"价值构成";二是作为载体的自然物质关系,形成资本的"技术构成",二者的统一整体称为资本的"有机构成"。马克思指出:"资本的构成要从双重的意义上来理解。从价值方面来看,资本的构成是由资本分为不变资本和可变资本的比率,或者说,分为生产资料的价值和劳动力的价值即工资总额的比率来决定的。从在生产过程中发挥作用的物质方面来看,每一个资本都分为生产资料和活的劳动力;这种构成是由所使用的生产资料量和为使用这些生产资料而必需的劳动量之间的比率来决定的。我把前一种构成叫做资本的价值构成,把后一种构成叫做资本的技术构成。二者之间有密切的相互关系。为了表达这种关系,我把由资本技术构成决定并且反映技术构成变化的资本价值构成,叫做资本的有机构成。"①全社会不同生产部门、同一生产部门的不同企业,都有各自的资本构成,"把这些资本的一个个构成加以平均,就得出这个生产部门的总资本的构成。最后,把一切生产部门的平均构成加以总平均,就得出一个国家的社会资本的构成"②。

其二,资本有机构成变动与工资波动规律。资本积累与工资变化是怎样的关

---

① 《马克思恩格斯文集》第 5 卷,人民出版社 2009 年版,第 707 页。
② 《马克思恩格斯文集》第 5 卷,人民出版社 2009 年版,第 708 页。

系？马克思进行了非常透彻的分析。"生产剩余价值或赚钱,是这个生产方式的绝对规律。"①正是在这一"绝对规律"的驱动下,产生了资本主义生产方式的所有规律及其表现现象,其中包括资本构成不变情况下的扩大再生产所引起的工资的变化规律。

资本积累是工人无酬劳动(剩余价值)的结晶,工人工资是有酬劳动。资本积累与工人工资的关系,归根到底正是这两个部分的劳动之间的关系,也即资本构成的关系。在资本构成不变情况下进行扩大再生产,必然要求可变资本与不变资本按照资本构成的比例增长。马克思由此得到了如下规律:"作为所谓'自然人口规律'的基础的资本主义生产规律,可以简单地归结如下:资本、积累同工资率之间的关系,不外是转化为资本的无酬劳动和为推动追加资本所必需的追加劳动之间的关系。……归根到底这只是同一工人人口所提供的无酬劳动和有酬劳动之间的关系。"

这种关系是辩证地发展的:"如果工人阶级提供的并由资本家阶级所积累的无酬劳动量增长得十分迅速,以致只有大大追加有酬劳动才能转化为资本,那么,工资就会提高,而在其他一切情况不变时,无酬劳动就会相应地减少。"②例如,大量积累的资本为了最大程度地增殖,必须开辟新的市场、新的投资领域,为此先要购买大量生产资料,这时"资本的积累需要,能够超过劳动力或工人人数的增加,对工人的需要,能够超过工人的供给,这样一来,工资就会提高"③。而工资的上升导致无酬劳动量积累削弱,同时也导致生产的劳动力不断增长,于是对劳动力的需求减少而劳动力的供给增多,"工资的上升运动受到反击",最后导致工资下降。而工资的下降又导致资本积累增多,同时也导致其生产的劳动力的减少。于是不断增长的资本积累对劳动力的需求大于因工资下降而不断减少的劳动力,由此导

---

① 《马克思恩格斯文集》第5卷,人民出版社2009年版,第714页。
② 《马克思恩格斯文集》第5卷,人民出版社2009年版,第716页。
③ 《马克思恩格斯文集》第5卷,人民出版社2009年版,第708页。

致工资上升。这就形成了工资波动的规律，也是资本主义生产的"自然人口规律"（劳动力稀缺与过剩的波动规律）。

其三，资本家提高工资只是为了资本积累，不会改变资本的本质，而是导致资本主义生产方式不断扩大。资本扩张而产生的工资上涨现象，并非为了满足劳动者的需要，而是为了资本最大程度地增殖。因此工资的提高"丝毫不会改变资本主义生产的基本性质"。这种再生产中包含的简单再生产，不断再生产出资本主义生产关系，而新增资本所进行的扩大再生产，必然将资本主义生产关系进一步扩大。由此产生出两极：一极是更多更大的资本家，另一极是更多的雇佣工人。①因此，"劳动力价格的提高被限制在这样的界限内，这个界限不仅使资本主义制度的基础不受侵犯，而且还保证资本主义制度的规模扩大的再生产。可见，被神秘化为一种自然规律的资本主义积累规律，实际上不过表示：资本主义积累的本性，决不允许劳动剥削程度的任何降低或劳动价格的任何提高有可能严重地危及资本关系的不断再生产和它的规模不断扩大的再生产"②。马克思的这一论断，对于我们如何理解当代资本主义的福利政策，具有指导意义。

正因如此，资本积累必将导致资本主义生产体系不断扩大。"积累过程的机制本身，会在增大资本的同时，增加'勤劳贫民'即雇佣工人的数量，这些雇佣工人不得不把自己的劳动力转化为日益增长的资本的日益增大的增殖力，并且由此把他们对自己所生产的、但已人格化为资本家的产品的从属关系永久化。"③随着资本的增长，这种"永久化"的关系更为扩大，也就是说，"资本的剥削和统治的范围只是随着它本身的规模和它的臣民人数的增大而扩大"④。由此产生了资本全球化过程。

---

① 《马克思恩格斯文集》第 5 卷，人民出版社 2009 年版，第 708—709 页。
② 《马克思恩格斯文集》第 5 卷，人民出版社 2009 年版，第 716 页。
③ 《马克思恩格斯文集》第 5 卷，人民出版社 2009 年版，第 710 页。
④ 《马克思恩格斯文集》第 5 卷，人民出版社 2009 年版，第 713 页。

其四，资本积累从量到质的变化：资本的有机构成提高。在本章的第二节"在积累和伴随积累的积聚的进程中资本可变部分相对减少"中，马克思提出了有机构成的历史演化规律。资本追求剩余价值最大化，最初只是局限于绝对剩余价值的生产，即尽可能延长和增加社会劳动的总时间。这种增长必然受限，资本积累必须寻找新的方式，这就是相对剩余价值的生产，即提高劳动生产率，由此提高剩余价值率（单位可变资本生产的剩余价值）。此外，为了取得竞争优势，就需要使产品的实际劳动价值小于市场上的平均劳动价值，以获得超额剩余价值，这也要求提高劳动生产率，进行相对剩余价值的生产。所以马克思说："一旦资本主义制度的一般基础奠定下来，在积累过程中就一定会出现一个时刻，那时社会劳动生产率的发展成为积累的最强有力的杠杆。"①马克思把这个"时刻"称为资本积累从量到质的变化。② 这是因为劳动生产率的提高，必然导致单位劳动力（其价值为可变资本）所消耗的生产资料（其价值为不变资本）增加。也即资本构成的提高："社会劳动生产率的水平就表现为一个工人在一定时间内，以同样的劳动力强度使之转化为产品的生产资料的相对量"③，也即资本的有机构成的增长。④ 于是资本积累从数量的变化（资本的量的增长）转变为资本结构的变化（资本的质的变化）。

资本有机构成的增长既是劳动生产率提高的结果，也是其条件。从结果来说，劳动生产率提高必然导致单位劳动力所生产的产品量增加，因而必然导致所需要的原料和辅料增多。从条件来说，提高劳动生产率必须提高生产资料的水平，增加"使用的机器、役畜、矿物质肥料、排水管等等的量"，以及相应的设施，如"以建筑物、炼铁炉、运输工具等等形式积聚起来的生产资料的量"等，它们是劳动

---

① 《马克思恩格斯文集》第 5 卷，人民出版社 2009 年版，第 717 页。
② 《马克思恩格斯文集》第 5 卷，人民出版社 2009 年版，第 725 页。
③ 《马克思恩格斯文集》第 5 卷，人民出版社 2009 年版，第 718 页。
④ 《马克思恩格斯文集》第 5 卷，人民出版社 2009 年版，第 718 页。

生产率增长的条件。二者共同作用，导致资本有机构成随着劳动生产率的提高而不断提高。"资本技术构成的这一变化，即生产资料的量比推动它的劳动力的量相对增长，又反映在资本的价值构成上，即资本价值的不变组成部分靠减少它的可变组成部分而增加。"①而劳动生产率的提高由资本积累的驱动所致，因此上面的论断也就意味着资本有机构成的提高，既是资本积累的条件，又是资本积累的结果。因此，"一定程度的资本积累表现为特殊的资本主义的生产方式的条件，而特殊的资本主义的生产方式又反过来引起资本的加速积累"②。资本有机构成的提高与资本的积累由此构成互为因果的正反馈式的相互促进的关系，使资本积累越来越快，越来越多。从生产力的角度说，这种积累意味着单个劳动力所支配的生产资料越来越多，从而意味着生产力的发展。然而从生产关系的角度说，这种生产力一旦掌握到占有生产资料的资本家手中，则意味着以生产资料为载体的资本权力对劳动者的支配力量的增加，单个劳动者在日益强大的资本力量面前日益显得微不足道。这是资本主义根本矛盾的突出表现。

其五，资本竞争与信用体系导致资本不断集中，这种集中导致有机构成不断提高。与上述有机构成的提高互为因果的不仅有资本的积累，而且有资本的集中，而资本集中本身也是资本积累的产物。马克思指出："随着资本主义生产和积累的发展，竞争和信用——集中的两个最强有力的杠杆，也以同样的程度发展起来。"③竞争和信用推动资本集中，这种集中必然伴随着资本有机构成不断提高。

资本为什么会不断集中到少数企业、少数人的手中？这种资本集中的最初始的动力来自于资本积累导致的资本间相互排斥的竞争，以及与其相伴的相互吸引的联合。马克思指出："社会总资本这样分散为许多单个资本，或它的各部分间的互相排斥，又遇到各部分间的互相吸引的反作用。这已不再是生产资料和对劳动

---

① 《马克思恩格斯文集》第 5 卷，人民出版社 2009 年版，第 718 页。
② 《马克思恩格斯文集》第 5 卷，人民出版社 2009 年版，第 720 页。
③ 《马克思恩格斯文集》第 5 卷，人民出版社 2009 年版，第 721 页。

的支配权的简单的、和积累等同的积聚(积聚即集中,此句意为"这是资本的有机构成改变的集中"——引者)。"①资本间的排斥表现为资本之间的相互竞争。在追求资本积累的初始动力驱使下,各个资本为了从市场上瓜分到超额剩余价值,必然要提高劳动生产率以进行市场竞争。而不同资本在供应链上的关系,又导致它们之间相互吸引,从而使竞争的资本之间不断兼并,这种兼并也是资本竞争的手段。于是,这种排斥和吸引在造成有机构成提高的同时,也使有机构成越高的资本在市场上取得竞争优势而日益走向垄断,于是资本日益集中到有机构成高的企业手中(而不是有机构成不变的简单的集中),这之间也存在着正反馈的相互促进的关系。而资本的集中又必然能够促进资本有机构成提高,从而加速资本的积累。这是因为资本集中"才能使生产资料由于大规模积聚而得到节约,才能产生那些按其物质属性来说只适于共同使用的劳动资料,如机器体系等等,才能使巨大的自然力为生产服务,才能使生产过程转化为科学在工艺上的应用"②。于是资本集中使资本积累的能力越来越强大,同时积累起来的资本越来越集中到少数资本家手中。"各资本的积聚,是它们的个体独立性的消灭,是资本家剥夺资本家,是许多小资本转化为少数大资本。"③信用事业更是促进资本集中的强大动力。信用事业最初只是"作为积累的小小的助手不声不响地挤了进来,通过一根根无形的线把那些分散在社会表面上的大大小小的货币资金吸引到单个的或联合的资本家手中;但是很快它就成了竞争斗争中的一个新的可怕的武器;最后,它转化为一个实现资本集中的庞大的社会机构"④。它把全社会的剩余价值都吸引到金融家手中,再通过金融家转到资本家手中而转化为资本。

单个资本的积累即由简单再生产的"圆形运动"变为扩大再生产的"螺旋形运

---

① 《马克思恩格斯文集》第 5 卷,人民出版社 2009 年版,第 720 页。
② 《马克思恩格斯文集》第 5 卷,人民出版社 2009 年版,第 720 页。
③ 《马克思恩格斯文集》第 5 卷,人民出版社 2009 年版,第 722 页。
④ 《马克思恩格斯文集》第 5 卷,人民出版社 2009 年版,第 722 页。

动"而产生的资本积累,是个十分缓慢的过程。"假如必须等待积累使某些单个资本增长到能够修建铁路的程度,那么恐怕直到今天世界上还没有铁路。但是,集中通过股份公司转瞬之间就把这件事完成了。"因此信用机构能够迅速地将全社会资本集中起来,于是在加强和加速积累作用的同时,也加速了资本有机构成的提高,因为它"通过集中而在一夜之间集合起来的资本量,同其他资本量一样,不断再生产和增大,只是速度更快,从而成为社会积累的新的强有力的杠杆"①。

综上所述,由"生产剩余价值或赚钱,是这个生产方式的绝对规律"②。所驱动的资本积累,产生了两个结果:第一是导致资本有机构成的提高,从而使资本支配劳动者的权力日益增长,而从生产力的角度说,是劳动者支配自然界的力量越来越强;第二是导致资本日益集中,从而使社会的资本权力日益集中到少数垄断资本手中,而从生产力的角度说,是生产力社会化的水平越来越高,全社会乃至全世界的劳动者越来越能够通过社会生产力体系而联合起来。而这两个结果之间也构成相互促进的正反馈关系。由此构成丰富复杂的因果关系圈,这是资本积累对我们的重要启示。

(四)第二十三章"资本主义积累的一般规律"领读(2)
——相对过剩人口与资本主义积累的一般规律

《资本论》第一卷的第二十三章"资本主义积累的一般规律"的第一、二两节讨论的是资本的扩大再生产理论,也即资本积累与集中的规律。而第三、四两节研究的是由资本积累与其产生的相对过剩人口之间的关系,由此得到资本主义积累的一般规律。第五节讨论的是资本主义积累一般规律的例证。

---

① 《马克思恩格斯文集》第 5 卷,人民出版社 2009 年版,第 724 页。
② 《马克思恩格斯文集》第 5 卷,人民出版社 2009 年版,第 714 页。

本章的中心问题是：失业是怎么发生的？对此问题，资产阶级经济学认为：人口自然增长决定资本积累的波动，当自然增长的人口超过了资本积累对劳动力的需要时，便会产生过剩劳动力，相反则导致劳动力紧缺。因此失业并非资本积累所致，而是人口增长太快所致。马尔萨斯的人口论就是典型。马克思指出，在资本主义生产方式下，这只是愚蠢的幻想。他说："对于这个现代工业来说，如果有下面这样的规律，那确实是太好了：劳动的供求不是通过资本的膨胀和收缩，……而是相反，资本的运动依存于人口量的绝对运动。然而，这正是经济学的教条。"①"经济学的智者们向工人说教，要工人使自己的人数去适应资本增殖的需要时，他们的愚蠢是很清楚的。"②其愚蠢所在，是没有看到人口绝对量中含有庞大的产业后备军，因此资本积累的膨胀与收缩不是直接与人口绝对量发生关系，而是从产业后备军中资本吸纳与排出产业工人，由此改变人口绝对量中就业者与失业者的比例。因此，"决定工资的一般变动的，不是工人人口绝对数量的变动，而是工人阶级分为现役军和后备军的比例的变动，是过剩人口相对量的增减，是过剩人口时而被吸收、时而又被游离的程度"③。因此失业现象产生于资本积累："资本主义生产和积累的机制在不断地使这个人数适应资本增殖的需要。这种适应的开头是创造出相对过剩人口或产业后备军，结尾是现役劳动军中不断增大的各阶层的贫困和需要救济的赤贫的死荷重。"④这是马克思主义政治经济学的极其重要、极其深刻的观点。那么，为什么如此呢？马克思进行了深刻而严密的逻辑论证。

首先，过剩劳动力是资本积累的必然结果。资本积累通过多重途径产生过剩劳动力。第一个途径是通过资本的有机构成的提高。如前所述，资本积累和集中

---

① 《马克思恩格斯文集》第 5 卷，人民出版社 2009 年版，第 734 页。
② 《马克思恩格斯文集》第 5 卷，人民出版社 2009 年版，第 742 页。
③ 《马克思恩格斯文集》第 5 卷，人民出版社 2009 年版，第 734 页。
④ 《马克思恩格斯文集》第 5 卷，人民出版社 2009 年版，第 742—743 页。

必然导致资本有机构成不断提高。而对劳动的需求，不是由总资本的量决定的，而是由总资本的有机构成中可变资本的大小决定的。"随着总资本的增长，总资本的可变组成部分即并入总资本的劳动力也会增加，但是增加的比例越来越小。……而且，这种不断增长的积累和集中本身，又成为使资本构成发生新的变化的一个源泉，也就是成为使资本的可变组成部分和不变组成部分相比再次迅速减少的一个源泉。"①这就必然造成可变资本在资本中所占比重越来越快地减少，从而造成失业现象。其现实形式就是机器替代与排斥工人，使工人失业。而这些失业人口，也会随着资本总量的扩张而被吸收，因此资本积累过程对工人既具有吸引力（吸收工人为其创造剩余价值），也具有排斥力（资本有机构成提高而降低可变资本），二者的波动形成了就业人口与失业人口的波动。

资本积累制造失业的第二个途径是增加单个就业工人创造的劳动价值以减少就业人口。一定的可变资本所雇佣的人数是有弹性的。譬如说，某笔可变资本原来可雇佣 1 000 人，但通过增加工人的劳动强度和劳动时间，可以叫一个人干两个人的活，当然相应地增加每个人的工资，于是只需雇佣 500 人，从而造成另 500 人失业。资本家为了减少劳动保护和劳动福利支出，宁愿"加强对单个劳动力的剥削，在支出同样多的可变资本的情况下推动更多的劳动"，从而制造失业。这样做的"资本家的绝对利益在于，从较少的工人身上而不是用同样低廉或甚至更为低廉的花费从较多的工人身上榨取一定量的劳动"②。用现代的话来说，就是资本家宁愿一部分人过劳死，也要使另一部分人失业。这是资本家们精密的理性算计的结果。

资本积累制造失业的第三个途径是：资本家用不大熟练的工人排挤较熟练的工人，用未成熟的劳动力排挤成熟的劳动力，用女劳动力排挤男劳动力，用少年或

---

① 《马克思恩格斯文集》第 5 卷，人民出版社 2009 年版，第 726 页。
② 《马克思恩格斯文集》第 5 卷，人民出版社 2009 年版，第 732 页。

儿童劳动力排挤成年劳动力。这样,他就用同样多的可变资本价值买到更多的劳动力,从而造成上述被排挤的工人失业。

总之,资本积累通过上述手段不断产生失业人口,产生了资本主义生产的"产业后备军"。这样的产业后备军既是资本积累的必然产物,同时也是它的前提。

过剩劳动力不仅是资本积累的结果,也是资本积累的必要前提。马克思指出:"过剩的工人人口是积累或资本主义基础上的财富发展的必然产物,但是这种过剩人口反过来又成为资本主义积累的杠杆,甚至成为资本主义生产方式存在的一个条件。过剩的工人人口形成一支可供支配的产业后备军,它绝对地从属于资本,就好像它是由资本出钱养大的一样。"①这个"产业后备军"从以下方面支撑着资本的扩张和积累,从而成为资本积累的前提条件。

首先,失业人口不仅可以压低工人工资,而且成为威胁工人卖力干活的砝码,从而使工人被迫为资本家创造尽可能多的剩余价值,促进资本积累。"工人阶级中就业部分的过度劳动,扩大了它的后备军的队伍,而后者通过竞争加在就业工人身上的增大的压力,又反过来迫使就业工人不得不从事过度劳动和听从资本的摆布。工人阶级的一部分从事过度劳动迫使它的另一部分无事可做,反过来,它的一部分无事可做迫使它的另一部分从事过度劳动,这成了各个资本家致富的手段。"②

其次,作为"产业后备军"的失业工人可以随时满足资本扩张的需要,而成为资本积累的必要条件。马克思说:"过剩的工人人口不受人口实际增长的限制,为不断变化的资本增殖需要创造出随时可供剥削的人身材料。随着积累和伴随积累而来的劳动生产力的发展,资本的突然膨胀力也增长了,……随着积累的增进而膨胀起来的并且可以转化为追加资本的大量社会财富,疯狂地涌入那些市场突

---

① 《马克思恩格斯文集》第 5 卷,人民出版社 2009 年版,第 728—729 页。
② 《马克思恩格斯文集》第 5 卷,人民出版社 2009 年版,第 733—734 页。

然扩大的旧生产部门,或涌入那些由旧生产部门的发展而引起需要的新兴生产部门,如铁路等等。在所有这些场合,都必须有大批的人可以突然地被投到决定性的地方去,而又不致影响其他部门的生产规模。这些人就由过剩人口来提供。"①

以上述资本积累与就业人口和失业人口的关系的规律,马克思提出了资本主义生产方式下的人口规律,这是资本主义积累的一般规律的集中表现。

资本主义生产方式的人口规律:资本积累的周期性波动产生工人的人口结构与相应的工资的周期性波动。如上所述,失业人口和就业工人构成的人口结构,既是资本积累的必然产物,也是资本积累的必要前提。这种结构的波动产生了工人工资的波动。马克思指出:"大体说来,工资的一般变动仅仅由同工业周期各个时期的更替相适应的产业后备军的膨胀和收缩来调节。因此,决定工资的一般变动的,不是工人人口绝对数量的变动,而是工人阶级分为现役军和后备军的比例的变动,是过剩人口相对量的增减,是过剩人口时而被吸收、时而又被游离的程度。"②

马克思由此得到下述人口规律:"随着已经执行职能的社会资本量的增长及其增长程度的提高,随着生产规模和所使用的工人人数的扩大,随着他们劳动的生产力的发展,随着财富的一切源流的更加广阔和更加充足,资本对工人的更大的吸引力和更大的排斥力互相结合的规模也不断扩大,资本有机构成和资本技术形式的变化速度也不断加快,那些时而同时地时而交替地被卷入这些变化的生产部门的范围也不断增大。因此,工人人口本身在生产出资本积累的同时,也以日益扩大的规模生产出使他们自身成为相对过剩人口的手段。这就是资本主义生产方式所特有的人口规律,事实上,每一种特殊的、历史的生产方式都有其特殊的、历史地发生作用的人口规律。抽象的人口规律只存在于历史上还没有受过人干涉的动植物界。"③《资本论》第一卷是鸿篇巨制。马克思不满足于严密的唯物

---

① 《马克思恩格斯文集》第5卷,人民出版社2009年版,第729页。
② 《马克思恩格斯文集》第5卷,人民出版社2009年版,第734页。
③ 《马克思恩格斯文集》第5卷,人民出版社2009年版,第727—728页。

辩证法的逻辑论证,还进一步用实践作为真理的标准,用英国与爱尔兰的一系列实践事实与数据来作为其资本主义积累一般规律的例证。这里就不再介绍了。此外,《资本论》第七篇还有第二十四章"所谓原始积累"和第二十五章"现代殖民理论",限于篇幅,这里也不再分析和领读了。

鲁品越

思考题

1. 西方经济学以最终平衡态为研究对象,而《资本论》以资本主义经济运行过程与历史发展过程为研究对象。由此理解《资本论》序言中关于唯物辩证法的论述的重要意义是什么?

2. 劳动二重性(社会劳动的自然性与社会性)为什么是无可辩驳的真理?由此来理解社会生产方式的客观规律是怎样发生的,说明劳动二重性的理论是理解政治经济学的枢纽。

3. 劳动力商品的必要劳动价值与劳动力通过劳动过程所创造的价值有什么区别?由此说明剩余价值的来源,并且通过剩余价值转化为资本的过程说明资本积累的来源。

4. 谈谈资本积累如何产生贫困的积累,由此来解释资本主义社会的两极分化现象是怎样发生的。

5. 结合实际,谈谈资本积累怎样导致资本的有机构成的提高,以及如何导致资本不断集中而形成垄断资本。

6. 结合实际，谈谈资本积累如何产生出相对过剩人口，这种相对过剩人口对资本主义经济发展的意义，以及由此产生的无产阶级贫困化趋势与由此产生的经济危机。

7. 结合当代现实，说明你对资本主义必然灭亡、社会主义必然胜利的历史规律的认识。

马克思《哥达纲领批判》领读

马克思的《哥达纲领批判》是一部科学社会主义的重要文献,曾经被列宁称为对国家消亡的经济基础"作了最详尽的说明"的"出色的著作"。① 这部著作关于无产阶级革命胜利后未来社会发展及其各个阶段基本特征的论述,在马克思主义理论体系中具有独一无二的地位。这里,我们用领读的方式,和大家一起来学习这部马克思主义名著。

一、 关于《哥达纲领批判》的写作和发表

《哥达纲领批判》由马克思写下的《德国工人党纲领批注》和《给威廉·白拉克的信》,以及恩格斯写的 1891 年版序言构成。这部著作在马克思在世时没有公开发表,一直到 1891 年即马克思写作 15 年后,由恩格斯作了一些文字删节在《新

---

① 《列宁选集》第 3 卷,人民出版社 2012 年版,第 185 页。

时代》杂志第 9 年卷第 1 册公开发表。《德国工人党纲领批注》原为马克思写的
《对德国工人党纲领的几点意见》，恩格斯发表时改为现在这个题目。我们在《马
克思恩格斯选集》2012 年版第 3 卷读到的中文译本，是根据《马克思恩格斯全集》
历史考证版第 1 部分第 25 卷并参考《马克思恩格斯全集》德文版第 19 卷翻译的。
之所以在这里强调原著版本问题，是因为现在的中文译本是根据马克思手稿翻译
的，恢复了恩格斯在公开发表这篇著作时鉴于当时情况删去的一些话，同时加注
对这些删节的地方作了说明。

这里，我们先学习马克思《给威廉·白拉克的信》和恩格斯的 1891 年版序言。
这两篇文献重点讲了《哥达纲领批判》的写作和发表概况及其意义。

（一）马克思《给威廉·白拉克的信》

这是马克思 1875 年 5 月 5 日在英国伦敦给威廉·白拉克写的一封信。威
廉·白拉克是德国社会民主党人，马克思和恩格斯的朋友和战友。他是全德工人
联合会不伦瑞克支部创始人，1867 年起领导全德工人联合会中反对派，是社会民
主工党（爱森纳赫派）创始人和领导人之一，曾经进行反对拉萨尔机会主义的斗
争。同时，他也是出版商和书商，是不伦瑞克出版社的创办人，是《不伦瑞克人民
之友》和《人民历书》的出版者。1877—1879 年为德意志帝国国会议员。马克思
这封信的主题，是说明他为什么在百忙之中还要抱病写下对哥达纲领的批判性
批注。

这里所说的《哥达纲领》（以下简称为《纲领》），指的是 1875 年 5 月 22—27 日
德国社会民主工党和全德工人联合会在哥达召开两派合并代表大会上，通过的合
并后的德国社会主义工人党的纲领。全德工人联合会是 1863 年 5 月 23 日由德国
11 个城市的工人代表在莱比锡建立的，德国工人活动家、小资产阶级社会主义者
拉萨尔当选为第一任主席。拉萨尔的机会主义观点，长期主导全德工人联合会，

阻碍了德国工人运动的发展。尽管拉萨尔在1864年8月一次决斗中已经去世，但拉萨尔机会主义和巴枯宁无政府主义一样，在工人运动中有很大影响。以李卜克内西和倍倍尔为代表的左派反对拉萨尔的机会主义路线，在1867年退出全德工人联合会，并于1869年8月在爱森纳赫城召开大会成立德国社会民主工党，又称"爱森纳赫派"。他们在马克思和恩格斯的关怀和指导下，拥护第一国际的基本原则，在工人群众中影响越来越大。1873年10月，德国爆发经济危机致使大量工人失业和阶级矛盾激化，与此同时，拉萨尔机会主义导致全德工人联合会内部产生分歧和不满，在政治上和组织上濒于瓦解，德国工人运动中两派合并的条件成熟了。曾经两次拒绝爱森纳赫派提出建立统一的工人阶级政党建议的拉萨尔派，这时主动要求同爱森纳赫派合并。这件事本来对德国工人运动特别是左派来讲是一件好事，而李卜克内西等爱森纳赫派领导人面对这么好的形势却因急于两派统一而置原则于不顾，背着马克思和恩格斯在起草合并纲领时作了无原则的妥协。这个纲领不仅比爱森纳赫派的革命纲领倒退了，放弃了马克思主义一些重要原则，还写进了拉萨尔主义的一些要求。马克思和恩格斯从报上看到这个准备提交哥达大会的《德国工人党纲领》草案，吃惊不小、特别愤慨。恩格斯在1875年3月中下旬写信给倍倍尔，对于纲领草案中的错误进行了分析批判，希望他们能改正错误，但李卜克内西等人采取了敷衍态度，这迫使马克思不得不抱病在4月底至5月初写出了《对德国工人党纲领的几点意见》，寄给威廉·白拉克，并让他阅后转给德国社会民主工党盖布和奥尔、倍倍尔和李卜克内西等其他领导人。

全信除了抬头和问候语、签名，共有9个自然段，讲了三个问题。

一是，从第1自然段到第4自然段，马克思阐述了他之所以要写这个批判性批注的三个原因。

（1）第1自然段和第2自然段，讲了第一个原因：不同意《纲领》的机会主义观点，但希望党内朋友不要误解自己的原则立场。

在第1自然段，马克思把对《纲领》的批注称为"批判性批注"，并向威廉·白拉克说明自己为什么在百忙之中还要抱病写下这一"批判性批注"。他请白拉克阅后转交给其他领导人看,并注明手稿必须退还给他。他说,这是为了使党内朋友们"不致误解我不得不采取的步骤"。

第 2 自然段,讲了这个"不得不采取的步骤",就是马克思和恩格斯将公开声明他们不同意《纲领》的机会主义观点。马克思用"毫不相干,同它没有任何关系",表明了他们不同意纲领的原则立场。后来,这个声明并没有发表。恩格斯在 1875 年 10 月 11 日致白拉克和 12 日致倍倍尔的信中讲了声明没有发表的原因,是因为资产阶级没有注意到《纲领》中的矛盾和错误,"反而以非常严肃的态度来对待这个纲领,领会出其中所没有的东西,并作了共产主义的解释","工人们似乎也这样做的"。①

(2) 第 3 自然段,讲了第二个原因:澄清和回答巴枯宁无政府主义的攻击。马克思说:"这样做是必要的",因为外界有一种"完全荒谬的见解,仿佛我们从这里秘密地操纵所谓爱森纳赫党的运动"。这里讲的主要是无政府主义代表人物巴枯宁对马克思和恩格斯的攻击。巴枯宁在《国家制度和无政府状态》中认为马克思和恩格斯要对德国社会民主工党及其领导人李卜克内西所做的一切,包括党的纲领和所采取的每一个步骤负责。恩格斯在 1875 年 3 月中下旬写给倍倍尔的信中说:"人们就是认为,我们在这里指挥着一切,可是您和我都知道得很清楚,我们几乎从来没有对党的内部事务进行过任何干涉,如果说干涉过的话,那也只不过是为了尽可能改正在我们看来是错误的地方,而且仅仅是理论上的。"②而《纲领》中存在的问题正好会授人以柄。马克思对纲领中存在的错误进行批判,既是为了纠正纲领中体现的拉萨尔机会主义,也是为了回答无政府主义的攻击。

(3) 第 4 自然段,讲了第三个原因:对党的义务也决定了不容许承认一个极

---

① 《马克思恩格斯文集》第 10 卷,人民出版社 2009 年版,第 405—406 页。
② 《马克思恩格斯选集》第 3 卷,人民出版社 2012 年版,第 349 页。

其糟糕的、会使党精神堕落的纲领。

二是，从第 5 自然段到第 7 自然段，马克思阐述了党的纲领的极端重要性以及爱森纳赫派领导人在对待纲领问题上的错误。

第 5 自然段，马克思进一步讲了纲领对于党的极端重要性。马克思首先指出："一步实际运动比一打纲领更重要。"同时指出：党的纲领"是在全世界面前树立起可供人们用来衡量党的运动水平的里程碑"。他指出，要制定一个"原则性的纲领"就要经过较长时间的共同工作，大家都做好了准备。与此同时，他指出，从策略上说，两派合并要缔结一个革命的纲领既然是"不可能"的，"局势也不容许这样做"，那么就应该考虑"缔结一个反对共同敌人的行动协定"。马克思在这里揭示了"纲领"与"行动"、"纲领"与"协定"的区别和联系。

第 6 自然段，马克思进一步批评了爱森纳赫派领导人"拿原则做交易"的错误。他指出，这是"向那些本身需要援助的人无条件投降"。而且在做法上缺乏党内民主，"不让自己的党有一个深思的机会"。

第 7 自然段，马克思明确指出这个《纲领》不仅"把拉萨尔的信条奉为神圣"，而且在做法上也是"完全要不得的"。

三是，第 8 自然段和第 9 自然段讲了关于马克思著作发表问题上的两件具体事情。

（二）恩格斯写的 1891 年版序言

恩格斯决定发表马克思对《纲领》的批判性批注时，1891 年 1 月 6 日在伦敦为这部著作写了一篇重要的序言，说明了他为什么要在时隔 15 年后发表马克思的这部著作。

这个序言，共有 5 个自然段，讲了两个问题。

一是，第 1 自然段至第 3 自然段，恩格斯讲了他发表这个手稿的原因。

恩格斯为什么在时隔 15 年后要发表马克思的手稿？他讲了以下三点考虑。

（1）在第 1 自然段中，恩格斯说，"哈雷党代表大会已把关于哥达纲领的讨论提到了党的议事日程"，所以有必要把马克思对《纲领》的批判公诸世人。1890 年 10 月 12—18 日，德国社会主义工人党在哈雷召开了德国废除反社会党人非常法后的第一次党代表大会。这次党代表大会把党名改为"德国社会民主党"，并决定起草新的纲领草案，提交下届党代表大会讨论。这个纲领后来在 1891 年 10 月举行的爱尔福特代表大会上通过，称为《爱尔福特纲领》。为使新纲领不再受机会主义的影响，恩格斯决定发表马克思 15 年前写下的对《纲领》的批判性批注。

（2）在第 2 自然段中，恩格斯说，这个手稿具有"更广泛的意义"，是马克思第一次明确而有力地对拉萨尔主义进行了深刻的批判。恩格斯特别强调马克思对"拉萨尔的经济学原则"和"策略"的批判。指出这一点，有助于我们学习领会马克思对《纲领》中的错误观点及其所体现的拉萨尔主义的批判。

（3）在第 3 自然段中，恩格斯说，现在公开马克思这个手稿条件已经成熟，"不会伤害任何人了"。因为不仅拉萨尔主义已破产，而且《纲领》"也被它的那些制定者在哈雷当做完全不能令人满意的东西放弃了"。

二是，第 4 自然段至第 5 自然段，恩格斯讲了发表时他对马克思的手稿进行删节的原因。

在发表马克思的手稿时，恩格斯对手稿作了一些删节，他说明了为什么要这样做的原因。一是他在第 4 自然段中说的，因为手稿在当时的历史条件下有些地方语气很激烈，现在已经没有这个必要了；二是他在第 5 自然段中说的，"由于新闻出版法的缘故"，也"不得不选用比较缓和的说法"。

综上所述，马克思给白拉克的信和恩格斯 1891 年写的序言阐明了三个重要问题：

1. 制定一个正确的纲领对于党的事业发展具有极端重要性，必须严肃对待。

2. 制定一个正确的纲领必须和形形色色的错误观点划清界限，决不能拿原则作交易。

3. 纠正党内错误思想既要讲原则性,也要考虑党的斗争面临形势和环境的复杂性。

二、 未来社会的生产关系及其社会发展阶段

《哥达纲领批判》的正文为《德国工人党纲领批注》,共有四个部分。马克思通过批判《纲领》中充斥的拉萨尔经济学原则及其策略,深刻论述了未来社会发展各个阶段的基本特征以及走向未来社会的实现途径和策略等重大问题。由于全文是马克思以逐条批注《纲领》的形式写成的,而不是按照理论论证的形式写的,因此,我们也按照这种批注特点进行领读。

《德国工人党纲领批注》的第一部分,马克思针对《纲领》中具有拉萨尔主义色彩的 5 段条文,逐段逐句进行了深刻分析批判,阐述了未来社会的生产关系包括生产与分配的关系,并以此为基础阐述了未来社会的发展阶段及其基本特征。

第 1 段条文是:"劳动是一切财富和一切文化的源泉,而因为有益的劳动只有在社会中和通过社会才是可能的,所以劳动所得应当不折不扣和按照平等的权利属于社会一切成员。"

马克思对这段条文用 19 个自然段的篇幅,进行了深入的分析和批判,讲了三个重要观点。

1. 劳动和自然界结合在一起才能创造财富,劳动者只有占有生产资料才能使劳动成为自己的财富的源泉。

在第 1 自然段中,马克思提出要对"劳动是一切财富和一切文化的源泉"这句话进行分析。

在第 2 自然段中,马克思首先明确指出"劳动不是一切财富的源泉"。因为,

自然界同劳动一样也是财富的源泉。也就是说,单凭劳动而没有其他生产要素是不能创造出财富的,劳动只有和自然界结合在一起才能创造财富。

紧接着,马克思指出,仅仅认识到这一点还不够,因为这样讲并没有超越资产阶级的说法,对于社会主义纲领来说更是没有意义的,因为这一说法回避了一个"具有意义的条件"。这个"条件",就是劳动者是不是生产资料的所有者。他说:"只有一个人一开始就以所有者的身份来对待自然界这个一切劳动资料和劳动对象的第一源泉,把自然界当做属于他的东西来处置,他的劳动才成为使用价值的源泉,因而也成为财富的源泉。""一个除自己的劳动力以外没有任何其他财产的人,在任何社会的和文化的状态中,都不得不为另一些已经成了劳动的物质条件的所有者的人做奴隶。"也就是说,劳动者只有占有生产资料才能使劳动成为自己的财富源泉。

马克思在第3自然段和第4自然段中说,即使劳动是一切财富的源泉这句话有毛病,得出的结论也应该是:"社会中的任何人不占有劳动产品就不能占有财富。因此,如果他自己不劳动,他就是靠别人的劳动生活,而且也是靠别人的劳动获得自己的文化。"也就是说,应该得出的结论是:任何社会都不能离开劳动。

马克思在第5自然段指出,《纲领》不仅没有从劳动与财富的关系中得出上述革命性的结论,相反用"而因为"这样的字眼,把"劳动"悄悄地改为"有益的劳动",并说"有益的劳动只有在社会中和通过社会才是可能的"。

2. 不应当泛泛地谈论"劳动"和"社会",而应当向工人阶级证明资本主义创造了能够使工人阶级铲除资本主义这个"历史祸害"的物质的和其他的条件。

马克思在第7自然段中说,《纲领》把任何社会都不能离开劳动,改为任何"有益的劳动"都不能离开社会。这就本末倒置了。

马克思在第8自然段到第10自然段中指出,这样的本末倒置虽然毫无意义,但其目的是引出"劳动所得应当不折不扣和按照平等的权利属于社会一切成员"这一结论。

在第 11 自然段和第 12 自然段中,马克思尖锐地指出,既然有益的劳动只有在社会中和通过社会才是可能的,劳动所得就应当属于社会。也就是说,劳动所得"首先要满足政府以及依附于它的各个方面的要求,因为政府是维护社会秩序的社会机关";"其次要满足各种私有者的要求,因为各种私有财产是社会的基础";而劳动者只能获得"不必用来维持劳动'条件'即维持社会的那一部分"。所以,马克思说"这些空洞的词句是随便怎么摆弄都可以的",也即是可以为资产阶级所利用的。

在进行了上述分析后,马克思在第 13 自然段到第 18 自然段中指出,正确的说法应该是"劳动只有作为社会的劳动"或者"只有在社会中和通过社会","才能成为财富和文化的源泉"。与此同时,"随着劳动的社会性的发展,以及由此而来的劳动之成为财富和文化的源泉,劳动者方面的贫穷和愚昧、非劳动者方面的财富和文化也发展起来"。他说:"这是直到目前的全部历史的规律。"因此,党的纲领"不应当泛泛地谈论'劳动'和'社会'",应当清楚地告诉工人阶级的是:"在现今的资本主义社会中怎样最终创造了物质的和其他的条件,使工人能够并且不得不铲除这个历史祸害。"

3.《纲领》之所以泛泛地谈论"劳动"和"社会",是为了把拉萨尔的"不折不扣的劳动所得"作为口号写在党旗的上方。

马克思在对纲领中的第 1 段条文逐段逐句进行了深刻的分析和批判后,在第 19 自然段尖锐地指出纲领之所以泛泛地谈论这些问题,就是要把拉萨尔的口号写在党的旗帜上。

接着,马克思就对第 2 段条文进行了批判。

第 2 段条文是:"在现代社会,劳动资料为资本家阶级所垄断;由此造成的工人阶级的依附性是一切形式的贫困和奴役的原因。"

这段话的问题在哪里?其要害在没有指出土地所有者也是造成工人阶级贫困和奴役的原因。马克思在这里写了 3 个自然段的话,对《纲领》的这个错误进行了批判。

第 1 自然段,先指出这句话是从第一国际的章程中抄来的,但是在抄录过程中又进行了"修订",问题就出在"修订"上。因为,第一国际的章程中讲的是"劳动者在经济上受劳动资料即生活源泉的垄断者的支配",其中"生活源泉"指的是劳动资料包括土地。但《纲领》经过"修订",就变成"劳动资料为资本家所垄断"。

第 2 自然段,马克思指出在资本主义社会中,劳动资料不仅为资本家所占有,还为土地所有者所占有,《纲领》只讲资本家而没有讲土地所有者对劳动资料的垄断。

第 3 自然段,马克思一针见血地指出,这不是疏忽,而是对拉萨尔派的妥协。因为,拉萨尔"仅仅攻击资本家阶级,而不攻击土地所有者"。

马克思对《纲领》中的第 1 段条文和第 2 段条文的分析批判,是为下面对《纲领》中第 3 段条文进行系统批判打基础的。

第 3 段条文是:"劳动的解放要求把劳动资料提高为社会的公共财产,要求集体调节总劳动并公平分配劳动所得。"

这段条文,一般人会以为这里讲的是共产主义的分配原则。马克思是怎么样分析这段话的呢?

马克思针对这段条文,用 34 个自然段的篇幅层层剖析,阐述了七个极其精彩的观点。

1. "劳动所得"是一个模糊观念。

在第 1 自然段里,马克思先讲了一个用词问题,说"把劳动资料提高为公共财产"中的"提高"应该是"变为"。不要小看了他"顺便提一句"的话,"提高"是改良,"变为"是革命,两者有原则的区别。

在第 2 自然段和第 3 自然段中,马克思指出"劳动所得"没有讲清楚这是劳动的产品呢,还是产品的价值,如果是劳动的价值,那么是产品的总价值呢,还是什么。这只是拉萨尔为了代替明确的经济学概念而提出的一个模糊观念。

2. "公平分配"是空话。

从第 4 自然段到第 8 自然段,马克思对《纲领》提出的"公平"的分配,进行了分析和质疑。在第 5 自然段中,马克思用一连串的问号质疑《纲领》所讲的"公平",说明这是一个含糊的概念。

第 6 自然段指出,可以对照第 1 段条文中"劳动所得应当不折不扣和按照平等的权利属于社会一切成员",来解读《纲领》所讲的"公平"。

第 7 自然段,紧接着就用五个问号指出"劳动所得"不可能"属于社会一切成员"。因为,"社会一切成员"中有劳动的成员,也有不劳动的成员,如果允许"不劳而获",劳动者就得不到"不折不扣的劳动所得";如果只允许劳动的成员获得"劳动所得",社会一切成员的"平等的权利"就谈不上了。

因此,在第 8 自然段中,马克思尖锐地指出,这样的"公平分配"显然只是些空话。其实质依然是前面已经揭露过的,是为了把拉萨尔的"不折不扣的劳动所得"作为口号写在党的旗帜上。

3. 社会总产品不可能"不折不扣"地分配给每一个社会成员,未来社会在进行个人消费资料分配之前有六项"扣除"。

在第 9 自然段到第 24 自然段中,马克思讲了未来社会的社会总产品分配原则。

首先,马克思在第 9 自然段中说,"劳动所得"这个模糊概念如果用准确的经济学概念来理解,可以理解为劳动的产品,而未来社会集体的劳动所得就是"社会总产品"。

从第 10 自然段到第 14 自然段,他指出"社会总产品"在进行个人消费资料分配之前,先要进行三项"扣除"以用于发展社会生产,即要扣除用来补偿生产中消耗掉的生产资料的部分、用来扩大生产的追加部分、用来应付事故和灾害的后备基金或保险基金。

从第 15 自然段到第 21 自然段,他进一步指出剩下的社会总产品中在进行个人分配前还要进行三项"扣除"用于社会管理和社会福利,包括管理费用、公共福利费用和救济金。

第 22 自然段到第 24 自然段是对上述分析的评论,指出只有在经过这六项"扣除"之后才谈得上个人消费资料的分配,也就是说"不折不扣的劳动所得"实际上是"有折有扣的"。

4. 共产主义社会第一阶段个人消费资料的分配实行的是按劳分配原则。

在第 25 自然段到第 27 自然段中,马克思讲了共产主义社会第一阶段个人消费资料的分配原则。

在第 25 自然段中,他指出"在一个集体的、以生产资料公有为基础的社会中",个人劳动将"直接作为总劳动的组成部分存在着","劳动所得"这样的模糊概念就会失去任何意义。

在第 26 自然段中,他第一次提出"我们这里所说的是这样的共产主义社会,它不是在它自身基础上已经发展了的,恰好相反,是刚刚从资本主义社会中产生出来的,因此它在各方面,在经济、道德和精神方面都还带有它脱胎出来的那个旧社会的痕迹"。所以,在这样的社会里能够实行的个人消费资料分配原则是"按劳分配",即"他以一种形式给予社会的劳动量,又以另一种形式领回来"。

那么,马克思为什么要把这样一种分配原则看作是同"旧社会的痕迹"有联系的分配原则呢? 在第 27 自然段中,他作了说明:"显然,这里通行的是调节商品交换(就它是等价的交换而言)的同一原则。"当然,这仅仅指的是"等价交换"原则而言,而不是说按劳分配就是旧社会的商品交换,所以马克思紧接着说了一句"内容和形式都改变了"。

需要说明的是,马克思当年设想的未来社会是商品生产将被消除的社会,因此劳动与劳动的等价交换还不是劳动力与货币工资之间的商品交换。但是,他清醒地意识到在未来的共产主义社会到来时首先进入的不是理想的或高级的共产主义社会,而是"在经济、道德和精神方面都还带有它脱胎出来的那个旧社会的痕迹"的共产主义社会,这是难能可贵的。他注意到,在那样的社会里还不可能实现他在创立共产主义学说时设想的按需分配的分配原则,而只能实行按劳分配的分配原则,这也是十分可贵的。

马克思在这里讲的"集体的、以生产资料公有为基础的社会"即后面讲的"共产主义社会第一阶段"。这个概念同后面讲的"共产主义社会高级阶段",是马克思在《哥达纲领批判》中首次提出的。这表明,当时马克思已经形成了共产主义社会发展的阶段论。

5. 共产主义社会第一阶段的分配原则体现的平等权利还是资产阶级权利,即形式上平等但事实上不平等的权利。

在第 28 自然段到第 30 自然段中,马克思阐述了这个重大的理论问题。

在第 28 自然段中,他说在共产主义社会第一阶段实行的按劳分配原则中,"平等的权利按照原则仍然是资产阶级权利",同时指出这同资本主义商品交换是不一样的,在那里原则和实践是矛盾的,即在资本主义商品交换中价值与价格是矛盾的,价格仅仅在平均数中才是等价的。

在第 29 自然段中,马克思阐明了为什么这样的平等权利依然是资产阶级权利。首先,每个人都只是劳动者,而不承认任何阶级差别,以"劳动"作为同一尺度来进行分配,因而是平等的;同时,它必定要默认"劳动者的不同等的个人天赋,从而不同等的工作能力,是天然特权","所以就它的内容来讲,它像一切权利一样是一种不平等的权利"。也就是说,按劳分配原则就其按照"劳动"作为同一尺度来分配是平等的,但其分配的结果必定是有的人得到的收入肯定会比别人多,会比别人富。如果考虑到劳动者的婚姻、家庭以及子女的多少,情况更为复杂。马克思把这种形式上平等、事实上的不平等,称为"弊病"。他讲了一句耐人寻味的话:"要避免所有这些弊病,权利就不应当是平等的,而应当是不平等的。"

在第 30 自然段中,马克思接着说:"这些弊病,在经过长久阵痛刚刚从资本主义社会产生出来的共产主义社会第一阶段,是不可避免的。"因为,"权利决不能超出社会的经济结构以及由经济结构制约的社会的文化发展"。

6. 共产主义社会高级阶段个人消费资料的分配原则是"各尽所能,按需分配"。

在第 31 自然段到第 32 自然段中,马克思阐述了共产主义社会高级阶段的分配原则。

第 31 自然段,马克思首先阐述了实行按需分配原则的社会条件,一是迫使个人奴隶般地服从分工的情形已经消失;二是脑力劳动和体力劳动的对立也随之消失;三是劳动已经不仅仅是谋生的手段,已经成为生活的第一需要;四是个人全面发展;五是他们的生产力也增长起来;六是集体财富的一切源泉都充分涌流;七是人们的精神境界完全超出资产阶级权利的眼界。马克思说,到那个时候"社会才能在自己的旗帜上写上:各尽所能,按需分配"!

在第 32 自然段中,马克思尖锐地指出《纲领》中关于未来社会分配原则的观点,一是陈词滥调的"教条",二是凭空想象的"废话",整个行为是对党和工人阶级"犯罪",因为它歪曲了那些"花费了很大力量才灌输给党而现在已经在党内扎了根的现实主义观点"。

7. 分配决定论是完全错误的。

在第 33 自然段和第 34 自然段中,马克思最后深刻地指出,《纲领》在分配问题上"兜圈子",是"开倒车"。

在第 33 自然段中,他指出"在所谓分配问题上大做文章并把重点放在它上面,那也是根本错误的"。

然后在第 34 自然段中,他指出:"消费资料的任何一种分配,都不过是生产条件本身分配的结果;而生产条件的分配,则表现生产方式本身的性质。"这就是说,《纲领》不是引导工人阶级去变革资本主义的生产方式,而是"把社会主义描写为主要是围绕着分配兜圈子",这是一种庸俗的社会主义的做法,其实质是要维护资本主义生产方式。

接下来,马克思对《纲领》中的第 4 段条文进行了分析批判。

第 4 段条文是:"劳动的解放应当是工人阶级的事情,对它说来,其他一切阶级只是反动的一帮。"

马克思用 9 个自然段,讲了三个问题:

1.《纲领》用拉萨尔的话篡改第一国际章程的科学论断。

在第 1 自然段和第 2 自然段中,马克思说《纲领》中这段话前一句是从第一国际的章程导言中抄来的,但经过了"修订",把"工人阶级的解放"修订为"劳动的解放";后一句所谓"反动的一帮"是地道的拉萨尔语言。

2. 拉萨尔的"反动的一帮"是违反历史唯物主义的荒谬观点。

在第 3 自然段到第 7 自然段中,马克思指出:按照《共产党宣言》阐述的历史唯物主义基本原理,无产阶级是真正革命的阶级,资产阶级作为大工业的体现者在反对封建主义的斗争中也曾经是革命阶级,中间等级随着大工业的发展也会转入无产阶级的队伍,因此,说什么对工人阶级说来"其他阶级只是反动的一帮"是荒谬的。况且,德国社会民主工党在选举中也要争取广大的手工业者、小工业家和农民等。所谓"反动的一帮"在政治上也是荒谬的。

3. 拉萨尔的"反动的一帮"是要粉饰他们同敌人的联盟。

在第 8 自然段和第 9 自然段中,马克思说:拉萨尔熟知《共产党宣言》但又粗暴地歪曲《共产党宣言》,"不过是为了粉饰他同专制主义者和封建主义者这些敌人结成的反资产阶级联盟"。纲领歪曲第一国际章程又塞进拉萨尔的格言,是一种狂妄而又无耻的做法。

接下来,马克思对纲领中的第 5 段条文进行了分析批判。

第 5 段条文是:"工人阶级为了本身的解放,首先是在现代民族国家的范围内进行活动,同时意识到,它的为一切文明国家的工人所共有的那种努力必然产生的结果,将是各民族的国际的兄弟联合。"

马克思用 6 个自然段,对这段条文进行了分析批判,集中讲了一个问题,即:《纲领》放弃了德国工人阶级的国际主义职责。

综上所述,《德国工人党纲领批注》的第一部分尖锐批判了《纲领》在劳动与财富、生产与分配、工人阶级与其他阶级、民族观点与国际主义等问题上拉萨尔主义的影响及其错误观点,深刻阐述了科学社会主义的五个重要思想:

1. 生产资料所有制在社会生产关系中具有决定性地位,劳动者只有成为生产资料所有者才能使劳动成为自己财富的源泉。

2. 未来社会是生产资料公有制的社会,由于权力决不能超出社会的经济结构以及由经济结构制约的社会的文化发展,未来社会首先将进入的是共产主义社会第一阶段,在那时社会还只能实行按劳分配。

3. 到共产主义社会高级阶段,社会才能实行"各尽所能、按需分配"。需要注意的是,马克思对于未来社会的发展基于历史唯物主义提出了随着经济发展分阶段推进的思想,但没有空想要经历哪些阶段,而只是阐述了"第一阶段"和"高级阶段"的基本特征。

4. 消费资料的任何一种分配,都不过是生产条件本身分配的结果;而生产条件的分配,则表现生产方式本身的性质。离开生产方式谈分配的"分配决定论"是完全错误的。

5. 无产阶级必须团结一切可以团结的力量,立足本国斗争实际又承担国际主义职责,为实现共产主义远大理想而奋斗。

三、 反对雇佣劳动制度和消灭阶级差别

《德国工人党纲领批注》的第二部分,马克思通过批判《纲领》中的拉萨尔工资理论,阐述了工人阶级走向未来社会必须坚定不移地反对雇佣劳动制度、消灭阶

级差别,在此基础上消除社会的和政治的一切不平等。

马克思先抄录了《纲领》的一段条文:"德国工人党从这些原则出发,用一切合法手段去争取建立自由国家——和——社会主义社会:废除工资制度连同铁的工资规律——和任何形式的剥削,消除一切社会的和政治的不平等。"

马克思用 8 个自然段,针对这段条文中拉萨尔的所谓"铁的工资规律",讲了四个问题。

1.《纲领》不是强调反对雇佣劳动制度,而是强调拉萨尔的所谓"铁的工资规律"。

在第 1 自然段和第 2 自然段中,马克思说,关于"自由"国家问题后面再讨论,这里重点讨论拉萨尔的"铁的工资规律"问题。他尖锐地指出,《纲领》不是强调要废除雇佣劳动制度,而是故意把拉萨尔的"铁的工资规律"用"连同工资制度"这样的话写进纲领。

2. 所谓"铁的工资规律"依据的是马尔萨斯的人口论,是和科学社会主义根本对立的。

在第 3 自然段中,马克思说,尽管"铁的"这个词是拉萨尔从歌德那里抄来的,但"铁的工资规律"已经成为带有拉萨尔印记的一个派别标识。《纲领》接受这样的所谓"规律"就不得不接受他的论据。这个论据,就是马尔萨斯的人口论。但按照这样的人口论,其结果无非是证明社会主义不能消除自然本身造成的贫困。

3. 真正令人气愤的退步是从已经给自己开辟了道路的科学见解上倒退。

在第 4 自然段到第 7 自然段中,马克思指出,拉萨尔所谓"铁的工资规律"的错误可以撇开不谈,但必须指出党内竟有人倒退到拉萨尔的教条那里去。他说:"自从拉萨尔死后,在我们党内,这样一种科学见解已经给自己开辟了道路,就是工资不是它表面上呈现的那种东西,不是劳动的价值或价格,而只是劳动力的价值或价格的隐蔽形式。这样,过去关于工资的全部资产阶级见解以及对这种见解的全部批评都被彻底推翻了,并且弄清了:雇佣工人只有为资本家(因而也为资本家一起分享剩余价值的人)白白地劳动一定的时间,才被允许为维持自己的生活而劳动","整个资本主义生产体系的中心问题,就是用延长工作日,或者提高生产率,增强劳动力的紧张程度等等办法,来增加无偿劳动"。"而现在,当这个见解在我们党内越来越给自己开辟出道路的时候,竟有人倒退到拉萨尔的教条那里去。"恩格斯在 3 月中下旬写给倍倍尔的信中也指出:"这个规律的基础是一种陈腐不堪的经济学观点,即工人平均只能得到最低的工资,之所以如此,是因为按照马尔萨斯的人口论工人总是过多。""接受拉萨尔的'铁的规律',也就是承认一个错误的论点和它的错误的论据。"这一论据"已被马克思在《资本的积累过程》这一篇中驳斥得体无完肤了"①。对于《纲领》从科学的劳动价值论和剩余价值论倒退到拉萨尔的"铁的工资规律"这种已为实践证明是错误的理论上去,马克思用了"令人气愤""粗暴地践踏""多么无耻"加以批判。

4. 只有消灭阶级差别,才能消除社会的和政治的不平等。

在第 8 自然段中,马克思指出《纲领》中"消除一切社会的和政治的不平等"也不明确。应当改成:"随着阶级差别的消灭,一切由这些差别产生的社会的和政治的不平等也自行消失。"

综上所述,《德国工人党纲领批注》的第二部分尖锐批判了拉萨尔的所谓"铁的工资规律"以及《纲领》"令人气愤的退步",深刻阐述了科学社会主义的三个重要思想:

1. 劳动价值论和剩余价值论开辟了无产阶级解放的正确道路。

2. 资本主义剥削的秘密在于资产阶级无偿地占有雇佣工人创造的剩余价值。

3. 要消除社会的和政治的一切不平等,首先要反对雇佣劳动制度,消灭阶级差别。

---

① 《马克思恩格斯选集》第 3 卷,人民出版社 2012 年版,第 346—347 页。

四、 社会革命和未来新社会

《德国工人党纲领批注》的第三部分,马克思通过批判《纲领》中体现的拉萨尔的"国家帮助"理论,阐述了工人阶级走向未来社会必须经过社会的革命转变过程。

马克思先抄录了《纲领》的一段条文:"为了替社会问题的解决开辟道路,德国工人党要求在劳动人民的民主监督下,依靠国家帮助建立生产合作社。在工业和农业中,生产合作社必须广泛建立,以致能从它们里面产生总劳动的社会主义的组织。"

马克思用6个自然段,对此进行了精辟的分析批判,讲了四个问题。

1. 未来的新社会不是在"国家帮助"中产生的,而是从社会的革命转变过程中产生的。

在第1自然段中,马克思指出,拉萨尔提出的"救世良方",即依靠国家帮助建立生产合作社并从中产生"总劳动的社会主义的组织",如同靠国家贷款建设一个新社会,这是"幻想"。他强调,在无产阶级面对的现存的阶级斗争中,只有通过"社会的革命转变过程"才能建立新社会。

2. "劳动人民的民主监督"首先要有民主即"劳动人民的人民当权"。

在第2自然段中,马克思诙谐地说:"由于还知道一点羞耻,于是就把'国家帮助'置于——'劳动人民的民主监督下'。"从第3自然段到第4自然段,马克思指出两点:一点是,德国的"劳动人民"大多数是农民而不是无产者;另一点是,"民主"指的是"人民当权"。而现在德国的劳动人民既没有当权,也没有成熟到当权的程度。换言之,"劳动人民的民主监督"首先要实现"民主",否则都是空话。

3. 主要的过失是阶级立场的倒退。

在第 5 自然段中，马克思指出，尽管这样的"救世良方"是过去在对付法国社会主义者时已经有人提出过的，但"主要的过失不在于把这个特殊的万灵药方写入了纲领，而在于从阶级运动的立场完全退到宗派运动的立场"。

4. 为力争变革现存的生产条件而由工人自己独立创办的合作社是有价值的。

在第 6 自然段中，马克思指出，工人们想要在社会的范围内，首先在本国的范围内创造合作生产的条件，力争变革现存的生产条件，这和靠国家帮助建立合作社毫无共同之处。特别是，他明确指出：现有的合作社，"只是在工人自己独立创办，既不受政府保护，也不受资产者保护的情况下，才有价值"。这是马克思一个重要思想，在《资本论》中，他就说过："工人自己的合作工厂，是在旧形式内对旧形式打开的第一个缺口"，"资本和劳动之间的对立在这种工厂内已经被扬弃，虽然起初只是在下述形式上被扬弃，即工人作为联合体是他们自己的资本家，也就是说，他们利用生产资料来使他们自己的劳动增殖"。①

综上所述，《德国工人党纲领批注》的第三部分批判了拉萨尔通过"国家帮助"开辟解决社会问题道路的幻想，深刻阐述了科学社会主义的三个重要思想：

1. 通过社会革命建立新社会，是无产阶级解放的正确道路。

2. 实现人民监督必须先有人民当权即人民民主。

3. 工人独立创办的合作社对于变革工人现存的生产条件有价值。

五、 过渡时期理论和无产阶级专政学说

《德国工人党纲领批注》的第四部分，马克思集中谈了"民主"问题，他通过批

---

① 《马克思恩格斯选集》第 2 卷，人民出版社 2012 年版，第 571 页。

判《纲领》中体现的拉萨尔的"自由国家"理论,提出了过渡时期理论,完善了无产阶级专政的国家学说。

在这一部分,马克思针对《纲领》的两个条文,即重点针对《纲领》中"A.国家的自由的基础",同时也针对"B.德国工人党提出下列要求作为国家的精神的和道德的基础"及其一些条文,进行了分析批判。

第1个条文是:"A.国家的自由的基础。"

针对这个问题,马克思用15个自然段进行了深刻的分析批判,讲了四个重要观点。

1."争取建立自由国家"不是觉悟了的工人阶级的目的。

在第1自然段中,马克思先指出纲领把争取建立"自由国家"作为德国工人党的奋斗目标。因为在第二部分中,他在批判"铁的工资规律"时曾经引用了纲领中关于"用一切合法手段去争取建立自由国家"这句话,并且交代过"关于'自由'国家,我后面再讲"。所以,在第1自然段中他先把这件事提了出来。

在第2自然段中,他就问道:"自由国家,这是什么东西?"在第3自然段中,他明确指出:"使国家变成'自由的',这决不是已经摆脱了狭隘的臣民见识的工人的目的。"为什么呢?因为资本主义国家早就宣布自己是自由国家了,像德国、俄国这样的国家都认为自己是自由国家;他们的"自由"只不过是让国家变成"完全服从"资产阶级社会的机关;而且自由不自由仅仅指的是国家形式能够把"国家的自由"限制到什么程度。

在第4自然段中,马克思进一步指出,社会,不管是现存社会,还是未来社会,都是国家这一上层建筑的基础,但是《纲领》却把国家当作一种具有自己的"精神的、道德的、自由的基础",说明德国工人党的领导人"对社会主义思想领会得多么肤浅"。

从第5自然段到第6自然段,马克思指出,《纲领》还"荒谬地滥用"了"现代国家""现代社会"等字眼。所谓"现代社会"就是存在于一切文明国度中的资本主义社会,而"现代国家"却随国境而异,在这个意义上可以说并没有统一标准的"现代国家",它只是一种虚构。

在第 7 自然段中,马克思进一步指出:"不同的文明国度中的不同的国家,不管它们的形式如何纷繁,却有一个共同点:它们都建立在现代资产阶级社会的基础上,只是这种社会的资本主义发展程度不同罢了。所以,它们具有某些根本的共同特征。"如果在这个意义上来讨论"现代国家制度",是可以讨论的,但不能把它同工人阶级要建立的未来社会相混同,因为到那时"现代国家制度"的根基即资产阶级社会已经消亡了。

2. 在资本主义社会和共产主义社会之间有一个政治上的过渡时期,过渡时期的国家是无产阶级专政的国家。

在第 8 自然段和第 9 自然段,马克思先提出了一个问题:在共产主义社会中国家制度会发生怎样的变化呢?到那时有哪些同资产阶级国家职能"相类似的社会职能"会保留下来呢?

在第 8 自然段,马克思提出了这个极其重要的问题。而且,他说:"这个问题只能科学地回答;否则,即使你把'人民'和'国家'这两个词联接一千次,也丝毫不会对这个问题的解决有所帮助。"

在第 9 自然段中,他提出了一个极为重大的论断:"在资本主义社会和共产主义社会之间,有一个从前者变为后者的革命转变时期。同这个时期相适应的也有一个政治上的过渡时期,这个时期的国家只能是无产阶级的革命专政。"

这里,马克思第一次提出了过渡时期理论。连同前面关于共产主义社会发展阶段的思想,马克思在这篇著作中对工人革命胜利后的社会作了这样的设想:先要经过一个从资本主义到共产主义的过渡时期;然后进入共产主义社会第一阶段;最后要到达共产主义社会高级阶段。

关于过渡时期的国家,是他在这里讨论的重点。认为工人革命后要建立一个无产阶级专政的国家,这是马克思一贯的思想。在 1852 年致魏德曼的信中,还明确地说过,这是他的一大贡献。在这里,他主要是指出了无产阶级专政的国家,是同从资本主义到共产主义之间的过渡时期相适应的国家制度。

3.《纲领》既不谈无产阶级的革命专政,也不谈未来共产主义社会的国家制度,只是重复资产阶级民主的陈词滥调。

从第 10 自然段到第 14 自然段,马克思对《纲领》在国家问题上的错误观点进行了批判。

首先,《纲领》既不谈无产阶级的革命专政,也不谈未来共产主义社会的国家制度。这是马克思在第 10 自然段中说的。值得注意的是,他提出了"未来共产主义社会的国家制度"这一至今仍需要深入研究的课题。

其次,《纲领》只是重复资产阶级民主的陈词滥调。在第 11 自然段中,马克思说:"纲领的政治要求除了人所共知的民主主义的陈词滥调,如普选权、直接立法、人民权利、国民军等等,没有任何其他内容。"这些要求虽然在德国还没有实现,但在其他资本主义国家是都已经实现的东西,不应该把这样的现代国家作为德国工人党争取建立的未来国家。

再次,《纲领》在德国这样一个军事专制国家,试图用"合法"的手段,争取只有在民主共和国才有意义的东西,既不"诚实"也不体面。从第 12 自然段到第 14 自然段,马克思提醒德国工人党的领袖不要忘记德国是一个什么样的国家。当时的德国,是一个"以议会形式粉饰门面、混杂着封建残余、同时已经受到资产阶级影响、按官僚制度组成、以警察来保护的军事专制国家",既然不可能像法国工人那样要求建立民主共和国,那么在《纲领》中提出那些民主、自由等"美妙的玩意儿",还想国家保证要用合法手段来争得这类东西,对于工人阶级来说是很不诚实的。马克思指出,庸俗民主派还懂得要为民主共和国而斗争,纲领的政治要求比庸俗民主派都不如。

4. 不能把"国家"理解为政府机器。

在第 15 自然段中,马克思澄清了一个理论和实践问题,即"国家"与"政府"的区别。他指出《纲领》为什么会在国家问题上出现那么多的错误，其中一个问题，是把"国家"理解为政府机器。依据是在《纲领》中把"交纳单一的累进所得税"这样的要求"作为国家的经济的基础"。马克思指出，"赋税是政府机器的经济的基础"，而不是国家的经济基础。

在对"国家的自由的基础"这个问题进行批判后，马克思对第 2 个条文进行了分析批判。

第 2 个条文是："B. 德国工人党提出下列要求作为国家的精神的和道德的基础。"

这里讲的"基础"，包括下面六项：

"1. 由国家实行普遍的和平等的国民教育。实行普遍的义务教育。实行免费教育。"

"2. 正常的工作日。"

"3. 限制妇女劳动和禁止儿童劳动。"

"4. 对工厂工业、作坊工业和家庭工业实行国家监督。"

"5. 调整监狱劳动。"

"6. 实行有效的责任法。"

第 1 自然段到第 7 自然段，马克思对条文 1 进行了分析。他指出，关于教育方面的纲领，要么是在资本主义社会里难以做到的，要么是许多国家都已经有的，要么是完全要不得的。他说："整个纲领，尽管满是民主的喧嚣，却彻头彻尾地感染了拉萨尔宗派对国家的忠顺信仰，或者说感染了并不比前者好一些的对民主奇迹的信仰，或者说得更确切些，整个纲领是这两种对奇迹的信仰的妥协，这两种信仰都同样远离社会主义。"

条文 2 到条文 6，马克思认为只是《纲领》的附带部分，而不是重要组成部分。因此，他对这些条文的批注"写得很草率"。

最后，他用《旧约全书》的一句话，结束了全文："我已经说了，我已经拯救了自己的灵魂。"

综上所述,《德国工人党纲领批注》的第四部分重点批判了《纲领》关于争取建立"自由国家"的目的,深刻阐述了科学社会主义两个极其重要的思想:

1. 在无产阶级革命胜利后,有一个从资本主义社会到共产主义社会的过渡时期。

2. 过渡时期的国家只能是无产阶级专政的国家。

六、 对于新时代坚持守正创新、坚持自我批评的现实意义

在中国特色社会主义进入新时代的背景下学习马克思这部名著,有许多体会。最重要的是,我们要在百年变局和民族复兴的历史条件下,要像马克思主义创始人那样,更自觉地坚持守正创新、坚持自我批评。

首先,要像马克思和恩格斯那样在任何情况下都要坚持守正创新。《哥达纲领批判》最大的特点是,马克思在原则问题上决不让步和妥协,同时又在同形形色色机会主义的斗争中,研究新情况、回答新问题、创造新理论。我们注意到,马克思的批注尽管是通过对纲领条文的逐条批判写成的,但不是琐碎的。他把这些批判性批注分为四个部分是有内在逻辑的,深刻阐述了未来社会是一个什么样的社会、要经历哪些阶段、怎样在斗争中通过社会革命实现《共产党宣言》提出的工人阶级远大理想。尤其是,在这些批注中,他始终不渝地坚持历史唯物主义基本原则、劳动价值论和剩余价值论、阶级斗争和无产阶级专政学说;与此同时,他创造性地提出了过渡时期理论、共产主义社会第一阶段和高级阶段的划分以及它们不同的基本特征,等等。这样既"守正"又"创新"的科学态度,正是我们在新时代要特别大力提倡的。

其次,要像马克思和恩格斯那样在任何情况下都要坚持理论问题上的科学性。在我们党的历史上,《哥达纲领批判》是最早在中国传播的马克思主义经典著

作之一。1922 年 1 月,邓中夏(笔名重远)发表的《共产主义与无政府主义》就引用了《哥达纲领批判》中的三段论述。同年 5 月,北京马克思主义研究会的《今日》月刊第 1 卷第 4 号刊载了熊得三翻译的这篇著作。1923 年 4 月,毛泽东主持的湖南自修大学校刊《新时代》第一卷第一期发表了李达翻译的译本,题为《德国劳动党纲领栏外批评》。马克思主义研究会在那年还将这部著作的中文版单独出版。后来还有多种译文问世,包括延安时期何思敬、徐冰合译的《哥达纲领批判》。党中央也多次要求全党特别是高级干部学习这部著作,增强工作指导的科学性。但同时我们也注意到,过去一个时期由于急着到原著中去找现成的答案,结果误读了原著的精神实质。比如为了解释在社会主义社会为什么还存在阶级斗争,就把马克思在《哥达纲领批判》中所提出的"过渡时期"和"共产主义社会第一阶段"看作是同一个社会发展阶段。又比如把《哥达纲领批判》中提出的按劳分配中体现的等量劳动相交换的权利即"资产阶级权利"误读为按劳分配原则是产生新生资产阶级的经济基础,要加以限制和批判。这样的教训,我们要永远汲取。

再次,要像马克思和恩格斯那样勇于进行批评和自我批评。马克思之所以把这部著作称为"批判性批注",具有双重含义:对于拉萨尔主义是进行严肃彻底的批判和清算,下大力肃清这一机会主义思想对工人运动的侵蚀和影响;对于李卜克内西、倍倍尔等党内同志则是既进行尖锐的批评又进行耐心的帮助。这部著作时隔 15 年公开发表后,尽管党内还是有不同意见,发表这部著作的《新时代》编辑部面临很大压力,但无论在德国社会民主党内,还是在各个国家的社会民主党,人们都赞同德国社会民主党的自我批评勇气和理论自信。1891 年 2 月 10 日,《苏黎世邮报》发表的梅林起草的社论《艰苦的努力》指出:马克思这一著作的发表,表明了德国社会民主党力求以其固有的客观态度和自我批评精神阐明自己的斗争目标,表明了党的威力和战斗力。① 这种自我批评的精神也是我们中国共产党的

① 《马克思恩格斯文集》第 10 卷,人民出版社 2009 年版,第 815 页。

优良作风。在中国特色社会主义新时代，习近平总书记着眼于"跳出治乱兴衰的历史周期率"，更是强调党要勇于自我革命，强调这是中国共产党区别于其他政党的显著标志。

李君如

思考题

1. 为什么恩格斯说马克思对《哥达纲领》的批判性批注这一手稿具有更广泛的意义？请您结合本篇内容展开谈谈。

2. 马克思认为土地所有者也是造成工人阶级贫困和奴役的原因，为什么？

3. 结合本篇所学内容，请简单阐述马克思是如何对拉萨尔的"国家帮助"理论进行批判的。

4. 请查阅资料后回答，"国家"与"政府"的区别是什么？

5. 请结合中国建设改革实际，谈谈你对"过渡时期"理论的理解，为什么过渡时期的国家只能是无产阶级的革命专政。

恩格斯《社会主义从空想到科学的发展》领读

〰

《社会主义从空想到科学的发展》是恩格斯的重要代表作。马克思称它是"科学社会主义的入门"。列宁说它是"每个觉悟的工人必读的书籍"。毛泽东在党的七届二中全会把它列为"干部必读"的马列原著。这里以领读的方式和大家一起来理解原著的内容,学习原著的思想,体会原著的逻辑魅力,掌握原著的精神实质。

一、 写作编译和发表概况及其意义

《社会主义从空想到科学的发展》由正文和马克思写的法文版"前言"、恩格斯写的两个德文"序言"和一个英文版"导言"构成。它们重点讲了这部著作的写作编译和发表概况及其意义。

（一）马克思写的 1880 年法文版前言

这篇前言,写于 1880 年 5 月 4—5 日左右。原来的署名不是"马克思",而是译者"保·拉法格"。拉法格是法国工人党(1879 年)的创始人之一,法国最早的马克思主义理论家,1866 年担任国际委员会委员,两年后同马克思的女儿劳拉结婚,在巴黎公社时期参加了革命活动,失败后流亡国外。拉法格是这一时期法国最有见解的马克思主义理论家,写了大量精辟的短论和论战性文章,也发表过《卡尔·马克思的经济唯物主义》等论著。这篇前言现在为什么要把署名改为"马克思"？因为在前言手稿中有马克思给保·拉法格的附言,说这篇前言是在他和恩格斯商量以后撰写的,请保·拉法格"在词句上加以修饰,但是不要修改内容"①。

这篇前言,有 9 个自然段,讲了三层意思。

1.《社会主义从空想到科学的发展》的写作编译

第 1 自然段说,这部著作"是早先刊登在《社会主义评论》上的三篇文章,它们译自恩格斯最近的著作《科学中的变革》"②。

《科学中的变革》就是恩格斯的名著《反杜林论》,因为它有一个副题"欧根·杜林先生在科学中实行的变革"。这是恩格斯套用杜林的著作《凯里在国民经济学说和社会科学中实行的变革》的书名以讽刺杜林,马克思在这里也是一语双关的,含有恩格斯对杜林的"变革","在科学中实行的变革"才是真正的"科学中的变革"的意思。《社会主义从空想到科学的发展》由《反杜林论》"引论"中的"概论"、第三编"社会主义"的第一章"历史"和第二章"理论"这三篇文章编辑而成。在保·拉法格翻译出版这部著作时,在第 1 自然段后加了一句话:"文章经作者校阅

①　《马克思恩格斯文集》第 3 卷,人民出版社 2009 年版,第 691 页。
②　《马克思恩格斯文集》第 3 卷,人民出版社 2009 年版,第 491 页。

过,而且作者为了使资本主义生产的经济力量的辩证运动更容易为法国读者理解,还在第三部分作了一些补充。"①

2.《社会主义从空想到科学的发展》的作者

第 2 自然段至第 8 自然段,介绍了作者是恩格斯及其经历和贡献。

第 2 自然段说:"弗里德里希·恩格斯是当代社会主义最杰出的代表人物之一"②。

第 2 自然段到第 8 自然段,介绍了恩格斯写的著作及其对科学社会主义的贡献,特别是在第 3 自然段介绍了马克思和恩格斯一起起草《共产党宣言》的贡献。

3.《社会主义从空想到科学的发展》的贡献

第 9 自然段说,《社会主义从空想到科学的发展》的贡献主要是两点:一是,这部著作作为回答杜林"关于社会主义的所谓新理论"的《反杜林论》"这本书的理论部分中最重要的部分",进一步肃清了杜林在德国工人和社会主义者中的恶劣影响;二是,这部著作是"科学社会主义的入门"。③ "科学社会主义的入门",可以说是马克思对恩格斯这部著作最重要的,也是最高的评价。

(二) 1882 年德文第一版序言

这篇序言是恩格斯写的,有 6 个自然段,讲了三层意思。

1.《社会主义从空想到科学的发展》法文版和德文版的由来

第 1 自然段,介绍法文版的由来。1880 年 11 月,拉法格请恩格斯把《反杜林论》中的三部分文章集合在一起,以《空想社会主义和科学社会主义》为题,由拉法格译成法文,并经恩格斯本人校阅,在《社会主义评论》杂志第 3—5 期连载发表;

---

① 《马克思恩格斯文集》第 3 卷,人民出版社 2009 年版,第 491 页。
② 《马克思恩格斯文集》第 3 卷,人民出版社 2009 年版,第 491 页。
③ 《马克思恩格斯文集》第 3 卷,人民出版社 2009 年版,第 493 页。

然后,1880 年在巴黎印成单行本出版。拉法格说:"这本小册子对法国社会主义思想的形成起了决定性的作用。"

恩格斯还说,根据法文翻译的波兰文本也于 1882 年在日内瓦由黎明印刷所出版,书名为《空想的和科学的社会主义》。

第 2 自然段,介绍德文版的由来。一方面,是这部著作法文版"意外的成功"给恩格斯的启示:"如果按德文印成单行本出版,是否同样有好处呢?"另一方面,是因为"德国社会民主党内普遍感到迫切需要出版新的宣传小册子"①。

2.《社会主义从空想到科学的发展》德文版的修改问题

第 3 自然段到第 5 自然段,讲了把"纯学术性的著作怎样才能适用于直接的宣传呢? 在形式和内容上需要作些什么修改呢?"②在第 3 自然段提出了这个问题。第 4 自然段,讲了形式上的修改问题。主要是删去一些不必要的外来语。第 5 自然段,讲了内容上的修改问题。认为"在内容方面""对德国工人来说困难是不多的"③,因此没有修改。

3. 科学社会主义与德国古典哲学的关系

第 6 自然段,主要回答了为什么在社会主义发展史的简述中要提到德国古典哲学这一问题。讲了四点:第一,"科学社会主义本质上就是德国的产物,而且只能产生在古典哲学还生气勃勃地保存着自觉的辩证法传统的国家,即在德国"。第二,"唯物主义历史观及其在现代的无产阶级和资产阶级之间的阶级斗争上的特别应用,只有借助于辩证法才有可能"。第三,德国资产阶级已经丧失了辩证法的记忆,"使我们不得不援引现代自然科学来证明辩证法在现实中已得到证实"。第四,德国社会主义者"以我们不仅继承了圣西门、傅立叶和欧文,而且继承了康

---

① 《马克思恩格斯文集》第 3 卷,人民出版社 2009 年版,第 494 页。
② 《马克思恩格斯文集》第 3 卷,人民出版社 2009 年版,第 494 页。
③ 《马克思恩格斯文集》第 3 卷,人民出版社 2009 年版,第 495 页。

德、费希特和黑格尔而感到骄傲"①。这里,主要强调了辩证法和科学社会主义的关系。

怎么理解这一点?恩格斯在1883年德文版通过加注对此做了重要的说明。他说:"在德国"是笔误,应当说"在德国人中间","因为科学社会主义的产生,一方面必须有德国的辩证法,同样也必须有英国和法国的发达的经济关系和政治关系"。② 当年的德国比较落后,认为科学社会主义只能产生于落后的德国,对于社会主义来说只是一种讽刺。但是德国的辩证法又确实很重要,因此完整的说法是:"只有在英国和法国所产生的经济和政治状况受到德国辩证法的批判以后,才能产生真正的结果。"恩格斯据此修正了"科学社会主义本质上就是德国的产物"这一说法,指出:"科学社会主义并不完全是德国的产物,而同样是国际的产物。"③

(三) 1891 年德文第四版序言

《社会主义从空想到科学的发展》德文第一版由社会民主党人报社在1883年3月(扉页标的日期是1882年)出版后,同年由同一出版社出版了第二版、第三版。1891年,柏林的前进报社要出版德文第四版(恩格斯生前以德文印刷的最后一版)。恩格斯为此写了一个新序言。有3个自然段,讲了三层意思。

1.《社会主义从空想到科学的发展》德文版的发行情况及其意义

第1自然段说,这部著作德文版出版以来,已经印行了3版,总数达10 000册。其意义是:第一,证实了科学社会主义是得到德国工人欢迎的;第二,由于这

---

① 《马克思恩格斯文集》第3卷,人民出版社2009年版,第495—496页。
② 《马克思恩格斯文集》第3卷,人民出版社2009年版,第495页。
③ 《马克思恩格斯文集》第3卷,人民出版社2009年版,第496页。

是在德国《反社会党人法》颁布后发生的,"说明警察的禁令在像现代无产阶级的运动这样的运动前面是多么软弱无力"①。

2.《社会主义从空想到科学的发展》的影响

第 2 自然段,介绍了这部著作用各种语言出版的情况,说明科学社会主义在世界上的影响。当时,除了法文版、德文版,还有意大利文版、俄文版、丹麦文版、西班牙文版、荷兰文版在许多国家出版。1892 年,还有英文版问世。

从出版情况来看,这部著作的书名前后有四个:(1)《空想社会主义和科学社会主义》(法文版、意大利文版、西班牙文版、英文版);(2)《社会主义从空想到科学的发展》(德文版、丹麦文版、荷兰文版);(3)《空想的和科学的社会主义》(波兰文版);(4)《科学社会主义的发展》(俄文版)。

3.《社会主义从空想到科学的发展》德文第四版的修改情况

第 3 自然段,说明了这部著作再版时有两处修改("比较重要的补充")。一处是"在第一章中关于圣西门的补充",因为"同傅里叶和欧文相比,关于圣西门过去谈得有点过于简略"。另一处是"在第三章接近尾处关于在这期间已经变得很重要的新的生产形式'托拉斯'的补充"。②

(四) 1892 年英文版导言

这篇导言是恩格斯为 1892 年在伦敦出版的英文版《社会主义从空想到科学的发展》写的。英文版的书名是《空想社会主义和科学社会主义》。

1892 年 6 月,恩格斯又把这篇导言的前七段话删去译成德文,以《论历史唯物主义》为题,在《新时代》杂志 1892 年第 1 期和第 2 期发表。

---

① 《马克思恩格斯文集》第 3 卷,人民出版社 2009 年版,第 497 页。
② 《马克思恩格斯文集》第 3 卷,人民出版社 2009 年版,第 497 页。

这篇导言的相关内容,还以"资产阶级对封建主义的三次会战""工人政党"为题,在 1892 年 12 月 4 日至 1893 年 1 月 9 日,用法文发表于《社会主义者报》第 115、116、118、119、120 号。

了解这些情况,对于我们理解恩格斯的这部著作以及相关部分的主题,非常有好处。

这篇导言,有 53 个自然段,讲了五层意思。

1.《社会主义从空想到科学的发展》发表的历史背景和时代意义

第 1 自然段到第 5 自然段,从这部著作和《反杜林论》的关系讲起,阐述了《反杜林论》和这部著作发表的历史背景和时代意义。

第 1 自然段,开宗明义"这本小册子本来是一本大书的一部分"①。这本大书,就是《反杜林论》。也就是说,《社会主义从空想到科学的发展》这部著作和《反杜林论》一样,是为了批判杜林而编译发表的。杜林是 19 世纪 70 年代出现的,打着"社会主义"的旗号,以改造社会为标榜,攻击和反对马克思主义的小资产阶级代表人物。70 年代中期,杜林在德国社会民主党人中间有较大的影响,不仅对后来成为修正主义鼻祖的伯恩斯坦有影响,而且像倍倍尔这样的德国工人领袖都受到杜林的影响。为此,马克思、恩格斯还向李卜克内西提出过强烈的抗议。后来,李卜克内西也认识到杜林的危害,在 1875 年 2 月 1 日和 4 月 21 日致信恩格斯,建议对杜林进行反击。1876 年 5 月,恩格斯决定中断《自然辩证法》的写作,反击这个新出现的"社会主义"流派,并在 24 日致信马克思谈了自己的打算。马克思在 25 日就回信表示坚决支持恩格斯的决定。《反杜林论》的发表引起了杜林及其追随者激烈的反抗,他们曾经力图阻止德国社会民主党中央的机关报发表这部著作。恩格斯说《社会主义从空想到科学的发展》是《反杜林论》的一部分,强调的就是这部著作是在批判杜林的背景下应运而生的。

---

① 《马克思恩格斯文集》第 3 卷,人民出版社 2009 年版,第 499 页。

第 2 自然段，进一步指出这部著作和《反杜林论》一样，是德国社会党内思想斗争的直接产物。恩格斯说，当时，"德国社会党的两派——爱森纳赫派和拉萨尔派——刚刚合并，因而不仅力量大增，而且更重要的是能够全力以赴对付共同的敌人"。杜林及其所谓"新社会主义"的出现，不仅从思想上甚至从组织上危害了德国社会党。恩格斯说："因此，不管我们是否愿意，我们必须应战，把斗争进行到底。"①

第 3 自然段，强调指出《反杜林论》以及这部著作是对马克思主义的系统阐述。恩格斯首先指出德国人有一种"彻底的深思精神或深思的彻底精神"，因而偏好建构"体系"。② 杜林的特点就是有整套的哲学、政治经济学、社会主义的体系，妄言在社会科学中实行一次完全的变革。因此，恩格斯说在他应付时"不得不涉及所有各种各样的问题"。但是，恩格斯也很高兴，他说："我的对手的包罗万象的体系，使我有机会在同他争论时用一种比以往更连贯的形式，阐明马克思和我对这些形形色色的问题的见解。"③

第 4 自然段和第 5 自然段，从《反杜林论》发表的情况和《社会主义从空想到科学的发展》编译出版的情况，指出《社会主义从空想到科学的发展》深受工人欢迎，广为流传，影响极大。

需要指出的是，马克思、恩格斯在创立他们学说的时候，使用的概念是"共产主义"，以同当时工人运动中出现的形形色色的"社会主义"相区别。但到 70 年代中期，工人运动经历了巴黎公社失败后的低潮、再一次复兴时，工人运动中各个派别在联合起来时能够共同接受的是"社会主义"，而杜林打的旗号就是所谓"新社会主义"，因此，马克思、恩格斯决定提出和形形色色的"社会主义"思潮相区别的"科学社会主义"这个新概念，来阐明"共产主义"的基本原则。

---

① 《马克思恩格斯文集》第 3 卷，人民出版社 2009 年版，第 499 页。
② 《马克思恩格斯文集》第 3 卷，人民出版社 2009 年版，第 499 页。
③ 《马克思恩格斯文集》第 3 卷，人民出版社 2009 年版，第 500 页。

2.《社会主义从空想到科学的发展》英文版新增内容的说明

第6自然段和第7自然段,是顺上启下的两段重要论述。所谓"顺上",就是继续介绍《社会主义从空想到科学的发展》这部著作的基本情况;所谓"启下",即这两个自然段的内容是下面要论述的历史唯物主义的开篇。

第6自然段,告诉读者这个英文版增加了一个附录《马尔克》。马尔克,是恩格斯经常提及的德国古代原始公社的一种形式。恩格斯通过附录的形式,把马尔克介绍给英国的读者。

第7自然段,讲的是书中所用的经济学名词,凡是新的,都同马克思的《资本论》英文版中所用的一致。重点列举了"商品生产"这个名词,还指出了商品生产和资本主义商品生产的关系,同时指出了手工业、工场手工业、现代工业三个时期的不同特点。

3. 历史唯物主义的内涵

第8自然段以后,恩格斯曾经以"论历史唯物主义"为题用德文公开发表。其中,从第8自然段到第25自然段,恩格斯指出科学社会主义与历史唯物主义密不可分,回答了什么是历史唯物主义。

第8自然段,指出《社会主义从空想到科学的发展》捍卫的是历史唯物主义。

第9自然段,指出尽管英国的"体面人物"完全不能容忍唯物主义,但是全部现代唯物主义的发祥地正是英国。

第10自然段到第20自然段,阐述了唯物主义在英国形成和发展的历史,指出从英国唯物主义的真正始祖培根,到把唯物主义系统化的霍布斯,再到洛克,"都是光荣的法国唯物主义者学派的前辈"。如果英国人知道这些"新奇的思想"是老牌的英国货,而且他们的不列颠祖先在200年前已经比今天敢冲敢闯的后代子孙走得更远,那他们将会感到安慰吧。①

---

① 《马克思恩格斯文集》第3卷,人民出版社2009年版,第504—505页。

第21自然段到24自然段,指出英国人虽然对唯物主义完全不可容忍,对不可知论还可以容忍,但是不可知论的自然观恰恰完全是唯物主义的。因为不可知论者承认我们的全部知识是以我们的感官向我们提供的报告为基础的,只是不知道我们所感知的是不是客观事物的正确反映。恩格斯说,这个难题实际上早被实践解决了。我们不仅可以通过实践检验感性知觉是否正确,还可以通过实践把认识到的事物重新制造出来。因此,不可知论者只要作出这些形式上的保留,他的言行就像十足的唯物主义者了。

第25自然段,通过对唯物主义与英国关系的分析,以及对不可知论的评析,指出不可知论者怎么也不能把唯物主义的历史观称为"历史不可知论"。英国的体面人物对用"历史唯物主义"这个名词来表达历史过程的观点不应该"过分感到吃惊"。历史唯物主义认为:"一切重要历史事件的终极原因和伟大动力是社会的经济发展,是生产方式和交换方式的改变,是由此产生的社会之划分为不同的阶级,是这些阶级彼此之间的斗争。"①

4. 资产阶级反对封建制度的历史

第26自然段到第40自然段,进一步以资产阶级反对封建制度的斗争史来阐明历史唯物主义的内涵及其正确性。这部分内容,恩格斯曾经以"资产阶级对封建主义的三次会战"为题用法文公开发表过。

第26自然段,指出可以用事实证明历史唯物主义对英国体面人物也是有益的。

第27自然段到第30自然段,指出当欧洲脱离中世纪的时候,新兴的资产阶级是欧洲的革命因素,这一阶级的发展已经不能同封建制度并存,封建制度必定要覆灭。虽然封建制度的巨大国际中心是罗马天主教会,但科学已经随着资产阶级的兴起迅速发展起来了。科学反叛教会,资产阶级也不得不参加。

---

① 《马克思恩格斯文集》第3卷,人民出版社2009年版,第509页。

第 31 自然段到第 40 自然段,指出资产阶级反对封建制度的长期斗争,终于引发了三次大决战。第一次,是德国的宗教改革。从路德的失败到加尔文的胜利,证明决定成败的并不是一个人的意志或经营活动,而是全凭未知的至高的经济力量的恩赐。第二次,是英国的光荣革命。英国新兴的资产阶级虽然和以前的封建地主之间妥协了,但英国的贵族与其说是封建的,不如说是资产阶级的。第三次,是法国大革命。唯物主义从英国传到法国,和法国的唯物主义笛卡尔学派相遇,并与此汇合。法国的唯物主义显示出来的革命性,体现在它不是只批判宗教信仰问题,而是批判了当时的每一个科学传统或政治体制。因此,法国大革命"同过去的传统完全决裂,扫清了封建制度的最后遗迹"①。

5. 英国工业革命兴起和工人阶级登上历史舞台

第 41 自然段到第 53 自然段,进一步以英国工业革命兴起和工人阶级登上历史舞台的历史事实来阐明历史唯物主义的内涵及其正确性,并指出科学社会主义是历史唯物主义揭示的社会发展规律的必然结果。这部分内容,恩格斯曾经以"工人政党"为题用法文公开发表过。

第 41 自然段到第 42 自然段,讲了英国资产阶级借助法国大革命正反两个方面的影响及其机会,夺取殖民地和新的海外市场。

第 43 自然段到第 44 自然段,指出英国发动的工业革命,把经济力量的重心完全转移了。工业革命创造了一个大工业资本家阶级,但是也创造了一个人数远远超过资本家的工业工人的阶级。

第 45 自然段到第 52 自然段,指出欧洲 1848 年革命、英国宪章运动和巴黎六月起义等一系列工人运动虽然失败了,但让资产阶级看到了工人的力量,他们求助于宗教向普通人民宣传福音,和封建贵族一起来对付工人阶级。但是,工人阶

---

① 《马克思恩格斯文集》第 3 卷,人民出版社 2009 年版,第 514 页。

级已经登上舞台。而且,法国和德国的工人"全都感染上了社会主义"。资产阶级阻挡不了"目前高涨的无产阶级的潮流"①。

第 53 自然段,表达了对英法德工人运动的期望。恩格斯指出:"欧洲工人阶级的胜利,不是仅仅取决于英国。至少需要英法德三国的共同努力,才能保证胜利。"最后,他以"依目前的形势来判断,德国难道不可能又成为欧洲无产阶级夺取第一次伟大胜利的舞台吗?"②这句话,来结束了这篇导言。

综上所述,《社会主义从空想到科学的发展》这部著作的四个前言(序言、导言)阐明了四个基本问题:

1. 《社会主义从空想到科学的发展》编译出版的原因和历史背景以及各个版本修改的基本情况。

2. 科学社会主义和德国古典哲学的关系。

3. 科学社会主义和历史唯物主义的关系。

4. 《社会主义从空想到科学的发展》的巨大影响及其重大意义。

二、 科学社会主义的思想来源

《社会主义从空想到科学的发展》正文的第一部分,就是《反杜林论》"引论"中的"概论"部分,主题讲的是空想社会主义是科学社会主义的思想来源,重点分析了空想社会主义的产生及其发展阶段、产生的历史条件和局限性、思想成果及其贡献,以及衰落的必然性。

全文共有 30 个自然段,讲了五个问题。

---

① 《马克思恩格斯文集》第 3 卷,人民出版社 2009 年版,第 520—521 页。
② 《马克思恩格斯文集》第 3 卷,人民出版社 2009 年版,第 522 页。

（一）科学社会主义的内容和形式及其思想材料

第 1 自然段非常精练,三句话三层意思,层层递进。

第一句话指出:"现代社会主义,就其内容来说,首先是对现代社会中普遍存在的有财产者和无财产者之间、资本家和雇佣工人之间的阶级对立以及生产中普遍存在的无政府状态这两个方面进行考察的结果。"

第二句话指出: 现代社会主义"就其理论形式来说,它起初表现为 18 世纪法国伟大的启蒙学者们所提出的各种原则的进一步的、似乎更彻底的发展"。

第三句话,既是前两句话的归结,又提出了理解后面全部论述的路径,也即提出了考察新学说的基本方法。这就是:"同任何新的学说一样,它必须首先从已有的思想材料出发,虽然它的根子深深扎在物质的经济的事实中。"①

这里讲的"现代社会主义",是和"古代社会主义"相区别的广义的概念。空想社会主义作为 18 世纪法国启蒙思想的继承和发展,是它的第一个理论形态。空想社会主义为科学社会主义的诞生提供了重要的思想材料,尽管科学社会主义是马克思、恩格斯在对资本主义的批判中形成的。因此,恩格斯接下来系统地考察了空想社会主义及其对科学社会主义的意义。

（二）空想社会主义的产生及其发展阶段

第 2 自然段到第 4 自然段,讲了空想社会主义和法国启蒙思想有密切的关系。

第 2 自然段到第 3 自然段,指出法国启蒙学者崇尚的是"理性王国"不过是资产阶级的理想化的王国。法国启蒙学者崇尚"理性",而不承认宗教、自然观、社

---

① 《马克思恩格斯文集》第 3 卷,人民出版社 2009 年版,第 523 页。

会、国家制度等任何外界的权威。在他们那里,"思维着的知性成了衡量一切的唯一尺度"。恩格斯指出,这既是黑格尔所说的"世界用头立地的时代",又是启蒙时期革命性的体现。在启蒙思想家看来,"从今以后,迷信、非正义、特权和压迫,必将为永恒的真理,为永恒的正义,为基于自然的平等和不可剥夺的人权所取代"①。

但是,启蒙学者的"这个理性的王国不过是资产阶级的理想化的王国"。也就是说,"18世纪伟大的思想家们,也同他们的一切先驱者一样,没有能够超出他们自己的时代使他们受到的限制"②。

第4自然段再进一步指出,尽管资产阶级在反对封建贵族的斗争中标榜自己是整个受苦人类的代表,但是资产阶级从产生之日起就和自己的对立物无产者缠在一起,而且在每一个大的资产阶级运动中都爆发过作为早期无产阶级反对资产阶级的独立运动。例如德国宗教改革和闵采尔的农民起义、英国大革命时期的平等派(掘地派)运动、法国大革命时期的巴贝夫密谋运动。恩格斯接着指出:"伴随着一个还没有成熟的阶级的这些革命运动,产生了相应的理论表现。"③这个"理论表现",就是空想社会主义。

作为"还没有成熟的"无产阶级革命运动的"理论表现",空想社会主义思想经历了三个发展阶段。

第一阶段,16、17世纪形成的早期空想社会主义,是对"理想社会制度的空想的描写"。当时,资本主义生产正由简单协作进入工场手工业阶段,资本原始积累加快,农民和工场工人遭受残酷的剥削。德国宗教改革和闵采尔的农民起义、英国大革命时期的平等派(掘地派)运动,就是在这样的背景下发生的。作为这些运动的"理论表现",三部早期空想社会主义代表作相继问世。这就是1516年问世的英国人托·莫尔(1478—1535)写的《乌托邦》,1601年撰写、1623年出版的意大

---

① 《马克思恩格斯文集》第3卷,人民出版社2009年版,第523—524页。
② 《马克思恩格斯文集》第3卷,人民出版社2009年版,第524页。
③ 《马克思恩格斯文集》第3卷,人民出版社2009年版,第525页。

利人康帕内拉(1568—1639)的《太阳城》,1618 年创作、1619 年出版的德国人安德里亚(1586—1654)的《基督城》。《乌托邦》的问世,标志着空想社会主义的诞生。我们今天讲世界社会主义 500 年,就是以此为起点算起的。

第二阶段,18 世纪形成的中期空想社会主义,有了"直接共产主义理论"。当年,工场手工业快速发展,英国在 60 年代开始向机器大工业过渡,1789 年爆发了法国大革命。与此同时,资本主义私有制的野蛮和罪恶也尖锐地暴露出来。法国的摩莱里(约 1700—1780)此时发表的《巴齐里阿达》《自然法则》和马布利(1709—1785)此时发表的《论法制或法律的原则》《论公民的权利和义务》等著作,尽管明显地带有禁欲主义和平均主义的色彩,但认为平等要求不能局限于政治权利方面,而要扩大到个人的社会地位方面,私有制是人类一切不幸的根源,要消灭阶级差别、实行财产公有和共同劳动。他们的理论主张对人们影响很大,试图通过群众起义推翻资产阶级统治的巴贝夫密谋运动,就是在这样的思想影响下发生的。

第三阶段,19 世纪初出现的晚期的空想社会主义,即以圣西门(1760—1825)、傅立叶(1772—1837)、欧文(1771—1858)三大空想家为代表的形态最完备的空想社会主义,是科学社会主义直接的思想来源。经过英国工业革命和法国大革命,资本主义迅速发展起来,同时,阶级关系急剧变化,资本主义社会内部资产阶级和无产阶级的对立和矛盾发展起来。在这样的背景下,以法国人圣西门、傅立叶和英国人欧文为代表,在对资本主义的揭露中,形成了思想形态更加完备的空想社会主义。

(三) 三大空想家产生的历史条件和思想局限性

第 5 自然段到第 8 自然段,分析了以圣西门、傅立叶、欧文三大空想家为代表的空想社会主义,来源于法国启蒙思想家的"理性王国"又不同于法国启蒙思想家的"理性王国",是和不成熟的社会经济状况相适应的。

第 5 自然段,明确指出:"所有这三个人有一个共同点:他们都不是作为当时已经历史地产生的无产阶级的利益的代表出现的。""他们和启蒙学者一样,想建立理性和永恒正义的王国。"同时,恩格斯指出:"他们的王国和启蒙学者的王国有天壤之别的。"①因为,按照启蒙学者的原则建立起来的是资产阶级国家,而非真正的理性和正义的世界。空想社会主义者作为"天才人物"认识到了这一点。

第 6 自然段,指出三大空想家是在启蒙学者追求的"理性国家"完全破产的时候出现的。启蒙学者追求的"理性""自由""博爱",为法国大革命做了思想准备。但是,当这样的"理性国家"在法国大革命中实现的时候,也就是"理性国家"破产的时候。法国大革命建立的资产阶级国家,富有和贫穷的对立没有化为普遍的幸福,自由对小资产者和小农来说就是失去财产的自由,博爱化为竞争中的蓄意刁难和忌妒,金钱代替刀剑成了社会权力的第一杠杆。同启蒙学者的华美诺言比起来,由"理性的胜利"建立起来的社会制度和政治制度竟是一幅令人极度失望的讽刺画。正是在这样"失望"的背景下,随着新世纪的到来,圣西门、傅立叶、欧文三大空想家出现了。圣西门的《日内瓦书信》(《一个日内瓦居民给当代人的信》)在1802 年出版了,傅立叶的《关于四种运动和普遍名义的理论》在 1808 年出版了,欧文 1800 年 1 月 1 日来到苏格兰的新拉纳克市担任一个大纺纱工厂的厂长,在那里开始他的社会改革,并在那里形成了他的空想共产主义代表作《致拉纳克郡报告》。

第 7 自然段,三大空想家又是在无产阶级还无力采取独立的政治行动的时候出现的。当时,资本主义生产方式以及随之而来的资产阶级和无产阶级之间的对立还很不发展。恩格斯在分析了大工业发展和资本主义生产方式之间的冲突以及大工业生产力又是解决冲突的手段后,指出:"在当时刚刚作为新阶级的胚胎从

---

① 《马克思恩格斯文集》第 3 卷,人民出版社 2009 年版,第 525—526 页。

这些无财产的群众中分离出来的无产阶级,还完全无力采取独立的政治行动,它表现为一个无力帮助自己,最多只能从外面、从上面取得帮助的受压迫的受苦的等级。"①

第 8 自然段,指出了空想社会主义之所以陷入空想,是因为"不成熟的理论,是同不成熟的资本主义生产状况、不成熟的阶级状况相适应的"②。

(四) 三大空想家"天才的思想萌芽和天才的思想"

第 9 自然段到第 29 自然段,分别总结了圣西门、傅立叶、欧文的空想社会主义思想成果及其贡献。

第 9 自然段,指出三大空想家显露出来的是"天才的思想萌芽和天才的思想"③。这是对空想社会主义思想家的高度评价。

第 10 自然段到第 15 自然段,总结圣西门的思想成果。圣西门是法国大革命的产儿。法国大革命被说成是第三等级的胜利,但很快就暴露出,所谓第三等级的胜利只是这个等级中拥有财产的资产阶级的胜利。圣西门注意到了第三等级和特权之间的对立表现为"劳动者"和"游手好闲者"之间对立的形式,他所说的"劳动者"不仅是指雇佣工人,也包括厂主、商人和银行家。他一方面认为社会应该由科学和工业来领导和统治,即由学者和资产者来领导和统治,另一方面特别强调,首先要关心"人数最多和最贫穷的阶级",提出"人人应当劳动"。④ 恩格斯在分析了圣西门思想的两重性后,指出:"认识到法国革命是阶级斗争,并且不仅是贵族和资产阶级之间的,而且是贵族、资产阶级和无财产者之间的阶级斗争,这

---

① 《马克思恩格斯文集》第 3 卷,人民出版社 2009 年版,第 528 页。
② 《马克思恩格斯文集》第 3 卷,人民出版社 2009 年版,第 528 页。
③ 《马克思恩格斯文集》第 3 卷,人民出版社 2009 年版,第 529 页。
④ 《马克思恩格斯文集》第 3 卷,人民出版社 2009 年版,第 530 页。

在 1802 年是极为天才的发现。"与此同时,肯定了圣西门关于"政治是关于生产的科学""政治将完全溶化在经济中"等思想已经是历史唯物主义的"萌芽",具有"天才的远大目光"。①

第 16 自然段到第 19 自然段,总结傅立叶的思想成果。傅立叶对现存社会制度所作的具有真正法国人的风趣的、但并不因此就显得不深刻的批判。特别是,他把资本主义社会物质上道德上的贫困和启蒙学者当年诱人的诺言作对比,把现实社会这种贫困和当时资产阶级思想家华丽的词句作对比,指出"同最响亮的词句相对应的到处都是最可怜的现实"。恩格斯说,傅立叶不仅是批评家,他的永远开朗的性格还使他成为一个讽刺家。恩格斯还肯定了傅立叶的思想贡献:一是:"他第一个表述了这样的思想:在任何社会中,妇女解放的程度是衡量普遍解放的天然尺度。"二是:"傅立叶最了不起的地方表现在他对社会历史的看法上。他把社会历史到目前为止的全部历程分为四个发展阶段:蒙昧、宗法、野蛮和文明。"三是:傅立叶认为资本主义社会属于文明时代,但这种文明制度使野蛮时代每一以简单方式犯下的罪恶,都采取了复杂的、暧昧的、两面的、虚伪的存在形式。这时的贫困是由过剩本身产生的。四是:"傅立叶把人类将来要归于灭亡的思想引入了历史研究。"②

第 20 自然段到第 29 自然段,总结欧文的实践和思想贡献。欧文生活的年代,英国正处于工业革命的狂飙时期,一方面是大工业生产力的飞速发展,从而把资产阶级社会的整个基础革命化了;另一方面是社会迅速两极分化,资产阶级财富的极度膨胀,大批劳动者成为无产者,处于二者之间的手工业者和小商人过着动荡不定的生活。资本主义社会暴露出了明显的社会弊病。欧文在思想上接受的是唯物主义启蒙学者的学说,前半生是一个慈善家和社会改革家,

---

① 《马克思恩格斯文集》第 3 卷,人民出版社 2009 年版,第 530—531 页。
② 《马克思恩格斯文集》第 3 卷,人民出版社 2009 年版,第 531—532 页。

后半生是一个空想共产主义者。恩格斯说:"转向共产主义是欧文一生中的转折点。"①

1800 年,欧文在苏格兰的新拉纳克市纺纱工厂当厂长,在那里开始他的社会改革试验,包括开办工厂子弟小学、幼儿园和托儿所,建立工人互助储金会,禁止不满 9 岁的童工劳动,提高工人工资,缩短工人的工作时间,等等,原来那里存在的酗酒、偷盗、欺骗等恶习消失了,这些成就使他名闻全欧洲。人们至今还称他为"现代人事管理之父"。

在企业管理中,欧文发现了工人创造的财富要比他们收入的多,这部分差额作为利润落到了企业所有者的手里。1820 年,欧文发表了著名的《致拉纳克郡报告》,提出要消灭私有制,建立财产公有、权利平等和共同劳动的改革社会的理想主张。这标志着他的空想共产主义思想的形成。恩格斯说:"欧文的共产主义就是通过这种纯粹营业的方式,作为所谓商业计算的果实产生出来的。"②他提出的共产主义主张,改变了他的个人命运。过去,他是"欧洲最有名望的人物";现在,他是官场社会普遍排斥、报刊对他实行沉默抵制的人。1824 年到 1828 年,欧文为了实现他的空想共产主义理想,到美国印第安纳州创办"新和谐公社",进行共产主义实验,结果完全失败了。

欧文 1829 年回到英国,在工人中宣传自己的主张,投身于蓬勃的工会运动。1833 年 10 月和 1834 年 2 月,欧文主持了英国工会和合作社的代表会议,成立了英国工会运动史上第一个全国性的总工会,并任联盟主席。后来,由于欧文坚持自己的空想共产主义思想,反对政治斗争,他逐渐脱离了工会运动。1858 年 11 月17 日,欧文与世长辞,享年 87 岁。马克思和恩格斯对欧文评价很高。1851 年 5月,33 岁的马克思曾经到伦敦去参加欧文 80 岁寿辰庆祝仪式。

---

① 《马克思恩格斯文集》第 3 卷,人民出版社 2009 年版,第 535 页。
② 《马克思恩格斯文集》第 3 卷,人民出版社 2009 年版,第 535 页。

（五）空想社会主义的衰落产生了社会主义从空想到科学发展的迫切需要

第 30 自然段，是这部分的小结。首先指出空想社会主义影响很大，曾经长期支配着 19 世纪的社会主义观点，而且现在还部分支配着这种观点。接着指出空想社会主义解决不了问题，但形成了各个相互冲突的派别，并在辩论的激流中磨光其锋利的棱角。最后的结论是："为了使社会主义变为科学，就必须首先把它置于现实的基础之上。"①

综上所述，《社会主义从空想到科学的发展》正文的第一部分从空想社会主义是科学社会主义的思想来源这一角度，深刻论述了四个基本问题：

1. 空想社会主义和法国启蒙思想的关系。

2. 空想社会主义的发展阶段。

3. 正确认识三大空想家的历史局限性和思想贡献。

4. 社会主义从空想到科学发展的基础。

三、 科学社会主义的科学依据

《社会主义从空想到科学的发展》正文的第二部分，是《反杜林论》第三编"社会主义"的第一章"历史"部分。这一部分的主题，讲的是由于马克思关于唯物史观和剩余价值这"两个伟大的发现"，使社会主义变成了科学。

全文共有 12 个自然段，讲了三个问题。

---

① 《马克思恩格斯文集》第 3 卷，人民出版社 2009 年版，第 537 页。

（一）唯物史观的发现

第 1 自然段到第 10 自然段，通过辩证法思想史的阐述，指出辩证法在同形而上学的斗争以及在辩证法和唯物主义相结合过程中，形成了关于社会发展规律的唯物史观。

1. 恢复辩证法这一最高的思维形式是黑格尔的最大功绩

第 1 自然段指出，同 18 世纪的法国哲学并列和继它之后，近代德国哲学诞生了，并且在黑格尔那里完成了。它的最大的功绩，就是恢复了辩证法这一最高的思维形式。之所以说这是"恢复"，因为古代就有辩证法，近代虽然也有辩证法的卓越代表，但由于英国的影响日益陷入所谓形而上学的思维方式，18 世纪的法国人几乎全都为这种思维方式所支配。近代德国从康德开始，经过费希特、谢林，最后到黑格尔，辩证法在德国古典哲学中得到了最详尽的探究。

2. 辩证法和形而上学是两种不同的思维方式

在第 1 自然段结尾处，恩格斯说："在这里，我们就简略地谈谈这两种思维方式的实质。"①第 2 自然段和第 4 自然段，就按照这样的提示分析了辩证法和形而上学这两种思维方式的实质以及形而上学的局限性。

第 2 自然段指出，自然界和人类历史首先呈现在我们面前的，"是一幅由种种联系和相互作用无穷无尽地交织起来的画面，其中没有任何东西是不动的和不变的，而是一切都在运动、变化、生成和消逝"②。也就是说，辩证法是客观存在的。这种客观存在的事物的相互联系和运动变化过程，就是客观辩证法。根据客观辩证法，用联系和发展的观点来认识事物的方法，就是作为方法论的辩证法，也叫主

---

① 《马克思恩格斯文集》第 3 卷，人民出版社 2009 年版，第 538 页。
② 《马克思恩格斯文集》第 3 卷，人民出版社 2009 年版，第 538 页。

观辩证法。人们最初看到的,就是一切都在运动和变化的总画面。古希腊哲学家赫拉克利特有一句名言:"人不能两次走进同一条河流。"也就是说,河里的水是不断流动的,一切都在流动,都在不断变化。这种原始的、素朴的、但实质上正确的世界观是古希腊的世界观。因此,古代辩证法是辩证法的第一个历史形态。

但是,问题的复杂性在于,我们仅仅看到这个总画面还不足以说明构成这幅总画面的各个细节,而要是不知道这些细节就看不清总画面。为了认识这些细节,我们不得不把它们从自然的或历史的联系中抽出来,从它们的特性、它们的特殊的原因和结果等方面来分别地加以研究。这样,就形成了分门别类研究自然科学和历史的各个学科。先是搜集材料,再进行整理和比较。这种做法给我们留下了一种习惯,即把自然界中的各种事物和各种过程孤立起来,撇开宏大的总的联系去进行考察。恩格斯说:"这种考察方法被培根和洛克从自然科学移植到哲学中以后,就造成了最近几个世纪所特有的局限性,即形而上学的思维方式。"①

第3自然段指出,在形而上学者看来,事物及其在思想上的反映即概念,是孤立的、应当逐个地和分别地加以考察的、固定的、僵硬的、一成不变的研究对象。这种形而上学的思维方式,虽然在依对象的性质而展开的各个领域中是合理的,甚至是必要的,可是它每一次迟早都要达到一个界限,一超过这个界限,它就会变成片面的、狭隘的、抽象的,并且陷入无法解决的矛盾。因为客观事物总是相互联系的,总是不断生成和消逝的,总是在运动的。每个有机体永远是它本身,同时又是别的东西。

因此,第4自然段指出,所有这些过程和思维方式都是形而上学思维的框子所容纳不下的。相反,对辩证法来说,上述过程正好证明它的方法是正确的。自然界就是检验辩证法的试金石。

---

① 《马克思恩格斯文集》第3卷,人民出版社2009年版,第539页。

3. 辩证法是认识事物发展变化的唯一正确的方法

第 5 自然段明确指出,要精确地描绘宇宙、宇宙的发展和人类的发展,以及这种发展在人们头脑中的反映,就只有用辩证的方法。"只有"两个字,说明了辩证方法的"唯一性"。在这里,恩格斯还指出,辩证法不仅要注意"生成"和"消逝"之间的相互作用,还要注意"前进的变化"和"后退的变化"之间的相互作用,也就是要注意事物发展变化的复杂性。

4. 黑格尔辩证法的伟大功绩和局限性

第 6 自然段和第 7 自然段,阐述了黑格尔对辩证法的贡献和他的唯心主义辩证法的局限性。

第 6 自然段指出,黑格尔第一次把整个自然的、历史的和精神的世界描写为一个过程,即把它描写为处在不断的运动、变化、转变和发展中,并企图揭示这种运动和发展的内在联系。恩格斯说,这是黑格尔的"伟大功绩"[①]。因为,这不仅恢复了辩证法的基本原理,而且把人类的历史看成人类本身的发展过程,而思维的任务现在就是要透过一切迷乱现象探索这一过程逐步发展的阶段,并且透过一切表面的偶然性揭示这一过程的内在规律性。

第 7 自然段指出,黑格尔划时代的功绩是提出了这个任务,但由于他受到知识和时代条件的限制,特别是受到他自己的唯心主义世界观的限制,一切都被头足倒置了,认为历史已经在绝对真理中结束了。这是黑格尔唯心主义辩证法"不可救药的内在矛盾"。

5. 现代唯物主义本质上是辩证的

第 8 自然段指出,辩证法与唯心主义的矛盾必然导致把辩证法建立在唯物主义基础上。当然,这已经不是 18 世纪的纯粹形而上学的、完全机械的唯物主义,而是现代唯物主义。这种现代唯物主义把历史看作人类的发展过程,而它的任务

---

① 《马克思恩格斯文集》第 3 卷,人民出版社 2009 年版,第 542 页。

就在于发现这个过程的运动规律。因此,恩格斯的结论是:"现代唯物主义本质上都是辩证的,而且不再需要任何凌驾于其他科学之上的哲学了。"①这个结论,包含了两层意思:一是现代唯物主义是辩证唯物主义,而不是机械唯物主义;二是由于以往包罗万象的哲学中的辩证自然观等已经作为科学从哲学中分离出去,已经不需要那种凌驾于其他科学之上的哲学,仍然作为哲学独立存在的只有关于思维及其规律的学说——形式逻辑和辩证法。

6. 辩证的历史观是唯物主义历史观

第9自然段和第10自然段指出,在实证的认识材料促使自然观发生变革的同时,一些在历史观上引起决定性转变的历史事实也证明辩证的历史观应该是唯物主义的历史观。这里讲的"一些在历史观上引起决定性转变的历史事实"②,就是无产阶级和资产阶级之间的阶级斗争,如1831年法国里昂工人起义、1838年至1842年英国的宪章运动等。恩格斯说:"新的事实迫使人们对以往的全部历史作一番新的研究,结果发现:以往的全部历史,除原始状态外,都是阶级斗争的历史;这些互相斗争的社会阶级在任何时候都是生产关系和交换关系的产物,一句话,都是自己时代的经济关系的产物;因而每一时代的社会经济结构形成现实基础,每一个历史时期的由法的设施和政治设施以及宗教的、哲学的和其他的观念形式所构成的全部上层建筑,归根到底都应由这个基础来说明。"③也就是说,辩证的历史观是唯物主义的历史观。

这样,就发生了历史观上最为彻底的革命。黑格尔把历史观从形而上学中解放出来,使它成为辩证的,这是历史观的第一次革命;现在,把唯心主义从它的最后的避难所即历史观中驱逐出去,使得辩证的历史观建立在唯物主义基础上,成为唯物主义历史观,这是历史观的第二次革命。

---

① 《马克思恩格斯文集》第3卷,人民出版社2009年版,第543页。
② 《马克思恩格斯文集》第3卷,人民出版社2009年版,第544页。
③ 《马克思恩格斯文集》第3卷,人民出版社2009年版,第544页。

（二）唯物史观和剩余价值的发现克服了空想社会主义的局限性

第 11 自然段指出，由于唯物史观的发现，使得人们对社会主义有了新的深刻的认识，克服了空想社会主义的局限性。

第一，由于唯物史观的发现，社会主义现在已经不再被看作某个天才头脑的偶然发现，而被看作两个历史地产生的阶级即无产阶级和资产阶级之间斗争的必然产物。

第二，由于唯物史观的发现，社会主义的任务不再是构想出一个尽可能完善的社会体系，而是研究必然产生这两个阶级及其相互斗争的那种历史的经济的过程；并在由此造成的经济状况中找出解决冲突的手段。

第三，由于唯物史观的发现，批判资本主义不再是简单地把资本主义当作坏东西抛弃，而要说明资本主义生产方式产生及其在一定历史时期存在的必然性和灭亡的必然性，又揭露资本主义生产方式隐蔽着的剩余价值规律，揭开资本主义生产的秘密。

（三）唯物史观和剩余价值的发现使社会主义变成了科学

第 12 自然段虽然只有两句话，但非常重要，阐述了两个重要问题。

第一，唯物史观和剩余价值"这两个伟大的发现"，归功于马克思。这个观点，在恩格斯 1877 年 6 月为《人民历书》写的传略《卡尔·马克思》中就已经提出。后来，1883 年 3 月 17 日，他在伦敦海格特公墓安葬马克思时发表的讲话中，进一步论述过这一观点。

第二，由于唯物史观和剩余价值的发现，使社会主义变成了科学。正如恩格斯前面说过的："为了使社会主义变为科学，就必须首先把它置于现实的基础之上。"①唯物史观和剩余价值的发现,促使人们从资本主义社会内部的阶级斗争及其发生的经济原因以及资本主义社会发生、发展到灭亡的规律,重新研究社会主义,从而使社会主义从空想变成科学。

需要说明的是,我们一般都说,唯物史观和剩余价值学说是科学社会主义的"理论基础",似乎马克思、恩格斯先创建了唯物史观和剩余价值学说,然后以此为理论基础把社会主义从空想变成了科学。但马克思、恩格斯本人并没有这样说。恩格斯在论述唯物史观和剩余价值的发现同社会主义变成科学之间的关系时,只是说"由于这些发现,社会主义变成了科学"②。在《卡尔·马克思》中,恩格斯在论述了马克思关于唯物史观和剩余价值两个重要发现后,指出:"现代社会主义就是以这两个重要事实为依据的。"③因此,在这里,我们把"科学社会主义的科学依据"作为《社会主义从空想到科学的发展》正文第二部分的主题。

综上所述,《社会主义从空想到科学的发展》正文的第二部分从科学社会主义的科学依据这一角度,深刻论述了两个基本问题:

1. 唯物史观的发现及其和辩证法特别是黑格尔辩证法的关系。

2. 唯物史观的发现以及由此发现的剩余价值对于社会主义从空想到科学发展的意义。

四、 科学社会主义的核心理论

《社会主义从空想到科学的发展》正文第二部分结束时,恩格斯说,现在首先要做的是对这门科学的一切细节和联系作进一步的探讨。正文的第三部分作为

---

① 《马克思恩格斯文集》第 3 卷,人民出版社 2009 年版,第 537 页。
② 《马克思恩格斯文集》第 3 卷,人民出版社 2009 年版,第 546 页。
③ 《马克思恩格斯文集》第 3 卷,人民出版社 2009 年版,第 461 页。

《反杜林论》第三编"社会主义"第二章"理论"部分,做的工作就是集中论述了科学社会主义的核心理论。

这里,先对"核心理论"的提法做一个说明。我们以往常常把这一部分内容称为"科学社会主义的基本原理",认真细读这一部分原著,就可以发现这里确实阐述了一些重要的基本的原理,但又不能说这里概括的是全部基本原理。恩格斯本人在《反杜林论》的序言中,专门就这一章的内容有个说明或提示。他说:"只有一章,我允许自己作些解释性的补充,这就是第三编第二章《理论》。这里所涉及的仅仅是我所主张的观点的一个核心问题的表述。"①因此,这里把这一部分内容的主题概括为"科学社会主义的核心理论"。

全文共有 36 个自然段,讲了三个问题。

(一) 社会主义的历史必然性

第 1 自然段到第 23 自然段,依据唯物史观的基本原理,阐述了资本主义生产方式形成过程及其内在的基本矛盾,分析了这一矛盾的表现及其结果,揭示了社会主义取代资本主义的历史必然性。

1. 唯物史观要求人们从经济中去揭示资本主义制度的不合理性和不公平

第 1 自然段,从唯物史观的原理讲起,指出一切社会变迁和政治变革的终极原因,应当到有关时代的经济中去寻找。对于现存制度的不合理性和不公平,空想社会主义已经做了大量的揭露,但是只有到生产方式和交换方式的变更中寻找才能找到真正的原因;对于解决资本主义生产方式的手段,空想社会主义也已经提出了许多方案,但是这些手段不应当"从头脑中发明出来",而应当"通过头脑从

---

① 《马克思恩格斯文集》第 9 卷,人民出版社 2009 年版,第 12 页。

生产的现成物质事实中发现出来"。① 恩格斯在这里区分了"发现"和"发明",从而阐明了马克思和黑格尔、马克思和杜林的根本不同,即历史唯物主义和形形色色的唯心主义的根本不同。

2. 现代社会主义是资本主义社会创造的新生产力与资本主义生产方式之间的冲突在思想上的反映

第2自然段和第3自然段,回答了现代社会主义是怎么回事,指出在资本主义的发展进程中形成的新的生产力,已经超过了这种生产力的资产阶级利用形式,于是,生产力和生产方式之间不依人的意志为转移的冲突发生了。现代社会主义不过是这种实际冲突在思想上的反映,是它在头脑中、首先是在那个直接吃到它的苦头的阶级即工人阶级的头脑中的观念的反映。

3. 资本主义社会的冲突表现为社会化生产和资本主义占有的不相容性

第4自然段到第7自然段,回答了资本主义社会的冲突表现在哪里。

第5自然段指出,资产阶级的历史作用就是经过简单协作、工场手工业和大工业这三个阶段,把以劳动者私人占有生产资料为基础的小生产,加以集中和扩大,变成现代的强有力的生产杠杆。第一,它形成了社会化的强大生产力;第二,它使生产及其产品都由个人的行动和个人的产品,变成了社会的行动和社会的产品。显然,这是历史性的进步。

第6自然段指出,由于分工使得生产的产品具有商品的形式,由此形成了商品交换,尽管这是个体生产者之间的商品交换。在社会化生产出现后,由于它们在商品交换中形成了比个体生产大得多的优势,于是,社会化生产使全部旧的生产方式发生了革命。这种革命在当时并不为人们所认识,只是用来当作提高和促进商品生产的手段。这样,社会化生产就同商品生产和商品交换已经存在的杠杆即商人资本、手工业、雇佣劳动直接联系了起来。也就是说,社会化生产本来可以

---

① 《马克思恩格斯文集》第3卷,人民出版社2009年版,第547页。

获得更好的经济形式,但在当时只能和资本主义经济形式相联系,使之有了资本的属性。由于它是作为商品生产的一种新形式出现的,所以商品生产的占有形式对它也保持着全部效力。

第 7 自然段进一步指出,在个体生产者的商品生产中,劳动资料是个体生产者的,劳动产品也是个体生产者的,产品的所有权是以自己的劳动为基础的。而在社会化生产相联系的商品生产中,社会化生产的特点决定了劳动产品已经不是个人的产品,但商品生产的占有形式则依然是劳动资料的占有者能够占有劳动产品。这样,按社会化方式生产的产品已经不归那些真正使用生产资料和真正生产这些产品的人占有,而是归资本家占有。这种资本主义性质的生产方式,包含了现代的一切冲突的萌芽。社会化生产和资本主义占有的不相容性,也必然越加鲜明表现出来。这里,恩格斯说的"社会化生产和资本主义占有的不相容性"①,就是他在后面说的资本主义社会的"基本矛盾"。

4. 资本主义基本矛盾的表现

第 8 自然段到第 11 自然段,分析了资本主义基本矛盾的两大表现。

第 8 自然段,指出社会化生产和资本主义占有之间的矛盾表现为无产阶级和资产阶级的对立。

第 9 自然段到第 11 自然段,指出社会化生产和资本主义占有之间的矛盾表现为个别工厂中生产的组织性和整个社会中生产的无政府状态之间的对立。

正如恩格斯一开始就已经指出的:"现代社会主义,就其内容来说,首先是对现代社会中普遍存在的有财产者和无财产者之间、资本家和雇佣工人之间的阶级对立以及生产中普遍存在的无政府状态这两个方面进行考察的结果。"②

---

① 《马克思恩格斯文集》第 3 卷,人民出版社 2009 年版,第 551 页。
② 《马克思恩格斯文集》第 3 卷,人民出版社 2009 年版,第 523 页。

5. 资本主义基本矛盾的后果

第 12 自然段到第 14 自然段,分析了资本主义基本矛盾的这两种表现形式带来的严重后果。

第 12 自然段指出,后果之一,是两极分化。在一极是财富的积累,另一极是贫困、劳动折磨、受奴役、无知、粗野和道德堕落的积累。

第 13 自然段和第 14 自然段指出,后果之二,是周期性经济危机。

6. 资本主义基本矛盾的解决

第 15 自然段到第 23 自然段,通过对资本主义基本矛盾以及资本主义化解危机的各种举措的分析,指出只有社会主义才能解决资本主义的基本矛盾。

第 15 自然段指出,经济危机把社会化生产和资本主义占有之间的矛盾剧烈地爆发出来。经济的冲突达到顶点时,生产方式就会起来反对交换方式。

第 16 自然段指出,所谓"生产方式就会起来反对交换方式"[①],指的就是社会化生产力要求摆脱它作为资本的属性,要求在事实上承认它作为社会生产力的那种性质。也就是说,社会化生产要求按照自己的本性来发展,改变资本主义生产关系对它的束缚。

第 17 自然段到第 21 自然段指出,在社会化生产的压力下,迫使资本家阶级在资本关系内部可能的限度内进行改良,出现了股份公司、托拉斯、国有化等新的经济组织形式以及企业内部的职业经理人制度。对此,恩格斯做了两重性的分析:一方面,这些新的经济形式是在社会化生产压力下,迫使资本家"越来越把生产力当作社会生产力看待"的背景下出现的,因此它们具有"社会化"特点,并对未来的社会主义具有启示的意义。他说,股份公司是一种"社会化形式",托拉斯意味着"资本主义社会的无计划生产向行将到来的社会主义社会的计划生产投降",国有

---

① 《马克思恩格斯文集》第 3 卷,人民出版社 2009 年版,第 557 页。

化"意味着达到了一个新的为社会本身占有一切生产力作准备的阶段"。① 企业内部的职业经理人制度意味着资本主义生产方式起初排挤工人,现在却在排挤资本家了。另一方面,这些新的经济组织形式"都没有消除生产力的资本属性"。"资本关系并没有被消灭,反而被推到了顶点。"②

最后,第22自然段到第23自然段指出,只有社会主义才能解决资本主义的基本矛盾。恩格斯说:"这种解决只能是在事实上承认现代生产力的社会本性,因而也就是使生产、占有和交换的方式同生产资料的社会性相适应。"③而要做到这一点,只能由"社会占有生产力"。"那时,资本主义的占有方式,即产品起初奴役生产者而后又奴役占有者的占有方式,就让位于那种以现代生产资料的本性为基础的产品占有方式:一方面由社会直接占有,作为维持和扩大生产的资料,另一方面由个人直接占有,作为生活资料和享受资料。"④也就是说,社会主义取代资本主义,是因为资本主义解决不了自身内部的基本矛盾。这是合乎社会化生产本性的历史的必然。

(二) 实现社会主义的现实力量、途径和条件

第24自然段到第26自然段,进一步分析了社会主义取代资本主义的现实力量、变革途径和实际条件。

1. 无产阶级是社会主义取代资本主义的现实力量

第24自然段第一句就明确指出,资本主义生产方式日益把大多数居民变为无产者,从而造成一种在死亡的威胁下不得不去完成这个变革的力量。因为,按

---

① 《马克思恩格斯文集》第3卷,人民出版社2009年版,第557—558页。
② 《马克思恩格斯文集》第3卷,人民出版社2009年版,第559—560页。
③ 《马克思恩格斯文集》第3卷,人民出版社2009年版,第560页。
④ 《马克思恩格斯文集》第3卷,人民出版社2009年版,第561页。

照社会化生产的本性来改变资本主义生产关系对它的束缚,社会化生产的主体就是无产阶级。无产阶级在空想社会主义那里仅仅是一个受苦受难的、被同情的阶级。科学社会主义认为,这个阶级不仅是一个有组织性、纪律性的革命阶级,而且是一个同社会化生产这种先进生产力直接相联系的先进阶级,是资本主义的掘墓人。

2. 社会主义取代资本主义的变革途径

第24自然段预测了社会主义取代资本主义的"变革的道路"。其实现途径是:第一步,无产阶级取得国家政权;第二步,无产阶级在取得国家政权后,首先把生产资料变为国家财产,即按照社会化生产的本性先把生产资料国有化;第三步,消灭阶级差别和阶级对立;第四步,国家自行消亡,对人的统治将由对物的管理和对生产过程的领导所取代。显然,这里讲的"变革的道路",是基于"社会化生产的本性"所作出的一个方向性、趋势性的预测。究竟怎么实现社会主义,还是要从各个国家所处的时代条件和基本国情出发,找到符合本国特点的社会主义道路。

需要指出的是,依照"社会化生产的本性"推进的生产资料社会化,应该是由社会占有生产资料,但在无产阶级取得国家政权之初"社会"还不具备"占有生产资料"的条件下,只能由"国家"来占有生产资料。所以,在无产阶级取得政权后,"国家真正作为社会的代表所采取的第一个行动,即以社会的名义占有生产资料"①。这里强调国家"作为社会的代表""以社会的名义"非常重要。因为"国有化"并非为社会主义之独有,恩格斯在注释中已经说明德国俾斯麦也在搞国有化,并说这是"冒牌的社会主义"②。

3. 社会主义取代资本主义的实际条件

第25自然段到第26自然段,讲了一个非常重要的问题,即再好的思想要实现

---

① 《马克思恩格斯文集》第3卷,人民出版社2009年版,第562页。
② 《马克思恩格斯文集》第3卷,人民出版社2009年版,第558页。

也是要有条件的。

第 25 自然段指出,自资本主义生产方式在历史上出现以来,尽管社会占有全部生产资料的理想早已有之,但是,这种占有只有在实现它的实际条件已经具备的时候,才能成为可能,才能成为历史的必然性。即使你对人类的正义和平等充满激情,即使你对废除阶级充满渴望,但在生产力还十分落后、劳动还占去社会大多数成员的全部或几乎全部时间的时候,仅仅依靠道德的同情心是改变不了资本主义的。

第 26 自然段进一步指出,阶级的划分是以生产的不足为基础的,它将被现代生产力的充分发展所消灭。同时指出,把生产资料从资本主义生产方式的桎梏下解放出来,是生产力不断地加速发展的唯一先决条件,也是生产本身实际上无限增长的唯一先决条件。在这里,阶级的消灭、生产资料占有的变革、生产力的充分发展这三者是辩证地联系在一起的。归根到底,要靠社会化生产的发展。

(三) 未来社会的设想

第 27 自然段到第 36 自然段,在对资本主义基本矛盾发展变化特点进行科学分析的基础上,提出了关于未来社会及其发展进程的设想。

1. 社会占有生产资料将引起深刻的社会变革

第 27 自然段,以"社会占有生产资料"为前提,指出未来社会将发生大变化:比如商品生产将被消除,产品对生产者的统治也将随之消除。需要注意的是,这里说的都是"将",而不是即刻或很快就会被消除的。比如社会内部的无政府状态将为有计划的自觉的组织所代替。比如个体生存斗争停止了,这意味着人为谋生而进行的劳动、人为争夺生存资源而进行的争斗,以及阶级斗争和战争等届时都已经停止了。比如在人们成为和社会结合的主人的同时,第一次成为自然界的自觉的和真正的主人。比如人们可以完全自觉地创造自己的历史,这是人类从必然王国进入自由王国的飞跃。

2. 社会变革的历史进程

第 28 自然段到 35 自然段,概述了资本主义的发生、发展和社会主义取代资本主义的历史进程及其三大发展阶段。

一是个体小生产占主导地位的中世纪。

二是资产阶级革命建立的资本主义社会造就了社会化生产,但社会的产品被个别资本家所占有,这就是产生现代社会的一切矛盾的基本矛盾。

三是无产阶级革命将使生产资料摆脱它们迄今具有的资本属性,解决资本主义的基本矛盾。

3. 现代无产阶级的历史使命和科学社会主义的任务

第 36 自然段是这一部分的结论,也是《社会主义从空想到科学的发展》全书的结论,讲了两点。

第一,"完成这一解放世界的事业,是现代无产阶级的历史使命"。

第二,"深入考察这一事业的历史条件以及这一事业的性质本身,从而使负有使命完成这一事业的今天受压迫的阶级认识到自己的行动的条件和性质,这就是无产阶级运动的理论表现即科学社会主义的任务"①。

综上所述,《社会主义从空想到科学的发展》正文的第三部分围绕科学社会主义的核心理论这一主题,深刻论述了三个基本问题。

1. 资本主义社会一切冲突的根源在社会化生产和资本主义占有这一基本矛盾。

2. 社会化生产的本性决定了唯有社会主义才能解决资本主义的基本矛盾。

3. 无产阶级要承担起自己的历史使命必须掌握科学社会主义。

---

① 《马克思恩格斯文集》第 3 卷,人民出版社 2009 年版,第 566—567 页。

五、 对于坚持中国特色社会主义思想的意义

党的十九届六中全会通过的历史决议在指出"马克思主义揭示了人类社会发展规律,是认识世界、改造世界的科学真理"的同时,指出:"马克思主义的科学性和真理性在中国得到充分检验,马克思主义的人民性和实践性在中国得到充分贯彻,马克思主义的开放性和时代性在中国得到充分彰显。"①这一科学结论,是从中国共产党百年奋斗的历史中得到的。党的十八大以来形成的习近平新时代中国特色社会主义思想,就是当代中国马克思主义、21 世纪马克思主义。

今天我们学习《社会主义从空想到科学的发展》,从根本上说,就是要学懂、弄通、悟透、做实习近平新时代中国特色社会主义思想。习近平总书记曾经明确说过,坚持和发展中国特色社会主义是一篇大文章。我们这一代共产党人的任务,是要继续把这篇大文章写下去。他强调:"中国特色社会主义是社会主义而不是其他什么主义。我们党始终强调,中国特色社会主义,既坚持了科学社会主义基本原则,又根据时代条件赋予其鲜明的中国特色。"②这不仅阐述了中国特色社会主义决不是国内外有些舆论提出的中国特色社会主义是"资本社会主义""国家资本主义""新官僚资本主义",而且要求我们在推进中国特色社会主义时更好地坚持科学社会主义基本原则。因此,我们要努力从理论和实践结合上系统回答新时代坚持和发展什么样的中国特色社会主义、怎样坚持和发展中国特色社会主义,建设什么样的社会主义现代化强国、怎样建设社会主义现代化强国,建设什么样的长期执政的马克思主义政党、怎样建设长期执政的马克思主义政党等重大时代

---

① 《中共中央关于党的百年奋斗重大成就和历史经验的决议》,人民出版社 2021 年版,第63 页。

② 《习近平著作选读》第 1 卷,人民出版社 2023 年版,第 75 页。

课题,更加自觉地把科学社会主义的基本原则同中国具体实际和时代条件结合起来,坚持习近平新时代中国特色社会主义。

同时,我们今天学习《社会主义从空想到科学的发展》,不仅要掌握科学社会主义的来龙去脉、科学依据和核心理论,更要紧密联系今天的实际,进一步搞清楚中国特色社会主义和中国共产党长期社会主义探索的关系、中国特色社会主义和中华民族优秀传统文化的关系,按照"两个结合"的要求,研究和解决新时代中国特色社会主义在实践中遇到的种种问题和现实发展中遇到的各种挑战,更加自觉地坚持对中国特色社会主义的道路自信、理论自信、制度自信和文化自信。

归根到底,我们今天学习《社会主义从空想到科学的发展》,就是要以习近平新时代中国特色社会主义思想指导新时代的伟大实践,用这一马克思主义中国化的最新成果凝聚党心民心,完成党所肩负的实现中国社会主义现代化和中华民族伟大复兴的历史任务。

李君如

思考题

1. 如何正确认识空想社会主义的历史局限性和思想贡献?

2. 唯物史观和剩余价值的发现如何使社会主义从空想变为科学?

3. 资本主义社会创造的新生产力与资本主义生产方式之间的冲突如何创造现代社会主义?

4. 实现社会主义的现实力量、途径和条件分别是什么?

5. 科学社会主义思想对我国坚持和发展中国特色社会主义有何启示?

恩格斯《自然辩证法》(节选）领读

《自然辩证法》是恩格斯未能完成的重要著作。这本著作主要基于对 19 世纪中叶自然科学成就的研究和总结，丰富和发展了辩证唯物主义的自然观、科学观和方法论，在马克思主义体系中居于独特的地位。这里，我们节选原著的部分内容，以领读的方式，学习其中深刻和前瞻的思想，感悟恩格斯非凡的理论思维能力和批判精神。

一、《自然辩证法》的写作、传播和节选原则

近代科学的诞生，革命性地改变了人类认识世界的方式。到了 19 世纪中叶，自然科学的几乎所有学科开始走向成熟，结果，它向人们展现出一幅自然界普遍联系和演化发展的辩证图景。与此相对照，在哲学领域，唯心主义的观念还颇为盛行，而不少自然科学家要么依然奉行形而上学的世界观，要么对唯物主义进行庸俗的阐释。正是在这样的背景下，恩格斯着手写作《自然辩证法》，以期阐发自

然科学中的辩证唯物主义,批判唯心主义、形而上学和庸俗唯物主义等观念。

(一)《自然辩证法》的写作过程

恩格斯写作《自然辩证法》的时期主要是从 1873 年到 1883 年马克思逝世。这一时期大致分为两个阶段。

1. 第一阶段从 1873 年 5 月到 1876 年 5 月。1873 年初,恩格斯打算基于自己研究的成果撰写一部旨在反对庸俗唯物主义者毕希纳的论战性著作。毕希纳是德国药理学家和哲学家,现代药理学的奠基人,在捍卫唯物主义的同时却有将其庸俗化的倾向。不久,恩格斯为自己提出了更为广泛的任务。1873 年 5 月恩格斯在寄给马克思的信中,叙述了《自然辩证法》的宏大计划。马克思和恩格斯的共同朋友肖莱马在看了这封信后,表示完全同意恩格斯计划的基本思想。肖莱马是德国化学家和共产主义者,有机化学的奠基人。恩格斯曾称赞说:"这位朋友既是一位优秀的共产主义者,又是一位优秀的化学家。"肖莱马逝世后,恩格斯特意为他写了一篇传记性的悼文,对他的一生作了全面的、公正的评价。

在以后几年,恩格斯按既定计划进行了大量的工作。这段时间,恩格斯主要是收集材料,撰写了大部分的札记和片段,并完成了第一篇较完整的论文 ——《导言》。

1876 年 5 月,在德国社会民主党主席威廉·李卜克内西的一再劝说下,恩格斯决定反击杜林的社会主义新论。杜林是德国作家和哲学家。当时,他以社会主义的行家和改革家自居,向马克思主义发起全面挑战,其观点在德国社会主义工人党中颇有市场。5 月 28 日,恩格斯写信告诉马克思,他已制定批判杜林的著作的总计划。于是,《自然辩证法》的写作被中断。

2. 第二阶段从 1878 年 7 月到 1883 年 3 月。完成《反杜林论》后,恩格斯重新回到《自然辩证法》的写作。在这一阶段,恩格斯系统地拟定了著作的体系结构和具体计划，撰写了几乎所有最接近完成的论文，以及相当数量的札记和片段。

1883 年 3 月 14 日，马克思溘然长逝。之后，恩格斯全力倾注于完成《资本论》第二卷和第三卷的编辑出版，并领导国际工人运动，不得不停止了自己著作的写作。结果，《自然辩证法》未能完成。

逝世前不久，恩格斯将《自然辩证法》中 10 篇论文、181 篇札记和片段以及 2 个计划草案分为四束，并冠以下列标题：(1)《辩证法和自然科学》，(2)《自然研究和辩证法》，(3)《自然辩证法》，(4)《数学和自然科学。不同的东西》。这四束中，只有两束(2)和(3)有恩格斯编的目录，并列出了该束所包括的材料。从四束手稿的内容看，除了专门为《自然辩证法》而写的论文和草稿外，恩格斯还把另外一些手稿也列入其中，主要包括《〈反杜林论〉旧序》《劳动在从猿到人转变过程中的作用》和《神灵世界中的自然研究》。

如今我们读到的《自然辩证法》分成两部分：(1) 论文；(2) 札记和片段。其中，每一部分是根据恩格斯计划的基本方针，按体系性原则排列而成，也兼顾到了时间顺序。各部分的次序如下：(1) 历史的导言；(2) 唯物主义辩证法的一般问题；(3) 科学分类；(4) 关于各门科学的辩证内容的见解；(5) 对自然科学中某些迫切的方法论问题的考察；(6) 向社会科学的过渡。

所有论文的排列次序为：(1) 导言（写于 1875—1876 年）；(2)《反杜林论》旧序：论辩证法（1878 年 5—6 月）；(3) 神灵世界中的自然研究（1878 年初）；(4) 辩证法（1879 年底）；(5) 运动的基本形式（1880—1881 年）；(6) 运动的量度：功（1880—1881 年）；(7) 潮汐摩擦（1880—1881 年）；(8) 热（1881 年 4 月—1882 年 11 月）；(9) 电（1882 年）；(10) 劳动在从猿到人转变过程中的作用（1876 年 6 月）。

这些论文按主题排列的次序基本上是与写作的年代次序相一致的，只有作为从自然科学向社会科学过渡的《劳动在从猿到人转变过程中的作用》属于例外。《神灵世界中的自然研究》这篇论文在恩格斯的计划草案中没有提到，只是后来才被列入《自然辩证法》。

（二）《自然辩证法》的出版和传播

恩格斯生前，《自然辩证法》的材料均没有公开发表过。在他逝世以后，有两篇列入《自然辩证法》的论文曾经发表，即《劳动在从猿到人转变过程中的作用》（1896 年发表在《新时代》杂志）和《神灵世界中的自然研究》（1898 年发表在《世界新历画报》年鉴）。

直到 1925 年，《自然辩证法》才第一次用德文和俄译文对照的形式全文发表，收入《马克思恩格斯全集》第 20 卷。

在中国，翻译《自然辩证法》并传播其思想始于 20 世纪 30 年代初。1933 年 1 月，《自然辩证法》的第一个中译本出版（杜畏之译，神州国光社刊）。在延安，一批中国共产党的领导人和理论骨干开始学习《自然辩证法》，研究自然辩证法。

中华人民共和国成立后，特别是改革开放以来，《自然辩证法》得到了更为广泛的传播，并且产生了巨大的影响。一个显著的特征是："自然辩证法"从一本经典著作的书名，扩展成为学会、学科、专业、期刊和课程等的通用名称。1981 年，由一群著名科学家倡议、邓小平批示的"中国自然辩证法研究会"正式成立，国务院学位委员会将"自然辩证法"设为哲学学科门类的二级学科。自 1981 年起，"自然辩证法"成为全国理工农医类硕士研究生的公共必修课，直至今天。这门课程的开设，不仅使得《自然辩证法》的思想获得了广泛和持续的传播，而且为提高大批科技人才的理论素养和思维能力作出了重要贡献。

（三）节选《自然辩证法》领读内容的原则

《自然辩证法》公开出版前，作为恩格斯著作的遗嘱执行人之一，伯恩施坦曾将手稿交由爱因斯坦审读。爱因斯坦给出如下意见："要是这部手稿出自一位并非作为一个历史人物而引人注意的作者，那么我就不会建议把它付印，因为不论从当代物理学的观点来看，还是从物理学史方面来说，这部手稿的内容都没有特殊的趣味。可是，我可以这样设想，如果考虑到这部著作对于阐明恩格斯的思想的意义是一个有趣的文献，那是可以出版的。"[①]

历来，关于爱因斯坦的这一评价存在不同的解读和争议。显然，《自然辩证法》并非关于物理学或物理学史的著作，但爱因斯坦的评价倒为我们确定节选领读内容的原则提供了有益的启示：（1）所选的内容应是集中体现恩格斯的自然辩证法思想，而不是对于具体的物理概念或规律进行阐述或分析；（2）这些思想在当代社会依然具有重大的理论价值和现实意义。

另一个可帮助我们节选领读内容的历史事实是：1943 年 12 月，在给刘少奇的信中，毛泽东提到恩格斯的两篇短文，"十分精彩，可以看"[②]。这两篇短文就是指《自然辩证法》中的《导言》（节录）和《劳动在从猿到人转变过程中的作用》。

基于上述原则和毛泽东的推荐，这里，我们选取《自然辩证法》中的《导言》和《劳动在从猿到人转变过程中的作用》作为领读的主要内容。

二、《自然辩证法》（节选）的领读

（一）《导言》

在《自然辩证法》中，这篇《导言》是最早完成的论文，写作于 1875 年至 1876

---

① 许良英、范岱年编译：《爱因斯坦文集》第一卷，商务印书馆 1976 年版，第 299—300 页。
② 中央文献研究室编：《毛泽东书信选集》，中央文献出版社 2003 年版，第 196 页。

年上半叶。文中,恩格斯系统地阐述了现代(如今一般称为"近代")自然科学的产生、发展和自然观的演变,在此基础上,勾画了自然界演化的前景。《导言》共有 32 个自然段,概略地呈现了《自然辩证法》的全貌。

1. 现代自然科学产生的社会条件和时代背景

第 1 自然段和第 2 自然段介绍现代自然科学产生的政治、文化、经济和思想条件,以及时代人物的特点。

第 1 自然段开宗明义地指出:"现代的自然研究不同于古代人的天才的自然哲学的直觉,也不同于阿拉伯人的非常重要的、但是零散的并且大部分都无果而终的发现,它是唯一得到科学的、系统的、全面的发展的自然研究。"①这里,恩格斯非常敏锐地把握住了现代自然科学的两个最基本特征:(1)它不是凭直觉而是诉诸经验(运用实验和观察方法)的产物,因而是"科学的";(2)它不是零散的知识,而是"系统的"知识体系或理论。

第 1 自然段接着介绍了现代自然科学在欧洲产生的时代背景,提到了现代国家的出现、德国的农民战争、希腊文明的重新发现、地理大发现、工场手工业和宗教改革等。

第 2 自然段讲述时势造巨人和巨人的特点:这"是一个需要巨人并且产生了巨人的时代,那是一些在思维能力、激情和性格方面,在多才多艺和学识渊博方面的巨人"②。恩格斯列举的巨人包括达·芬奇、丢勒、马基雅弗利和路德,他们都不是"书斋里的学者"。

2. 现代自然科学的诞生、成就和特点

第 3 自然段到第 5 自然段阐述现代自然科学的诞生、取得的主要成就和所处的状态、特点。

---

① 《马克思恩格斯文集》第 9 卷,人民出版社 2009 年版,第 408 页。
② 《马克思恩格斯文集》第 9 卷,人民出版社 2009 年版,第 409 页。

第 3 自然段论述自然研究的革命性:"它本身就是彻底革命的,因为它必须为争取自己的生存权利而斗争。"①恩格斯以加尔文烧死塞尔维特为例,说明"新教徒在迫害自由的自然研究方面超过了天主教徒"②。加尔文是出生于法国的欧洲宗教改革家,基督教新教加尔文宗创始人。塞尔维特是西班牙医生和神学家,血液肺循环的发现者,1553 年 10 月 27 日在日内瓦被新教加尔文派判以火刑烧死。

第 4 自然段以哥白尼临终前发表的《天体运行论》(1543 年)作为自然科学走向独立的标志,认为从此自然科学开始从神学中解放出来,加速向前。

第 5 自然段对 16—18 世纪中叶已有的自然科学成果作了概括和总结,指出自然科学研究所处的状态和特点。首先讲了从古希腊和阿拉伯所留下的数学和天文学遗产。接着,概述数学、力学、天文学和光学所取得的成就,指出这些领域因发现规律而取得了很高的成就;与此相比,其他自然科学领域要么刚刚起步,要么还没有开始,研究特点是收集和整理材料。

3. 形而上学自然观的形成和特征

第 6 自然段到第 8 自然段讲述在当时自然科学的背景下形成的形而上学自然观。第 6 自然段一开头,恩格斯将这种形而上学自然观的核心概括为"自然界绝对不变的看法"③。这种看法的自然科学基础是力学、天文和地质中那种没有生灭的机械运动,以及物种不变的观点。结果,"自然界中的任何变化、任何发展都被否定了"④。

第 7 自然段首先与古希腊相比较,指出:虽然当时的自然科学在材料的整理上超过后者,却在一般的自然观上更低。接着,恩格斯指出,以力学为代表的自然科学只能从自然界的外部寻找"第一推动力",于是,便有神作为第一推动的假设,

---

① 《马克思恩格斯文集》第 9 卷,人民出版社 2009 年版,第 410 页。
② 《马克思恩格斯文集》第 9 卷,人民出版社 2009 年版,第 410 页。
③ 《马克思恩格斯文集》第 9 卷,人民出版社 2009 年版,第 412 页。
④ 《马克思恩格斯文集》第 9 卷,人民出版社 2009 年版,第 412 页。

便有合目的论的思想。作为比较,当时的一些哲学家(从斯宾诺莎到法国唯物主义者)则"坚持从世界本身来说明世界,并把细节的证明留给未来的自然科学"[1]。

第8自然段指出这种自然观虽然随科学的进步而百孔千疮,但至19世纪上半叶仍居于统治地位。

4. 形而上学自然观在自然科学中的突破和新自然观的确立

第9自然段到第14自然段叙述这种形而上学的自然观如何在自然科学的各个领域被打破。第9自然段讲第一个突破口发生在天文学。1755年,康德发表了《自然通史和天体论》,假设原始星云在斥力和引力的共同作用下,逐渐形成了太阳系。于是,正如恩格斯指出的,"关于第一推动的问题被排除了;地球和整个太阳系表现为某种在时间的进程中生成的东西"[2]。接着,恩格斯说,如果顺着这个方向研究,自然科学会进步得多。不过,之后的40余年中,康德提出的"星云假说"并没有在科学领域引起反响。恩格斯将主要原因归结为这是一位哲学家的哲学著作。直到1796年,法国的数学家和天体力学家拉普拉斯独立地重新提出"星云假说",并运用数学和力学作了更详细的论证,这一假说才得到重视(现称为"康德-拉普拉斯星云说")。恩格斯提到的赫歇尔是英国天文学家,研究了银河系的结构,是恒星天文学的创始人。该自然段最后一句"宇宙物质的化学同一性以及康德所假定的炽热星云团的存在通过光谱分析得到证明"[3]中的光谱分析法,由德国物理学家基尔霍夫在1859年发明,是天文学家探索宇宙中物质组成的基本手段。

第10—11自然段提出由地质学提供的关于地球以及地球上生物演变的证据。根据地质学发现的重叠地层和其中动物化石的证据,恩格斯指出:"人们不得不下决心承认:不仅整个地球,而且地球现今的表面以及在这一表面上生存的植

---

[1] 《马克思恩格斯文集》第9卷,人民出版社2009年版,第413页。
[2] 《马克思恩格斯文集》第9卷,人民出版社2009年版,第414页。
[3] 《马克思恩格斯文集》第9卷,人民出版社2009年版,第415页。

物和动物,也都有时间上的历史。"①

第10自然段中对于地球如何演变的两种假说——灾变论和均变论进行了评述。灾变论由法国古生物学家居维叶提出,认为在地球历史上曾发生过多次巨大的灾变。恩格斯评论说:"居维叶关于地球经历多次变革的理论在词句上是革命的,而在实质上是反动的。"为什么这么说?因为根据灾变论,在自然环境发生急剧变化的情况下,原有的生物就会毁灭,这样,仍然需要造物主(神)的存在,来重新创造新物种;另外,这种观点也与生物进化论相冲突。均变论由英国地质学家赖尔提出,主张地球的变化是古今一致的,地质作用的过程是缓慢的、渐进的。赖尔被誉为地质学之父,他的《地质学原理》一书对于达尔文创立自然选择理论产生了很大的影响。恩格斯对于赖尔的主张持肯定态度,指出"最初把知性带进地质学的是赖尔"②。

第11自然段分析了赖尔理论中的一个重要蕴涵,即"赖尔的理论,与以前的一切理论相比,同有机物种不变这个假设更加不能相容"③。恩格斯指出,赖尔本人和他的学生好多年没有看出这一矛盾,原因是专业分工。赖尔起先持有物种不变的观点,后来,在达尔文的影响下才放弃。

第12自然段讲述物理学中能量守恒定律的发现。在1842年或稍后,能量守恒定律由不同的研究者独立地提出,主要有德国的迈尔、英国的焦耳和格罗夫。他们有一个共同点:均不是职业的科学家,迈尔是医生,焦耳是酿酒商,格罗夫是律师。事实上,当时从事自然科学研究的人绝大多数还是业余的,科学家(scientist)这一职业名称才刚刚出现(约在1834年,英国科学史家和科学哲学家休厄尔发明了"scientist"一词)。恩格斯在此简要地讲了他们三人的贡献以及这一

---

① 《马克思恩格斯文集》第9卷,人民出版社2009年版,第415页。
② 《马克思恩格斯文集》第9卷,人民出版社2009年版,第415页。
③ 《马克思恩格斯文集》第9卷,人民出版社2009年版,第415页。

发现的重大意义。当时的"能"还统称为"物理力",包括机械力、热、光、电、磁和化学力等;恩格斯将它们理解为"物质运动形式",并且作了一个十分重要的概括:"种种物理力的存在的偶然性,从科学中被排除出去了,因为它们之间的联系和转化已经得到证明。"之所以重要,在于自然辩证法的基本观点就是自然界中事物的普遍联系和演化发展,而这获得了自然科学的有力支持。

值得一提的是,在《自然辩证法》的"《费尔巴哈》的删略部分"中,恩格斯将"能量守恒定律"连同"细胞学说"和"生物进化论"列为 19 世纪自然科学的三大发现。①

第 13 自然段叙述化学的新发展对于旧的自然观的攻击。在此,恩格斯虽然没有直接指明是谁做的具体工作,但从提到用无机方法制造出有机物来看,应该是指德国化学家维勒人工合成尿素("《费尔巴哈》的删略部分"中讲到了维勒合成尿素)。1828 年,维勒首次使用无机物氰酸铵与硫酸铵人工合成了有机物尿素。此前,普遍认为有机物只能依靠一种生命力在动物或植物体内产生,人工只能合成无机物而不能合成有机物。因此,尿素的人工合成填平了无机界与有机界之间不可逾越的鸿沟,为自然界的统一和生命的起源提供了科学的证据。

第 14 自然段是关于生物学的发展,并在最后给出了新的自然观的基本观点。关于生物学,主要讲了三层意思。一是关于研究方法,这又有两个方面:(1) 运用比较方法进行研究的可能和必要;(2) 运用比较方法的新发现表明:物种之间并非界线分明、固定不变的。二是简述几位学者关于物种进化的学说:从沃尔弗于1759 年提出种源说到达尔文在 1859 年发表《物种起源》,整整跨越了一百年,生物进化论才胜利完成。三是指出有机体的基本组成和最低级形式是原生质和细胞,表明生物具有统一的基础。最后,恩格斯对新自然观的基本点进行了概括:"一切僵硬的东西溶解了,一切固定的东西消散了,一切被当做永恒存在的特殊的东西

---

① 《马克思恩格斯文集》第 9 卷,人民出版社 2009 年版,第 456—457 页。

变成了转瞬即逝的东西,整个自然界被证明是在永恒的流动和循环中运动着。"①

第 15 自然段起承上启下的作用,包括三层意思:一是关于自然界永恒运动的变化的基本思想古希腊的哲人已经提出。二是新的自然观虽然与希腊哲学的天才直觉类似,但存在一个本质的差别:前者是建立在以实验为依据的科学研究的基础上。这两点与《导言》开宗明义的话相呼应。三是讲自然科学大多数领域还很年轻,所以,在细节上会存在缺陷。因此,以下基于现有自然科学成就所刻画的自然图景也不可能是完善的。

5. 基于科学成就形成的自然图景

第 16 自然段到第 25 自然段,恩格斯依据当时的自然科学成就,描绘了一幅从宇宙起源到人类历史的演化图景。

第 16 自然段是描述星系(银河系)中天体的起源。这段的材料主要取自德国天文学家梅特勒的《宇宙的奇妙结构》(1861 年柏林第 5 版)和意大利天文学家赛奇的《太阳》(1872 年不伦瑞克版)。恩格斯在第一句话中间加了一个注:"它们(指旋转的、炽热的气团)的运动规律也许要经过几个世纪的观察弄清了恒星的自行以后才能揭示出来。"②可以告慰的是,到了 20 世纪中叶,随着宇宙学和天体物理学等的迅速发展,人类对宇宙起源,特别是恒星的起源和演化的规律,已经有了相当好的认识和理解。

第 17 自然段强调了拉普拉斯关于太阳系起源的假说获得科学证据的支持。

第 18 自然段到第 19 自然段讲太阳系内的天体由热到冷的运动过程。在这个过程中,热转化为电、磁和机械运动。虽然从现代物理学的观点看,人类对于热、电和磁之间的关系有了更深刻的认识,但天体由热到冷的运动过程的描述依然是恰当的。

---

① 《马克思恩格斯文集》第 9 卷,人民出版社 2009 年版,第 418 页。
② 《马克思恩格斯文集》第 9 卷,人民出版社 2009 年版,第 418 页。

第20自然段讲随着温度的进一步下降,化学亲和力开始起作用,结果,一些物质的状态开始从气态转变为液态或固态,并在新的条件下变换。

第21自然段描述行星表面上地质和气象的演变。这里的"行星"指的就是地球。

第22自然段描述地球上生命的起源和生物的进化。第22自然段指出随着温度下降和化学的先决条件的满足,生命的物质基础——原生质——得以形成。当时,生物学认定这种原生质为蛋白质或蛋白体,所以,恩格斯只能据此假定蛋白质"执行着生命的一切主要机能:消化、排泄、运动、收缩、对刺激的反应、繁殖"。这里补充说明一下。从科学史的角度看,核酸虽然在1869年就由瑞士生物化学家米舍尔发现,但它被确认作为生命遗传信息的主要承担者,则要到1953年。这一年,沃森和克里克等人发现DNA(脱氧核糖核酸)的双螺旋结构,在生物大分子的层次上,揭开了生命信息复制和繁殖的遗传机制。

第23自然段到第25自然段描述从细胞的产生到具有自我意识的人的出现和发展。这是一个由单一到多样的分化过程。第23自然段主要概括地讲述从第一个细胞到脊椎动物的进化。第24自然段到第25自然段论述人的产生和发展历史,先突出地叙述手的专门化和作用,接着对人类社会的历史发展过程作了概括。这里的主要观点在《劳动在从猿到人的转变中的作用》中有更为详细的论述。该文也是领读的内容。

6. 自然界未来演化的推测

第26自然段到第32自然段(结尾),恩格斯依据已有的科学成就和哲学原理,对自然界未来演化以及结局作了预测性的描绘。这部分内容是对辩证唯物主义的新自然观的进一步发挥。

第26自然段描绘了太阳系和其他宇宙中的天体未来的演化过程。恩格斯用"一切产生出来的东西,都注定要灭亡"这一自然哲学原理作为论证的前提。这句话直接引自歌德的《浮士德》第1部第3场《书斋》。根据这一原理以及已有的自然科学知识,恩格斯推断地球、太阳和宇宙中其他星球都将会达到"死寂"的状态。

第 27 自然段先提出一个问题:太阳死亡以后将会怎样?接着,恩格斯引用了赛奇的回答:"我们不知道。"赛奇的回答是基于当时已有的科学成就,是作为天文学家的回答。

第 28 自然段到第 32 自然段则是运用理论思维,基于运动不灭原理,对于上述问题给出回答,提出了一个物质运动的永恒循环的宇宙观。

第 28 自然段主要包括三层意思。第一层是理论自然科学可以超越经验,去计算和把握尚未在经验上认识的东西。第二层是理论自然科学要能够发挥作用,需要运动不灭这一哲学原理的支撑。第三层是对运动不灭原理的解读和解释。对于运动不灭原理,恩格斯指出:"运动的不灭性不能仅仅从量上,而且还必须从质上去理解。"[1]这里的"从质上去理解",恩格斯认为包括两个方面:(1)物质能从自身产生出实现不同运动形式之间转化的条件;(2)一种运动具有转变为应有的不同形式的能力;而相反的情况是不可想象的。

第 29 自然段到第 30 自然段运用对于运动不灭原理质的方面的理解,论证灭亡了的太阳系或太阳何以能够重新变得炽热,因为这种运动转化的能力和转化的条件是物质本来具有的;而对于究竟是如何实现这种转化的具体研究,则是以后自然科学的任务。第 29 段中提到赛奇时加了"神父"两字,称他为"赛奇神父"。这是因为,从职业上说,赛奇是一位天主教神父。第 30 段结尾,恩格斯得出了一个结论:"发散到宇宙空间中去的热一定有可能通过某种途径(指明这一途径,将是以后某个时候自然研究的课题)转变为另一种运动形式,在这种运动形式中,它能够重新集结和活动起来。"到了 20 世纪,对恒星起源和演化的科学研究取得了巨大的成就,可以说,已经基本弄清了这种实现的具体途径。

第 31 自然段到第 32 自然段总结性地讲物质的永恒的、循环的运动。第 31 自

---

[1] 《马克思恩格斯文集》第 9 卷,人民出版社 2009 年版,第 424 页。

然段陈述一个原理："诸天体在无限时间内永恒重复的先后相继,不过是无数天体在无限空间内同时并存的逻辑补充。"恩格斯特别提到美国人德雷帕也有类似的观念。德雷帕是英国出生的美国科学家、历史学家和哲学家,也是第一个拍摄月球照片的人(1840 年)。他的《欧洲智力发展史》(恩格斯所引注)1876 年出第一版,表明恩格斯这段话的写作时间不早于这一时间。

第 32 自然段(结尾段)运用上述原理对于自然界中物质运动的永恒循环进行阐述。首先,断定任何具体物质运动的存在方式都是暂时的,"除了永恒变化着的、永恒运动着的物质及其运动和变化的规律以外,再没有什么永恒的东西了"①。接着,论述物质不灭和运动的循环不灭的思想。恩格斯以下面这句话作为全文的结尾:"物质在其一切变化中仍永远是物质,它的任何一个属性任何时候都不会丧失,因此,物质虽然必将以铁的必然性在地球上再次毁灭物质的最高的精华——思维着的精神,但在另外的地方和另一个时候又一定会以同样的铁的必然性把它重新产生出来。"时至今日,虽然自然科学还不能对恩格斯的这一论断提供足够的经验证据的支持,不过,已经有一些科学假说主张宇宙是循环的,也有一些证据表明存在着外星生命体。究竟如何,尚待人类对于宇宙的进一步的科学探索和认识的深化。

综上所述,恩格斯在这篇《导言》中主要写了六个方面的内容:

1. 现代自然科学产生的社会条件和时代背景。

2. 现代自然科学的诞生、早期发展和特点。

3. 形而上学自然观的形成和特征。

4. 形而上学自然观的突破和新自然观的确立。

5. 基于科学新成就的自然界普遍联系和演化发展的图景。

6. 依据物质运动不灭的原理对自然界未来演化的推测。

---

① 《马克思恩格斯文集》第 9 卷,人民出版社 2009 年版,第 426 页。

(二)《劳动在从猿到人的转变中的作用》

《劳动在从猿到人的转变中的作用》大约写于 1876 年 6 月。在《自然辩证法》中,这篇论文有一些特殊之处:(1)论文原本是恩格斯为一本内容较广的著作(题为《奴役的三种基本形式》)所写的导言,但该著作没有完成,最终,他在导言部分加上了《劳动在从猿到人的转变中的作用》这个标题;(2)除了《导言》,该文成稿早于其他关于自然科学的论文,但因为它包括社会科学的内容,故放在十篇论文的最后;(3)在《自然辩证法》出版前,该文是曾公开发表过的两篇论文之一(另一篇是《神灵世界中的自然研究》)。

全文分 26 个自然段,主要讨论三个问题:(1)以劳动为主线,阐述人类的起源和进化;(2)论述劳动是人有别于其他动物的本质;(3)人、社会与自然环境之间的关系。文中,恩格斯将唯物辩证法贯穿于自然领域和社会领域的研究,实现了辩证唯物主义的自然观与历史观的有机结合,在完善马克思主义理论体系中发挥了独特的作用。

1. 从猿到人的进化史看劳动的作用

第 1 自然段提出该文所论证的核心命题:"劳动创造了人本身。"恩格斯在第一句话中讲了政治经济学家的一个观点:"劳动是一切财富的源泉",没有具体指明是谁说的,故"政治经济学家"可以理解为是一个泛称。这种观点曾出现在《哥达纲领》的开头——"劳动是一切财富和一切文化的源泉"。马克思在《哥达纲领批判》中对该条文进行了分析和批评(见本书李君如撰写的《哥达纲领批判》领读)。恩格斯赞同马克思的批评,指出该观点是片面的,不过,这里是作为开头以引出讨论"劳动"的多种作用。在陈述"劳动创造了人本身"时,恩格斯加了"在某种意义上"这一限定,应该是强调这是讨论劳动在人的起源和进化中所起的作用,而不是讨论劳动与财富或文化等之间的关系。

第 2 自然段是讲人类的祖先——类人猿——生活的年代、地点和特征。恩格斯描述类人猿的特征主要引用了达尔文《人类的由来和性选择》中的描述,该书 1871 年在伦敦首次发行。关于类人猿生活的时间和地点,当时还没有比较确切的科学证据,所以,恩格斯用了"好几十万年以前"这一并不肯定的说法。随着现代考古学、人类学和分子遗传学等的发展,如今我们已经比较确定地知道:从类似猿的动物转变成两足直立行走的类人猿(人科)出现于距今 700 万年前的非洲东部。

第 3 自然段和第 4 自然段分析"直立行走"是猿转变到人的具有决定意义的一步。第 3 自然段简要描述直立行走的发生并断定它是决定性的一步。第 4 自然段通过考察其他(现存非人科)活着的类人猿的行为方式并作比较,说明直立行走对于由猿到人的决定性。这里,其他类人猿是指黑猩猩和大猩猩,它们 700 万年前与人科类人猿发生分化,缓慢地进化着直至今天,依然没有像人那样采用直立行走的习惯行为方式。

那么,究竟是什么因素促使一支类人猿采用直立行走而进化成为我们的先祖? 对此,至今存在着相互竞争的不同假说。其中,一种比较占优的假说认为,当时的自然环境中,与同类的其他类人猿相比,这种行为方式的效率高得多。不过,明显的是,直立行走为手的解放和使用提供了生物学的基础。接下去,就是运用手开始文化进化的进程了。

第 5 自然段到第 7 自然段论述手与劳动之间的关系,指出"手不仅是劳动的器官,它还是劳动的产物"[1]。第 5 自然段讲手和足分工后,人的手与其他类人猿的手之间的实质差异:人手能制造石器等工具,而"任何一只猿手都不曾制造哪怕是一把最粗笨的石刀"[2]。这里要注意的是:恩格斯强调的是"制造"而不是"使用",因此,这是一种需要运动能力和心智能力(包括意识)相协调的"劳动"。我

---

[1] 《马克思恩格斯文集》第 9 卷,人民出版社 2009 年版,第 552 页。
[2] 《马克思恩格斯文集》第 9 卷,人民出版社 2009 年版,第 551 页。

们知道,其他的类人猿也能使用或利用现存的木棒或石块作为获取食物等的工具,比如,黑猩猩能用枝条去钓蚂蚁,用石块砸开坚果,但从未有人在野外见到过黑猩猩制造石器。

第6自然段讲手的自由和灵活性是经过长期的进化而增加的。关于人类起源的当代研究表明:在距今700万—200万年前之间,两足行走的类人猿曾分化出许多不同的物种,以适应有所不同的生态环境,而能够制造工具(石器)的一支出现在距今300万—200万年前之间,是人类更近一些的先祖(人属)。

第7自然段讲在劳动的过程中,包括手在内的身体组成变得越来越适应和复杂,直至达到了产生近代艺术的高度。

第8自然段到第10自然段讲手和运用手的劳动对于身体其他组成部分的作用。第8自然段是一个总的判断,讲手与整个身体之间的关系,并引出下面两个自然段。第9自然段用达尔文的生长相关律,一般地说明身体各部分的形态(包括手)之间相辅相成的关系。第10自然段讲手的发展和劳动要求社会成员之间协作交流,而这又如何促使发音器官的改变,从而为语言(口语)的产生提供生物基础。

第11自然段是通过与动物比较,间接地证明"语言是从劳动中并和劳动一起产生出来的"[1]。为了做到这一点,恩格斯用了三个证据:(1)处于自然(野生)状态的动物之间需要传达的信息很少,没有可与人进行交流的语言不会觉得是一种缺陷;(2)经过人类驯养的狗和马可听懂人的一些语言,觉得不能说话是一种缺陷;(3)鸟的口部器官与人的不同,但一些鸟(特别是鹦鹉)可经过训练学会说话并表达意思或情感。当然,关于人的语言如何产生,单凭与动物比较,借助成员之间交流的需要和可能来加以证明是不够的。事实上,即使到今天,人类的语言究竟是如何起源和什么时候开始的,依然是一个尚处于探索中的重大科学问题。不

---

[1] 《马克思恩格斯文集》第9卷,人民出版社2009年版,第553页。

过,可以确定的是,社会成员在劳动中的协作和交流是促使人类语言产生和发展的一个重要因素。

第 11 自然段和第 12 自然段论述劳动和语言推动人脑和人的进化。第 11 自然段包括三层意思:(1)劳动和语言一起推动猿脑变成了人脑;(2)人脑的进化与其他感觉器官的进化同步;(3)人的知觉能力远胜于其他动物。第 12 自然段阐述了两个方面的内容:(1)大脑的功能(意识、抽象和推理)的发展与劳动和语言之间存在着相互促进的关系;(2)这种相互促进的推动力导致人的进一步进化:形成社会并继续向前。

这两个自然段需要一起阅读,因为其中存在着一个深刻的科学难题,即劳动、语言与大脑之间是否存在孰先孰后的关系?在第 12 自然段中,恩格斯认为劳动和语言是大脑发展的推动力,而在第 13 自然段中,又指出它们之间实际上是相互推动的。依据当代人类起源和进化的研究,制造石器(劳动)需要具备很高的认知能力,而这些能力又依赖于大脑的扩大,因此,将劳动、语言与大脑之间的关系理解为相互促进的协同关系,显得更为合理。当然,在具体的表述中,可从强调某一方面开始。

以上主要是从人类起源和进化的角度,描述从猿到人的过程以及这个过程中手、语言和大脑等的发展,并简略地提到劳动在其中所起的作用。从第 13 自然段到第 19 自然段,恩格斯更为详细地论述人与动物的根本区别是劳动,以及因劳动而带来的人类生活的一系列变化。

2. 劳动是人与动物的根本区别

第 13 自然段第一句话讲述从猿群进化到人类社会的时间跨度,并引用了英国科学家汤姆生关于地球年龄的一个计算作为比较。1862 年前后,汤姆生(即开尔文勋爵)从热力学的角度计算得出:地球年龄约 1 亿年。后来,更精确的科学计算和测量表明,地球的年龄要长得多,为 46 亿年左右。在第 13 自然段中,恩格斯讲述了三层意思:(1)与似猿动物或其他动物做比较,说明:对自然资源的"滥用"是猿转变为人的化学条件,但这不是真正的劳动;(2)劳动的标志是制造工具,最古老的工具用于捕猎或作为武器,留存下来可考证的就是石器;(3)捕猎使得人类的先祖变成既吃植物又吃动物,而肉类食物可以提供更便于利用的能量和其他物质。恩格斯特别指出:"最重要的还是肉食对于脑的影响;脑因此得到了比过去丰富得多的为脑本身的营养和发展所必需的物质,因而它就能够一代一代更迅速更完善地发育起来。"①这一创见已经得到坚实的科学证据的支持。我们知道,人的大脑的重量一般只占身体重量的 2%,而所消耗的能量却占到 20% 左右。因此,在距今 300 万—200 万年前之间,假设劳动的出现与大脑的扩大之间存在紧密关联是相当合理的。

第 14 自然段指出吃肉类食物所引起的两个需要劳动的新后果:火的使用和动物的驯养。火的使用发生在远古时代,推测已有 1 百万年以上的历史;而动物的驯养要晚得多,出现在新石器时代,距今大约 1 万年。

第 15 自然段描述借助新的劳动方式建房制衣,以抵御寒冷和潮湿,人类几乎能在地球上所有地方和气候条件下生活。这就是说,劳动使得人类对自然环境更具适应性。

第 16 自然段分析劳动的复杂化以及由此而产生的社会后果,主要包括四个方面:(1)劳动形态从简单到多样化的演进;(2)劳动形态的复杂化导致社会制度、艺术、科学和宗教的产生;(3)这种后果又使得劳动过程和社会活动中大脑的作用被突出或被强化;(4)结果,唯心主义的世界观开始统治人的头脑,而劳动所起的作用被忽视。

第 17 自然段到第 19 自然段进一步论述动物的行为与人的劳动之间的区别。第 17 段讲动物与环境之间的关系虽然也有相互作用,但这是一种被动的适应关系;而人类主动地适应自然环境,将自然界中的动植物加以改造,以便更好地满足

---

① 《马克思恩格斯文集》第 9 卷,人民出版社 2009 年版,第 556 页。

人的各种需求。这种改造的过程就是劳动。并且,"人离开动物越远,他们对自然界的影响就越带有经过事先思考的、有计划的、以事先知道的一定目标为取向的行为的特征"①。就是说,劳动是有目的、有计划的制作活动。

第18自然段指出,虽然动物(甚至原生质)的行为也具有一定的目的性和计划性,但是,动物的这些行为"都不能在地球上打下自己的意志的印记"②,因而不是劳动。第19自然段是对以上论证的概括性总结。

3. 正确认识人、自然和社会之间的关系

第20自然段到第22自然段论述劳动对自然界的改造会(或可能)产生难以预料的后果,反过来报复人类自己。第20自然段讲了两层意思。一是人类对自然界的改造会对环境产生无法预期的后果。恩格斯用了不少例子来说明这一点,并且用到了"反馈"的思想。二是应该如何处理人类与自然环境的关系,强调两点:(1)人类是自然界的一员;(2)认识和正确运用自然规律。这就是恩格斯的生态文明思想的核心,其在当代社会具有非常重要的价值。

第21自然段指出,随着19世纪自然科学的大踏步前进,对于自然规律的理解,对于干扰自然环境所产生影响的认识,以及关于人类与自然保持和谐的意识,已经有了不少的进步。

第22自然段阐述了与对自然影响的认识和估计相比,人类对自身行动所产生的社会影响的认识和估计要困难得多。对此,恩格斯举了四个例子加以说明。尽管如此,恩格斯也指出,学会认识并调节由生产活动所引起的间接社会影响也是可能的。

第23自然段到第25自然段论述了对社会影响的调节或支配以认识为前提,但光凭认识是不够的。第23自然段点明需要对现有生产方式和社会制度

---

① 《马克思恩格斯文集》第9卷,人民出版社2009年版,第558页。
② 《马克思恩格斯文集》第9卷,人民出版社2009年版,第559页。

进行变革。

第 24 自然段指出，以往的生产方式"都仅仅以取得劳动的最近的、最直接的效益为目的"①。关于这一点，恩格斯从三个方面进行阐述：（1）原始的土地公有制的兴衰；（2）新的生产方式导致统治阶级的利益成为生产的推动因素；（3）资本主义的生产方式中，利润是资本家所关心的最直接的效益。

第 25 自然段进一步分析在资本主义生产方式和社会组织中，以追求利润的直接效益为目的所带来的自然影响和社会影响。

可以看出，第 24 自然段到第 25 自然段是对生产方式中只关注直接效益以及所产生的影响的认识，尚未对应如何调节或支配自然影响和社会影响的新生产方式展开论述。第 25 自然段以"[……]"的方式戛然而止。手稿并未完成。

综上所述，恩格斯在这篇论文中主要论述了"劳动创造了人本身"、人与动物的本质区别，以及认清人、自然和社会之间的关系的重要意义。

三、 提高理论思维的水平，践行人与自然和谐共生的价值观

恩格斯写作《自然辩证法》距今近 150 年了。这期间，自然科学已经有了更为丰富的内容和更大的发展，有些领域（如物理学和生物学）还发生了革命性的变革或突破，所以，书中关于自然科学的一些具体内容难免过时或不完善。尽管如此，恩格斯所阐述的基本思想具有强大的生命力，今天看来，依然为我们提供了认识世界的自然观，并在实际中指导我们正确地行动。根据以上领读的两篇论文，再结合《自然辩证法》中的其他篇章，我们认为，以下三个方面具有特别重要的时代价值。

---

① 《马克思恩格斯文集》第 9 卷，人民出版社 2009 年版，第 562 页。

（一）科学认识世界的系统性和复杂性

在《自然辩证法》中,恩格斯基于当时自然科学的成就,有力地论述了自然界是普遍联系和演化发展的。随着科学的不断发展,辩证唯物主义自然观的这一基本观点进一步得到确认、丰富和具体化。

20世纪中叶以来,系统科学的兴起表明:自然界的普遍联系和演化发展是以系统的、复杂的方式具体体现的。在系统科学中,系统是指处于一定的环境中,由相互作用的组元所组成,形成一定的结构且整体上呈现质的新颖性的事物,其中的组元又可以是由更基本的组元以及组元之间的相互作用所构成的子系统。这样,自然界的普遍联系和演化发展就具体化为系统内部和系统之间的相互作用,而在这种相互作用中,系统形成新的属性或功能而实现演化发展。

大约从20世纪80年代开始,作为系统科学的一个重要分支,对复杂性的研究成为一个新的领域和热点,形成了复杂性科学。复杂性科学承诺自然界中的普遍联系和演化发展可以呈现变异性、多样性和不确定性等特征(通称复杂性),其基本任务就是通过发现不同类型的复杂性,探寻复杂系统的共性,并弄清复杂多样的系统如何从简单的系统演化发展而来。

在《导言》和《劳动在从猿到人的转变中的作用》中,我们已经知道,恩格斯所说的自然界并不把人类排除在外,而是作为自然界的一部分加以对待,因此,自然界的普遍联系和演化发展同样是人类社会的基本特征。事实上,恩格斯意识到,人类社会内部的相互作用和演化发展更复杂、更难预料:"如果说我们需要经过几千年的劳动才多少学会估计我们的生产行为在自然方面的较远的影响,那么我们想学会预见这些行为在社会方面的较远的影响就更加困难得多了。"[1]

---

[1] 《马克思恩格斯文集》第9卷,人民出版社2009年版,第561页。

与自然环境中的物质系统相比，人类社会具有自身的特殊性和复杂性。组成人类社会的基本组元是个体。个体不仅拥有自主选择和创造的能力，而且其行为可与他人或环境之间形成多种反馈，于是，个体之间相互联系的方式便会呈现出多样性和不确定性；而这又能促进个体自适应能力的增强，并进一步导致社会结构的复杂化。

而从演化发展的角度看，人类社会的复杂性也是不断增加的。人在认识和改造环境的过程中，通过劳动，不停地发明个体或群体之间进行信息交往的工具。进入文明时代后，文字、印刷术、电话和互联网是最具代表性的发明。这些发明使得人类原本依赖自然媒介传播和保存信息的局限不断被突破，终于建构起了一个跨时空的信息互动的动态网络，即互联网。在这个过程中，社会系统内部实现了从短程到长程的联系，而且联系的方式也变得多样，社会进化的速率越来越快，复杂性亦随之增加。我们正处于这样一个新时代。

可以说，在当今的网络社会，我们更能体会到整个世界的普遍联系和演化变化。那么，究竟应该如何来应对人类社会复杂性的增加并展开正确的行动呢？

（二）着力提高理论思维的水平

对于一个普遍联系和演化发展的世界，如何才能更好地认识它并在实践中有效地展开行动，恩格斯在《自然辩证法》中反复告诉我们：最重要的是运用理论思维。恩格斯说："一个民族要想站在科学的最高峰，就一刻也不能没有理论思维。"①那么，什么是"理论思维"？恩格斯所说的就是思维的辩证法或辩证思维："对于现今的自然科学来说，辩证法恰好是最重要的思维形式，因为只有辩证法才

---

① 《马克思恩格斯文集》第 9 卷，人民出版社 2009 年版，第 437 页。

为自然界中出现的发展过程,为各种普遍的联系,为一个研究领域向另一个研究领域过渡提供类比,从而提供说明方法。"①

如今,在系统科学和复杂性科学中,当运用系统和复杂性的思想或理论来看待自然界(包括人类社会)的普遍联系和演化发展并以此指导行动时,我们通常将之称作运用系统思维(方法)。因此,系统思维实质上是恩格斯所说的"理论思维"在新时代的具体表现之一。这样,要认识人类社会的复杂性并在实际中有效地展开行动,就要求我们运用理论思维或系统思维。

习近平总书记就十分重视运用系统观念和系统思维来认识、解决现实中碰到的各种问题。2022 年 10 月 16 日,习近平代表党中央所作的二十大报告中,明确提出:"必须坚持系统观念。万事万物是相互联系、相互依存的。只有用普遍联系的、全面系统的、发展变化的观点观察事物,才能把握事物发展规律。我国是一个发展中大国,仍处于社会主义初级阶段,正在经历广泛而深刻的社会变革,推进改革发展、调整利益关系往往牵一发而动全身。我们要善于通过历史看现实、透过现象看本质,把握好全局和局部、当前和长远、宏观和微观、主要矛盾和次要矛盾、特殊和一般的关系,不断提高战略思维、历史思维、辩证思维、系统思维、创新思维、法治思维、底线思维能力,为前瞻性思考、全局性谋划、整体性推进党和国家各项事业提供科学思想方法。"②

在世界变得愈加复杂和不确定性的时代,还要求我们注重恩格斯所说的理论思维的另一种具体表现,即要拥有"一颗抱怀疑态度的有批判力的头脑"③,以免被肤浅的经验主义所迷惑。比如,当今网络世界中存在着大量的虚假信息或谣言,如果没有批判的眼光和思维能力,很容易被这些信息所蒙蔽甚至带入歧途。

---

① 《马克思恩格斯文集》第 9 卷,人民出版社 2009 年版,第 436 页。
② 习近平:《高举中国特色社会主义伟大旗帜为全面建设社会主义现代化国家而团结奋斗——在中国共产党第二十次全国代表大会上的报告》,《人民日报》2022 年 10 月 26 日。
③ 《马克思恩格斯文集》第 9 卷,人民出版社 2009 年版,第 447 页。

因此，着力提高理论思维的水平，对于贯彻和实现习近平总书记提出的网络强国的重要思想也是非常重要的。

（三）努力践行人与自然和谐共生的价值观

在《劳动在从猿到人的转变中的作用》中，恩格斯从辩证唯物主义的自然观出发，运用理论思维，阐述了人与自然之间的关系，提出了生态文明的基本思想。如今，当人类改造自然的能力比以往任何时候更强，因而更有可能产生意想不到的后果时，恩格斯的生态思想和科学预见也就更具有现实的价值。

恩格斯意识到了人的行为与自然环境之间存在着复杂的反馈机制，因而，所产生的结果往往难以预期："但是我们不要过分陶醉于我们人类对自然界的胜利。对于每一次这样的胜利，自然界都对我们进行报复。每一次胜利，起初确实取得了我们预期的结果，但是往后和再往后却发生完全不同的、出乎预料的影响，常常把最初的结果又消除了。"[1]用现在的语言来说，恩格斯所说的就是指人与环境之间的相互作用的过程中存在着不确定性和不可预测性。那么，该如何应对这种不确定性和不可预测性？就是"认识和正确运用自然规律"[2]。

恩格斯的生态思想在当代中国得到了继承、丰富和发展。这集中体现在习近平总书记关于生态文明的论述中和我们建设生态文明国家的实践中。举例如下。

2005 年，时任浙江省委书记的习近平提出了"绿水青山就是金山银山"这一重要的科学论断，将经济发展与生态环境保护有机地统一起来，为我们在新时代转变经济发展方式、建设美丽中国提供了强有力的思想指引。

2017 年 10 月 18 日，习近平总书记在中国共产党第十九次全国代表大会上的

---

① 《马克思恩格斯文集》第 9 卷，人民出版社 2009 年版，第 559—560 页。
② 《马克思恩格斯文集》第 9 卷，人民出版社 2009 年版，第 560 页。

报告中提出："人与自然是生命共同体,人类必须尊重自然、顺应自然、保护自然。人类只有遵循自然规律才能有效防止在开发利用自然上走弯路,人类对大自然的伤害最终会伤及人类自身,这是无法抗拒的规律。"①可以看出,"人与自然是生命共同体"的论断,既是对恩格斯生态思想的继承,也是在新时代关于人与自然和谐共生思想的新发展。

在实践方面,多年来,通过生态文明建设,推动由工业文明向生态文明的转型,实现人与自然的和谐共生,一直是中国政府和人民孜孜以求的事业,并且已经取得了举世瞩目的成就。

因此,结合当代中国和世界发展的实际,重温恩格斯在《自然辩证法》中确立的辩证唯物主义的自然观和生态观,依然是很有意义的。

郦全民

思考题

1. 你是如何理解恩格斯所说的"自然研究本身就是彻底革命的"这句话的?

2. 请结合自己的专业谈一谈"一切产生出来的东西,都注定要灭亡"这句话。

3. 恩格斯指出"运动的不灭性不能仅仅从量上,而且还必须从质上去理解",请简要概括恩格斯是如何"从质上去理解"的。

4. 请结合本篇内容说一说,现代自然科学产生的社会条件和时代背景。

---

① 《习近平谈治国理政》第三卷,外文出版社 2020 年版,第 39 页。

5. 恩格斯说："任何一只猿手都不曾制造哪怕是一把最粗笨的石刀。"为什么这里恩格斯用"制造"而不是"使用"，有什么区别呢？

6. 结合中国生态文明建设的实际，谈一谈你对《自然辩证法·导言》中所提到的正确认识人、自然和社会之间关系的思想的认识。

恩格斯《家庭、私有制和国家的起源》(节选) 领读

    恩格斯著《家庭、私有制和国家的起源：就路易斯·亨·摩尔根的研究成果而作》(以下简称《起源》)，在马克思主义理论宝库中具有十分重要的地位。它是适应时代和无产阶级斗争发展需要的一部著作，是系统阐述历史唯物主义特别是马克思主义社会发展观和国家理论的代表作。列宁对《起源》一书给予极高评价，强调它"是现代社会主义的基本著作之一"①。中共中央组织部、宣传部、中央编译局组织编写的《马列主义经典著作选编(党员干部读本)》②，将《起源》收入书中，说明学习这篇著作的重要性。

    我们按照以下三个问题研读这部经典著作：一、《起源》的写作出版概况和时代背景；二、《起源》序言和正文的内容；三、学习《起源》的理论和现实意义。

---

① 《列宁选集》第 4 卷，人民出版社 2012 年版，第 26—27 页。

② 《马列主义经典著作选编(党员干部读本)》，党建读物出版社 2011 年版。

一、《起源》的写作出版概况和时代背景

（一）写作出版概况

这部著作是在 1884 年 3 月底至 5 月底撰写的，1884 年 10 月初在苏黎世问世。1885 年译为波兰文、罗马尼亚文和意大利文出版，其中意大利文译本是经恩格斯亲自审定的。1886 年、1889 年在斯图加特重新装订出版，并注明"1886 年斯图加特第二版"和"1889 年斯图加特第三版"。恩格斯还审定了 1888 年出版的丹麦文译本。第一个塞尔维亚文译本也于 19 世纪 80 年代末出版。1890 年经过修改和补充的《起源》第四版于 1891 年底在斯图加特出版。1892 年和 1894 年，出版了第五版和第六版，这两版都是在第四版的基础上重印的。这部著作还被译成法文（1893 年）、保加利亚文（1893 年）、西班牙文（1894 年）和俄文（1894 年）。其中法译文由劳拉·拉法格①校订，并经恩格斯审阅。

在我国，最早提到《起源》内容的是旅法学者创办的刊物《新世纪》，最早发表《起源》片段中译文的是同盟会员在日本东京创办的《天义报》。1920 年，恽代英在《东方杂志》第十七卷十九号和二十号发表了《起源》的部分译文。1922—1923 年，蔡和森在上海大学讲授"私有财产和家族制度起源"课程，并于 1924 年编写出版《社会进化史》一书，系统介绍了《起源》。1924—1929 年，《社会进化史》出版过五次，在大革命期间，被各地农民运动讲习所和一些党的基层组织列为教材和学习读物，影响许多人走上了革命道路。这一时期，介绍《起源》的还有李达等人。②

---

① 劳拉·拉法格（1849—1911），法国和国际工人运动活动家，致力于将马克思和恩格斯的著作翻译成法文。马克思的次女，1868 年与拉法格结婚。曾任马克思的秘书。
② 《恩格斯〈家庭、私有制和国家的起源〉（节选）学习导读》，《求是》2011 年第 15 期。

1929 年上海新生命书局出版了李膺扬的中译本;1941 年学术出版社又出版了张仲实的中译本。中华人民共和国建立后,重译的《起源》曾先后出版单行本或收入《马克思恩格斯文选》汉译本两卷集、《马克思恩格斯全集》第 21 卷、《马克思恩格斯选集》第 4 卷①、《马克思恩格斯文集》第 4 卷。

(二) 时代背景

《起源》这部巨著是在思想理论战线艰巨复杂的斗争中产生的。《起源》发表之前,德国社会民主党在政治和思想理论战线上正面临着严重、复杂的斗争局面。地主资产阶级在政治、理论方面对革命者展开围攻;而社会民主党内以考茨基②的著述为代表的机会主义思潮,也对马克思主义进行攻击。政治斗争和理论斗争交织在一起。

具体分析,《起源》的产生是三个重要方面的需要。

其一,是为了从理论上驳斥资产阶级关于私有制和国家的谬论。私有制是剥削阶级统治的根基,剥削阶级的国家机器又是维护剥削阶级私有制的工具。从奴隶社会到资本主义社会,历来的剥削阶级为了维护自己的阶级利益和统治地位,制造了种种关于私有制和国家"合理""永恒"的谬论,用以麻痹被剥削阶级。同时,他们还用立法手段和国家机器,镇压被剥削、被统治者对于私有制和国家的任何反抗。1878 年,德国俾斯麦政府为了维护容克地主资产阶级的占有制度及其统治,在帝国国会多数的支持下,通过了《镇压社会民主党企图危害治安的法令》(通称"非常法")。当时的德意志帝国是一个"以议会形式粉饰门面、混杂着封建残余、同

---

① 魏治臻:《〈家庭、私有制和国家的起源〉和〈古代社会〉版本述略》,《民族学研究》第八辑。
② 考茨基(Karl, Kautsky, 1854—1938),德国社会民主党和第二国际的主要领导人。主要著作有:《人口增殖对社会进步的影响》(1875 年)、《婚姻和家庭的起源》(1882 年)、《社会革命》(1902 年)、《基督教的起源》(1908 年)、《唯物主义历史观》(1927 年)等。——《中国大百科全书·社会学》,中国大百科全书出版社 1991 年版,第 133 页。

时已经受到资产阶级影响、按官僚制度组成、以警察来保护的军事专制国家"①。
"非常法"实施后,德国被一片白色恐怖气氛所笼罩。先后有 1 300 种社会民主党的
出版物遭到禁止,330 多个工人组织被解散,2 000 多名党的活动分子和工人被放逐
或投进监狱。于是,揭露容克地主资产阶级占有制度及其专政的"神圣性",从理论
上说明私有制度和国家机器只不过是历史的现象,鼓舞无产阶级和社会民主党人同
容克地主资产阶级斗争,成为一项重要的战斗任务。《起源》就是适应这一战斗任务
的需要而写成的。恩格斯在 1884 年 4 月 26 日给考茨基的信中,对这一点说得非常
清楚。他讲到写作《起源》时说:"我根本不可能写得适合反社会党人法的要求","不
应当顾虑反社会党人法"。② 他坚决表示:宁可让我去见鬼,我也不能改变!《起源》
的写作和出版,表明了恩格斯同资产阶级及其代言人作斗争的无畏精神。

其二,是为了对以考茨基为代表的机会主义思潮进行斗争,批判机会主义关
于私有制、阶级和国家的错误观点。考茨基反对摩尔根③关于原始群婚和原始共
产制的论述。他用人的"嫉妒心理"说明婚姻自古就只能是一夫一妻,"共妻"及其
与此相联系的原始共产制只不过是少量的"派生现象"。恩格斯多次给考茨基写
信,批评他的这些错误观点。恩格斯指出,考茨基的所谓"嫉妒"的心理,已被大量
的事实和证据所驳倒。考茨基用共有制是"派生现象"的说法来掩盖自己的观点
和事实之间存在的矛盾。恩格斯强调:"凡有共有制的地方——不管是土地的、或
者妻子的、或者任何东西的共有制——,共有制就必定是原始的、来源于动物界
的。……无论何时何地,我们都找不到一个例子能证明,共有制是作为派生现象

① 《马克思恩格斯文集》第 3 卷,人民出版社 2009 年版,第 446 页。
② 《马克思恩格斯文集》第 10 卷,人民出版社 2009 年版,第 515、516 页。
③ 摩尔根(Morgan, Lewis Henry, 1818—1881),美国人类学家,进化学派人类学主要代表之一。
主要著作有《易洛魁联盟》(1851 年)、《人类家族的血亲和姻亲制度》(1871 年)、《古代社
会》(1877 年)、《美洲土著的房屋和家庭生活》(1881 年)等。——《中国大百科全书·社会
学》,中国大百科全书出版社 1991 年版,第 197 页。

从最初的个人占有发展来的。"①考茨基还用性的共有制是以男性对女性的压迫为基础的"论点"来为自己的"派生说"辩解。恩格斯批评考茨基的这个观点是反历史主义的,指出:"这是现代的歪曲,其前提是只讲男性和按照他们的意愿共有女性。这是同原始状态格格不入的。性的共有制是对两性而存在的。"②考茨基认为人类自古以来就是"个人占有"居统治地位,共有制只不过是从"个人占有"派生而来的,它与资产阶级的言论异曲同工,完全是在论证私有制的"合理性"和"永恒性"。恩格斯批评考茨基染上了所谓人类学家们患的"讲坛社会主义的斜眼症"③。考茨基打的是社会主义的旗号,实际上却充当了资本主义私有制和资产阶级专政的辩护士。因此,当时革命运动迫切需要从理论上同以考茨基为代表的错误进行斗争。《起源》正是适应这种需要而写出的。

其三,是为了科学总结摩尔根《古代社会》关于人类史前史的研究成果,进一步从历史进程阐明唯物史观。恩格斯明确表示,《起源》是以摩尔根的《古代社会》为基础的。恩格斯对《古代社会》的高度评价,说明他在思想理论战线驳斥形形色色的错误理论时,多么重视运用科学的成果。

二、《起源》序言和正文的内容

(一)"序言"的内容

《起源》有 1884 年第一版和 1891 年第四版两篇"序言"。

---

① 《马克思恩格斯全集》第 35 卷,人民出版社 1971 年版,第 448 页。
② 《马克思恩格斯全集》第 35 卷,人民出版社 1971 年版,第 449 页。
③ 《马克思恩格斯全集》第 35 卷,人民出版社 1971 年版,第 450 页。

1884 年第一版序言有 4 个自然段,分别说明 4 个问题。

1. 说明《起源》写作和出版是实现马克思的遗愿

第 1 自然段中,恩格斯说明,在整理马克思的手稿时,发现了马克思在 1880—1881 年间对美国人类学家路·亨·摩尔根的《古代社会》一书所作的详细摘要、批语和补充材料。① 恩格斯确信摩尔根的这本书证实了马克思和他本人的历史唯物主义研究的结论。因此,他认为有必要利用这些材料,写一部专门的著作。恩格斯在"序言"中开宗明义地说明:"以下各章,在某种程度上是实现遗愿",并强调:"不是别人,正是卡尔·马克思曾打算联系他的——在某种限度内我可以说是我们两人的——唯物主义的历史研究所得出的结论来阐述摩尔根的研究成果,并且只是这样来阐明这些成果的全部意义。""摩尔根在美国,以他自己的方式,重新发现了 40 年前马克思所发现的唯物主义历史观。"②

2. 历史中的决定性因素是直接生活的生产和再生产

第 2 自然段中,恩格斯说:"根据唯物主义观点,历史中的决定性因素,归根结底是直接生活的生产和再生产。但是,生产本身又有两种。一方面是生活资料即食物、衣服、住房以及为此所必需的工具的生产;另一方面是人自身的生产,即种的繁衍。"③两种生产都表现为社会物质关系。人通过劳动改造自然,从而获得物质生活资料。人们在共同劳动中结成的关系,是一种社会物质关系。人通过生育延续自身,从而获得新的劳动力。人们在一定的婚姻、家庭形式中结成的关系,也是一种社会物质关系。

两种生产构成统一的社会生产过程。恩格斯指出:"一定历史时代和一定地区内的人们生活于其下的社会制度,受着两种生产的制约:一方面受劳动

① 《马克思恩格斯全集》第 45 卷,人民出版社 1985 年版,第 328—571 页。
② 《马克思恩格斯文集》第 4 卷,人民出版社 2009 年版,第 15 页。
③ 《马克思恩格斯文集》第 4 卷,人民出版社 2009 年版,第 15—16 页。

的发展阶段的制约,另一方面受家庭的发展阶段的制约。"①劳动愈不发展,劳动产品的数量即社会的财富愈受限制,社会制度就愈在较大程度上受血族关系的支配;随着劳动生产率日益发展,私有制和交换、财产差别、使用他人劳动力的可能性,从而阶级对立的基础等新的社会成分,也日益发展起来;以血族团体为基础的旧社会最终瓦解,代之而起的是组成为国家的新社会。在这种社会中,家庭制度完全受所有制的支配,阶级对立和阶级斗争从此自由开展起来,这种阶级对立和阶级斗争构成了直到今日的全部成文史的内容。

3. 摩尔根的研究成果在主要特点上发现和恢复了成文史前史的基础

第 3 自然段中,恩格斯指出:摩尔根的伟大功绩,就在于他在主要特点上发现和恢复了我们成文史的这种史前的基础,并且在北美印第安人的血族团体中找到了一把解开希腊、罗马和德意志上古史上那些极为重要而至今尚未解决的哑谜的钥匙。正因为如此,他这本书才成为今日少数划时代的著作之一。

4. 扩大《古代社会》研究的视野和范围

第 4 自然段中,恩格斯说明:还利用了自己对古希腊罗马史、古代爱尔兰史、古代德意志史等的研究成果②和其他文献,扩大了研究的视野和范围,得出了有别于摩尔根《古代社会》的新的结果;同时还指出了摩尔根《古代社会》的不足。恩格斯强调指出:"经济方面的论证,对摩尔根的目的来说已经很充分了,对我的目的来说就完全不够,所以我把它全部重新改写过了。"③

---

① 《马克思恩格斯文集》第 4 卷,人民出版社 2009 年版,第 16 页。
② 马克思、恩格斯在《资本论》《资本主义生产以前的所有制形态》《反杜林论》《论日耳曼人的历史》《法兰克时代》和《马尔克》等许多著作中,都对人类原始状态下的历史发展作了一定的研究。
③ 《马克思恩格斯文集》第 4 卷,人民出版社 2009 年版,第 17 页。

1891 年第四版①序言有 28 个自然段,着重分析四个主题。

1. 对《起源》进行修订和补充的原因

这一主题含第 1—3 自然段。恩格斯说:"自本书初版问世以来,已经有七年了;在这几年间,对于原始家庭形式的认识,已经获得了很大的进展。因此,在这里必须用心地加以修订和补充。""我仔细地校阅了全文,并作了许多补充,希望在这些补充中恰如其分地照顾到了今天的科学状况。"②

2. 巴霍芬③发现"母权制"的重大价值和局限

这一主题含第 4—9 自然段。

第 4 自然段主要说明在 19 世纪 60 年代以前,根本谈不到家庭史。历史科学在这一方面还是一片空白。

第 5 自然段说明家庭史的研究是从 1861 年巴霍芬的《母权论》的出版开始的。恩格斯归纳出《母权论》这本书中提出的四个重要论点:（1）最初人们实行着毫无限制的性关系;（2）世系只能依照女系——依照母权制——计算;（3）妇女作为母亲,是年轻一代的唯一确切知道的亲长,享有高度的尊敬和威望;（4）向一个女子专属于一个男子的个体婚制的过渡,含有对远古宗教戒律的侵犯。巴霍

---

① 恩格斯在准备出《起源》第四版时,对第一版作了许多修改和补充。据苏联学者文尼科夫的研究,修改和补充共有 144 处。这些修改可分为五种类型:第一,文字上的修改,不改变本文基本的意义,有 51 处;第二,明确或发挥本文意义的修改和小的补充,有 44 处;第三,采用新的事实资料进一步发挥原来论点的,有 20 处;第四,原则性的修改和补充,有 22 处;第五,修改原文不确切的,有 7 处。按章节看,第二章修改得最多,共 75 处,占了修改总数的一半以上。其次是第七章。修改不大的是第六、九章。几乎没有什么重大修改的是第一、三、四、五、八章。因为有重要修改和补充,恩格斯为这一版写了新的"序言"。——涂赞琥:《〈家庭、私有制和国家的起源〉写作、出版的历史条件及其重大意义》,武汉大学学报（社会科学版）,1984 年第 5 期。

② 《马克思恩格斯文集》第 4 卷,人民出版社 2009 年版,第 18 页。

③ 巴霍芬（Bachofen, Johann Jakob, 1815—1887）,瑞士法理学家和人类学家。所著《母权论》（1861 年）一书被认为是现代人类学的奠基作品。——《简明不列颠百科全书》1,中国大百科全书出版社 1985 年版,第 428 页。

芬的这些发现"在1861年是一个完全的革命"①。

第6—8自然段主要说明：巴霍芬认为由母权制到父权制的发展，并不是人们的现实生活条件的发展，而是这些条件在这些人们头脑中的宗教反映。显然，这种认为宗教是世界历史的决定性杠杆的观点，归根结蒂必然导致纯粹的神秘主义。

第9自然段主要说明《母权制》一直湮没无闻的原因。

3. 麦克伦南②两个"功绩"的价值及其局限

这一主题含第10—19自然段。

第10—11自然段说明，麦克伦南发现了"抢劫婚姻"现象，进而认定"外婚制集团"和"内婚制集团"，并且直截了当地虚构出外婚制"部落"与内婚制"部落"的僵硬的对立；造成这种对立的原因是"在蒙昧人中间广泛流行的女孩出生后立即杀死的习俗"。③

第12—14自然段说明，麦克伦南的第一功绩就在于他指出了他所谓的外婚制的到处流行及其重大意义；而他对这一现象的解释，却造成了比巴霍芬的神秘主义幻想在母权制方面所造成的更大得多的混乱。麦克伦南的又一个功绩，就在于他认定母权制的世系制度是最初的制度，却并没有把这个问题弄清楚。虽然"两点都是事实"，但"是和他的说明方法显然矛盾的，他只能用新的更加混乱的假说来反驳它们"。因此，"他那纯粹理解错了的外婚制'部落'与内婚制'部落'的对立所造成的害处，要多于他的研究所带来的益处"④。

---

① 《马克思恩格斯文集》第4卷，人民出版社2009年版，第22页。
② 麦克伦南（McLennan, John Ferguson, 1827—1881），英国律师和人类学家。著有《原始婚姻：婚姻仪式中的掠夺形式源流考》（1865年），提出社会进化论的理论和族内婚与族外婚两个术语。——《简明不列颠百科全书》5，中国大百科全书出版社1986年版，第696页。
③ 《马克思恩格斯文集》第4卷，人民出版社2009年版，第23页。
④ 《马克思恩格斯文集》第4卷，人民出版社2009年版，第25页。

第 15—21 自然段进一步用拉伯克(《文明的起源》),特别是摩尔根的发现批驳麦克伦南"只根据假说完全人为地编造出一套家庭史",指出"麦克伦南的辩护是极端软弱无力的"。最后,恩格斯还是再一次肯定麦克伦南的两个"功绩""甚至被公认为全部家庭史的基石","是不可辩驳的真理"。①

4. 摩尔根的原始历史研究(《古代社会》)开始了一个新时代

这一主题含第 22—28 自然段。

第 22 自然段说明,内婚制和外婚制根本不构成对立。一个部落分为好几个母系血缘亲属集团,即氏族。在氏族内部,严格禁止通婚。这样,要是氏族是严格外婚制的,那么包括了所有这些氏族的部落,便成了同样严格内婚制的了。

第 23—24 自然段说明,摩尔根发现的按母权制建立的氏族,就是后来按父权制建立的氏族所由以发展起来的原始形式。这一发现"为全部原始历史找到了一个新的基础",它"对于原始历史所具有的意义,正如达尔文的进化理论对于生物学和马克思的剩余价值理论对于政治经济学的意义一样……开始了一个新时代"。②

第 25—28 自然段主要剖析英国麦克伦南官方学派非把摩尔根冷漠地撇在一边的原因,并进一步强调:尽管后来的研究者有的提供了新的材料,有的提出了新的观点,摩尔根有一些假说被动摇,甚至站不住脚了;但不论在什么地方,都没有导致必须用其他的观点来代替摩尔根的卓越的基本观点。"他给原始历史建立的系统,在基本的要点上,今天仍然有效。"③

综上所述,两篇序言阐明了四个基本问题:

1. 说明《起源》写作和出版是实现马克思的遗愿。

2. 论述了历史中的决定性因素是直接生活的生产和再生产。

---

① 《马克思恩格斯文集》第 4 卷,人民出版社 2009 年版,第 26—27 页。
② 《马克思恩格斯文集》第 4 卷,人民出版社 2009 年版,第 28 页。
③ 《马克思恩格斯文集》第 4 卷,人民出版社 2009 年版,第 30 页。

3. 评价巴霍芬发现"母权制"的重大价值和局限,评价麦克伦南两个"功绩"的价值及其局限。

4. 充分肯定摩尔根的《古代社会》开创了原始历史研究的一个新时代。

(二)"正文"的内容

《起源》的正文有九个部分。

1. 史前各文化阶段

这一部分主要说明摩尔根根据生活资料生产的进步,给人类的史前史建立一个确定的系统。摩尔根将人类史区分为三个主要时代—— 蒙昧时代、野蛮时代和文明时代,而属于史前史的蒙昧时代、野蛮时代又分别分为低级阶段、中级阶段和高级阶段。

本部分包括 18 个自然段。第 1—3 自然段开宗明义点明了上述主题,同时说明"家庭的发展与此并行"。

(1)蒙昧时代

包括第 4、5、6 三个自然段,分别阐述蒙昧时代的"低级阶段""中级阶段""高级阶段"人们生产、生活的特征。

"低级阶段"是人类的童年。人是起源于动物界的。蒙昧时代低级阶段的人类,还住在热带的或亚热带的森林中。他们以果实、坚果、根作为食物;音节清晰的语言的产生是这一时期的主要成就。"中级阶段"从采用鱼类作为食物和使用火开始。自从有了新的食物和学会用火以后,人们便不受气候和地域的限制了。人们还学会了用未加磨制的石器作为工具,随着棍棒和标枪的发明而将猎物作为附加食物。"高级阶段"从弓箭的发明开始。由于有了弓箭,猎物便成了通常的食物,而打猎也成了常规的劳动部门之一。弓、弦、箭的发明需要有长期积累的经验和较发达的智力,人们已学会磨制石器。

（2）野蛮时代

包括第 7—18 共 12 个自然段，分别阐述野蛮时代的"低级阶段""中级阶段""高级阶段"人们生产、生活的特征。

野蛮时代特有的标志，是动物的驯养、繁殖和植物的种植。在这个阶段，由于自然条件的差异，东西两大陆的发展就有了各自的特点。在东大陆，即所谓旧大陆，差不多有着一切适于驯养的动物和一切适于种植的谷物；而西大陆，即美洲，却只有羊驼和玉蜀黍。两个半球上的居民，各自循着自己独特的道路发展，而表示各个阶段的界标在两个半球也就各不相同了。

"低级阶段"从学会制陶术开始。"中级阶段"在东大陆，是从驯养家畜开始；在西大陆，是从靠灌溉之助栽培食用植物以及在建筑上使用土坯（即用阳光晒干的砖）和石头开始。"高级阶段"从铁矿石的冶炼开始，有了带有铁铧的用牲畜拉的犁，可以大规模耕种土地，有了田野农业和牧场，从而生活资料在当时条件下实际上无限制地增加了，人口也开始迅速增长起来。

由于拼音文字的发明及其应用于文献记录而过渡到文明时代。

"史前各文化阶段"这一部分的基本内容，恩格斯归纳说："摩尔根的分期概括如下：蒙昧时代是以获取现成的天然产物为主的时期；人工产品主要是用做获取天然产物的辅助工具。野蛮时代是学会畜牧和农耕的时期，是学会靠人的活动来增加天然产物生产的方法的时期。文明时代是学会对天然产物进一步加工的时期，是真正的工业和艺术的时期。"[1]

这段结语是研究史前史的要领。

综上所述，这一部分深刻论述了三个基本问题：

一是，根据生活资料生产的进步，确定人类史区分为三个主要时代—— 蒙昧时代、野蛮时代和文明时代。

---

[1] 《马克思恩格斯文集》第 4 卷，人民出版社 2009 年版，第 38 页。

二是，蒙昧时代、野蛮时代是人类的史前史。这两个时代又各经历了低级阶段、中级阶段、高级阶段。

三是，文明时代是学会对天然产物进一步加工的时期，是真正的工业和艺术的时期。拼音文字的发明及其应用于文献记录，标志人类过渡到文明时代。

2. 家庭

这一部分主要研究摩尔根"根据亲属制度恢复原始家庭形式"这一发现的重要意义。对这项研究，恩格斯补充了大量资料，阐述了对史前家庭史的许多重要理论观点。史前人类随着生活资料生产的进步，两性关系和家庭不断发展。人类从最初杂乱性关系的原始状态中，逐渐形成家庭；而随着社会从蒙昧时代、野蛮时代、文明时代的发展，先后出现了血缘家庭、普那路亚家庭、对偶制家庭和专偶制家庭。"被共同的婚姻纽带所联结的范围，起初是很广泛的，后来越来越缩小，直到最后只留下现在占主要地位的成对配偶为止。"①在这一历史进程中，产生了氏族，财产由公有逐渐转化为私有，原始共产制逐渐转化为私有制。

本部分包括 105 个自然段。

第 1—11 自然段主要说明人类可以"追溯到一个同从动物状态向人类状态的过渡相适应的杂乱的性关系的时期"。"所谓杂乱，是说后来由习俗所规定的那些限制那时还不存在。""现在或较早时期通行的禁规在那时是没有效力的。"②恩格斯充分肯定摩尔根、巴霍芬在这方面的研究以及所阐明的观点，指出：摩尔根在考证过去的家庭的历史时，也认为曾经存在过一种原始的状态，那时部落内部"盛行毫无限制的性关系"。巴霍芬"第一个认真对待这个问题，并且到历史的和宗教的传说中寻找这种原始状态的痕迹，这是他的伟大功绩之一"③。

---

① 《马克思恩格斯文集》第 4 卷，人民出版社 2009 年版，第 42 页。
② 《马克思恩格斯文集》第 4 卷，人民出版社 2009 年版，第 46—47 页。
③ 《马克思恩格斯文集》第 4 卷，人民出版社 2009 年版，第 42 页。约·雅·巴霍芬《母权论：根据古代世界的宗教的和法的本质对古代世界的妇女统治的研究》，1861 年斯图加特版。

随着历史的发展,这种杂乱性关系受到不断增多的禁规限制,先后依次递进产生过以下几种家庭形式。

（1）血缘家庭

第14—15自然段阐明"血缘家庭"。这种形式的家庭,婚姻集团是按照辈分来划分的：在家庭范围以内的所有同辈兄弟姊妹都互为夫妻,即一对配偶的子孙中每一代都互为兄弟姊妹,正因为如此,也互为夫妻,自然而然地包括相互的性关系。这是家庭的第一个阶段,是家庭组织上的第一个进步。这一按辈分出现禁忌的家庭形式"作为必然的最初阶段决定着家庭后来的全部发展"①。

（2）普那路亚家庭

第16—29自然段阐明"普那路亚家庭"。这是古典形式的一种家庭结构,它的主要特征是：一定的家庭范围内相互的共夫和共妻,但排除同胞兄弟和姊妹的性关系,同胞兄弟和姊妹不能互为夫妻。这是家庭组织上的第二个进步。由于当事者的年龄比较接近,所以这一进步比第一个进步重要得多,但也困难得多。取得第一个和第二个进步之后形成的共夫和共妻家庭,丈夫之间不再互称兄弟,妻子之间不再互称姊妹,而均互称"普那路亚"②,即亲密的同伴。

普那路亚家庭也是一种形式的群婚,是群婚的最高发展阶段。在一切形式的群婚家庭中,谁是某一个孩子的父亲是不确定的,但谁是孩子的母亲则是确定的。即使母亲把共同家庭的一切子女都叫作自己的子女,对于他们都担负母亲的义务,但她仍然能够把她自己亲生的子女同其余一切子女区别开来。由此可知,只要存在着群婚,世系就只能从母亲方面来确定。因此,也只承认女系。"巴霍芬的第二个伟大功绩,就在于他第一个发现了这一点。"③

---

① 《马克思恩格斯文集》第4卷,人民出版社2009年版,第49页。
② 普那路亚(punalua)是夏威夷语。——《中国大百科全书·社会学》,中国大百科全书出版社1991年版。
③ 《马克思恩格斯文集》第4卷,人民出版社2009年版,第53页。

这种家庭形式虽有一系列变种,但美洲的亲属制度、澳大利亚的级别婚制度等等,都说明普那路亚家庭曾是史前的一种家庭形式。

氏族制度,在绝大多数情况下,都是从普那路亚家庭中直接发生的。

(3)对偶制家庭

第30—61自然段阐明"对偶制家庭"。"对偶制"即某种或长或短时期内的成对配偶制,一个男子在许多妻子中有一个主妻,而他对于这个女子来说是她的许多丈夫中的最主要的丈夫。这种习惯上的成对配偶制,随着氏族日趋发达,随着不许互相通婚的"兄弟"和"姊妹"级别的日益增多,必然要日益巩固起来。对偶缔结婚姻并不是当事人本人的事情,而是他们的母亲的事情。婚姻可以根据夫妇任何一方的意愿而解除,此时子女仍归妻方,以后双方都有重新结婚的自由。

越来越排除血缘亲属结婚,生育出在体质上和智力上都更强健的人种,这体现了自然选择的效果。

在对偶制家庭阶段,群婚的遗迹还没有完全消失,常以不同的形式再现。这种对偶制家庭,本身还很脆弱,还很不稳定,不能使人需要有或者只是希望有自己的家户经济,早期传下来的共产制家户经济还没有解体。

在共产制家户经济中,大多数或全体妇女都属于同一氏族,而男子则来自不同的氏族,这种共产制家户经济是原始时代普遍流行的妇女占统治地位的客观基础,"发现妇女占统治地位,乃是巴霍芬的第三个功绩"①。

在这个阶段,妇女用赎身这种办法,把自己从旧时的共夫制之下赎出来,而获得只委身于一个男子的权利。这种赎身,是一种有限制的献身,为赎身而作出的赎罪牺牲,随着时间的进展而越来越轻。这种广泛流行的从群婚到对偶婚的过渡形式,"是巴霍芬的第四个伟大的发现"②。

---

① 《马克思恩格斯文集》第4卷,人民出版社2009年版,第60页。
② 《马克思恩格斯文集》第4卷,人民出版社2009年版,第62页。

而随着财富的增加，财富便一方面使丈夫在家庭中占据比妻子更重要的地位；另一方面，又产生了利用这个增强了的地位来废除传统的继承制度使之有利于子女的原动力。但是，当世系还是按母权制来确定的时候，这是不可能的。因此，必须废除母权制，而它也就被废除了。财富的增加和继承制的变革是"人类所经历过的最深刻的革命之一"。①

随着母权制过渡到父权制，出现了从对偶制家庭向专偶制家庭的过渡家庭形式——家长制家庭。这是由若干数目的自由人和非自由人在家长的父权之下组成一个家庭。在许多地方又被称为"家长制家庭公社"。这种家庭公社内的耕地和草地，起初是定期的而后来是永远的分配给个体耕种。在这个阶段，虽然存在着多妻制或多夫制的形式，但是"都不能上升为普遍通行的婚姻形式"②。

（4）专偶制家庭

第62—105自然段阐明"专偶制家庭"。在野蛮时代的中级阶段和高级阶段交替的时期，从对偶制家庭中产生了专偶制家庭。它的形成是文明时代开始的标志之一。专偶制家庭建立在丈夫的统治之上，其明显的目的就是生育有确凿无疑的生父的子女，以便子女将来以亲生的继承人的资格继承他们父亲的财产。专偶制与对偶制不同的地方，在于专偶制婚姻关系要牢固得多。

奴隶制与专偶制并存。完全受男子支配的年轻美貌的女奴隶的存在，使专偶制从一开始就具有了特殊的性质，使它成为只是对妇女而不是对男子的专偶制。

不过，情况也是复杂的。比如在古希腊的斯巴达人，在罗马人和德意志人中间，妇女是比较自由和受尊敬的；而在雅典人看来，"妻子除生育子女以外，不过是一个婢女的头领而已"③。

专偶制是不以自然条件为基础，而以经济条件为基础，即以私有制对原始的

---

① 《马克思恩格斯文集》第4卷，人民出版社2009年版，第67页。
② 《马克思恩格斯文集》第4卷，人民出版社2009年版，第73页。
③ 《马克思恩格斯文集》第4卷，人民出版社2009年版，第77页。

自然产生的公有制的胜利为基础的第一个家庭形式。个体婚制是一个伟大的历史的进步，但同时它同奴隶制和私有制一起，开辟了一个一直继续到今天的时代。它是文明社会的细胞形态，根据这种形态，可以研究文明社会内部充分发展着的对立和矛盾的本质。与专偶制家庭并存的，是卖淫和通奸成了"社会的制度"。

专偶制是现代的性爱能在其中发展起来的唯一形式，但在男子统治下的牢固的个体婚制的整个本质，却排斥这一点，婚姻总是权衡利害的。"父权制和专偶制随着私有财产的分量超过共同财产以及随着对继承权的关切而占了统治地位的时候，结婚便更加依经济上的考虑为转移了。"①

专偶制既然是由于经济的原因而产生的，那么当这种原因消失的时候，它是不是也要消失呢？它不仅不会消失，而且相反地，只有那时它才能完全地实现。因为随着生产资料转归社会所有，雇佣劳动、无产阶级、从而一定数量的——用统计方法可以计算出来的——妇女为金钱而献身的必要性，也要消失了。卖淫将要消失，"而专偶制不仅不会灭亡，而且最后对于男子也将成为现实"②。

综上所述，这一部分深刻论述了六个基本问题。

第一，人类最早曾有过一个同从动物状态向人类状态过渡相适应的杂乱性关系时期，性禁规在那时是没有的。

第二，血缘家庭是家庭的第一个阶段。在历史发展过程中，人类对杂乱性关系逐渐形成了第一项性禁规，即不同辈分之间禁止性关系，由此形成的婚姻集团和家庭，被称为血缘家庭。

第三，普那路亚家庭是继血缘家庭之后的阶段。继第一项性禁规之后，由于自然选择的原因，人类又形成了第二项性禁规，即同胞兄弟姊妹禁止性关系。非同胞兄弟姊妹互为夫妻，互称普那路亚，即亲密的同伴。氏族就是由普那路亚家

---

① 《马克思恩格斯文集》第4卷，人民出版社2009年版，第92页。
② 《马克思恩格斯文集》第4卷，人民出版社2009年版，第89页。

庭的产生而出现的。

第四,对偶制家庭是普那路亚家庭之后的又一阶段。某种或长或短时期内的成对配偶制,随着性禁规的日益增多日益巩固起来。氏族在禁止血缘亲属通婚方面所起的推动作用,使其更加向前发展了。

第五,在群婚状况下,世系就只能从母亲方面来确定;在共产制家户经济中,妇女居于统治地位。

第六,专偶制家庭是从对偶制家庭中产生的,是以私有制对原始自然产生的公有制的胜利为基础的家庭形式,成为文明社会的细胞形态。

3. 易洛魁人的氏族

这一部分主要研究摩尔根的另一发现,即氏族是一切野蛮人所共有的制度。

氏族是从普那路亚家庭中直接发生的。凡是近亲繁殖受到限制的部落,其发展一定要比那些依然把兄弟姊妹婚姻当作惯例和规定的部落更加迅速,更加完全。氏族就是由这一进步直接引起,而且逐渐成为地球上大多数野蛮民族的社会制度的基础,在希腊和罗马由氏族直接进入了文明时代。

本部分内容包括 44 个自然段。

第 1 自然段说明摩尔根发现氏族是一切野蛮人所共有的制度以后,便一下子说明了希腊、罗马上古史中最困难的地方,同时,给我们阐明了原始时代,即国家产生以前社会制度的基本特征。

第 2 自然段说明摩尔根发现的氏族是一种血族团体,表示血族团体的拉丁语是 gens[氏族]一词,与此同意义的有希腊语 genos 等其他语词。这种团体自夸是有共同的世系并且借某种社会的和宗教的制度而组成的一个特殊的公社。

第 3 自然段概述母系氏族的形成。

第 4—15 自然段概述易洛魁人的氏族,特别是塞讷卡部落八个氏族的共同习俗:1. 氏族选举一个酋长(平时的首脑)和一个酋帅(军事领袖);2. 氏族可以任意罢免酋长和酋帅;3. 氏族的任何成员都不得在氏族内部通婚;4. 死者的财产转归其余的同氏族人所有,它必须留在氏族中;5. 同氏族人必须互相援助、保护,特别是在受到外族人伤害时,要帮助报仇;6. 氏族有固定的人名或几套人名,人名自行带来氏族的权利;7. 氏族可以接纳外人入族;8. 印第安人的宗教仪式多少都是和氏族联系在一起的;9. 氏族有着共同的墓地;10. 氏族有议事会,它是氏族的一切成年男女享有平等表决权的民主集会。

第 16 自然段说明到发现美洲的时候,有的氏族已经是按照父权制组成了。

第 17 自然段概述胞族的形成,说明胞族是氏族联合成的特殊的集团。

第 18 自然段概述易洛魁人胞族的职能。

第 19—27 自然段概述易洛魁人几个胞族组成的部落和部落的特征:1. 有自己的地区和自己的名称;2. 有独特的、仅为这个部落所用的方言;3. 有隆重委任氏族所选出的酋长和军事领袖的权利;4. 有罢免他们的权利,甚至可以违反他们氏族的愿望而罢免他们;5. 有共同的宗教观念(神话)和崇拜仪式;6. 有管理公共事务的部落议事会;7. 在有些部落中间,有一个最高的首领,但他的权力很小。

第 28—38 自然段概述部落因种种需要结成联盟,当成为永久的联盟时,"就朝民族[Nation]的形成跨出了第一步"①。易洛魁人联盟这种社会组织具有 10 个方面的基本特点:1. 血缘亲属部落以完全平等和在部落的一切内部事务上的独立为基础,结成永世联盟;2. 联盟的机关是联盟议事会,对联盟的一切事务作最后的决定;3. 在联盟成立时,酋长被分配在各部落和氏族中担任专为联盟目的而设立的新的公职;4. 联盟的这些酋长在他们各自的部落中也是酋长,享有参加部落议事会和表决的权利;5. 联盟议事会的一切决议须经全体一致通过;6. 每个部落以及每个部落内的议事会全体成员都必须一致赞成,决议才有效;7. 部落议事会中每一个人都可以召集联盟议事会,但联盟议事会本身不得自行召集;8. 会议在聚集起来的民众面前公开举行,每个易洛魁人都可以发言,但只有议事会才能作

① 《马克思恩格斯文集》第 4 卷,人民出版社 2009 年版,第 108 页。

决定;9. 联盟没有一长制首长,即没有主掌执行权的首脑;10. 联盟有两个具有平等职能和平等权力的最高军事首长。

第 39 自然段综合上述分析,说明易洛魁人在其中生活四百余年的社会制度不存在国家,而"国家是以一种与全体固定成员相脱离的特殊的公共权力为前提的"①。

第 40 自然段进一步说明,世界各地只要与美洲易洛魁人的社会制度作一比较,就会有助于我们解决关于史前原始社会"最困难的疑难和哑谜"②。

第 41—43 自然段综合描述"十分单纯质朴的氏族制度":"一切问题,都由当事人自己解决,在大多数情况下,历来的习俗就把一切调整好了。不会有贫穷困苦的人,因为共产制的家户经济和氏族都知道它们对于老年人、病人和战争残废者所负的义务。大家都是平等、自由的,包括妇女在内。他们还不曾有奴隶;奴役异族部落的事情,照例也是没有的。"③"在没有分化为不同的阶级以前,人类和人类社会就是如此。"④

第 44 自然段是本部分的结束语,主要说明氏族—胞族—部落这种社会组织是注定要灭亡的。它没有超出部落的范围,而部落联盟的建立就已经标志着这种组织开始崩溃。

全盛时期的氏族制度,其前提是生产极不发展,因而广大地区内人口极度稀少,人类差不多完全受着同他异己地对立着的、不可理解的外部大自然的支配。他们都仍依存于自然形成的共同体的脐带。这种自然形成的共同体的权力必然要被打破,而且也确实被打破了。

"最卑下的利益——无耻的贪欲、狂暴的享受、卑劣的名利欲、对公共财产的

---

① 《马克思恩格斯文集》第 4 卷,人民出版社 2009 年版,第 110 页。
② 《马克思恩格斯文集》第 4 卷,人民出版社 2009 年版,第 111 页。
③ 《马克思恩格斯文集》第 4 卷,人民出版社 2009 年版,第 111 页。
④ 《马克思恩格斯文集》第 4 卷,人民出版社 2009 年版,第 112 页。

自私自利的掠夺——揭开了新的、文明的阶级社会;最卑鄙的手段——偷盗、强制、欺诈、背信——毁坏了古老的没有阶级的氏族社会,把它引向崩溃。而这一新社会自身,在其整整两千五百余年的存在期间,只不过是一幅区区少数人靠牺牲被剥削和被压迫的大多数人而求得发展的图画罢了。"①

综上所述,这一部分深刻论述了五个基本问题。

第一,氏族是一种血族团体,氏族内部禁止通婚。氏族是人类在野蛮时代所共有的社会制度的基础。

第二,氏族制度的经济基础是共产制家户经济。氏族内部所有的人都是平等、自由的。氏族内部没有阶级分化,一切问题都由当事人自己解决,按习俗调整。由于经济的发展和家庭形式的变迁,氏族经历了从母权制到父权制的变化。

第三,在史前时代,氏族联合成胞族,胞族联合成部落,部落联合成部落联盟。在这一"有机序列"形成过程中,氏族自我否定的因素亦随之发展。

第四,氏族制度阐明了原始时代——国家产生以前社会制度的基本特征。

第五,氏族制度是在生产极不发展、人口极度稀少,人类差不多完全受着大自然支配的条件下形成的。随着社会生产的发展,这些条件改变之后,氏族制度便逐步走向解体,被阶级分化和国家所取代。

4—8 （略）

这五部分研究了希腊、雅典、罗马、凯尔特人和德意志人的氏族制度,研究这些氏族制度的相同形式、特征以及某些差别;特别研究了氏族制度衰落、瓦解和被国家组织逐渐取代的历史过程。②

---

① 《马克思恩格斯文集》第 4 卷,人民出版社 2009 年版,第 113 页。
② 对于研究限于美洲和欧洲的史料,在出版《起源》第四版时,恩格斯新增写了一段说明:"由于篇幅的原因,我们不能详细研究今天仍然在各种不同的蒙昧民族和野蛮民族中间以比较纯粹或比较模糊的形式存在着的氏族制度,或者亚洲的文明民族古代历史上的氏族制度的痕迹了。"——《马克思恩格斯文选》第 4 卷,人民出版社 2009 年版,第 148 页。

9. 野蛮时代和文明时代

这一部分是《起源》的总结和结束语,主要从经济基础分析氏族制度的解体和国家的产生。

本部分共 39 个自然段。

第 1 自然段点明本部分的主题。恩格斯说:"我们已经根据希腊人、罗马人和德意志人这三大实例,探讨了氏族制度的解体。最后,我们来研究一下那些在野蛮时代高级阶段已经破坏了氏族社会组织,而随着文明时代的到来又把它完全消灭的一般经济条件。"①对于经济分析,恩格斯强调:"马克思的《资本论》对我们来说是和摩尔根的著作同样必要的。"②

第 2—3 自然段分析野蛮时代的经济基础。氏族这种简单的组织,是同它所产生的社会状态完全适应的,它是这种社会状态所特有的、自然长成的结构;分工是纯粹自然产生的;它只存在于两性之间,凡是共同制作和使用的东西,都是共同财产,是共产制的。

第 4—5 自然段分析第一次社会大分工——游牧部落从其余的野蛮人群中分离出来。游牧部落生产的生活资料,不仅比其余的野蛮人多,而且也不相同。同其余的野蛮人比较,他们不仅有数量多得多的乳、乳制品和肉类,而且有兽皮、绵羊毛、山羊毛和随着原料增多而日益增加的纺织物。这就第一次使经常的交换成为可能。当畜群开始变为特殊财产的时候,个人交换便越来越占优势,终于成为交换的唯一形式。牲畜获得了货币的职能,在这个阶段上就已经起货币作用了。

第 6 自然段分析第一次社会大分工促进了牧草栽培和谷物种植业的发展,进而产生了耕地的个人使用和占有。

第 7 自然段说明手工业的产生和发展。

---

① 《马克思恩格斯文集》第 4 卷,人民出版社 2009 年版,第 177 页。
② 《马克思恩格斯文集》第 4 卷,人民出版社 2009 年版,第 178 页。

第8—10自然段阐释第一次社会大分工的社会后果：在使劳动生产率提高，从而使财富增加并且使生产领域扩大的同时，在既定的总的历史条件下，必然地带来了奴隶制。从第一次社会大分工中，也就产生了第一次社会大分裂，分裂为两个阶级：主人和奴隶、剥削者和被剥削者。随着畜群和其他新的财富的出现，便发生了对家庭的革命。谋取生活资料总是男子的事情，谋取生活资料的工具是由男子制造的，并且是他们的财产。男子的劳动就是一切，妇女的劳动是无足轻重的附属品。随着男子在家中的实际统治的确立，母权制倾覆，父权制实行，对偶制家庭向专偶制家庭逐步过渡。

第11自然段主要阐释第二次大分工——手工业和农业分离。生产的不断增长以及随之而来的劳动生产率的不断增长，提高了人的劳动力的价值。在前一阶段上刚刚产生并且是零散现象的奴隶制，到这个阶段成为社会制度的一个根本的组成部分。奴隶们不再是简单的助手了，他们被成批地赶到田野和工场去劳动。随着生产分为农业和手工业这两大主要部门，便出现了直接以交换为目的的生产，即商品生产。随之而来的是贸易，不仅有部落内部和部落边境的贸易，而且海外贸易也有了。然而，所有这一切都还很不发达。贵金属开始成为占优势的和普遍性的货币商品。

第12自然段说明随着新的分工，社会又有了新的阶级划分，出现了富人和穷人的差别。耕地起初是暂时地、后来便永久地分配给各个家庭使用，它向完全的私有财产的过渡，是逐渐进行的，是与对偶制向专偶制的过渡平行地发生的。个体家庭开始成为社会的经济单位了。

第13自然段主要阐述父权制逐渐转变为世袭制，世袭王权和世袭贵族的基础奠定下来。于是，氏族制度的机关就逐渐挣脱了在氏族、胞族和部落中的根子，而整个氏族制度就转化为自己的对立物：它从一个自由处理自己事务的部落组织转变为掠夺和压迫邻近部落的组织，而它的各机关也相应地从人民意志的工具转变为独立的、压迫和统治自己人民的机关了。

第14自然段主要阐述第三次大分工——产生了一个不再从事生产而只从事产品交换的阶级——商人。它成了每两个生产者之间的不可缺少的中间人，并对他们双方都进行剥削，从而成为一个社会的寄生虫阶级。

第15自然段主要阐述金属货币即铸币的出现及其功能。随着金属货币就出现了非生产者统治生产者及其生产的新手段。它是商品的商品，"这种商品以隐蔽的方式包含着其他一切商品，它是可以任意变为任何值得向往和被向往的东西的魔法手段。谁有了它，谁就统治了生产世界"①。

第16—17自然段主要阐述随着商品和货币的出现，私有土地成为可以出卖和抵押的商品。随着贸易的扩大，随着货币和货币高利贷、土地所有权和抵押的产生，财富便迅速地积聚和集中到一个人数很少的阶级手中。与此同时，大众日益贫困化，贫民的人数也日益增长。"随着这种按照财富把自由民分成各个阶级的划分，奴隶的人数特别是在希腊便大大增加，奴隶的强制性劳动构成了整个社会的上层建筑所赖以建立的基础。"②

第18自然段主要阐述由于上述情况，从没有任何内部对立的社会中生长出来的氏族制度，必然分裂为自由民和奴隶，进行剥削的富人和被剥削的穷人。为控制这些对立日益尖锐化，需要一种似乎站在相互斗争的各阶级之上的力量，压制它们的公开的冲突。氏族制度"被分工及其后果即社会之分裂为阶级所炸毁。它被国家代替了"③。

第19自然段主要阐述国家产生的三种形式。在雅典，国家是直接地和主要地从氏族社会本身内部发展起来的阶级对立中产生的；在罗马，国家是平民的胜利炸毁了旧的血族制度，并在它的废墟上面建立了国家；而德意志人的国家则是从征服广大外国领土中产生的。

---

① 《马克思恩格斯文集》第4卷，人民出版社2009年版，第185页。
② 《马克思恩格斯文集》第4卷，人民出版社2009年版，第187页。
③ 《马克思恩格斯文集》第4卷，人民出版社2009年版，第188页。

第 20 自然段主要阐明国家决不是从外部强加于社会的一种力量,而是社会在一定发展阶段上的产物,是从社会中产生但又自居于社会之上并且日益同社会相异化的力量。

第 21—22 自然段主要阐述国家和氏族组织的不同之处。第一,国家按地区来划分它的国民,完全打破了由血缘关系形成和联结起来的旧的氏族组织。第二,国家设立了公共权力。构成这种权力的,不仅有武装的人,而且还有物质的附属物,如监狱和各种强制设施,这些东西都是以前的氏族社会所没有的。

第 23—24 自然段主要阐述为了维持这种公共权力,就需要公民缴纳费用——捐税,国家就发行期票、公债,而且凭借法律享有了特殊神圣和不可侵犯的地位。

第 25 自然段主要阐述国家是从阶级的冲突中产生的,是在经济上占统治地位的阶级的国家;这个阶级借助于国家而在政治上也占统治地位,获得了镇压和剥削被压迫阶级的新手段。

第 26 自然段主要阐述国家是有产阶级用来防御无产阶级的组织。在民主共和国,财富是有产阶级实行统治的力量,而这种统治是直接通过普选制来实现的。

第 27 自然段主要阐述国家发展的规律:"国家并不是从来就有的。曾经有过不需要国家、而且根本不知国家和国家权力为何物的社会。在经济发展到一定阶段而必然使社会分裂为阶级时,国家就由于这种分裂而成为必要了。现在我们正在以迅速的步伐走向这样的生产发展阶段,在这个阶段上,这些阶级的存在不仅不再必要,而且成了生产的真正障碍。阶级不可避免地要消失,正如它们从前不可避免地产生一样。随着阶级的消失,国家也不可避免地要消失。在生产者自由平等的联合体的基础上按新方式来组织生产的社会,将把全部国家机器放到它应该去的地方,即放到古物陈列馆去,同纺车和青铜斧陈列在一起。"[①]

---

① 《马克思恩格斯文集》第 4 卷,人民出版社 2009 年版,第 193 页。

第28—32自然段主要阐述文明时代的发展规律。这个阶段上,分工,由分工而产生的个人之间的交换,以及把这两者结合起来的商品生产,得到了充分的发展,完全改变了先前的整个社会。先前的一切社会发展阶段上的生产在本质上是共同的生产,同样,消费也是在较大或较小的共产制共同体内部直接分配产品。

第33自然段主要阐述随着分工慢慢地侵入生产过程,破坏了生产和占有的共同性,使个人占有成为占优势的规则,从而产生了个人之间的交换,商品生产逐渐地成了统治的形式。商品生产的经济规律,随这个生产形式的发展阶段的不同而有所变化,但是总的说来,整个文明期都处在这些规律的支配之下。

第34自然段主要阐述文明时代的三大时期所特有的三大奴役形式——奴隶制是古希腊罗马时代世界所固有的第一个剥削形式;继之而来的是中世纪的农奴制和近代的雇佣劳动制。

第35自然段主要阐述文明时代的特征:1. 经济上,商品生产开始阶段出现了金属货币,从而出现了货币资本、利息和高利贷;出现了作为生产者之间的中间阶级的商人;出现了土地私有制和抵押;出现了作为占统治地位的生产形式的奴隶劳动。2. 专偶制成为占统治地位的家庭形式。3. 国家是文明社会的概括,它在本质上都是镇压被压迫被剥削阶级的机器。4. 城市和乡村的对立作为整个社会分工的基础固定下来。5. 实行所有者甚至在死后也能够据以处理自己财产的遗嘱制度。

第36—37自然段主要揭示:财富是"文明时代唯一的、具有决定意义的目的"。"文明时代的基础是一个阶级对另一个阶级的剥削。"①

第38自然段主要揭示:文明时代越是向前进展,它就越是不得不给它所必然产生的坏事披上爱的外衣,不得不粉饰它们,或者否认它们,——一句话,是实行习惯性的伪善。

---

① 《马克思恩格斯文集》第4卷,人民出版社2009年版,第196页。

第 39 自然段引用摩尔根对文明时代的评断作为全文的结束。摩尔根的评断包括以下要点：财富的增长对人民说来已经变成了一种无法控制的力量，然而总有一天，人类的理智一定会强健到能够支配财富；社会的利益绝对地高于个人的利益，必须使这两者处于一种公正而和谐的关系之中；只要进步仍将是未来的规律，以财富为唯一的最终目的的社会终将终结，而揭开社会的下一个更高的阶段，这将是古代氏族的自由、平等和博爱的复活，但却是在更高级形式上的复活。①

综上所述，这一部分深刻论述了九个基本问题。

第一，破坏并最后完全消灭氏族社会组织的一般经济条件。

第二，纯粹自然产生的分工、劳动生产率极其低和共产制的家户经济是氏族社会组织的经济基础。

第三，第一次社会大分工（游牧部落从其余的野蛮人群中分离）使劳动生产率提高，财富增加，生产领域扩大，产生了交换、货币、商品；进而产生了第一次社会大分裂，分裂为两个阶级：主人和奴隶、剥削者和被剥削者。

第四，第二次社会大分工（手工业和农业分离）后，生产不断增长，劳动生产率不断增长，出现了直接以交换为目的的生产，即商品生产。随着新的分工，社会又有了新的阶级划分。各个家庭首长之间的财产差别，瓦解了共产制家庭公社。

第五，第三次社会大分工分离出商人阶级。这个阶级不再从事生产而只从事产品交换，成为一个寄生阶级，并获得了大量的财富和相应的社会影响；金属货币成为商品的商品，有了它就统治了生产世界。

第六，氏族制度被分工及其后果即社会之分裂为阶级所炸毁，人类进入文明时代。在文明时代的三大时期先后产生了三大奴役形式：奴隶制是第一个剥削形式，第二是中世纪的农奴制，第三是近代的雇佣劳动制。

① 《马克思恩格斯文集》第 4 卷，人民出版社 2009 年版，第 198 页。

第七,国家是从氏族社会内部发展起来的阶级对立中产生的,是阶级统治的工具,本质上是镇压被压迫被剥削阶级的机器。

第八,国家并不是从来就有的。曾经有过不需要国家、而且根本不知国家和国家权力为何物的社会。生产发展到更高的阶段,阶级的存在不仅不再必要,而且成了生产的障碍。阶级不可避免地要消失,随着阶级的消失国家也不可避免地要消失。

第九,阶级和国家消失后,人类将进入生产者在自由平等联合体的基础上按新方式来组织生产的社会。

三、 学习《起源》的理论和现实意义

《起源》的问世,对于创建历史唯物主义、批判历史唯心主义、指导无产阶级思想理论政治战线的斗争,具有重大意义。130 多年来,在时代和世界风云变化中,这部巨著作为研究社会和国家发展规律的光辉指南,对于我们领悟马克思主义关于社会和国家的基本原理,剖析当代资本主义国家的本质特性,学习习近平新时代中国特色社会主义思想,把握和落实党的二十大精神,推进中国特色社会主义民主政治建设,更具有重要的理论和现实意义。

(一) 学习《起源》的理论意义

我们学习《起源》,在理论上,可以深入理解历史唯物主义的理论特别是马克思主义国家学说,把握正确认识社会发展规律的唯物辩证方法。

1. 深入理解社会和国家发展规律的基本原理

两种社会生产的原理:历史发展的决定性因素是社会物质资料的生产,而生

产本身又有两种,即生活资料、生产工具的生产和人类自身的生产。研究两种社会生产,逻辑结论是要对两种生产及其辩证统一的关系自觉地实行调整。恩格斯在致考茨基的信中说:"如果说共产主义社会在将来某个时候不得不像已经对物的生产进行调整那样,同时也对人的生产进行调整,那么正是那个社会,而且只有那个社会才能毫无困难地做到这点。"在我国,这已经在理论上和实践上得到充分证实。

以物质生活资料生产作为历史分期根据的原理:摩尔根在分析史前史系统内在发展动因时说:"人类从发展阶梯的底层出发,向高级阶段上升,这一重要事实,由顺序相承的各种人类生存技术上可以看得非常明显。……人类进步过程中每一个重要的新纪元大概多少都与生活资源的扩大有着相应一致的关系。"[①]以生活资料即经济的发展状况来观察史前社会,这正像马克思说封建社会以手推磨为标志、资本主义社会以蒸汽磨为标志一样,为我们研究人类社会的历史发展奠定了唯物主义的科学基础。

家庭起源和发展的原理:由于婚姻是家庭的基础,有怎样的婚姻形态,便会产生怎样的家庭形态。从杂乱关系到对偶制家庭阶段,起支配作用的力量是自然选择;而从对偶制家庭向专偶制家庭过渡阶段,起支配作用的则是新的、社会的动力,这便是私有财产和私有制的要求。对文明社会个体家庭的深入研究,已经超出了摩尔根的论述范围,是恩格斯所作的"新的补充"。他说:"个体婚制是文明社会的细胞形态,根据这种形态,我们就可以研究文明社会内部充分发展着的对立和矛盾的本质。"[②]恩格斯还对妇女解放的条件、一夫一妻制家庭的历史趋势等,进行了深刻分析。

氏族起源和特征的原理:氏族作为一种社会制度,不是从来就存在的,而是人

---

① 路易斯·亨利·摩尔根:《古代社会》,杨东莼、马雍、马巨译,商务印书馆 1977 年版,第 32 页。

② 《马克思恩格斯文集》第 4 卷,人民出版社 2009 年版,第 78 页。

类社会发展到一定阶段的产物。它在蒙昧时代中级阶段发生，在高级阶段继续发展起来，到了野蛮时代低级阶段，便达到了全盛时代。关于氏族制度的研究成果，弥补了对人类史前史的认识。马克思指出：在此之前，对史前史以及如何从史前史过渡到真正的历史，没有任何解释。① 而氏族制度的研究，给我们阐明了原始时代——国家产生以前社会制度的基本特征。

私有制起源和形成的原理：人类社会处于蒙昧时代时，不存在产生私人占有的物质条件。随着生产力发展和社会分工、劳动个体化的趋势，"破坏生产和占有的共同性，它使个人占有成为占优势的规则"②。交换的发展促进了私人占有现象的普遍化，人类逐渐走上了新的为私有制所神圣化的道路。从人类以往历史的全过程来看，私有制对生产力发展发挥了促进作用，但是，正如原始共有制必然走到自己尽头一样，私有制也不可避免地要走到自己历史的尽头。生产力更高度的发展和生产的社会化，要求冲破私有制的桎梏，生产关系也相应地变化，即建立社会主义公有制。

阶级和国家的起源及其历史趋势的原理：贫富分化、社会分裂、阶级对立的根源是私有制。国家是同社会的大分裂即阶级的产生密切相关的，经历了漫长的历史阶段。"国家是文明社会的概括，它在一切典型的时期毫无例外地都是统治阶级的国家，并且在一切场合在本质上都是镇压被压迫被剥削阶级的机器。"③现代资产阶级民主共和国，"是无产阶级和资产阶级之间的最后决定性斗争只能在其中进行到底的国家形式"④。当阶级的存在不仅不再必要，而且成了生产的真正障碍时，阶级不可避免地要消失，国家也不可避免地要消失。

---

① 《马克思恩格斯文集》第1卷，人民出版社2009年版，第532页。
② 《马克思恩格斯文集》第4卷，人民出版社2009年版，第194页。
③ 《马克思恩格斯文集》第4卷，人民出版社2009年版，第195页。
④ 《马克思恩格斯文集》第4卷，人民出版社2009年版，第192页。

2. 把握认识社会和国家发展规律的唯物辩证方法

列宁指出:《起源》"提供了正确观察问题的方法"①。这些科学的方法如下所述。

坚持观点和材料的辩证统一。恩格斯在批评考茨基的错误观点时,一再向他指出:"一般说来,在所有这些范围如此之广和材料如此之多的科学研究中,要取得某些真正的成就,只有经过多年的工作才是可能的。……要把全部材料一下子掌握住,并用新的方法加以系统化,这只有在充分加工之后才是可能的。"②《起源》正是恩格斯多年辛勤劳动的结晶,如列宁所赞誉的那样:"每一句话都不是凭空说的,而都是根据大量的史料和政治材料写成的。"③

坚持历史和逻辑的辩证统一。《起源》是以原始社会史为对象的理论著作。但恩格斯并没有把它限制在历史考察的范围内,而是以历史为线索,进行了充分的逻辑论证。《起源》对家庭、私有制和国家的考察,实际上都是在考察它们的起源的同时,深刻地考察了它们的历史、现状和未来,分析了它们内在的各种矛盾以及这些矛盾的发展趋势,达到了历史和逻辑的高度统一。

坚持继承与批判的辩证统一。《起源》以"就路易斯·亨·摩尔根的研究成果而作"为副题,充分体现对那个时代人类学、民族学尤其是摩尔根《古代社会》研究成果的重视。恩格斯对这些成果进行深入分析、总结、提炼,使这些科学成果得到继承和弘扬。而在继承和弘扬这些成果时,又对其中的糟粕进行缜密、深刻的分析批判。《起源》一书所取得的辉煌成就,正是继承与批判辩证统一的结晶。

---

① 《列宁选集》第 4 卷,人民出版社 2012 年版,第 27 页。
② 《马克思恩格斯全集》第 36 卷,人民出版社 1956 年版,第 61 页。
③ 《列宁选集》第 4 卷,人民出版社 2012 年版,第 27 页。

（二）学习《起源》的现实意义

学习《起源》的现实意义是多方面的，主要有三个方面。

1. 深刻剖析当代资产阶级国家的本质及其虚伪性

《起源》对现代资产阶级国家的阶级本质及其虚伪性作了极其深刻透彻的剖析，对于我们把握资产阶级国家的本质，揭露其关于民主、人权等种种自我标榜的虚伪性，具有极其现实的指导意义。

恩格斯一针见血地指出："现代的代议制的国家是资本剥削雇佣劳动的工具。"①在经济上占统治地位的资产阶级，借助于国家而在政治上也成为占统治地位的阶级，获得了剥削和镇压被压迫阶级的各种新手段。捐税、债券、股票等等，成为资本主义经济剥削的工具。"财富是间接地但也是更可靠地运用它的权力的。其形式一方面是直接收买官吏（美国是这方面的典型例子），另一方面是政府和交易所结成联盟，而公债越增长，股份公司越是……把生产本身集中在自己手中，越是把交易所变成自己的中心，这一联盟就越容易实现。"②资产阶级还用特别的法律来维护自己利益和统治，"凭借这种法律，他们享有了特殊神圣和不可侵犯的地位"③。恩格斯还深刻揭露了资产阶级国家普选制的实质及其虚伪性。"有产阶级是直接通过普选制来统治的。"④"在现今的国家里，普选制不能而且永远不会提供更多的东西。"⑤

我们要以《起源》为犀利武器，剖析当代发达资本主义国家的实质。无论它

---

① 《马克思恩格斯文集》第 4 卷，人民出版社 2009 年版，第 191 页。
② 《马克思恩格斯文集》第 4 卷，人民出版社 2009 年版，第 192 页。
③ 《马克思恩格斯文集》第 4 卷，人民出版社 2009 年版，第 191 页。
④ 《马克思恩格斯文集》第 4 卷，人民出版社 2009 年版，第 192 页。
⑤ 《马克思恩格斯文集》第 4 卷，人民出版社 2009 年版，第 193 页。

们采取什么样的统治形式,变换什么样的政策,高喊什么"民主""人权"口号,采用何种方式粉饰自己和迷惑世人,其维护资本主义私有制、维护资产阶级利益和阶级统治、剥削压迫工人阶级和人民大众的本质,不会有丝毫变化。对此,我们始终要保持清醒的认识,坚决予以揭露,而不被其美化自己的华丽外衣所迷惑。

2. 推进学习习近平新时代中国特色社会主义民主政治建设思想

在新时代学习《起源》,运用其科学的世界观和方法论,获取马克思主义智慧的启迪,将推进我们深入领悟习近平新时代中国特色社会主义民主政治建设思想。这一思想是马克思主义国家理论与中国实际相结合在当代的新发展,是马克思主义中国化时代化新的飞跃。

中国特色社会主义民主政治建设,既要坚持马克思主义基本原理,又要从中国的具体实际出发。习近平总书记强调:"中国特色社会主义制度和国家治理体系不是从天上掉下来的,而是在中国的社会土壤中生长起来的,是经过革命、建设、改革长期实践形成的,是马克思主义基本原理同中国具体实际相结合的产物,是理论创新、实践创新、制度创新相统一的成果,凝结着党和人民的智慧,具有深刻的历史逻辑、理论逻辑、实践逻辑。"①

中国特色社会主义民主政治建设,要坚持中国共产党的全面领导。中国共产党领导是中国特色社会主义最本质的特征。习近平总书记强调:"历史和人民选择了中国共产党。中国共产党领导是中国特色社会主义最本质的特征,是中国特色社会主义制度的最大优势,是党和国家的根本所在、命脉所在,是全国各族人民的利益所系、命运所系。"在新的征程上,"必须坚持党的全面领导,不断完善党的领导","不断提高党科学执政、民主执政、依法执政水平,充分发挥党总揽全局、协

① 《习近平谈治国理政》第三卷,外文出版社2020年版,第119页。

调各方的领导核心作用!"①

中国特色社会主义民主政治建设,要坚持一切权力属于人民。发展社会主义民主政治就是要体现人民意志、保障人民权益、激发人民创造活力,用制度体系保障人民当家作主。我国坚持和发展全过程人民民主,维护社会公平正义。习近平总书记强调:"我国全过程人民民主实现了过程民主和成果民主、程序民主和实质民主、直接民主和间接民主、人民民主和国家意志相统一,是全链条、全方位、全覆盖的民主,是最广泛、最真实、最管用的社会主义民主。"②

中国特色社会主义民主政治建设,要实施全面依法治国。要坚持厉行法治,推进科学立法、严格执法、公正司法、全民守法,树立宪法法律至上、法律面前人人平等的法治理念。习近平总书记指出:我国依法治国的总目标是"建设中国特色社会主义法治体系,建设社会主义法治国家"③。我国维护国家法制统一、尊严、权威,加强人权法治保障,保证人民依法享有广泛权利和自由。

中国特色社会主义民主政治建设,是新时代中国特色社会主义建设"五位一体"总体布局的有机组成部分。习近平总书记说:"我们坚持和发展中国特色社会主义,推动物质文明、政治文明、精神文明、社会文明、生态文明协调发展,创造了中国式现代化新道路,创造了人类文明新形态。"④

---

① 习近平:《在庆祝中国共产党成立 100 周年大会上的讲话》,人民出版社 2021 年版,第 11—12 页。"四个意识"即"政治意识、大局意识、核心意识、看齐意识";"四个自信"即"道路自信、理论自信、制度自信、文化自信"——《习近平谈治国理政》第二卷,外文出版社 2017 年版,第 36、44 页。"两个维护"即"坚决维护习近平总书记党中央的核心、全党的核心地位,坚决维护党中央权威和集中统一领导"——《中共中央关于加强党的政治建设的意见》(2019 年 1 月 31 日)。

② 习近平:《在中央人大工作会议上的讲话》,《求是》2022 年第 5 期。

③ 习近平:《在中央人大工作会议上的讲话》,《求是》2022 年第 5 期。

④ 习近平:《在庆祝中国共产党成立 100 周年大会上的讲话》,人民出版社 2021 年版,第 13—14 页。

3. 推进把握党的二十大关于中国特色社会主义民主政治建设的战略部署

学习《起源》,运用其科学的世界观和方法论,将推进我们把握党的二十大关于中国特色社会主义民主政治建设的战略部署,落实各项重大战略举措。

党的二十大报告强调:

推进中国特色社会主义民主政治建设,是新时代新征程中国共产党的重要使命任务。进入新时代以来,新一轮党和国家机构改革全面完成,中国特色社会主义制度更加成熟更加定型,国家治理体系和治理能力现代化水平明显提高。我们坚持走中国特色社会主义政治发展道路,全面发展全过程人民民主,社会主义民主政治制度化、规范化、程序化全面推进,社会主义协商民主广泛开展,人民当家作主更为扎实,基层民主活力增强。

推进中国特色社会主义民主政治建设,要发展全过程人民民主,保障人民当家作主。"我们要健全人民当家作主制度体系,扩大人民有序政治参与,保证人民依法实行民主选举、民主协商、民主决策、民主管理、民主监督,发挥人民群众积极性、主动性、创造性,巩固和发展生动活泼、安定团结的政治局面。"①

推进中国特色社会主义民主政治建设,要坚持全面依法治国,推进法治中国建设。"我们要坚持走中国特色社会主义法治道路,建设中国特色社会主义法治体系、建设社会主义法治国家,围绕保障和促进社会公平正义,坚持依法治国、依法执政、依法行政共同推进,坚持法治国家、法治政府、法治社会一体建设,全面推进科学立法、严格执法、公正司法、全民守法,全面推进国家各方面工作法治化。"②

《起源》最后引用摩尔根对文明时代未来发展的预测作为结束:"管理上的民主,社会中的博爱,权利的平等,教育的普及,将揭开社会的下一个更高的阶段,经验、理智和科学正在不断向这个阶段努力。这将是古代氏族的自由、平等和博爱

---

① 《中国共产党第二十次全国代表大会文件汇编》,人民出版社 2022 年版,第 31 页。
② 《中国共产党第二十次全国代表大会文件汇编》,人民出版社 2022 年版,第 34 页。

的复活,但却是在更高级形式上的复活。"①在中国共产党领导下,我国成功推进和拓展中国式现代化,创建中国特色社会主义民主政治,正前行在人类历史发展更高的阶段,创建更高级形式的民主政治。正如习近平总书记所指出的:"我们坚持和发展中国特色社会主义,推动物质文明、政治文明、精神文明、社会文明、生态文明协调发展,创造了中国式现代化新道路,创造了人类文明新形态。"②

吴　铎

思考题

1. 如何理解历史中的决定性因素是直接生活的生产和再生产?

2. 生产的进步与两性关系、家庭形式变迁有何关系?

3. 人类从野蛮时代进入文明时代的决定性因素是什么?

4. 如何理解国家的起源及其本质? 如何认识当代资产阶级国家的本质?

5. 《起源》一文的理论和现实意义有哪些?

---

① 《马克思恩格斯文集》第 4 卷,人民出版社 2009 年版,第 198 页。

② 习近平:《在庆祝中国共产党成立 100 周年大会上的讲话》,人民出版社 2021 年版,第 13—14 页。

恩格斯《路德维希·费尔巴哈和德国古典哲学的终结》领读

　　《路德维希·费尔巴哈和德国古典哲学的终结》（以下简称《终结》），是恩格斯的哲学代表作。它是系统地、全面地阐述马克思主义哲学主要观点的经典文献之一。《终结》分析了马克思主义哲学的创立过程，分析了马克思主义哲学对于费尔巴哈唯物主义、黑格尔的辩证法的批判继承，分析了马克思主义哲学对于自然科学最新发展成就的吸收消化，阐述了辩证唯物主义和历史唯物主义的主要观点，揭示了马克思主义哲学的产生带来的革命性变革。阅读《终结》，使读者深入了解德国古典哲学如何终结，马克思主义哲学如何诞生并超越德国古典哲学。此文献标题的关键词"终结"意味着旧的哲学体系的消解，并指示出新的哲学发展的道路和方向。

一、写作的起因和现实条件

　　《终结》由正文和一篇序言组成。写于 1886 年初，原文是德文，发表在 1886

年的德国《新时代》杂志。单行本出版于1888年。序言是恩格斯为单行本出版而写的。1888年单行本序言介绍了《终结》写作的起因和现实条件。

单行本序言分5段。讲了三层意思。

(一)《终结》写作的起因

第1段,介绍马克思、恩格斯的共同见解和心愿。这一段主要引述马克思在《政治经济学批判》(1859年在柏林出版)的序言中的话。这段话提出,在1845年,马克思和恩格斯两人决定"共同钻研我们的见解",这个见解就是唯物主义历史观。唯物史观是在对德国古典哲学的批判中确立起来的。为了说明唯物史观,需要"把我们从前的哲学信仰清算一下"。这就是马克思恩格斯的心愿。从前的哲学信仰主要指的是德国古典哲学,尤其是黑格尔哲学和费尔巴哈哲学。需要对德国古典哲学进行清算,才能更清楚地说明马克思主义的理论来源。这个心愿正是《终结》写作的起因。

第2段,指出马克思、恩格斯的心愿一直没有得到实现。虽然对马克思主义和德国古典哲学的关系作全面说明这个心愿在《德意志意识形态》里部分达成了,但是,从写作《德意志意识形态》以来,40多年过去了,此心愿并未真正了却。

(二)《终结》写作的现实条件

第3段,指出当时德国和欧洲的社会状况发生了很大的变化,这为重新梳理马克思主义和德国古典哲学的关系提供了契机。40多年来,两方面的社会现象值得关注。一方面,马克思主义在世界范围内得到广泛传播,在德国和欧洲以外,在所有文明中,都能找到支持者。马克思主义成为欧洲工人运动的理论武器。另一方面,在英国、德国等地,新黑格尔主义、新康德主义在欧洲一些国家得到发展,在一定程度上复活了德国古典哲学。这两个社会现象给完成马克思恩格斯的心愿提供了社会现实条件。

第4段,恩格斯借着德国《新时代》编辑部约稿的机会,要写一篇文章评述丹麦哲学家施达克在1885年出版的《费尔巴哈》一书,由此梳理马克思主义和德国古典哲学的关系。

恩格斯接受约稿,不仅仅是为了对施达克的书《费尔巴哈》作一个批评,为正确理解费尔巴哈哲学指出一个方向,而且是为了完成40多年来的一个心愿,即对马克思主义和德国古典哲学的关系作一个清算。

(三) 对《德意志意识形态》《关于费尔巴哈的提纲》的评价

第5段,在《终结》单行本付印前,恩格斯翻阅了《德意志意识形态》书稿,发现其中关于费尔巴哈的部分,还有很多不足,比如,虽然阐述了唯物史观的观点,但是缺少对费尔巴哈哲学的批判,这进一步说明《德意志意识形态》没有完成马克思、恩格斯的心愿。

同时,恩格斯发现了马克思的《关于费尔巴哈的提纲》手稿,对此作出高度评价,认为这是"作为包含着新世界观的天才萌芽的第一个文献"[1]。

二、 对黑格尔哲学的批判

《终结》正文由四章和简短的结束语组成。在英文本(Progress Publishers,

---

[1] 《马克思恩格斯文集》第4卷,人民出版社2009年版,第266页。

1946）中，正文四章有标题，分别为"黑格尔""唯物主义""费尔巴哈""马克思"。在《马克思恩格斯文集》（人民出版社 2009 年）第 4 卷收录的《终结》中文译本中，没有出现英文本中的四章标题。

《终结》第一章的主要内容是批判黑格尔哲学，讨论黑格尔哲学产生的时代背景、内在理论矛盾和解体过程，提出要扬弃黑格尔哲学和费尔巴哈哲学，即扬弃德国古典哲学。

第一章全文共 19 段，讲了三个问题。

（一）黑格尔哲学产生的时代背景

第 1 段到第 2 段，介绍黑格尔哲学产生的时代背景。

第 1 段，恩格斯应邀评述丹麦哲学家施达克的著作《费尔巴哈》，此书把读者带回到费尔巴哈从事哲学理论活动的时期。这个时期是"德国准备 1848 年革命的时期"。1848 年，在意大利、法国、德国等地，都发生了资产阶级革命。费尔巴哈的哲学是为 1848 年革命作准备的，主要的哲学理论创作发生在革命前。1848 年革命后，欧洲的形势发生了较大的变化，革命遭遇失败。因此，恩格斯说，"似乎已经相隔整整一个世纪了"①。

第 2 段，通过比较 18 世纪法国的哲学革命和 19 世纪德国的哲学革命的不同，说明黑格尔哲学的时代处境。法国大革命时期，很多法国哲学家遭到迫害，他们的著作被迫在国外出版。在德国，情形则不同。黑格尔哲学被封为国家官方哲学，地位很高。德国的哲学教授用自己的哲学为当时现存的普鲁士王国的制度辩护，体现他们的妥协姿态，因此，得到政府的支持。

---

① 《马克思恩格斯文集》第 4 卷，人民出版社 2009 年版，第 267 页。

（二）黑格尔哲学的合理内核和内在矛盾

第 3 段到第 10 段，介绍黑格尔哲学的合理内核和内在矛盾。

1. 黑格尔哲学的合理内核

第 3 段和第 4 段，以黑格尔的命题"凡是现实的都是合乎理性的，凡是合乎理性的都是现实的"[①]为例，说明黑格尔的哲学命题包含着革命的因素。

这个命题为什么会"引起近视的政府的感激和同样近视的自由派的愤怒"[②]？1821 年，黑格尔在《法哲学》序言中提出这个命题。从字面上看，这个命题是为普鲁士王国的一切现存制度辩护，所以，引起"政府的感激"，同时，引起"自由派的愤怒"。因为自由派在当时的德国被看作是革命的代表，批评普鲁士政府很多做法，反对黑格尔哲学。

同时，这个命题有字面背后的意义，即包含着革命的、推翻现存不合理制度的含义。对于这一点，普鲁士政府和资产阶级自由派都没有看到，因此，恩格斯说，两者都是"近视的"。

在第 5 段中，恩格斯从必然性的角度理解现实性。恩格斯说，现存的不一定是现实的。什么才是现实的？符合必然性的东西，才是现实的。丧失了必然性，就会丧失现实性，不具有现实性。现存的不一定是合乎必然的。具有必然性，也就是在本质上是合乎理性的。

第 6 段，举了罗马帝国、罗马共和国、法国大革命的例子，说明黑格尔命题中的合理内核，即辩证法思想。比如，在法国，君主制在很长一段时间内是合乎理性的，是现实的，但是后来，越来越失去其必然性，1789 年大革命发生，表明其已经失

---

① 《马克思恩格斯文集》第 4 卷，人民出版社 2009 年版，第 268 页。
② 《马克思恩格斯文集》第 4 卷，人民出版社 2009 年版，第 268 页。

去了必然性,必须用暴力的手段加以推翻。从法国大革命的例子中可得出辩证法结论。一方面,凡是现实的,都是合乎理性的,是必然的。另一方面,凡是现存的,现在可能是必然的,但是,随着时间的推移,总会丧失必然性,最终一定会灭亡的,或者采取和平的方式,或者采取暴力的方式。

第7段,指出黑格尔哲学的真实意义和革命性质,"在于它彻底否定了关于人的思维和行动的一切结果具有最终性质的看法"[1]。一切事物都是发展中的东西,没有固定不变的东西。人的认识也是这样,真理是在认识过程中被发现的。认识领域是这样,在实践领域,在历史领域,也是这样。人类社会是不断发展的,每一种社会形态都是暂时的,都是适应某一个历史时代的,都是会被更替的。

第8段,指出辩证法和自然科学的预言之间似乎存在矛盾,实际上辩证法的结论是可靠的。自然科学告诉我们,人类历史有上升的可能,也有下降的可能,这个观点符合辩证法的思想。辩证法说,一切事物都是在不断变化中的,有前进的,也有倒退的。不过从总的趋势来看,新生事物总是能战胜旧的事物。

2. 黑格尔哲学的内在矛盾

第9段和第10段,指出黑格尔哲学中的矛盾,即方法和体系之间的矛盾。

第9段,指出黑格尔哲学中存在辩证方法和哲学体系之间的矛盾,这种矛盾在黑格尔哲学观点和政治观点上都有相应的表现。黑格尔忙于建立哲学体系。哲学体系有保守性,是有止境的。黑格尔要构建一个绝对精神的哲学体系,把辩证法的革命性给窒息了。因为辩证法强调事物发展的过程性和开放性。

第10段,说明黑格尔哲学的内在矛盾有其社会根源。恩格斯提出,为什么黑格尔的革命的辩证思维方法产生了温和的政治结论?因为黑格尔受到德国庸人的影响,"拖着一根庸人的辫子"[2]。当时德国软弱的资产阶级可以看作是德国庸

---

[1] 《马克思恩格斯文集》第4卷,人民出版社2009年版,第269页。
[2] 《马克思恩格斯文集》第4卷,人民出版社2009年版,第272页。

人的代表。

（三）黑格尔哲学的解体和费尔巴哈哲学的产生

第 11 段到第 19 段,介绍黑格尔哲学的解体和费尔巴哈哲学的产生。

1. 黑格尔哲学的贡献和影响

第 11 段的最后一句话,恩格斯对黑格尔哲学的贡献作出评价:一方面,黑格尔建立了庞大的哲学体系,把以往哲学发展的精华都包括在内了。另一方面,黑格尔指出了一条哲学发展的正确道路,尽管是以不自觉的方式指出的。黑格尔的辩证法告诉人们,建立一个永恒的哲学体系,追求绝对真理,是不可能实现的。

第 12 段,介绍黑格尔哲学在德国社会产生的巨大影响。黑格尔在世时,他的哲学就取得了官方哲学的地位,影响巨大。在 1831 年他去世后,这种影响还在延续。1830—1840 年间,黑格尔主义"取得了独占的统治"。连对手都被黑格尔主义所影响。这是"一次胜利的进军"①。

2. 黑格尔哲学的解体

第 13 段,介绍黑格尔哲学分裂解体的情况。在黑格尔哲学中,辩证方法和哲学体系之间存在矛盾,在政治上和宗教上体现为革命和保守之间的矛盾。正是这种内在的矛盾,使得其体系存在分解的可能性。到 19 世纪 30 年代末,黑格尔学派的分裂日趋明显,出现青年黑格尔学派和老年黑格尔学派。

第 14 段,介绍青年黑格尔学派内部的派别和分歧。主要介绍了三个代表人物。第一个代表人物是施特劳斯。他出版《耶稣传》,认为新约中的福音书里谈到耶稣的故事是历史的故事,不是虚构的神话故事,耶稣是历史上存在过的一个英雄人物。福音书的耶稣形象是基督徒集体创造的结果。推动历史发展的是精神

---

① 《马克思恩格斯文集》第 4 卷,人民出版社 2009 年版,第 273 页。

"实体",如集体意识或民族精神。第二个代表人物是鲍威尔。他反对施特劳斯的观点,认为耶稣不是一个历史中的人物,历史上不存在这种人,他是个别人杜撰和捏造的。推动历史发展的是"自我意识"。第三个代表人物是施蒂纳。他是无政府主义者,宣扬个人主义和利己主义,认为推动历史发展的是"唯一者",即个人。

第15段,介绍青年黑格尔学派中转向唯物主义的流派。在青年黑格尔学派的内部派别斗争中,除了第14段介绍的三个代表人物外,还有一个派别,他们转向英法德唯物主义。费尔巴哈是其中的代表人物。

3. 费尔巴哈哲学的产生

第16段,介绍费尔巴哈哲学的产生和由此带来的社会影响。1841年,《基督教的本质》的出版,预示着费尔巴哈哲学的产生。这在德国社会上产生了巨大的思想解放作用。很多人从唯心主义立场转到了唯物主义立场,变成费尔巴哈派。马克思和恩格斯同样成为费尔巴哈哲学的支持者。

第17段,指出费尔巴哈哲学的两个缺点以及恩格斯对于真正社会主义的批判。费尔巴哈哲学有两个缺点:一是使用华丽的辞藻,"夸张的笔调";二是夸大爱的作用。但在当时的德国,这两个缺点强化了费尔巴哈哲学的社会影响。优美的笔调,使人耳目一新。对爱的崇拜,使人觉得"情有可原"。

以卡尔·格律恩为代表的真正社会主义流派继承了费尔巴哈哲学的传统,继承了费尔巴哈的上述两个缺点,并有所夸大。他们强调用爱的作用代替生产力的作用和革命的作用,认为无产阶级的解放要靠爱的作用。恩格斯反对真正社会主义的这些观点,他说:"它(指真正社会主义——引者)沉溺在令人厌恶的美文学和泛爱的空谈中了。"[①]恩格斯批评费尔巴哈流派和真正社会主义的美文学是"令人厌恶"的,对爱的讨论是"空谈"。

① 《马克思恩格斯文集》第4卷,人民出版社2009年版,第276页。

第 18 段,指出费尔巴哈的另一个缺点,即在批判黑格尔哲学时,没有吸取合理内核。批判吸收黑格尔哲学的正确的方法是扬弃。恩格斯对扬弃概念作了解释。"要批判地消灭它的形式,但是要救出通过这个形式获得的新内容。"①批判黑格尔哲学体系的形式(唯心主义),救出其中的新内容,获得合理内核,即辩证法。马克思和恩格斯用扬弃的方法对待黑格尔哲学,发展出辩证唯物主义和历史唯物主义。

第 19 段,指出在 1848 年革命后,费尔巴哈哲学被时代抛弃了,意味着德国古典哲学全部终结了。

综上所述,《终结》第一章聚焦黑格尔哲学的产生、内在矛盾和解体展开论述,讨论三个问题:

1. 讨论黑格尔哲学产生的时代背景。
2. 讨论黑格尔哲学中辩证方法和唯心主义哲学体系之间的矛盾。
3. 讨论黑格尔哲学的解体和费尔巴哈哲学的产生及其影响。

三、 哲学基本问题

《终结》第二章介绍哲学基本问题和对马克思主义以前的唯物主义的批判。第二章全文共有 24 段。讨论三个问题。

(一)哲学基本问题的含义

第 1 段到第 6 段,介绍哲学的基本问题的含义和对唯心主义、不可知论的

① 《马克思恩格斯文集》第 4 卷,人民出版社 2009 年版,第 276 页。

批判。

1. 哲学基本问题的提出

第1段,恩格斯第一次正式表述哲学基本问题。"全部哲学,特别是近代哲学的重大的基本问题,是思维和存在的关系问题。"①这是一个著名的论断,对马克思主义哲学的后续发展产生深远的影响。

全部哲学的基本问题是思维和存在的关系问题,全部哲学包括古代、近代、当代哲学,也包括西方哲学、中国哲学和其他民族的哲学。思维和存在的关系问题不是近代才有的问题,在古代社会,就有讨论,以灵魂不灭观念、多神教、一神教等形式呈现出来。在近代哲学家中,哲学基本问题完整地得到阐述和表达。

第2段,介绍哲学基本问题在近代的历史条件下被提出来,才获得完全的意义。这一段的第一句话,把思维对存在的关系问题表述成精神对自然界的关系问题,同时把这个基本问题看成是"全部哲学最高问题",说明这是哲学里最重要的问题,一个不可回避的、体现哲学党性的问题。

2. 哲学基本问题的第一个方面

第3段,介绍唯心主义和唯物主义两个阵营划分的标准。唯心主义和唯物主义划分的标准是看他们如何回答思维和存在的关系问题。唯心主义把精神看作本原和第一性,认为思维决定存在。唯物主义把自然界看作本原和第一性,认为存在决定思维。以此来看,黑格尔的哲学和基督教的学说都是唯心主义。

第4段,声明唯心主义和唯物主义两个术语的特定用法。"除此之外,唯心主义和唯物主义这两个用语本来没有任何别的意思,它们在这里也不能在别的意义上使用的。"②唯心主义和唯物主义两个术语不能乱用,不能超范围使用。除了在

---

① 《马克思恩格斯文集》第4卷,人民出版社2009年版,第277页。
② 《马克思恩格斯文集》第4卷,人民出版社2009年版,第278页。

回答哲学基本问题上,区分为两个阵营外,没有别的意思。

3. 哲学基本问题的第二个方面

第5段,介绍哲学基本问题的第二个方面含义,即思维和存在的同一性问题,即认识论的问题,人们的思维能否认识现实世界?对同一性问题作肯定性回答或否定性回答,形成可知论或不可知论派别。与此相应,哲学基本问题的第一个方面的含义是思维和存在的第一性问题,即本体论的问题。第3、4段已经对此作了说明。

第5段,以黑格尔哲学为可知论的代表,介绍了可知论的观点。大多数哲学家都是可知论者,包括大多数的唯物主义者和唯心主义者。

第6段,恩格斯对不可知论进行批判,不可知论者以休谟和康德为代表。不可知论的观点是否认认识世界的可能性。例如,康德所说的自在之物,是不可知的。

"对这些以及其他一切哲学上的怪论的最令人信服的驳斥是实践,即实验和工业。既然我们自己能够制造出某一自然过程,按照它的条件把它生产出来,并使它为我们的目的服务,从而证明我们对这一过程的理解是正确的,那么康德的不可捉摸的'自在之物'就完结了。"①这句话提出马克思主义认识论的核心观点,即实践观点。马克思主义用实践观点驳斥不可知论。人们在实践中,掌握事物发展的规律,运用这个规律生产出某个事物,并服务于我们的目的,这就证明我们的认识是正确的,不存在康德所说的"自在之物"。恩格斯举了茜素、哥白尼的太阳系学说两个例子,说明如何用实践观点来印证世界的可知性。

(二) 形而上学唯物主义的缺点

第7段到第18段,分析形而上学唯物主义的缺点。

---

① 《马克思恩格斯文集》第4卷,人民出版社2009年版,第279页。

1. 17 世纪以来欧洲哲学发展情况

第 7 段,介绍 17 世纪以来的西方哲学发展的情况。从 17 世纪到 19 世纪,西方哲学发展存在两条线索,一是从笛卡尔到黑格尔,代表唯心主义发展历程;二是从霍布斯到费尔巴哈,代表唯物主义发展历程。推动近代哲学进步的,不仅有哲学自身的思想力量,而且有自然科学和工业的进步力量。

2. 费尔巴哈哲学的唯物主义性质

第 8 段,介绍施达克对费尔巴哈哲学的评论。施达克的评述的可取之处在于,他研究了费尔巴哈在哲学基本问题上的立场,这证明恩格斯在第二章一开头提出的观点,思维和存在的关系问题是全部哲学的基本问题。费尔巴哈哲学也一样回避不了这个基本问题。同时,施达克在评述费尔巴哈哲学时,存在一些不足,比如,在导言里,使用了晦涩难懂的哲学语言。在正文中,使用多个流派的哲学语言,有堆砌术语、混乱使用的现象。

第 9 段,指出费尔巴哈的哲学是唯物主义的,但是费尔巴哈自己却反对唯物主义这个名称。费尔巴哈的哲学有一个从黑格尔主义到唯物主义的发展过程。到了唯物主义阶段,费尔巴哈和黑格尔的唯心主义"完全决裂了"①。费尔巴哈认为,物质的世界是唯一现实的世界。意识是人脑的产物。"物质不是精神的产物,而精神本身只是物质的最高产物。"②

第 10 段,解释费尔巴哈拒绝唯物主义称号的问题症结所在。恩格斯认为,症结在于,费尔巴哈混淆了唯物主义一般的世界观和这个世界观在特定历史阶段上的表现,即唯物主义的特殊世界观。把作为一般世界观的唯物主义和在特定历史条件下的有特定表现形式的、作为特殊世界观的唯物主义混淆了。反对特殊形态的唯物主义的理由,不能直接用来作为反对一般形态的唯物主义的理由。

---

① 《马克思恩格斯文集》第 4 卷,人民出版社 2009 年版,第 281 页。
② 《马克思恩格斯文集》第 4 卷,人民出版社 2009 年版,第 281 页。

3. 18 世纪唯物主义的缺点

第 11 段,指出 18 世纪唯物主义(机械唯物主义)的第一个缺点,即机械性。这和 18 世纪的自然科学的发展有关。在当时的自然科学中,力学的发展相对于化学、生物学来说,比较成熟。力学对于其他学科的影响、对于哲学的影响比较明显。受此影响,一些唯物主义者把人看作机器。

第 12 段,指出 18 世纪唯物主义的第二个缺点,即形而上学性。形而上学唯物主义没有以发展的、联系的眼光理解事物,而是以静态的、孤立的眼光看待事物。不把事物理解为一个变化的、互相联系的过程,只见树木不见森林。形而上学唯物主义的观点,是和当时的自然科学的发展和哲学的思维方法相适应的。

第 13 段,指出 18 世纪唯物主义的第三个缺点,即不彻底性。在自然领域,18 世纪唯物主义尽管有形而上学性,但是仍然坚持唯物主义的观点。在历史领域,18 世纪的唯物主义没有把唯物主义原则贯彻到底。在历史领域,很多唯物主义者走向了唯心主义。他们没有用辩证的眼光看待历史,坚持历史领域的非历史观点,没有看到历史联系的合理性。

恩格斯以中世纪为例,说明要以辩证的眼光评价中世纪的成绩,否则容易陷入非历史的观点。很多人看到中世纪的黑暗、野蛮一面,没有看到中世纪的进步一面,没有看到中世纪与近代资本主义发展之间的历史联系。没有看到历史的联系性,就会把历史看作是"一部供哲学家使用的例证和图解的汇集"①,看作是没有生命力的、孤立的片段的汇集。

4. 费尔巴哈唯物主义的缺点

第 14 段,提出对 19 世纪 50 年代庸俗唯物主义的批评。一方面,恩格斯把 19 世纪的庸俗唯物主义和 18 世纪的唯物主义做了比较。18 世纪唯物主义的缺点(机械性、形而上学性、不彻底性),在 19 世纪庸俗唯物主义那里仍然存在。另一

---

① 《马克思恩格斯文集》第 4 卷,人民出版社 2009 年版,第 283 页。

方面,在 19 世纪,自然科学有了更大的进步,19 世纪的唯物主义者理应结合自然科学的最新成果,进一步发展唯物主义的理论,但是,他们没有做到这一点,还进一步把唯物主义庸俗化了,不是把唯物主义向前推进,而是把唯物主义往后拉。"唯物主义在这个时候更是江河日下。"①

第 15 段,指出费尔巴哈唯物主义的第一个缺点,即费尔巴哈没有利用当时的自然科学的成就,克服 17、18 世纪唯物主义的局限,如机械性、形而上学性等。这个缺点的产生,与当时自然科学发展情况和德国社会制度有关。

一是这个缺点和自然科学的发展情况有关。在费尔巴哈生活的时代,出现了三大发现的理论,如细胞学说、能力守恒与转化定律、达尔文的进化论,但是,这些理论还有待完善,在科学家之间还有一些争论,所以,不能指望费尔巴哈充分利用自然科学的最新成果作出精准的哲学分析。

二是这个缺点和德国的社会制度有关。"当时哲学讲席都被那些故弄玄虚的折中主义的小识小见之徒占据了,而比所有这些人高明百倍的费尔巴哈,却不得不在穷乡僻壤中过着农民式的孤陋寡闻的生活。"②费尔巴哈因宣扬唯物主义,失去了大学讲学的席位,迁移到了农村,隐居乡间,被迫过着孤寂的、闭塞的生活。

第 16 段到第 18 段,恩格斯阐释费尔巴哈唯物主义的第二个缺点,即没有把唯物主义贯彻到社会历史领域。

第 16 段,只有一句话。后半句话还是引用费尔巴哈的原话,这句话在第二章第 9 段已经引用过。费尔巴哈的观点是:唯物主义"是人类知识的大厦的基础,但不是大厦本身"③。恩格斯肯定费尔巴哈这个观点是正确的。

第 17 段,指出费尔巴哈唯物主义的第二个缺点,即费尔巴哈没有把唯物主义原则贯彻到社会历史领域。"人类社会同自然界一样也有自己的发展史和自己的

---

① 《马克思恩格斯文集》第 4 卷,人民出版社 2009 年版,第 283 页。
② 《马克思恩格斯文集》第 4 卷,人民出版社 2009 年版,第 284 页。
③ 《马克思恩格斯文集》第 4 卷,人民出版社 2009 年版,第 284 页。

科学。"①人们认识人类历史,形成历史科学。对于马克思主义者来说,要把唯物主义贯彻到社会历史领域中去,获得关于人类社会历史发展的规律性认识。费尔巴哈没有做到这一点。在社会历史领域,费尔巴哈是一个唯心主义者。

第18段,指出费尔巴哈在社会历史领域持有唯心主义的观点的原因所在。恩格斯从费尔巴哈的生活方式、从他的阶级地位中找原因。费尔巴哈受当时德国社会的压迫,生活在乡下,很少和同行辩论交流,缺乏社会实践的经验,脱离当时的政治斗争,无法和当时先进的阶级力量结合在一起,既无法从中获得革命的力量,也无法对革命运动给予精确的理论指导。

(三) 批判施达克的唯物主义和唯心主义划分标准

第19段到第24段,《终结》对施达克划分唯物主义和唯心主义进行批判。

第19段,指出施达克对费尔巴哈唯心主义的理解有问题。施达克认为,费尔巴哈相信理想的意图和力量,相信人类的进步,据此认定费尔巴哈是唯心主义者。施达克对于唯心主义和唯物主义的划分标准,不是从思维和存在的关系问题出发,而是从同情、爱、对真理和正义的热诚这些主观的力量来判断。所以,恩格斯说,施达克"找错了地方"②。

在第20段和第21段、第22段中,恩格斯从三个角度(哲学史、逻辑推理、历史事实)批评施达克评述费尔巴哈唯心主义的观点的错误。

在第20段中指出,施达克把唯心主义等同于对理想目的的追求、对道德理想的追求。恩格斯举了哲学史上的三个例子(康德哲学、德国庸人的观点、黑格尔哲学)批评施达克的这种观点。

---

① 《马克思恩格斯文集》第4卷,人民出版社2009年版,第284页。
② 《马克思恩格斯文集》第4卷,人民出版社2009年版,第285页。

第 21 段,恩格斯从逻辑推理的角度批评施达克关于划分唯物主义和唯心主义的标准的观点。按施达克的划分标准,如果一个人追求理想意图,那么就成为唯心主义者。照此逻辑推论,会得出荒谬的结论:每个人都是天生的唯心主义者。因为每个人有感觉、思想、动机、意志,这些主观因素都有理想的力量,它们本身就是人的正常的生理、身心活动的一部分,由此可见施达克的划分标准是不正确的。

第 22 段,从历史事实来批评施达克关于划分唯物主义和唯心主义的标准的观点。恩格斯举出法国唯物主义者狄德罗、自然神论者伏尔泰、卢梭等的贡献,他们是启蒙思想家,是相信人类的进步、追求理想的意图、愿意为真理和正义而斗争的思想家。他们对于人类社会作出了巨大贡献,有的是唯物主义者,有的是唯心主义者。不能把有追求理想的意图的人,都说成是唯心主义者。因此,施达克关于唯物主义和唯心主义的划分标准是无效的。

第 23 段,指出施达克在划分唯物主义和唯心主义的标准上出现错误的原因。施达克向德国的庸人做了让步,赞成德国庸人的观点。“庸人把唯物主义理解为贪吃、酗酒、娱目、肉欲、虚荣、爱财、吝啬、贪婪、牟利、投机,简言之,即他本人暗中迷恋着的一切龌龊行为;而把唯心主义理解为对美德、普通的人类爱的信仰,总之,对‘美好世界’的信仰……”①说唯物主义追求物欲的满足,唯心主义追求理想和美德。这样划分唯物主义和唯心主义,无视恩格斯所说的哲学基本问题,和哲学基本问题背道而驰。

第 19 段到第 23 段,恩格斯指出了施达克在评述费尔巴哈哲学时的错误观点,在第 24 段中,恩格斯肯定了施达克有保护费尔巴哈的一面。施达克怎么为费尔巴哈辩护,恩格斯在这里没有介绍。

综上所述,《终结》第二章重要的话题是哲学基本问题,围绕着对于哲学基本问题的回答,划分唯物主义和唯心主义,划分可知论和不可知论。主要讨论三个

---

① 《马克思恩格斯文集》第 4 卷,人民出版社 2009 年版,第 286 页。

问题：

    1. 介绍哲学的基本问题的含义和对唯心主义、不可知论的批判。

    2. 讨论形而上学唯物主义的缺点。

    3. 对施达克划分唯物主义和唯心主义的标准进行批判。

四、 对费尔巴哈哲学的批判

《终结》第三章主要是对费尔巴哈的宗教哲学和伦理学进行批判。第三章全文共有 21 段。讨论三个问题。

（一）批判费尔巴哈的宗教哲学

第 1 段到第 8 段，批判费尔巴哈的宗教哲学。

1. 费尔巴哈宗教哲学的唯心主义性质

第 1 段的第 1 句话，指出费尔巴哈的宗教哲学和伦理学是唯心主义的。第 2、3 句话都是谈费尔巴哈的宗教观。在宗教观上，费尔巴哈批判基督教，但是不反对宗教，而是完善宗教，以他自己的方式完善宗教。

第 2 段，恩格斯引述费尔巴哈一段话。批评费尔巴哈宗教哲学中的唯心主义观点。费尔巴哈认为，人类历史的区分，是由于宗教变迁的缘故，这等于说，宗教决定了人类历史的发展。这个观点夸大了宗教在人类历史发展中的作用，认为人类的历史几乎是宗教发展的历史。

2. 批判费尔巴哈关于宗教是人与人关系的观点

第 3 段，指出费尔巴哈把宗教看作是人与人的感情关系。费尔巴哈从人与人的感情关系来界定宗教，这固然化解了宗教的神秘性，但是，依然相信宗教的力量。费尔巴哈反对黑格尔的绝对精神观点和基督教的上帝观,认为宗教的本质不在于神,而在于人。

第4段,恩格斯举法国的例子,批评费尔巴哈关于宗教是人与人感情关系的观点。1793—1798年间,基督教遭到大量毁坏。1799年,拿破仑取得政权后,努力恢复教会。按照宗教的本质是人与人的关系的观点,在基督教被毁的那些年,应该由新的宗教填补基督教的空缺。但是,在法国,没有人感觉到有新宗教的需要。由此可见,费尔巴哈关于宗教是人与人的关系的观点是站不住脚的。

第5段,指出费尔巴哈宗教哲学的唯心主义实质。费尔巴哈认为,用宗教的眼光来看待人与人的关系,才是完满的。这是唯心主义者的宗教观。费尔巴哈从词源上来论证上述观点。宗教这个词的拉丁文是religare,有联系的意义。联系包含有人与人的关系的意思。因此,从词源学上看,人与人的关系具有宗教意义,也必须从宗教的高度来认识。恩格斯用炼金术作例子,说明以唯物主义的自然观为基础建立新的宗教,是不可能的。

3. 批判费尔巴哈关于人类史是宗教史的观点

第6段到第8段,指出费尔巴哈关于人类史是宗教发展史的论断的错误。

第6段,内容很短,就两句话,恩格斯直截了当指出费尔巴哈关于人类史是宗教发展史的观点的错误。

第7段,恩格斯使用一些历史事实,批评费尔巴哈把人类发展史看作是宗教的变迁史的错误观点。恩格斯举了欧洲资产阶级革命的例子,说明在欧洲革命的两个阶段上,宗教色彩具有不同的意义。

第一阶段,从13世纪到17世纪的资产阶级革命,带有宗教色彩,是对中世纪的神学统治的反对。欧洲资产阶级的革命是要走出中世纪的神学和基督教的统治。

第二阶段,18世纪的资产阶级革命,如法国大革命时期,资产阶级已经有能力建立自己的意识形态,按照自己的意识形态去组织社会运动,如提出自由、平等、博爱等理念,不需要借助宗教外衣来开展活动,由此不能说人类发展史是宗教史。

第8段,进一步从阶级斗争的角度批评费尔巴哈的人类历史是宗教变迁史的错误观点。在德国,有一批历史学家,从编纂学的角度,淡化、模糊阶级斗争的观点,认为人类历史是观念的发展史,是宗教发展史。费尔巴哈的宗教哲学认为人类历史是宗教变迁的历史,这个看法支持了历史编纂学家的观点,但是,不了解唯物史观的阶级斗争的观点,不了解在阶级社会中,人类历史其实是一部阶级斗争的历史。

(二)批判费尔巴哈的伦理学

第9段到第19段,批判费尔巴哈的伦理学。

1. 批判费尔巴哈伦理学的抽象性

第9段,指出费尔巴哈的宗教哲学中对神、人的理解包含着抽象原则。恩格斯谈到,费尔巴哈的宗教哲学中对神的理解是抽象的,"这个神本身是长期的抽象过程的产物"[①]。同样,他对人的理解也是抽象的。"被反映为这个神的人也不是一个现实的人,而同样是许多现实的人的精华,是抽象的人,因而本身又是一个思想上的形象。"[②]虽然字面上,费尔巴哈主张研究现实,包括研究现实的人,但是实际上,和神相对的人是抽象出来的人,由此引出他的伦理学也是抽象的。

第10段,比较费尔巴哈和黑格尔的伦理学,指出费尔巴哈的伦理学的抽象性。黑格尔讲的是绝对精神的发展,就伦理学而言,是讲绝对精神在伦理学领域的发展,因而是唯心主义的。但是,就其讨论的内容涉及到家庭、市民生活、国家

---

① 《马克思恩格斯文集》第4卷,人民出版社2009年版,第290页。
② 《马克思恩格斯文集》第4卷,人民出版社2009年版,第290页。

等现实的领域,所以说是现实的。费尔巴哈讨论人与人的关系,希望讨论的人是现实的人,所以,就其形式来说是现实的。但是,实际上,费尔巴哈理解的人是抽象的,内容是唯心主义的。他理解的人与人的道德关系,是脱离了政治、经济关系的道德,是抽象的道德关系。

第 11 段,继续指出费尔巴哈的伦理学的抽象性,认为费尔巴哈提出的一些命题是"纯粹的空话"。

第 12 段,指出费尔巴哈在善恶问题上的肤浅认识。恩格斯把费尔巴哈和黑格尔作比较,认为在善恶问题上,黑格尔的观点更深刻。因为,黑格尔说出这样一个观点:人们通常以为人性善,是一个伟大的思想,但是人性恶的观点,是一个更伟大的思想。也就是说,人们通常看到人性善在历史发展中的作用,不大注意人性恶在历史发展中的作用,因为人们鄙视恶,认为恶的作用是破坏性的,不是建设性的。但是黑格尔认为,恶有时起建设作用,推动历史的发展。这是黑格尔的高明之处。

第 13 段,通过对费尔巴哈和黑格尔的比较,批评费尔巴哈的伦理学(关于恶的认识)的肤浅。黑格尔说:"恶是历史发展的动力的表现形式。"[1]这个观点包含两层含义:

第一层,新事物的产生是对旧事物的叛逆,看起来是对旧事物表现出"恶","对某一神圣事物的亵渎"[2],尽管旧事物是应该被淘汰的,日渐衰亡的,但是衰亡有一个过程。

第二层,人有恶劣的情欲,在阶级社会里,通常表现为贪欲和权势欲,有的时候成为历史发展的杠杆。

相比之下,费尔巴哈没有去研究恶能起什么样的历史作用。

---

[1] 《马克思恩格斯文集》第 4 卷,人民出版社 2009 年版,第 291 页。
[2] 《马克思恩格斯文集》第 4 卷,人民出版社 2009 年版,第 291 页。

2. 批判费尔巴哈的道德基础和基本准则

第14段，复述费尔巴哈的道德基础和基本准则。指出费尔巴哈的伦理学的"贫乏和空泛"。

关于费尔巴哈的道德基础，《终结》说："追求幸福的欲望是人生下来就有的，因而应当是一切道德的基础。"①

关于费尔巴哈的道德基本准则，《终结》说："对己以合理的自我节制，对人以爱（又是爱！），这就是费尔巴哈的道德的基本准则。"②

追求幸福的欲望是道德的基础。但是，人的欲望不仅仅有善的一面，还有恶的一面。如果压制不了恶的欲望，很容易走向道德的反面。因此，追求幸福的欲望需要得到矫正和支持。矫正来自两方面。一是得到人的行为的自然后果的矫正，所以，要自我节制。二是得到人的行为的社会后果的矫正，社会上其他人也有追求幸福的平等权利，要尊重他人的追求，这种尊重，费尔巴哈称之为爱，所以，对人要有爱。

第15段，恩格斯批评费尔巴哈的追求幸福欲望的观点的空想性。个人追求幸福的欲望，不和其他人打交道，这几乎是不可能的。在社会中，个人只顾自己追求幸福，不顾其他，好像生活在与世隔绝的世界里，这是空想。"费尔巴哈的道德或者是以每一个人无疑地都有这些满足欲望的手段和对象为前提，或者只向每一个人提供无法应用的忠告，因而对于没有这些手段的人是一文不值的。"③

第16段，批评费尔巴哈关于追求幸福平等权利观点的空想性。费尔巴哈认为，个人有追求幸福的欲望，也要尊重他人有同等追求幸福的权利。大家享有平等权利，这听起来很美好。费尔巴哈把这条美好的原则应用到任何时代任何社会。换言之，这条道德原则是超时代超阶级的。恩格斯反对这一点。"所以资本

---

① 《马克思恩格斯文集》第4卷，人民出版社2009年版，第291—292页。
② 《马克思恩格斯文集》第4卷，人民出版社2009年版，第292页。
③ 《马克思恩格斯文集》第4卷，人民出版社2009年版，第292页。

主义对多数人追求幸福的平等权利所给予的尊重,即使有,也未必比奴隶制或农奴制所给予的多一些。"①资本家和工人的经济地位不平等,阶级地位不平等,所谓的平等权利是口头的承诺。

第17段,指出费尔巴哈的道德原则是适合资本主义社会的道德原则。恩格斯用证券交易所作为例子,把证券交易所作为道德的场景,来演绎费尔巴哈的道德原则在资本主义社会里的应用,进而指出其缺点。交易所,对大家来说都是平等的,在交易所里,大家都拥有平等的追求幸福的权利。走进交易所的人,无论输赢,都是在执行费尔巴哈的道德原则。换言之,交易所是一个理想的实施费尔巴哈道德原则的场所或殿堂。费尔巴哈的道德论是对资本主义的赞美和辩护,遮蔽了资本主义经济活动的剥削性。

第18段,指出费尔巴哈的爱的超阶级性。在阶级社会里,宣扬超阶级的爱,让大家沉浸在互相的爱中,不需要进行流血的、暴力的斗争,不需要去关注剥削和阶级斗争,这带有很大迷惑性。

3. 分析费尔巴哈伦理学的问题所在

第19段,对前面讨论的费尔巴哈的道德论、伦理学做一个小结,指出费尔巴哈的伦理学的问题所在。恩格斯提出三个观点:第一,道德是有历史性的。费尔巴哈的道德论看起来适用于一切时代、一切民族,是超时代、超社会的,但是,实际上,没有适用性。换言之,普遍的适用于任何时代任何民族的道德是不存在的。第二,道德是有阶级性的。每一个阶级都有自己的道德规范。第三,在阶级社会,爱是有阶级性的。

(三) 费尔巴哈唯心史观的根源和唯物史观的确立

第20段到第21段,介绍费尔巴哈唯心史观的根源和唯物史观的确立。

---

① 《马克思恩格斯文集》第4卷,人民出版社2009年版,第293页。

第 20 段,恩格斯从认识论根源和社会根源批评费尔巴哈的唯心史观。从认识论上看,费尔巴哈"不能找到从他自己所极端憎恶的抽象王国通向活生生的现实世界的道路"①。从抽象王国到现实世界的道路,就是实践的道路。不能抓住实践的道路,就无法认识历史发展的规律。从社会根源看,当时德国的社会处境迫使费尔巴哈离开大学讲坛,回到乡下,过着闭塞的生活,无法了解当时欧洲的社会运动。

第 21 段,指出马克思完成了费尔巴哈没有完成的任务,创立唯物史观。继承和发展费尔巴哈的唯物主义,从 1845 年的《神圣家族》就开始了。马克思和恩格斯超越费尔巴哈哲学,阐述唯物史观的基本观点,把唯物史观看作是"关于现实的人及其历史发展的科学"②。

《终结》第三章讨论费尔巴哈的宗教哲学、伦理学、历史观,涉及的核心问题是对人的理解。费尔巴哈认为,宗教的本质是人的本质。在人与人的关系中,道德关系是重要的方面。追求幸福的欲望是道德的基础。在这些观点中,费尔巴哈对人作抽象的理解。不是从现实的人出发,不是把人理解为实践的人、历史中的人。这是费尔巴哈对人的理解的问题所在。

综上所述,《终结》第三章对费尔巴哈的宗教哲学和伦理学中的唯心主义观点展开批判。讨论三个问题。

1. 批判费尔巴哈的宗教哲学。

2. 批判费尔巴哈的伦理学。

3. 指出费尔巴哈唯心史观的根源和唯物史观的确立。

---

① 《马克思恩格斯文集》第 4 卷,人民出版社 2009 年版,第 294 页。
② 《马克思恩格斯文集》第 4 卷,人民出版社 2009 年版,第 295 页。

五、 马克思主义哲学的产生和基本观点

《终结》第四章主要说明马克思主义哲学是如何产生的及其基本观点。

第四章全文共有 26 段。讨论两个问题。

（一）马克思主义哲学的创立

第 1 段到第 8 段,说明马克思主义哲学的创立。

1. 批判继承费尔巴哈的唯物主义

第 1 段,评述黑格尔哲学几个主要分支流派的贡献与不足。施特劳斯、鲍威尔、施蒂纳、费尔巴哈代表了黑格尔哲学的不同支脉。施特劳斯、鲍威尔在基督教史的研究上、施蒂纳在无政府主义的阐发上作出了一些学术贡献。恩格斯对费尔巴哈提出四点评价,包含了他的学术贡献和缺点。

第一,费尔巴哈是"杰出的哲学家",但是他把哲学理解为科学之科学。这是对哲学的误解。

第二,在自然观上,费尔巴哈是唯物主义者。在历史观上,他是唯心主义者。"他下半截是唯物主义者,上半截是唯心主义者。"[1]

第三,费尔巴哈没有合理吸收黑格尔哲学的精华。"简单地把黑格尔当做无用的东西抛在一边。"[2]

第四,费尔巴哈的贡献在于提出"矫揉造作的爱的宗教和贫乏无力的道德"[3]。

---

[1] 《马克思恩格斯文集》第 4 卷,人民出版社 2009 年版,第 296 页。
[2] 《马克思恩格斯文集》第 4 卷,人民出版社 2009 年版,第 296 页。
[3] 《马克思恩格斯文集》第 4 卷,人民出版社 2009 年版,第 296 页。

第2段,指出马克思主义是黑格尔学派解体后产生的新派别。黑格尔学派解体后,产生了一些新派别,马克思主义是其中的一派,而且,是"唯一的真正结出果实的派别"①。这个果实,就是辩证唯物主义和历史唯物主义。

第3段,指出马克思主义哲学的唯物主义立场。唯物主义是马克思主义的世界观,是马克思主义哲学和黑格尔哲学的分离点。马克思主义者在认识现实世界(包括自然界和历史)时,按现实世界本身所呈现的那样来认识。

马克思的唯物主义世界观是彻底的,应用到历史观、伦理学等一切知识领域中。"把这个世界观彻底地(至少在主要方面)运用到所研究的一切知识领域里去了"②,不像费尔巴哈持有半截唯物主义。

2. 批判吸收黑格尔的辩证法

第4段,指出马克思在吸收黑格尔哲学的合理内核的基础上,创立唯物主义辩证法。这是"最好的工具和最锐利的武器"③。恩格斯对唯物主义辩证法作出科学界定。"辩证法就归结为关于外部世界和人类思维的运动的一般规律的科学。"④同时,阐述了现实世界发展的规律和思维运动的规律之间的辩证关系,指出两者本质上是同一的,但在表现方式上有不同。阐述了概念辩证法和现实世界的辩证运动之间的辩证关系,指出"概念的辩证法本身就变成只是现实世界的辩证法运动的自觉的反映"⑤。

第4段的最后一句话提到,德国工人约瑟夫·狄慈根以自己的方式发现了唯物主义辩证法,证明马克思的发现是有同道的。唯物辩证法的发现,是时代发展的产物,不是某个人偶然的发现。

---

① 《马克思恩格斯文集》第4卷,人民出版社2009年版,第296页。
② 《马克思恩格斯文集》第4卷,人民出版社2009年版,第297页。
③ 《马克思恩格斯文集》第4卷,人民出版社2009年版,第298页。
④ 《马克思恩格斯文集》第4卷,人民出版社2009年版,第298页。
⑤ 《马克思恩格斯文集》第4卷,人民出版社2009年版,第298页。

第5段,说明马克思主义的唯物辩证法的基本思想内容和把唯物辩证法贯彻到各个研究领域,摆脱唯心主义的阻碍。恩格斯用简洁的语言表达唯物辩证法的主要观点。第一,客观世界是不断变化的,展现为一个过程,而不是既成的东西。世界是过程的集合体,而不是既成事物的集合体。第二,思想、概念是对客观世界的反映,也是不断变化的。第三,尽管事物发展表面上有偶然性,但是事物发展有必然性。第四,尽管有暂时的倒退,但是,事物发展的总趋势是前进的、进步的。在这一段里,恩格斯以真理和谬误、必然和偶然的对立为例子,谈到了真理和谬误、必然和偶然之间的辩证关系。

3. 吸收自然科学的最新成就

马克思和恩格斯创立辩证唯物主义,一方面,吸收了包含费尔巴哈、黑格尔的哲学思想等在内的德国古典哲学的合理内容;另一方面,又吸收了自然科学发展的最新成就。

第6段,指出19世纪自然科学的最新发展给旧的形而上学的方法带来危机。旧的形而上学方法和辩证法相对。用孤立的、静止的眼光看待事物,而不是用联系的、发展的眼光看待事物。把事物看成是既成的东西。"主要是把事物当做一成不变的东西去研究。"①这种形而上学的思维方法可以在自然科学发展中找到"历史根据"。当时的自然科学处于搜集材料的阶段,还没有办法系统地研究事物的变化过程。当时的自然科学的研究方法也是这样的,先了解事物是什么,再去了解这个事物的变化。

在19世纪,自然科学发展到整理材料的阶段,系统地研究事物发展的过程和相互之间的联系。生理学、胚胎学、地质学这些科学都是研究有机体(动植物、单个机体、地壳)的生长、演化过程,从过程的视角观察事物,而不是从一成不变的视角观察事物。生理学、胚胎学、地质学等科学的出现,给唯物主义辩证法的产生带

---

① 《马克思恩格斯文集》第4卷,人民出版社2009年版,第299页。

来契机,同时给形而上学思维方法带来危机,"响起了旧形而上学的丧钟"①。

第7段,说明自然科学三大发现推动人们对于世界的认识的发展,尤其是更新了对于事物之间相互联系的观点的认识。细胞学说、能量守恒与转化定律、生物进化论这三大发现告诉人们,世界上事物与事物之间是互相联系的,而且是不断演化发展的。

第8段,指出自然科学的巨大成就给人们带来新的关于世界的认识,替代以前的自然哲学。这些认识在马克思主义创立过程中起着重要作用。"我们就能够依靠经验自然科学本身所提供的事实,以近乎系统的形式描绘出一幅自然界联系的清晰图画。"②这图画指的是基于自然科学最新成就生成的新的世界观。马克思主义哲学建立在这样的世界观之上。

在马克思主义产生之前,旧的自然哲学没有辩证地看待自然界事物的联系。"用观念的、幻想的联系来代替尚未知道的现实的联系,用想象来补充缺少的事实,用纯粹的臆想来填补现实的空白。"③马克思主义哲学产生后,确立了辩证唯物主义的自然观,宣告了旧的自然哲学的终结。

(二) 历史唯物主义的基本原理

第9段到第26段,说明历史唯物主义的基本原理。

1. 历史唯物主义的任务

第9段到第10段,说明历史唯物主义的任务。

第9段,指出唯物辩证法不仅适用于自然界,也适用于社会历史领域,要求人

---

① 《马克思恩格斯文集》第4卷,人民出版社 2009 年版,第 299 页。

② 《马克思恩格斯文集》第4卷,人民出版社 2009 年版,第 300 页。

③ 《马克思恩格斯文集》第4卷,人民出版社 2009 年版,第 300—301 页。

们去发现人类社会历史发展的一般规律。这是历史唯物主义的任务。

以前的历史哲学,用主观的臆想的联系来代替现实的联系。把历史看作是为实现观念的历史,看作为实现某种预定的目的的历史。黑格尔的历史哲学就是这样的哲学。

历史唯物主义批判以前的历史哲学。第一,力求发现历史中发生的现实的联系,即历史联系。"应该通过发现现实的联系来清除这种臆造的人为的联系……"①第二,力求发现历史发展的一般规律,即历史规律。"要发现那些作为支配规律在人类社会的历史上起作用的一般运动规律。"②这两个观点是一致的。发现历史规律,实质上发现必然的历史联系。

2. 历史发展有客观规律

第 10 段,指出人类历史发展是有规律的。这是历史唯物主义的一个基本原理。

人类历史和自然界不同,在自然界中,起作用的是盲目的、没有意识的力量,自然界由客观规律支配。在人类历史中,参与历史活动的人是有意识、有目的的。为什么说,历史也受规律支配? 恩格斯用偶然性和必然性解释历史发展受规律支配。在偶然性的背后,有必然性在起作用。有目的的人,参与历史活动,他们都是普通的人,带着各自预期的目的在行动,看起来,历史活动杂乱无章,有的人想这样做,有的人想那样做,呈现出偶然的现象,但是,在偶然的背后,有必然规律在支配。"在表面上是偶然性在起作用的地方,这种偶然性始终是受内部的隐蔽着的规律支配的,而问题只是在于发现这些规律。"③

第 11 段,提出历史合力概念。指出在探讨历史发展规律时,需要注意两个现象,一是每个人有预期目的,但最终的结果可能是和预期目的不同的、相反的。二

---

① 《马克思恩格斯文集》第 4 卷,人民出版社 2009 年版,第 301 页。
② 《马克思恩格斯文集》第 4 卷,人民出版社 2009 年版,第 301 页。
③ 《马克思恩格斯文集》第 4 卷,人民出版社 2009 年版,第 302 页。

是在普通人的预期目的(动机)背后又包含着什么样的历史原因,这需要探究。"无论历史的结局如何,人们总是通过每一个人追求他自己的、自觉期望的目的来创造他们的历史,而这许多按不同方向活动的愿望及其对外部世界的各种各样作用的合力,就是历史。"①历史合力概念是无数人的各怀目的的力量的综合。

第12段,指出旧唯物主义和唯心主义在历史观上的缺点,承认精神动力在历史发展中的作用,但是没有去进一步追溯精神动力背后的物质动因。比如,黑格尔的历史哲学,承认思想动机背后还有深层次的原因,有必要寻找这深层次的原因。"但是它不在历史本身中寻找这种动力,反而从外面,从哲学的意识形态把这种动力输入历史。"②也就是从绝对精神的角度去寻找历史发展的动力。

3. 人民群众是历史的主体

第13段,指出历史唯物主义应该怎么样来研究在历史活动中人们的思想动机。说明历史唯物主义的一个基本原理,即人民群众是历史创造的主体。恩格斯讲了四点:

第一,要研究使人民群众行动起来的动机。"与其说是个别人物,即使是非常杰出的人物的动机,不如说是使广大群众、使整个整个的民族,并且在每一民族中间又是使整个整个阶级行动起来的动机。"③

第二,要研究持久的、引起重大历史变迁的行动的动机。"而且也不是短暂的爆发和转瞬即逝的火光,而是持久的、引起重大历史变迁的行动。"④

第三,探讨反映在人民群众和领袖头脑中的动机,是探究历史规律的重要"途径"。

第四,思想动机采取什么样的表现形式,取决于具体的历史情况。在 1848 年

---

① 《马克思恩格斯文集》第4卷,人民出版社 2009 年版,第 302 页。
② 《马克思恩格斯文集》第4卷,人民出版社 2009 年版,第 303 页。
③ 《马克思恩格斯文集》第4卷,人民出版社 2009 年版,第 304 页。
④ 《马克思恩格斯文集》第4卷,人民出版社 2009 年版,第 304 页。

的革命中,工人们捣毁机器,但是,现在,工人们不会采取捣毁机器这种斗争方式,而是采取游行示威、议会斗争等方式进行。

4. 阶级斗争是阶级社会发展的直接动力

第 14 段,以英国和法国为例,说明阶级斗争是阶级社会发展的直接动力。大工业革命以来,先是土地贵族和资产阶级两大阶级争夺统治权。1830 年代以来,在英国和法国,工人阶级崛起,这是在土地贵族和资产阶级之外的另一个阶级。随着工人阶级力量的不断壮大,工人阶级和资产阶级之间的斗争越来越激烈,成为推动阶级社会发展的动力。"这三大阶级的斗争和它们的利益冲突是现代历史的动力,至少是这两个最先进国家的现代历史的动力。"①

第 15 段,通过分析资本主义生产方式的变化,指出生产方式的内在矛盾是推动社会发展的决定力量。

第 14 段分析了阶级斗争。第 15 段分析阶级斗争背后的经济原因。阶级的产生应该从经济上找原因,而不是从政治上找原因。"土地占有制和资产阶级之间的斗争,正如资产阶级和无产阶级之间的斗争一样,首先是为了经济利益而进行的,政治权力不过是用来实现经济利益的手段。"②阶级的思想动机是由经济地位、经济状况决定的。

第 15 段,提出社会形态的更替是生产方式内在矛盾引起的。近代资本主义生产力的快速发展,打破了封建社会的生产关系。从行业手工业到工场手工业,再到机器大工业,新的生产力发展起来了,资产阶级和无产阶级也发展起来了。生产力发展的同时,带来新的生产关系,这和之前的封建的生产关系、生产秩序相冲突,引发矛盾。最后的结果,是资本主义新的生产方式冲破了封建社会的旧的生产关系和社会秩序。

---

① 《马克思恩格斯文集》第 4 卷,人民出版社 2009 年版,第 305 页。
② 《马克思恩格斯文集》第 4 卷,人民出版社 2009 年版,第 305 页。

第 15 段还指出,大工业生产力的发展被资本主义生产关系所束缚,将造成两大后果:第一,大工业的生产方式生产出更多的贫困的无产阶级。第二,生产过剩的产品,造成经济危机。"生产过剩和大众的贫困,两者互为因果,这就是大工业所陷入的荒谬的矛盾。"①摆脱困境,要改变资本主义生产关系,变革一切阻碍生产力发展的生产关系,解放生产力。可见,生产力和生产关系的内在矛盾,推动社会历史的发展。

5. 经济基础决定上层建筑

第 16 段,说明历史唯物主义主要观点,即经济基础决定国家政治制度等上层建筑。在这一段中,恩格斯阐发了几个历史唯物主义的观点。

第一,阶级斗争有政治的形式,但是由经济斗争决定,都是围绕着经济斗争展开的。

第二,经济基础(市民社会)决定政治制度。第 16 段使用"市民社会"概念,指当时社会中的经济关系和财产关系。

第三,意识形态(国家意志),也是由经济基础决定的。以个人的行为来比照国家的行为。一个人的行为,要通过他的大脑,有行为的动机或意愿,才能促发行动。与此类似,一个国家的行动,也要有国家意志的发动才行。国家意志的内容哪里来?通过什么样的形式确定国家意志?这些都需要研究。归根结底,国家意志是由国家的经济基础决定的。这里的国家意志属于思想层面的上层建筑,即意识形态。

第 17 段,以国家为例,阐述经济基础决定上层建筑。具体阐述国家是由经济基础("社会的经济生活条件")决定的。恩格斯重点阐述两个观点。第一,国家的存在和发展要从经济条件中寻找解释。"国家都不是一个具有独立发展的独立领

---

① 《马克思恩格斯文集》第 4 卷,人民出版社 2009 年版,第 305—306 页。

域,而它的存在和发展归根到底都应该从社会的经济生活条件中得到解释。"①第二,国家反映了统治阶级的经济需要。国家是阶级矛盾不可调和的产物,是一个阶级压迫另一个阶级的工具,反映的是统治阶级的意志。"国家总的说来还只是以集中的形式反映了支配着生产的阶级的经济需要。"②这两个观点在大工业时代是成立的,在以前的时代,同样成立。在以前的时代,物质条件没有现代丰富,人们更加依赖物质需要。在这个意义上,国家就更加依赖于物质的需要和经济条件。

第 18 段,指出作为上层建筑的法律是由经济基础(经济关系)决定的。欧洲把法分为公法和私法。公法指有关国家制度、行政机构等法律。私法指涉及个人利益的法律,如财产法、继承法等。公法和私法都是统治阶级的意志在法律上的表现,其目的是要把有利于统治阶级的秩序固化下来,通常是以法律的形式固化下来。不论是公法还是私法,都是由经济生活条件决定的。

第 19 段,指出夸大国家力量的错误观点的认识论根源。国家是统治阶级用来维护自己的利益而进行阶级斗争的工具。国家一经产生,越来越具有独立性,和经济基础的联系越来越远,以至于有些人认为国家是脱离于经济基础的政治机关。

恩格斯认为,上述观点不对。国家等上层建筑由经济基础决定。离开了经济生活条件,再来分析国家的性质、功能,那会使国家变成纯粹的政治机关。这是在国家观上错误的观点,这种错误观点的认识论根源在于,没有认识到国家和经济基础的辩证关系。经济基础决定国家等上层建筑,国家等上层建筑具有相对独立性,但是独立性不能超越经济基础的决定作用。

恩格斯举历史学家阿庇安的例子,说明应该从经济生活条件来解释国家力

---

① 《马克思恩格斯文集》第 4 卷,人民出版社 2009 年版,第 306 页。
② 《马克思恩格斯文集》第 4 卷,人民出版社 2009 年版,第 306 页。

量。阿庇安认识到,罗马共和国内部斗争"归根到底是为什么进行的,即为土地所有权进行的"①。土地所有权是经济基础的内容。这位历史学家从经济基础来解释罗马共和国内部的政治斗争。

第20段,指出夸大法律力量的错误观点的认识论根源。

有了国家以后,为维持社会秩序,需要有法律。在国家里,经济利益的获取需要得到法律的确认,如果是合法的收入,那就可以获取,如果是不合法的收入,就不允许获取。"经济事实要以法律的形式获得确认。"因此,从表面上看,法律高于经济联系,法律决定经济联系。"现在法律形式就是一切,而经济内容则什么也不是。"②恩格斯认为,这是错误的观点,夸大了法律在社会发展中的作用。历史唯物主义的观点是,经济基础决定包括法律在内的上层建筑。法律作为意识形态,受到经济基础的决定,同时法律也有相对独立性。不能把法律的独立性夸大成独立的力量,以至于决定经济基础。

恩格斯说:"公法和私法被看做两个独立的领域,它们各有自己的独立的历史发展,它们本身都可以系统地加以说明,并需要通过彻底根除一切内部矛盾来作出这种说明。"③这句话用了两个"独立"术语。公法和私法是独立的领域,有独立的历史,而且能作出独立的说明。它们根除内部矛盾,加以改进,就可以作出系统说明,获得自身发展。在国家的体系中,法律具有独立作用,但是不能夸大法律的独立力量,一些法学家和政治家夸大了法律的力量,看不到法律和经济基础的联系,以为在国家的运作中,法律就是一切,法律高于一切,包括经济联系。这就是法律观上错误观点的认识论根源。

第21段,说明哲学和经济基础的联系。

哲学和经济基础的关系复杂。哲学远离经济基础,中间环节错综复杂,因此,

①　《马克思恩格斯文集》第4卷,人民出版社2009年版,第308页。
②　《马克思恩格斯文集》第4卷,人民出版社2009年版,第308页。
③　《马克思恩格斯文集》第4卷,人民出版社2009年版,第308页。

哲学和经济基础的关系有的时候会被模糊掉,但是,这种关系是存在着的,不能否认。哲学是对经济基础的反映。

恩格斯举文艺复兴的例子,指出在文艺复兴时期,哲学是对当时的经济社会状况的反映,是对中小资产阶级发展为大资产阶级的社会发展过程的反映。这个例子提醒我们,哲学研究既要关注哲学史上的学术问题,还要关注哲学和经济社会发展状况的关系,包括哲学和自然科学发展的关系(参见第7、8段)。

第22段到第25段,讨论了宗教问题。第22段,从两个方面讨论宗教和经济社会发展的关系。

第一,宗教的产生和原始社会生产力低下有密切关系。在原始社会中,生产力不发达,人们对于人自身和外部世界有很多错误的观念,从中孕育出宗教观念。宗教观念是由物质生活条件决定的。

第二,宗教的发展过程是由经济条件决定的。一个民族有民族的神与宗教,是和民族的生存发展相联系的。新的世界宗教如基督教是"适应时势的宗教"①。在中世纪,基督教是和封建社会发展一致的世界宗教。进入现代社会,随着资产阶级和无产阶级的发展,基督教的发展分成两派,一派是市民温和派,以马丁·路德为代表。一派是平民革命派,以闵采尔为代表。虽然宗教和物质生活条件距离较远,但是,宗教的发展是由物质生活条件决定的。

第23段,举了德国路德宗教改革运动、加尔文宗教改革运动两个例子,指出近代的宗教改革运动是由经济生活条件决定的。

第24段,举法国的例子,说明资产阶级在进行革命时,是否利用宗教是由社会经济条件决定的。法国的例子说明,在资产阶级的经济力量不强的时候,还没有建立独立的意识形态的时候,还需要利用宗教的外衣。一旦资产阶级的经济力量足够强大,资产阶级自由思想家产生了,就不需要宗教的外衣了,这就是法国的

---

① 《马克思恩格斯文集》第4卷,人民出版社2009年版,第310页。

情况。这说明宗教是统治阶级用来维护统治的工具,统治阶级的精英们,利用宗教来为他们的阶级利益服务。

第25段,指出哲学、宗教等意识形态具有相对独立性,但仍然是由经济关系决定的。一方面,意识形态具有相对独立性,有一定的稳定性。哲学、宗教、法律等意识形态都有自己的发展历史,都会形成传统,具有学科的独立性、领域的独立性。另一方面,意识形态的发展有的时候会有滞后性,落后于经济社会的发展,有的时候,也可能超前于经济社会的发展。但是,不管落后还是超前,都受经济社会条件的制约。

6. 马克思主义哲学的革命性变革

第26段,总结《终结》第四章的内容,说明马克思主义哲学的创立在哲学领域产生的革命性变革。马克思主义哲学的革命性体现在四个方面。

第一,历史唯物主义的产生,实现历史领域的哲学变革。

第二,辩证唯物主义自然观的产生,实现自然哲学的变革。

第三,马克思主义哲学产生后,得出一个重要方法,即从事实发现联系。"现在无论在哪一个领域,都不再是从头脑中想出联系,而是从事实中发现联系了。"[1]

第四,在历史唯物主义和辩证唯物主义自然观之外,还值得深入研究的哲学领域是形式逻辑和辩证逻辑。

综上所述,《终结》第四章阐述马克思主义哲学的产生和历史唯物主义基本观点。讨论两个问题。

1. 说明马克思主义哲学的创立。

2. 说明历史唯物主义基本原理。

---

[1] 《马克思恩格斯文集》第4卷,人民出版社2009年版,第312页。

六、 马克思主义哲学是面向无产阶级的哲学

《终结》的结束语主要说明资产阶级和无产阶级对待理论的态度。

结束语全文共两段。讨论两个问题。

（一）德国资产阶级对理论的态度

第 1 段，介绍 1848 年后德国资产阶级对待理论的态度，即失去了理论兴趣。

德国的理论界，在 1848 年前和后是有差别的。在 1848 年前，为资产阶级革命作理论准备，理论讨论比较活跃，出现了一批哲学家。1848 年后，德国资产阶级开始走上统治地位，理论界的情况发生了大变化，逐渐对于理论研究和科学研究不感兴趣，而对于金钱感兴趣。随着哲学家的思辨离开书房，投入到证券交易所里的时候，有教养的德国人失去对理论的兴趣。"思辨在多大程度上离开哲学家的书房而在证券交易所筑起自己的殿堂，有教养的德国也就在多大程度上失去了在德国最深沉的政治屈辱时代曾经是德国的光荣的伟大理论兴趣。"①

在历史科学领域，随着德国古典哲学的消失，很多人的理论兴趣也消失了。随之而来的是，庸俗化的、市场化的价值观。"起而代之的是没有头脑的折中主义，是对职位和收入的担忧，直到极其卑劣的向上爬的思想。"②

---

① 《马克思恩格斯文集》第 4 卷，人民出版社 2009 年版，第 312 页。
② 《马克思恩格斯文集》第 4 卷，人民出版社 2009 年版，第 313 页。

（二）德国无产阶级对理论的态度

第2段，指出德国无产阶级对理论的态度。恩格斯阐发了以下四个观点：

第一，不像资产阶级，德国工人阶级的理论兴趣，没有衰退。

第二，德国的工人阶级有高尚的品德，和科学的品格一致，追求真理，大公无私。"在这里，对职位、牟利，对上司的恩典，没有任何考虑。相反，科学越是毫无顾忌和大公无私，它就越符合工人的利益和愿望。"①

第三，马克思主义哲学是为无产阶级服务、争取无产阶级解放的哲学。"在劳动发展史中找到了理解全部社会史的锁钥的新派别，一开始就主要是面向工人阶级的，并且从工人阶级那里得到了同情……"②

第四，德国古典哲学在德国工人运动中得到了继承。"德国的工人运动是德国古典哲学的继承者。"③这句话说明，一方面，工人运动背后的马克思主义哲学理论，以理论的方式，继承了德国古典哲学的主要理论；另一方面，工人运动以实践的方式，超越和发展了德国古典哲学。

综上所述，《终结》结束语指出马克思主义哲学是为无产阶级服务的哲学，是对德国古典哲学的继承和发展。讨论两个问题。

1. 介绍德国资产阶级对待理论的态度。

2. 介绍德国无产阶级对待理论的态度。

---

① 《马克思恩格斯文集》第4卷，人民出版社2009年版，第313页。
② 《马克思恩格斯文集》第4卷，人民出版社2009年版，第313页。
③ 《马克思恩格斯文集》第4卷，人民出版社2009年版，第313页。

七、《终结》的理论和现实意义

《终结》是详尽阐述马克思主义基本观点的重要经典著作。列宁说,这和《反杜林论》《共产党宣言》一样,是"每个觉悟工人必读的书籍"①。《终结》阐述的马克思主义基本原理及其与德国古典哲学的扬弃关系,在今天看来仍然具有重要的理论和现实意义。

第一,正确理解马克思主义哲学的创立过程,为今天推进马克思主义中国化时代化提供指导。《终结》分析马克思主义哲学如何从德国古典哲学中吸取合理内涵,批判继承费尔巴哈的唯物主义,批判吸收黑格尔的辩证法,突破唯心主义的局限,找到新的哲学路径,开创辩证唯物主义和历史唯物主义。马克思主义哲学的创立既吸收了德国古典哲学的合理因素,又吸收了自然科学的最新成绩,还反映了资产阶级和无产阶级斗争的现实,在哲学史上产生了革命性变革。马克思主义哲学的创立过程孕育出很多理论经验,这给马克思主义哲学中国化时代化提供了很多启发。马克思主义中国化历经三次飞跃,结出毛泽东思想、中国特色社会主义理论体系和习近平新时代中国特色社会主义思想三大理论成果。在此基础上,我们还要在实践中不断开辟马克思主义中国化时代化的新境界,《终结》揭示的马克思主义创立发展过程是一个丰富的宝藏,为我们推进马克思主义中国化时代化提供源源不断的养料。

第二,正确理解哲学基本问题,为我们批判各种社会思潮提供指导。《终结》首次规范表述哲学基本问题,把思维和存在的关系问题分解为两方面,即何者为第一性的问题和两者的同一性问题。对思维和存在关系问题的回答,构成了唯物

① 《列宁专题文集·论马克思主义》,人民出版社 2009 年版,第 67 页。

主义和唯心主义的划分标准。《终结》合理地界定了唯物主义和唯心主义的含义和使用范围,为哲学思潮、哲学派别的性质判定提供了参考尺度。近年来,随着互联网技术和高科技产品的迭代更新,新的社会思潮层出不穷,思潮的表现形式多种多样,旧的思潮以某种新的方式呈现出来。《终结》对于哲学基本问题的论述,赋予我们一种定力和标准,能够从纷繁复杂的思潮中找出关键因素,作出准确的定性判断,找到正确的价值导向。

第三,正确理解马克思主义哲学的基本原理,为我们构建中国特色哲学社会科学话语体系提供指导。《终结》阐释了辩证唯物主义和历史唯物主义的主要观点,对形而上学唯物主义和唯心史观作出了深刻的批判,正面阐发唯物史观的基本原理,为我们理解马克思主义哲学提供了可靠的文献依据和经典文本。今天,我们要打破西方中心论,建构中国特色的哲学社会科学话语体系,提炼具有中国风格的概念与范畴,创制具有中国韵味的话语和理论,需要以马克思主义理论为指导,推进马克思主义基本原理和中国具体实际的结合,和中华优秀传统文化的结合。《终结》对马克思主义哲学基本原理的阐述,为我们推进"两个结合"、发展中国话语体系提供了马克思主义哲学的学理支撑。

顾红亮

思考题

1. 如何评价费尔巴哈唯物主义哲学的进步性与缺陷性?

2. 恩格斯如何论述哲学基本问题？

3. 恩格斯是如何批判费尔巴哈唯心主义道德观的？

4. 恩格斯如何论述阶级斗争是阶级社会发展的直接动力的？

5. 如何理解本文在马克思主义哲学史上的理论与实践意义？

《马克思恩格斯关于历史唯物主义的
八封书信》领读

≋

　　《共产党宣言》发表,马克思主义正式问世。此后欧洲相继爆发了具有世界历史意义的两大事件:1848 年欧洲革命和 1871 年巴黎公社起义。1848 年欧洲革命打击了封建残余势力,巩固了资产阶级的政治统治地位,为社会主义革命扫清了道路、准备了基础。1871 年巴黎公社起义诞生了人类历史上第一个无产阶级的政权,无产阶级作为一支独立的政治力量走上了历史舞台,开启了人类历史发展的新起点。马克思和恩格斯系统总结了两次革命的经验教训,针对当时社会发展的新情况新特点,丰富发展历史唯物主义的基本原理。马克思和恩格斯这一时期以阐发历史唯物主义为主题的八封书信,开拓了历史唯物主义发展的新态势,是标志马克思主义新发展的光辉文献。

一、 马克思恩格斯关于历史唯物主义八封书信的写作背景

历史唯物主义作为马克思毕生的伟大发现之一,科学阐明时代愿望,本质上是开放的思想学说,马克思和恩格斯就把自己的学说称之为人们行动的指南。1848 年欧洲革命之后,社会生活急遽变化,历史唯物主义开始进入到运用、检验、丰富、完善的发展时期。随着新问题新情况的不断产生,人们的思想观念无疑也会发生相应的变化,这也包括人们对于历史唯物主义的不同理解和不同态度。为了全面阐扬历史唯物主义的基本精神、基本立场和基本方法,指导和引领无产阶级也包括社会大众学习和运用历史唯物主义的基本理论,马克思恩格斯在撰写著作的同时,还在相互之间的通信以及各自与别人的通信中,针对时代发展涌现出来的新问题,立足于历史唯物主义的视野和立场加以解答,从而进一步阐述历史唯物主义的基本原理和基本观点。

其一,批判蒲鲁东的历史唯心主义。

从 19 世纪 40 年代起,比埃尔·约瑟夫·蒲鲁东所代表的小资产阶级社会主义思潮,逐渐在欧洲一些主要国家流行开来。蒲鲁东的观点反映了某些农民、手工业者、小企业主以及一部分有联系的工人的心理愿望和要求,在以这些阶层为主要成分的国家的工人运动中有着相当多的支持者和拥护者。蒲鲁东 1840 年出版成名作《什么是所有权,或对权利和政治的原理的研究》,立足于小资产阶级的立场,尖锐批判资产阶级私有财产。在蒲鲁东看来,法权观念赋予每个人有权享受自己的劳动产品,但地主和资本家却以地租和利息的形式抢夺劳动者的一部分产品,侵犯劳动者的合法权利。这是明目张胆的盗窃。不过,小资产阶级的财产私有权,属于"个人的占有",构成"社会生活的条件",是应当予以保护的权利。蒲鲁东固守小资产阶级的立场,既明确反对资产阶级的私有权,也反对共产主义,幻

想建立"第三种社会形式",左摇右摆。当然,这时的蒲鲁东还只是从法权观点出发评判私有财产,还没有进展到从经济关系出发讨论问题的思想高度。

1846年,蒲鲁东撰写并出版《经济矛盾的体系,或贫困的哲学》一书,开始进入政治经济学和哲学领域。在这本书中,蒲鲁东认为,由于个人生产无法满足自己的各种需要,向别人建议进行分工和交换,就有了交换价值,所以,使用价值与交换价值的矛盾等同于供给与需求的矛盾,进而可以看成是"自由意志"造成的。既然商品内部矛盾不过是虚构的矛盾,那么,用"构成价值"或"综合价值"理论就可以解决。凡是交换时得到社会承认而被列入社会财富的产品,就成为"构成价值";那些不被社会承认、无法进入社会财富领域的产品,就是"非价值"。获得"构成价值"的产品,使用价值与交换价值的矛盾得到综合与调和,这就是"综合价值"。在此基础上,蒲鲁东主张,消灭货币但保留商品生产与流通,社会成员改变成为交换同量劳动的工人,从而人人就可以获得平等与自由。基于这样的论断,蒲鲁东反对一切经济斗争和政治斗争,反对用革命的手段去推翻资本主义制度,信奉空想的改良主义和无政府主义。蒲鲁东刻意模仿黑格尔,十分坚定地用经济范畴构造并裁定现实经济关系,把现实经济关系的演变指证为范畴发展序列的体现。这是典型的唯心主义。

马克思1844年7月在巴黎居住期间,经常与蒲鲁东会面,讨论问题。为了给蒲鲁东施加正面的影响,马克思曾给他讲解黑格尔的辩证法,指出其理论上的缺陷和错误。马克思还动员蒲鲁东加入"共产主义通讯委员会",担任法国社会主义运动的代言人。但是,蒲鲁东固执于小资产阶级的改良主义,反对共产主义和革命斗争的方法。在得知蒲鲁东即将出版《贫困的哲学》的消息时,马克思和恩格斯意识到与蒲鲁东的分歧是原则性的分歧,蒲鲁东兜售的是反无产阶级的、小资产阶级的空想改良主义。为了批判蒲鲁东的错误思想,肃清其对于工人运动的消极影响,马克思决定运用刚刚在《德意志意识形态》中形成的历史唯物主义原理,批判蒲鲁东的哲学唯心主义和庸俗经济学思想。马克思1846年底写给俄国自由派著作家帕维尔·瓦西里耶维奇·安年柯夫的信,开始酝酿这一批判,为即将撰写的《哲学的贫困》一书确定理论基础。

其二,驳斥巴尔特对于历史唯物主义的歪曲。

德国莱比锡大学教授保尔·巴尔特1890年出版《黑格尔和包括马克思及哈特曼在内的黑格尔派的历史哲学》一书,公开宣扬社会唯心主义,攻击和歪曲历史唯物主义。这本书受到德国资产阶级学者们的吹捧,败坏了历史唯物主义的正面理论形象。恩格斯认真研读巴尔特这本书,展开了有力的批判。

巴尔特攻击马克思主义的一个做法,就是认为马克思主义哲学的辩证唯物主义和历史唯物主义不是世界观,不是哲学,而是社会学。巴尔特诬蔑马克思从来没有对思维和存在之间关系的本体论以及认识论问题产生过兴趣,马克思没有为哲学提供任何新颖的东西,并别有用心地割裂辩证唯物主义和历史唯物主义之间的本质联系,用孔德的实证主义来注解和诠释历史唯物主义,把历史唯物主义关于生产方式决定社会生活、经济基础决定上层建筑的理论称之为“社会静力学”,把经济活动和劳动生产、阶级关系完全对立起来。

片面地把历史唯物主义解读为“经济决定论”,是巴尔特攻击马克思主义的又一个做法。巴尔特把矛头指向经济基础决定上层建筑的基本原理,根本不顾历史唯物主义所强调的上层建筑的反作用原理,认为历史唯物主义主张经济的决定作用是“经济唯物主义”,历史唯物主义所论证的社会发展的必然性和规律性是“机械决定论”“社会宿命论”“技术经济史观”。用“经济决定论”来诠释历史唯物主义,毋庸置疑在原则立场上偏离了历史唯物主义的基本精神。这种观点最初是第二国际理论家鼓噪的思想谬论,巴尔特在19世纪晚期加以呼应,继续散布和传播错误的观点,产生了十分恶劣的负面影响。

巴尔特攻击马克思主义还有一个做法,就是把恩格斯与马克思对立起来,甚至捏造恩格斯自身观点的矛盾。巴尔特认为,马克思只承认纯粹的生产及技术的决定作用,恩格斯则从《反杜林论》开始,特别是在《家庭、私有制和国家的起源》一书中,到处扩张"经济结构"概念,超出了纯粹的生产及技术方面来理解这一概念的界限。针对恩格斯在《家庭、私有制和国家的起源》中提出的"两种生产"理论,巴尔特没有明白这是历史唯物主义的新提法和新发展,居然指责恩格斯"改变了信念",思想发展有了矛盾,混淆了历史规律和自然规律。

巴尔特之流用"经济决定论"来诠释历史唯物主义,固守形而上学的思维方式,看不到上层建筑的反作用,歪曲和篡改了历史唯物主义,妨碍了历史唯物主义在工人阶级中传播。马克思逝世以后,恩格斯承担了捍卫历史唯物主义的历史使命,通过一系列的书信、正式著作和演讲,全面系统地阐述历史唯物主义的基本原理。

其三,批判德国"青年派"对于历史唯物主义的歪曲。

马克思曾经宣布,"我只知道我不是'马克思主义者'",明确与那些歪曲和背离历史唯物主义的人进行毫不妥协的划界。恩格斯指出,德国"青年派"宣称自己是"马克思主义者",实际上正是马克思所拒绝的那种"马克思主义者"。德国"青年派"是19世纪90年代初期在德国社会民主党内出现的一股反对派运动,是由一些以党的理论家和青年领袖自居的青年文学工作者和新闻记者组成的集团,主要代表人物有柏林的剧作家和文艺评论家保尔·恩斯特。

德国"青年派"是资产阶级思潮在党内的表现。在政治上,"青年派"反对德国社会民主党议会党团所执行的政治策略,奉行机会主义,属于代表小资产阶级的"议会民主派";在思想理论上,"青年派"把马克思主义庸俗化、简单化,坚持机械论与唯心主义相结合的宿命论,是半无政府主义者;在组织上,"青年派"成员大都出身于资产阶级,身上带有资产阶级的烙印,是革命运动高涨时加入党内的一些大学生、文学家和其他没落的年轻资产者组成的小派别。

值得注意的是,"青年派"成员自称是马克思主义者,混淆是非,迷惑他人,企图在理论上指挥党。更有甚者,"青年派"还在他们掌握的报纸上发布消息,宣称恩格斯支持他们的立场和观点。恩格斯得知后十分不满,在《给〈萨克森工人报〉

的答复》中旗帜鲜明地揭穿"青年派"的伪造。在理论方面,"青年派"实质上宣扬资产阶级的立场和观点,把马克思主义歪曲得面目全非,与马克思主义格格不入。其特点是:"第一,对他们宣称要加以维护的那个世界观完全理解错了;第二,对于在每一特定时刻起决定作用的历史事实一无所知;第三,明显地表现出德国著作家所特具的无限优越感。"在实践方面,"青年派"完全不顾斗争的一切现实条件,幻想置生死于不顾地"拿下障碍物"。"如果把这种幻想搬到现实中去,则可能把一个甚至最强大的、拥有数百万成员的党,在所有敌视它的人的完全合情合理的嘲笑中毁灭掉。""青年派"贸然实行这种"只有中学生水平的政策",一定会受到惩罚。①

既然"青年派"执迷不悟,恩格斯便通过一系列的书信和文章,毫不留情地批判"青年派"的观点和谬论,捍卫历史唯物主义。

其四,矢志不移地推进"改变世界"的哲学事业。

在古往今来的哲学发展中,马克思主义哲学明确以"改变世界"为己任,致力于解答"资本主义何处去"的时代课题,在参与和引领人类解放事业的伟大实践中,成为人类认识世界和改造世界的"伟大的认识工具"和"最好的劳动工具"。创立历史唯物主义是马克思恩格斯共同制定的理论主题,是他们共同完成的伟大事业。我们通常所说的八封书信,其中有五封是恩格斯的书信。这表明,在马克思之后,围绕历史唯物主义这一主题,恩格斯义无反顾地承担了推进和发展马克思主义的历史重任。

在马克思主义思想史上,恩格斯对于历史唯物主义的创立、完善和发展做出了杰出的独特贡献。恩格斯认为马克思的天赋和才智远胜于自己,总是把自己放在马克思之后。在谈到马克思主义以马克思的名字命名时,恩格斯就说过:"我和马克思共同工作40年,在这以前和这个期间,我在一定程度上独立地参加了这一

---

① 《马克思恩格斯选集》第4卷,人民出版社2012年版,第280页。

理论的创立,特别是对这一理论的阐发。但是,绝大部分基本指导思想(特别是在经济和历史领域内),尤其是对这些指导思想的最后的明确的表述,都是属于马克思的。……马克思是天才,我们至多是能手。"①恩格斯的谦逊,不仅表明马克思、恩格斯在共同事业中各自所承担工作的伟大默契,而且呈现出致力于完成人类解放这一伟大事业的执着与自信。

恩格斯还形象地把马克思比喻为马克思主义的"第一提琴手",自己则是"第二提琴手":"自从我们失去了马克思之后,我必须代替他。我一生所做的是我注定要做的事,就是拉第二小提琴,而且我想我做得还不错。我很高兴我有像马克思这样出色的第一小提琴手。"②所以,在马克思之后,在历史唯物主义遇到攻击和歪曲的时候,恩格斯责无旁贷地成为"第二提琴手",毫不犹豫地通过撰写著作、文章和书信,开展了守护和推进历史唯物主义的工作。

二、 历史唯物主义八封书信的正文领读

与著作和文章相比较,书信是一种比较特殊却十分重要的思想交流、研讨与传播的形式。马克思和恩格斯的书信堪称马克思主义的思想实验室,马克思和恩格斯很多重要的理论与观点首先是在书信中提出的。书信属于常用的私人交流方式,表达形式不拘一格,一般比较随意,不会像写文章那样字斟句酌,这样也特别容易产生思想碰撞,激发思想灵感。所以,阅读马克思和恩格斯的书信,有助于我们全面完整地理解历史唯物主义。我们如何看待马克思和恩格斯的书信这种特殊表达形式的思想呢?恩格斯在给瓦尔特·博尔吉乌斯的信中就有简要而明

---

① 《马克思恩格斯文集》第4卷,人民出版社2009年版,第296页注①。
② 《马克思恩格斯文集》第10卷,人民出版社2009年版,第525页。

确的提示:"不要过分推敲上面所说的每一句话,而要把握总的联系。"①这是我们阅读马克思和恩格斯书信的重要的方法论提示。

(一)《马克思致帕维尔·瓦西里耶维奇·安年科夫》

这封信②是马克思对帕·安年科夫 1846 年 11 月 1 日来信的回复,主旨是针对蒲鲁东的《贫困的哲学》一书的哲学唯心主义和庸俗经济学思想,进行批判性分析,为撰写《哲学的贫困》拟定写作思路和提纲。我们阅读这封信,可以紧扣四条线索把握其要旨。

其一,诊治蒲鲁东的"哲学之毒"。

安年科夫在来信中讽刺《贫困的哲学》不过是蒲鲁东观察德国哲学的"一个角落"的"幻想"结果,马克思更是指证为一本"很坏的"书。这是因为蒲鲁东力图"借软弱的黑格尔主义来把自己装扮成坚强的思想家"。

蒲鲁东自称是黑格尔的信徒,但并没有吸取黑格尔哲学中有价值的东西,却不折不扣地继承了黑格尔的唯心主义。蒲鲁东从"普遍理性"或"无人身的人类理性"出发,探讨社会经济关系的运动,把政治经济学的范畴看成是现实经济运动的本原或实体,这不过是黑格尔主义的翻版。究其原因,在于蒲鲁东"不了解处于现代社会制度联结关系中的现代社会制度",完全"不理解人类的历史发展"。较之黑格尔的哲学沉思,蒲鲁东并没有真正学会黑格尔的辩证方法,却有确信无疑的思想退化,因为黑格尔毕竟领悟并表达了历史运动——尽管是以逻辑的、抽象的、思辨的形式完成的。蒲鲁东混淆了思想与事物,把哲学降低到把握不了现实的发展低点,却妄自尊大地自以为可以通过思想的运动来建设世界。

---

① 《马克思恩格斯文集》第 10 卷,人民出版社 2009 年版,第 670 页。
② 《马克思恩格斯文集》第 10 卷,人民出版社 2009 年版,第 41—53 页。

　　针对蒲鲁东的缺陷以及由之而来的消极影响,马克思深刻阐述了历史唯物主义的有关基本原理。(1)社会赖以形成的根据。社会是"人们交互活动的产物",人们不能自由选择某一种社会形式,人们的社会历史始终只是他们的个体发展的历史。这就揭示了"社会""活动""人"之间的原初的本质关联,毫不妥协地与蒲鲁东从"普遍理性"出发阐释人类社会及其形成的虚妄之思区别开来。(2)社会的基本构成。人们每日每时都必须进行的活动,在一定的生产力的基础上,形成一定的交换和消费形式,就会产生相应的社会制度形式。这就建构了相应的市民社会。"有一定的市民社会,就会有不过是市民社会的正式表现的相应的政治国家。"①这是历史唯物主义关于社会构成(结构)的重要原理。(3)人类在历史中的必然联系。生产力构成"全部历史的基础",人们不能自由选择自己的生产力,因为任何生产力都是一种既得的力量,是先前人们活动的产物,"后来的每一代人都得到前一代人已经取得的生产力并当做原料来为自己新的生产服务"。② 这一简单的事实,表明人类始终处于"历史中的联系",历史联系是寓于人类的活动之中、由人类的活动所建构并表现出来、能够为人类的活动提供强有力支持的必然性联系。(4)历史发展的动因。与生产力的应用和发展相适应,人们形成了一定的交往方式和交往关系。一旦交往方式不再适合于既得的生产力,人们就会改变现有的社会形式和社会关系。人们借以进行生产、消费和交换的经济形式都是"暂时的"和"历史性的"。随着新的生产力的出现,人们便改变自己的生产方式以及与之必然相关的经济关系。生产力与交往关系(生产关系)的辩证运动,是人类历史发展的根本动力。

　　其二,批驳"永恒理性的一系列经济进化"。

　　蒲鲁东在历史中看到了一系列的社会发展,但他从"普遍理性"出发,无法解

---

① 《马克思恩格斯文集》第 10 卷,人民出版社 2009 年版,第 43 页。
② 《马克思恩格斯文集》第 10 卷,人民出版社 2009 年版,第 43 页。

释这些事实,却散布一套"妄图充当辩证怪论的怪论"。在他看来,"人不过是观念或永恒理性为了自身的发展而使用的工具",所谓的"进化"不过是在绝对观念的神秘怀抱中发生的。马克思明确指出,"蒲鲁东先生给我们提供的是经济范畴在他的头脑中的排列次序",是"一个非常没有秩序的头脑中的秩序"。①

蒲鲁东所说的第一个经济进化是"分工"。蒲鲁东把分工看成是一件非常简单的事情,其实根本不懂得分工问题。究其症结,全在于蒲鲁东缺乏历史知识,沉湎于历史观上的唯心主义。蒲鲁东不了解分工在各民族的不同特征和实际影响,没有意识到分工与世界市场的相关性,没有洞察到分工的历史流变,最多不过是十分表面地、很不完备地罗列和归纳亚当·斯密以及其他人关于分工问题所说的东西。

蒲鲁东所说的第二个经济进化是"机器"。蒲鲁东十分神秘地理解分工与机器之间的联系,比较可笑地把机器的产生看作一般分工的结果,极其荒谬地把机器说成是一种同分工、竞争、信贷等并列的经济范畴。马克思尖锐地指出,蒲鲁东不懂得机器产生的历史,更不懂得机器发展的历史;机器不是经济范畴,正像拉犁的牛不是经济范畴一样;利用机器的方式与机器本身完全是两回事。

蒲鲁东所说的第三个经济进化是"竞争"。历史地看,机器的发展是市场需求的结果。从1825年英国爆发的第一次经济危机以后,机器的发明与使用皆与国内市场和世界市场的竞争有关。蒲鲁东从现代运用机器一事凸显出竞争,把竞争当作机器的反题,表现得十分坚决。

蒲鲁东所说的最后一个经济进化是"所有权"。蒲鲁东把所有权规定为独立的关系,发现其中存在着矛盾,极其天真地开展了一些"教条式的批判"。蒲鲁东"没有理解把资产阶级生产所具有的各种形式结合起来的纽带,他不懂得一定时

---

① 《马克思恩格斯文集》第10卷,人民出版社2009年版,第44页。

代中各种生产形式的历史的和暂时的性质"①。

蒲鲁东关于"经济进化"的分析和论述,使用离开现实关系支持的虚构或假设,实质上就是主观随意的范畴推演,毋庸置疑与历史唯物主义的基本原理背道而驰。马克思明确指出:"经济范畴只是这些现实关系的抽象,它们仅仅在这些关系存在的时候才是真实的。"②资产阶级经济学家把经济范畴看作永恒的规律,蒲鲁东清晰可见地与之殊途同归。

其三,揭露蒲鲁东"严重的智力上的痉挛"。

在马克思看来,经济范畴之所以属于"历史性的规律",就在于它"只是适用于一定的历史发展阶段、一定的生产力发展阶段的规律";经济范畴是实在的、暂时的、历史性的社会关系的抽象。蒲鲁东却颠倒黑白,把实在的关系看作是抽象的体现,以为"这些抽象本身竟是从世界开始存在时起就已安睡在天父心怀中的公式"③。既然这些经济范畴是从上帝的心里流出来的东西,那么,它们为什么能够存在并发展呢? 蒲鲁东用一整串的对抗来说明这个矛盾,表现出思想上的混乱不堪。

在蒲鲁东看来,垄断和竞争都是经济范畴,是从上帝心里流出来的好东西,不好的是垄断的现实和竞争的现实,更不好的是垄断和竞争的相互吞并。但是,在上帝心里,垄断和竞争的祸害相互抵消,让好的方面表露出来。若从上帝那里获取这个秘密思想,然后加以运用,那就万事大吉了。蒲鲁东自诩就是发现深藏在上帝心里这个秘密公式的人。在马克思看来,在现代经济生活中,垄断产生竞争,竞争产生垄断,只有改变现代经济关系赖以存在的基础,才能解决两者相互对抗所产生的困难。蒲鲁东思想的虚妄性与错乱昭然若揭。马克思还以"自由和奴隶

---

① 《马克思恩格斯文集》第 10 卷,人民出版社 2009 年版,第 47 页。

② 《马克思恩格斯文集》第 10 卷,人民出版社 2009 年版,第 47 页。

③ 《马克思恩格斯文集》第 10 卷,人民出版社 2009 年版,第 47—48 页。

制"为例剖析蒲鲁东的所谓辩证法。

自由和奴隶制形成对抗,这是尽人皆知的。自由的"好"与"坏"、奴隶制的"坏"的方面,这些权且不说了,需要说明的是奴隶制(直接奴隶制)的"好"的方面。同机器、信用一样,直接奴隶制是现代工业的枢纽。没有奴隶制就没有棉花,没有棉花就没有现代工业。可见,奴隶制是一个极为重要的经济范畴。没有奴隶制,让奴隶制消失,就等于从世界地图上把美国抹去。这样说来,用什么办法挽救奴隶制呢?蒲鲁东借用黑格尔对辩证法的理解,认为保留经济范畴"好"的方面,消除其"坏"的方面,问题就会迎刃而解。蒲鲁东就是如此这般地致力于寻找自由和奴隶制的综合,寻求真正的中庸之道,即奴隶制和自由的平衡。这样我们可以归纳一下蒲鲁东所阐述的辩证法:每一个经济范畴都有"好"与"坏"两个对立的方面,问题在于保存"好"的方面,消除"坏"的方面,使得这些范畴从一个过渡到另一个,从而形成一个"经济进化"的发展序列。

就此可知,蒲鲁东用自己头脑中的奇妙运动,代替现实生活世界广阔、持久和复杂的伟大历史运动,构造了一幅混淆视听的讽刺画:"历史是由学者,即由有本事从上帝那里窃取隐秘思想的人们创造的。平凡的人只需应用他们所泄露的天机。"①

其四,阐述一切范畴的"世俗的起源"和"平凡的历史"。

蒲鲁东认为,抽象、范畴是始因,是动力;"创造历史的,正是抽象、范畴,而不是人";"现代各种问题不是解决于社会行动,而是解决于他头脑中的辩证的旋转运动";改变范畴是不必改变现实生活的,而范畴必须改变时,现存社会也要改变。这是不折不扣的历史唯心主义,脱离实际的空谈和混乱不堪的思维一目了然,蒲鲁东"并没有超出资产阶级的视野"。

马克思认为,人们在发展生产力时,也发展着一定的相互关系;这些关系的形

---

① 《马克思恩格斯文集》第10卷,人民出版社2009年版,第51页。

式必然随着这些生产力的发展而改变。适应自己的物质生产水平而生产出社会关系的人,也生产出各种观念和范畴,即恰恰是这些社会关系的抽象的观念的表现。范畴和它们所表现的关系一样不是永恒的,而是历史的暂时的。蒲鲁东把永恒观念、纯粹理性范畴放在一边,把人们的实践生活放在另一边,自始就保持着生活与观念的二元劈分,根本不能理解各种范畴的实际起源及其发展衍变,是一个彻头彻尾的"小资产阶级的哲学家和经济学家"。

(二)《马克思致约瑟夫·魏德迈》

这封信①是马克思1852年3月5日写的,主旨是赞同魏德迈以及其他人对德国激进派政论家、小资产阶级民主派卡尔·海因岑的批判,总结1848年欧洲革命的经验,阐述自己对于阶级斗争学说的新贡献。

海因岑1847年9月在《德意志-布鲁塞尔报》上发表文章,公开非难和批评共产主义,兜售改良主义。恩格斯随即发表《共产主义者与卡尔·海因岑》一文,反击海因岑对于共产主义的诬蔑和歪曲。马克思发表《道德化的批评和批评化的道德》一文,批判海因岑开的"使社会人道化"的药方,提出无产阶级统治代替资产阶级统治的重要问题。为了进一步捍卫和传播《哲学的贫困》所完成的历史唯物主义,马克思赞同并支持魏德迈等人对海因岑的批判就是理所当然的事情。

这封信之前,马克思在不到两年的时间内,针对1848年欧洲革命提示出来的问题,撰写了几篇重要文章,如马克思在信中所提到的《1848年至1850年的法兰西阶级斗争》《路易·波拿巴的雾月十八日》等。这些重要文章以阶级斗争和社会革命为主题线索,突出探讨和回答了现代资产阶级社会中的阶级斗争问题。马克思在信中肯定魏德迈等人对于这些文章的正确解读,支持并称赞魏德迈对海因岑

① 《马克思恩格斯文集》第10卷,人民出版社2009年版,第106页。

等人否认阶级斗争的批判,驳斥海因岑等人否认阶级斗争和社会革命的错误认识。

马克思还特别提醒,美国的资产阶级社会还很不成熟,还没有把阶级斗争发展到显而易见和一目了然的地步,但并不意味着美国社会没有阶级和阶级斗争。北美唯一有影响的经济学家查·亨·凯里指责李嘉图等经济学权威,说他们分裂社会和制造内战,因为他们证明了"各个不同阶级的经济基础一定会在它们中间引起一种必然的、不断发展的对立"。虽然凯里不像海因岑那样把阶级的存在同政治特权和垄断的存在联系起来,但他实际上只是证明美国"不成熟的"社会关系是"正常的关系"。

在这些阐述基础上,马克思简明扼要地提出了自己关于阶级斗争学说的三点新贡献,丰富完善了历史唯物主义关于社会发展动力的理论。

在马克思主义以前,法国复辟时期的历史学家,如梯叶里、米涅、基佐、梯也尔等,立足于资产阶级立场,用阶级斗争观点来解释法国革命,解释西欧中世纪以来的历史发展。他们认为,阶级斗争源于财产关系上的利害冲突,各个政党之间的斗争都是为了各阶级的财产利益而进行的。他们都主张用暴力征服来说明不平等的财产关系的形成,并不认为人们的财产关系受到一定的生产方式所制约。英国古典经济学家大卫·李嘉图认为,社会是由土地所有者、资本家和工人这三大阶级组成的,并从经济上予以分析。但是,李嘉图基于为资本主义作辩护的基本立场,断言资本主义的劳动雇佣关系亦即资本家与工人之间的关系是人类社会发展中永恒的必然的现象。马克思批判地吸收以往思想家的合理思想,科学阐明自己所添加的"新内容"。

其一,"阶级的存在仅仅同生产发展的一定历史阶段相联系"。这一论断指明观察和认识阶级问题的方法论,即从人类物质生产资料的发展来考察阶级及其存在,阶级的存在具有历史性和暂时性。

其二,"阶级斗争必然导致无产阶级专政"。这一论断是马克思通过研究以往的人类历史以及总结 1848 年欧洲革命经验而得出的结论,揭示无产阶级作为社会的领导力量的必然性。

其三,"这个专政不过是达到消灭一切阶级和进入无阶级社会的过渡"。这一论断表达了无产阶级专政是实现人类社会发展的美好远景的可靠路径。

列宁后来在《国家与革命》中高度认同马克思的三点新贡献,并进行了创造性的解读和发挥,特别提示把阶级斗争和无产阶级专政联系起来的本质重要性:"把马克思主义局限于阶级斗争学说,就是阉割马克思主义,歪曲马克思主义,把马克思主义变为资产阶级可以接受的东西。只有承认阶级斗争、同时也承认无产阶级专政的人,才是马克思主义者。马克思主义者同平庸的小资产者(以及大资产者)之间的最深刻的区别就在这里。必须用这块试金石来检验是否真正理解和承认马克思主义。"[1]

毫无疑问,这三点是马克思这封信的最重要的思想,在马克思主义思想史上处于承前启后的地位,值得我们认真思考和领会。

(三)《马克思致路德维希·库格曼》

这封信[2]是马克思 1868 年 7 月 11 日写的,主旨是以价值、价值关系、价值规律等为分析对象,针对现代社会复杂的生活境遇,阐述合理认识和把握现代社会现象及其本质的科学方法。

马克思这封信是从回应《中央报》的一个质疑开始的。《中央报》追问《资本论》中的价值概念有什么内容且能够加以证明的。马克思就此予以回复:"这个不幸的人看不到,即使我的书中根本没有论'价值'的一章,我对现实关系所作的分

---

[1] 《列宁专题文集:论马克思主义》,人民出版社 2009 年版,第 206 页。
[2] 《马克思恩格斯文集》第 10 卷,人民出版社 2009 年版,第 289 页。

析仍然会包含对实在的价值关系的论证和说明。"①马克思接下来言简意赅地提出的一些以往表达过的观点,实际上构成了认识社会生活的重要方法论。

其一,"任何一个民族,如果停止劳动,不用说一年,就是几个星期,也要灭亡,这是每一个小孩子都知道的"②。这一论断表达了无比坚定的原则性,明确提出劳动这一人类感性活动是人类社会存在和发展的基础。马克思再次强调历史唯物主义的基本观点和主干原理,标识了历史唯物主义的原则高度。

其二,分析和认识现代资本主义经济现实中的价值问题,"要想得到与各种不同的需要量相适应的产品量,就要付出各种不同的和一定量的社会总劳动量"。这就是说,在现实生活关系中,"需要量""产品量""劳动量"三者之间具有不可割断的稳定的联系,是经济生活中的规律性。正是这种必然联系,构建并呈现出"按一定比例分配社会劳动的必要性"。这是价值与价值关系的真正基础。虽然经济生活的规律性属于社会现象,不同于自然规律,但作为规律存在的那些性质则是相同的。"自然规律是根本不能取消的。在不同的历史条件下能够发生变化的,只是这些规律借以实现的形式。"③相应地,"按比例分配劳动"是必然的确定不移的,可以改变的只是它的表现形式即交换价值。

其三,"科学的任务正是在于阐明价值规律是如何实现的"。④《资本论》创造性地完成了这项任务,马克思所坚持的"科学方法",指导原则就是社会存在决定社会意识的原理。这封信提到的"对现实关系所作的分析仍然会包含对实在的价值关系的论证和说明"的研究路径,正是这一原理的贯彻和运用。也就是说,"对现实关系所作的分析"是前提,由此出发才能达到"对实在的价值关系的论证和说明"。马克思写这封信的时候,《资本论》正式出版才一年多,《资本论》的思想还

---

① 《马克思恩格斯文集》第 10 卷,人民出版社 2009 年版,第 289 页。
② 《马克思恩格斯文集》第 10 卷,人民出版社 2009 年版,第 289 页。
③ 《马克思恩格斯文集》第 10 卷,人民出版社 2009 年版,第 289 页。
④ 《马克思恩格斯文集》第 10 卷,人民出版社 2009 年版,第 290 页。

没有被更多人所理解和把握,这封信有助于推动人们把握《资本论》的方法而深化认识历史唯物主义。

马克思还点明李嘉图的错误:"把尚待阐明的一切可能范畴都假定为已知的,以便证明它们和价值规律是等同的。"虽然"对价值关系的理解始终是同一个东西",但是,日常实际的交换关系和价值量是不能直接等同的,人们应当充分关注实在的价值关系所蕴含的内部联系。唯有深入于事物的内部,揭示事物的内部联系,才能透过事物的现象而把握事物的本质,从而阐明时代的现实关系。马克思明察秋毫:"当庸俗经济学家不去揭示事物的内部联系却傲慢地鼓吹事物从现象上看是另外的样子的时候,他们自以为这是作出了伟大的发现。实际上,他们所鼓吹的是他们紧紧抓住了外表,并且把它当做最终的东西。这样一来,科学究竟有什么用处呢?"必须承认,马克思在此提出了关乎于科学研究命脉的基本态度和方法。可以说,马克思的全部理论思考就是以"对现实关系所作的分析"为前提的。正是这样,马克思拥有无与伦比的理论自信:"工人,甚至工厂主和商人都读懂了我的书,并且了解得很清楚。"[1]马克思一以贯之地践行早年提出的理论自律性:理论只要说服人,就能掌握群众;而理论只要彻底,就能说服人。所谓彻底,就是抓住"事物的根本"。

(四)《恩格斯致康拉德·施米特》

这封信[2]是恩格斯1890年8月5日写的,主旨是针对保尔·巴尔特之流攻击马克思主义否认上层建筑的反作用的谬论,强调历史唯物主义坚持经济基础的决定作用与上层建筑的反作用的辩证统一,告诫人们要把历史唯物主义当作"进行

---

[1] 《马克思恩格斯文集》第10卷,人民出版社2009年版,第290、291页。
[2] 《马克思恩格斯文集》第10卷,人民出版社2009年版,第585页。

研究工作的指南"。

其一,坚定不移地坚持历史唯物主义的基本原则。巴尔特按照自己的主观臆想,固守片面性,把马克思主义歪曲成来源于笛卡尔主义,公然宣称在马克思的一切著作中所能找到的哲学依赖于物质生活条件的唯一例子,就是笛卡尔宣称的动物是机器。恩格斯一语中的:"他,巴尔特,把某些不正确的东西强加给了马克思,相反,却说马克思自相矛盾,不会运用自己的理论!"①对于巴尔特极其轻率和庸俗的结论,恩格斯愤然表示遗憾,并无比坚定地指出:"物质存在方式虽然是始因,但是这并不排斥思想领域也反过来对物质存在方式起作用,然而是第二性的作用。"这是对历史唯物主义的基本原则的再度强调和阐发。恩格斯明察秋毫,那些盲信第二手结论的巴尔特之流,打着历史唯物主义的招牌,其实并没有真正坚持历史唯物主义。"唯物史观现在也有许多朋友,而这些朋友是把它当做不研究历史的借口的。"面对如此这般的"危险的朋友",恩格斯借用马克思针对法国"马克思主义者"的说法旗帜鲜明地表达自己的态度:"我只知道我自己不是马克思主义者。"②

其二,破除关于公平原则的唯心主义空话。《人民论坛》发生了关于未来社会的产品分配问题的辩论。整个辩论的实质或目标,在于如何看待并实现公平原则这一重要问题。恩格斯发现,所有参加辩论的人都把"社会主义社会"看成是一成不变的,从而应当有一个一成不变的分配方式,有些论点形式上表现得非常"唯物主义"。奇怪的是,谁也没有想到最为根本的方面:分配方式本质上取决于有多少产品可供分配,当然随着生产和社会组织的进步而改变。因此,合理的想法只能是:依据现在的状况"发现将来由以开始的分配方式",从社会生产变更中"找出进一步的发展将循以进行的总趋向"。恩格斯鞭辟入里的剖析,表达了历史唯物

---

① 《马克思恩格斯全集》第 38 卷,人民出版社 1972 年版,第 124 页。
② 《马克思恩格斯文集》第 10 卷,人民出版社 2009 年版,第 586 页。

主义关于产品分配问题的基本态度和认识方法,提醒人们与各种空论划清界限。

其三,历史唯物主义是进行研究工作的指南。德国的许多青年著作家把"唯物主义"当作套语和标签,随意贴到各种事物上面,而不作进一步的深化研究。他们以为只要贴上了这个标签,就解决了问题。如此本末倒置,无疑是十足的思想倒退。全部问题的症结,是这些青年著作家们在"相当贫乏的历史知识"基础上构造体系,试图依照似是而非的幻想来描画和规范现实。坚持历史唯物主义的基本原则,弘扬历史唯物主义的基本精神,已经迫在眉睫!

恩格斯义正词严地阐明:"我们的历史观首先是进行研究工作的指南,并不是按照黑格尔学派的方式构造体系的杠杆。必须重新研究全部历史,必须详细研究各种社会形态的存在条件,然后设法从这些条件中找出相应的政治、私法、美学、哲学、宗教等等的观点。"[1]这段论述不仅表达了历史唯物主义的致思取向,而且论述了全部历史发展中经济基础与上层建筑的交互作用。而且,恩格斯还再次强调历史唯物主义武装工人阶级的理论自律:"马克思认为自己的最好的东西对工人来说也还不够好,他认为给工人提供的东西比最好的稍差一点,那就是犯罪!"[2]

(五)《恩格斯致约瑟夫·布洛赫》

这封信[3]是恩格斯1890年9月21—22日写的,主旨是进一步强调经济的决定作用与上层建筑的反作用的辩证统一,提出了著名的"历史合力论"思想,解答历史发展的深刻动因。

其一,历史过程的动力系统。恩格斯认为,历史过程中的决定性因素归根到底是"现实生活的生产和再生产",同时还有"上层建筑的各种因素"的作用。这些

---

[1] 《马克思恩格斯文集》第10卷,人民出版社2009年版,第587页。
[2] 《马克思恩格斯文集》第10卷,人民出版社2009年版,第588页。
[3] 《马克思恩格斯文集》第10卷,人民出版社2009年版,第591页。

因素的相互作用,构成历史发展过程的动力系统。经济状况是基础,但如果把经济因素当作"唯一"决定性的因素,这就变成了"毫无内容的、抽象的、荒诞无稽的空话"。经济决定作用和经济运动的必然性,通过无穷无尽的偶然事件表现出来并向前发展。因此,以为理论可以应用于任何历史时期,那就会比解一个简单的一次方程式更容易了。

其二,人们创造历史的前提和条件。人们是在"十分确定的前提和条件"下自己创造自己的历史。"其中经济的前提和条件归根到底是决定性的。但是政治等等的前提和条件,甚至那些萦回于人们头脑中的传统,也起着一定的作用,虽然不是决定性的作用。"①普鲁士国家是由于历史的、归根到底是经济的原因而产生和发展起来的,但是,在北德意志的许多小邦中,勃兰登堡是一个体现了南北部之间的经济差异、语言差异乃至宗教差异的强国,是由于卷入了起决定作用的国际政治关系才发展起来的。这就要求人们根据具体的情况加以分析和认识,不能脱离实际,固守僵化抽象的思维。

其三,人们创造历史的实现或"历史结果"的生成。恩格斯深刻揭示了人们鲜活、生动、真实的生活过程:(1)每一个人因其特殊的生活条件,形成了自己的意愿和要求,每一个人的意志皆有存在的理由,成为生活世界的分力。(2)无数个人所代表的分力,是无数个互相交错的力量,构成了无数个力的平行四边形。(3)任何一个人的愿望都会受到另一个人的妨碍,从许多单个人的意志的冲突即无数个分力中产生出一个合力,亦即历史结果。(4)历史结果是谁都没有希望过的事物,是一个整体的、不自觉地和不自主地起作用的力量的产物,历史过程遵循着内在的运动规律,经济是归根到底的决定力量。(5)各个人的意志都达不到自己的愿望,而是融合为一个总的合力,但是,每个意志都对合力有所贡献,都包括在这个合力之中。

---

① 《马克思恩格斯文集》第 10 卷,人民出版社 2009 年版,第 592 页。

恩格斯透辟剖析了社会历史生活是如何成为现实的内在机制和真正动因,呈现出历史过程所蕴含的必然性与偶然性的统一、客观规律与主观能动性的统一等实情,深化丰富了"人类发展原理"。

其四,研读马克思的原著来掌握历史唯物主义。恩格斯提醒人们,领会历史唯物主义的理论内涵,不要根据第二手的材料,而要根据马克思的原著,从马克思思想的整体脉络中来把握。在马克思所写的文章中,几乎没有一篇不是贯穿着历史唯物主义的基本思想的。《反杜林论》《路德维希·费尔巴哈和德国古典哲学的终结》,对历史唯物主义作了最为详尽的阐述。

恩格斯还特别提出,马克思和恩格斯在反驳论敌时,常常不得不强调被论敌们否认的主要原则(如强调经济因素的决定作用等),以后也不见得有机会对其他参与相互作用的因素给予应有的重视,这就容易引发人们认识和理解上的偏向。更为严重的是,人们往往以为只要掌握了主要原理——而且还并不总是掌握得正确,就算已经充分理解了新理论并且立刻就能够应用,这只能带来惊人的混乱。在这种情况下,只有阅读马克思和恩格斯的原著,人们才能全面把握马克思和恩格斯的思想,从而获得可靠合理的理论指导。

(六)《恩格斯致康拉德·施米特》

这封信①是恩格斯 1890 年 10 月 27 日写的,主旨是阐述生产与贸易、交换的辩证关系,论证社会基本结构的三个构成要素,即生产力、生产关系和上层建筑之间的辩证关系,在坚持生产起最终决定作用、经济决定政治的基础上,探讨政治对经济的反作用,以及意识形态的相对独立性。

其一,生产与商品贸易、货币贸易的辩证关系。恩格斯以货币和投机市场的

---

① 《马克思恩格斯文集》第 10 卷,人民出版社 2009 年版,第 594 页。

行情报告为例,提示从货币市场所看到的工业和世界市场的运动,恰好是货币和证券市场的倒置的反映。用货币市场的危机来说明工业危机,其实只是抓住了一些征兆,必然曲解问题的本质。"货币市场也会有自己的危机,工业中的直接的紊乱对这种危机只起次要的作用,甚至根本不起作用。"当然,社会分工特别是社会化大生产发展起来以后,局部的劳动过程也都成为相互独立的。虽然"生产归根到底是决定性的东西",但是,产品贸易一旦离开本来的生产过程而独立起来,它就依循本身的运动方向运行。这一运动总的说来是受生产运动支配的,但毕竟还是循着自身所固有的规律运行的,表现出自己的发展阶段,并对生产运动起着反作用。这种"决定作用—反作用"的辩证联系,同样适用于生产过程与商品贸易、货币贸易、证券贸易等的相互作用情况。

其二,国家权力对于经济发展的反作用。社会分工带来了生产与贸易的复杂的关联,后者又反过来促进社会分工,社会产生了不能缺少的某些公共职能。被指定执行这种职能的人,逐渐获得了自己的特殊利益而独立起来,并同授权给他们的人相对立,国家遂应运而生。社会于是获得了两种不相等的力量的相互作用:一是经济运动,一是国家作为新的政治权力。"经济运动会为自己开辟道路,但是它也必定要经受它自己所确立的并且具有相对独立性的政治运动的反作用。"国家权力对于经济发展的反作用有三种:(1)可以沿着同一方向起作用,这样就会发展得比较快;(2)可以沿着相反方向起作用,这样经过一定时期都要崩溃;(3)可以阻止经济发展沿着某些方向走,给经济规定另外的方向——这种情况归根到底还是归结为前两种情况中的一种。很明显,在第二种和第三种情况下,政治权力会给经济发展带来巨大的损害,并造成大量的人力和物力的浪费。①

其三,法与经济的关系。社会分工产生了职业法学家之后,就开辟了一个新的独立领域。这个领域虽然一般地依赖于生产和贸易,但它具有对这两个领域起

① 《马克思恩格斯文集》第10卷,人民出版社2009年版,第596—597页。

反作用的特殊能力。"在现代国家中,法不仅必须适应于总的经济状况,不仅必须是它的表现,而且还必须是不因内在矛盾而自相抵触的一种内部和谐一致的表现。而为了达到这一点,经济关系的忠实反映便日益受到破坏。"法国大革命时期资产阶级提出的"纯粹而彻底的法的概念",许多方面被拿破仑法典歪曲了,而且必定由于无产阶级的不断增长的力量而每天遭到削弱,但这并不妨碍世界各地编纂一切新法典时把拿破仑法典当作基础来使用。由此可知"法的发展"进程的一般特点:"首先设法消除那些由于将经济关系直接翻译成法律原则而产生的矛盾,建立和谐的法的体系,然后是经济进一步发展的影响和强制力又一再突破这个体系,并使它陷入新的矛盾。"①这样说来,既然法是经济利益的体现,法就必须确保经济的合法性并维护经济利益,以至于在实际生活中,某些经济行为,有了法律依据,获得法律承认,便是合法的,相反则是不合法的。这就造成了一种假象,似乎是法决定经济,而不是经济决定法。这种头足倒置的反映,不言而喻正是法对经济的反作用的表现。

其四,意识形态的相对独立性。诸如宗教、哲学等思想观念,作为社会意识形态,受到经济发展的影响和制约,但有自身的发展特点和独立性。宗教、哲学都包含有对于史前时期的人类生存经验的理解以及关于自然界的认识,也有形形色色的虚假观念。这些内容无疑不是以经济发展为基础,或者并不具有经济方面的原因,而主要是历史上延续流传下来的,是历史的积淀和继承的结果,在每一时代都会产生影响作用,包括对经济的反作用。

从哲学这一意识形态来看,"每一个时代的哲学作为分工的一个特定的领域,都具有由它的先驱传给它而它便由此出发的特定的思想材料作为前提"。这就是哲学的产生和发展所具有的历史继承性的特点。正是这样,"经济上落后的国家在哲学上仍然能够演奏第一小提琴":18世纪经济上落后的法国,在哲学和政治

---

① 《马克思恩格斯文集》第10卷,人民出版社2009年版,第598页。

思想领域方面取得的成就,超过了当时经济上发达的英国;18 世纪末 19 世纪初经济上落后、政治上分裂的德国,产生了由黑格尔集大成的古典哲学,达到了西方哲学的最高峰,孕育了马克思主义哲学,超过了当时经济上发达的英法两国。① 当然,哲学和普遍的学术繁荣一样,是时代的"经济高涨"的结果,经济发展对这些领域具有"最终的至上权力"。不过,这里有两点是值得提出的:第一,经济的"至上权力"发生在哲学等各个观念领域所规定的条件范围内才有实际的效果,经济决定着现有思想材料的改变和进一步发展的方式方向。第二,经济的决定作用大多数情况下都是间接的、通过中介实现的,对哲学发生"最大的直接影响",是社会生活中的政治的、法律的和道德的方面的因素。

恩格斯详尽阐明了宗教、哲学等思想观念与物质生产活动的关系,并指出只要认真阅读马克思在 1848 年欧洲革命之后撰写的著作,都能发现这些思想。巴尔特之流认为马克思恩格斯"否认经济运动的政治等等的反映对这个运动本身的任何反作用",简直就是跟风车做斗争。如此这般机械、僵化地解读历史唯物主义,暴露出这些人沉陷于形而上学的两极对立中,不懂辩证法,滞留在现实世界的危机中,与各个因素相互作用的整个伟大的发展过程咫尺相隔。

(七)《恩格斯致弗兰茨·梅林》

这封信②是恩格斯 1893 年 7 月 14 日写的,主旨是简要回顾马克思和恩格斯以经济事实为基础讨论问题的具体情况,深刻阐述意识形态的形成特点及其对于经济的积极反作用,特别强调从事物相互作用的实情出发克服两极对立思维的重要性。

---

① 《马克思恩格斯文集》第 10 卷,人民出版社 2009 年版,第 599 页。
② 《马克思恩格斯文集》第 10 卷,人民出版社 2009 年版,第 656 页。

其一,坚持以"基本经济事实"为基础的唯物主义路线。恩格斯与马克思在一起工作 40 年之久,共同创立了历史唯物主义,实现了人类思想史的革命变革。马克思和恩格斯"首先把重点放在从基本经济事实中引出政治的、法的和其他意识形态的观念以及以这些观念为中介的行动"。他们"必须这样做"。列宁一语破的:这是为了"修盖好唯物主义哲学的上层"。马克思和恩格斯在他们的著作中特别强调的是"辩证"唯物主义和"历史"唯物主义。① 这一强调了"内容"而疏忽了"形式"的做法,给了巴尔特之流以称心的理由来进行曲解或歪曲。我们在学习和把握历史唯物主义时,需要高度重视和理解马克思和恩格斯的良苦用心,全面掌握历史唯物主义的精神实质。

其二,意识形态的形成特点。恩格斯指出:"意识形态是由所谓的思想家通过意识、但是通过虚假的意识完成的过程。推动他的真正动力始终是他所不知道的,否则这就不是意识形态的过程了。"②这就是说,思想家们不知道经济因素是推动他们思想的真正动力,而是以为他们的思想观点和理论形态来自于"思维过程"——或者是自己的思维,或者是先辈们的思维,他们只和思想材料打交道,毫不迟疑地认为这些材料是由思维产生的,而不去进一步探究这些材料的深远的、并不从属于思维的根源。在这种情况下,既然思想家们的一切行动都是通过思维进行的,都要以思维为中介,那么,一切以思维为基础,当然是不言而喻的了。意识形态正是这样通过"虚假的意识"而形成并实际地开展出来。

其三,意识形态有其自身相对独立的历史。诸如政治的、法律的、哲学的和神学的一切社会意识形态,在其发展过程中,都分别独立地积累了一定的思想材料。"这些材料是从以前的各代人的思维中独立形成的,并且在这些世代相继的人们

① 《列宁专题文集:论辩证唯物主义和历史唯物主义》,人民出版社 2009 年版,第 115—116 页。
② 《马克思恩格斯文集》第 10 卷,人民出版社 2009 年版,第 657 页。

的头脑中经过了自己的独立的发展道路。"①虽然加工这些材料时会受到外部事实的影响,但这些事实总是通过思维而起作用的,从而又被默认为只是"思维过程的果实"——思维总能顺利地消化"最顽强的事实"。

意识形态这种独立发展的外观,首先就会蒙蔽或迷惑大多数人。"如果说,路德和加尔文'克服了'官方的天主教,黑格尔'克服了'费希特和康德,卢梭以其共和主义的《社会契约论》间接地'克服了'立宪主义者孟德斯鸠,那么,这仍然是神学、哲学、政治学内部的一个过程,它表现为这些思维领域历史中的一个阶段,完全不越出思维领域。而自从出现了关于资本主义生产永恒不变和绝对完善的资产阶级幻想以后,甚至重农主义者和亚当·斯密克服重商主义者,也被看做纯粹的思想胜利;不是被看做改变了的经济事实在思想上的反映,而是被看做对始终普遍存在的实际条件最终达到的真正理解。"②正是利用意识形态本身所具有的这一特点,资产阶级思想家、唯心主义者无视经济基础的决定作用,把意识形态看作是纯粹思维的产物。历史唯物主义坚持意识形态是发展了的经济事实在思想领域中的反映,这是对意识形态本质的科学认识。

其四,破除关于意识形态的愚蠢观念。意识形态具有独立的发展,但归根结底离不开经济原因的基础作用。只有立足于意识形态与经济基础的相互作用,人们才能合理地把握意识形态的本质及其功能。巴尔特之流常常几乎是故意忘记,"一种历史因素一旦被其他的、归根到底是经济的原因造成了,它也就起作用,就能够对它的环境,甚至对产生它的原因发生反作用"③。这就需要跳出把原因和结果当作僵硬对立的两极思维,坚持原因和结果的相互依存、相互作用。坚持意识形态各领域有自己独立的历史,承认它们对于经济的积极的反作用,拒绝刻板地、

---

① 《马克思恩格斯文集》第 10 卷,人民出版社 2009 年版,第 658 页。
② 《马克思恩格斯文集》第 10 卷,人民出版社 2009 年版,第 658 页。
③ 《马克思恩格斯文集》第 10 卷,人民出版社 2009 年版,第 659 页。

非辩证地看待原因和结果的关系,这才是历史唯物主义的正确态度。

(八)《恩格斯致瓦尔特·博尔吉乌斯》

这封信①是恩格斯 1894 年 1 月 25 日写的,主旨是阐述生产方式是社会历史发展的决定性基础,剖析上层建筑反作用的性质,探讨历史发展中的必然性和偶然性的关系,告诫人们应当从马克思主义原著中学习历史唯物主义。

其一,生产方式是社会历史发展的决定性基础。恩格斯首先表述了历史唯物主义的基本原理:一定社会的生产生活资料和彼此交换产品的方式,即生产方式,决定着产品的交换方式和分配方式;生产方式是社会历史的决定性基础的经济关系,决定着阶级的划分,决定着统治关系和奴役关系,决定着国家、政治、法等意识形态。特别需要提出的是,生产方式的决定作用,还表现为形成一定的社会物质基础,为科学和技术的发展提供必不可少的物质条件和保障。科学和技术是相互促进、相互作用的,它们的产生的确有其自身的内在动因,但根本上都是植根于现实社会所创造的物质基础和发展要求。"社会一旦有技术上的需要,这种需要就会比十所大学更能把科学推向前进。"②例如,流体静力学是由于 16—17 世纪意大利治理山区河流的需要而产生的,电只是在发现它拥有技术上的实用价值以后才达到了理性的判断。这就是说,科学和技术的存在并不神秘,历史唯物主义主张在社会基本矛盾的辩证运动中追究科学和技术的存在意义和合法范围。

其二,经济基础与上层建筑的相互作用。恩格斯再次强调,经济条件是归根到底制约着历史发展的东西,政治、法、哲学、宗教、文学、艺术等的发展是以经济发展为基础的,但它们本身又是互相作用的并对经济基础发生作用。"这是在归

---

① 《马克思恩格斯文集》第 10 卷,人民出版社 2009 年版,第 667 页。
② 《马克思恩格斯文集》第 10 卷,人民出版社 2009 年版,第 668 页。

根到底不断为自己开辟道路的经济必然性的基础上的相互作用。""所以,并不像人们有时不加思考地想象的那样是经济状况自动发生作用,而是人们自己创造自己的历史,但他们是在既定的、制约着他们的环境中,是在现有的现实关系的基础上进行创造的,在这些现实关系中,经济关系不管受到其他关系——政治的和意识形态的——多大影响,归根到底还是具有决定意义的,它构成一条贯穿始终的、唯一有助于理解的红线。"①

其三,历史发展中的必然性和偶然性的关系。恩格斯多次明确提出"人们自己创造自己的历史",这是历史唯物主义关于历史起源的一个基本判断。在这封信中,恩格斯进一步深化了问题的视野:到现在为止,人们并不是按照共同的意志,根据一个共同的计划,甚至不是在一个有明确界限的既定社会内来创造自己的历史,而是由许多人在不同的目的、不同的计划的相互矛盾冲突中创造的,其中每个人的意向和目的是相互交错的。社会历史如此便呈现出令人费解的外在表现:社会好像被偶然性所笼罩和支配,看不到历史发展的必然规律。其实,"在所有这样的社会里,都是那种以偶然性为其补充和表现形式的必然性占统治地位。在这里通过各种偶然性来为自己开辟道路的必然性,归根到底仍然是经济的必然性"②。这就是说,人类社会历史的发展是有其客观规律的,人们每日每时所看到的固然都是随机发生的各种偶然事件,历史必然性正是以各种偶然事件为自己开辟道路的。伟大人物的历史作用恰好可以作为佐证。

恩格斯认为,恰巧某个伟大人物在一定时间出现于某一国家,这当然纯粹是一种偶然现象。但是,如果不是这个人,就会需要有另外一个人来代替他。这个代替者一定会出现的,不论好一些或差一些。拿破仑、凯撒、奥古斯都、克伦威尔等历史人物的出现,都是历史必然性和偶然性相互作用的结果,体现了历史必然

① 《马克思恩格斯文集》第 10 卷,人民出版社 2009 年版,第 668 页。
② 《马克思恩格斯文集》第 10 卷,人民出版社 2009 年版,第 669 页。

性和偶然性的统一。

可以说,一种社会活动,一系列社会过程,愈是越出人们自觉控制和支配的范围,愈是显得受到偶然性的摆布,它所固有的内在规律就愈是在偶然的表现形式中表明自身的存在。我们所研究的领域越是远离经济,越是接近于纯粹抽象的意识形态,我们就越是发现它在自己的发展中表现为偶然现象,它的曲线就越是曲折。恩格斯说:"如果您画出曲线的中轴线,您就会发现,所考察的时期越长,所考察的范围越广,这个轴线就越是接近经济发展的轴线,就越是同后者平行而进。"①因此,恩格斯提醒,要正确理解历史必须注意经济史的学习。

这些分析为我们正确认识和剖析复杂的社会历史现象,提供了科学合理的方法论指导。这是恩格斯对历史唯物主义深究历史发展规律的重大贡献。

三、 学习历史唯物主义八封书信的重要意义

马克思、恩格斯关于历史唯物主义的书信,作为马克思、恩格斯的著作和文章的补充,一起构成历史唯物主义的理论文本,是我们学习和理解历史唯物主义理论的重要依据。比较起来,书信具有及时直接针对和回应问题、简洁明确阐述观点、表达形式灵活等优势,能够让我们更加轻快地把握马克思和恩格斯的有关思想。毋宁说,书信是可以引领我们快捷进入历史唯物主义理论园地的引线。上文的解读表明,马克思、恩格斯关于历史唯物主义的八封书信,不仅系统阐述了社会存在和社会意识的辩证关系、社会基本矛盾的辩证运动、经济基础和上层建筑的辩证关系、社会意识的相对独立性等历史唯物主义的主干原理,而且深度剖析了这些原理的形成特点、实际运用要求、方法论意义。今天重温马克思、恩格斯关于

①　《马克思恩格斯文集》第 10 卷,人民出版社 2009 年版,第 669 页。

历史唯物主义的八封书信,有助于我们全面系统地学习和掌握历史唯物主义,坚定历史唯物主义的信念,科学合理地运用历史唯物主义。

其一,澄清马克思主义传播史中的有关谬误。

历史唯物主义问世以后,就直接成为无产阶级的精神武器,参与并指导无产阶级开展的人类解放事业。随着1848年欧洲革命之后的世界形势变化,世界社会主义革命处于低潮,马克思主义的传播和运用受到了严重的影响,对于历史唯物主义的各种解读开始粉墨登场,出现了曲解或歪曲历史唯物主义基本精神的谬论,力图把持传播和推广历史唯物主义的话语权。"经济决定论""马克思恩格斯对立论"就是危害性最大的两种错误解读。

第二国际正统马克思主义者爱德华·伯恩斯坦认为,马克思历史观的核心是把历史的一切过程和因素归结为机械的物质运动的必然性,《资本论》时期的马克思是一个严格的经济决定论者、"社会宿命论者",马克思对历史的解释主要是"独断主义"的。伯恩斯坦对马克思的"修正",在第二国际影响很大,当时很多"正统派"马克思主义者纷纷趋之若鹜,把马克思历史观庸俗化,曲解历史唯物主义的基础。考茨基从达尔文的生物进化论出发,把社会规律等同于自然规律,把人性理解为生物本能,把马克思历史观曲解成机械决定论。梅林有时把马克思哲学说成是"自然科学的唯物主义",而后者有时又被称为"庸俗唯物主义"。拉法格在《卡尔·马克思的经济唯物主义》一书中,把唯物史观和自己的哲学立场称为"经济唯物主义"。马克思主义阵营中衍生的这些观点为攻击马克思历史观的人提供了口实。正如我们在前文已经交代过的,德国社会学家保尔·巴尔特明确把马克思历史观歪曲为"经济决定论""技术经济历史观""社会静力学";德国"青年派"代表人物保尔·恩斯特认为,在马克思那里,历史是完全自动地形成的,丝毫没有人的参与,经济关系就像玩弄棋子一样地玩弄这些人。更值得关注的是,这种把历史唯物主义看成是"经济决定论"的迷思,至今阴魂不散,左右了一些人的看法。马克思和恩格斯深刻批判了这股根本上持守"机械决定论"思维的风潮,并毫不妥协地与之进行原则性的划界,八封书信即是一目了然的证明。所以,重读马克思、恩格斯关于历史唯物主义的八封书信,我们能够更加明确"经济决定论"解读的主观虚妄性质,坚守历史唯物主义的原则立场和信念。

在马克思主义传播中,把马克思与恩格斯对立起来,是某些马克思主义解读者制造的又一起思想史事件。这种解读把恩格斯本人的某本著作、某篇文章、某封书信等当作事实依据,从中寻找与马克思不尽相同的观点;而最娴熟简单的做法,就是僵硬地固守马克思和恩格斯在研究论域上的不同。这种解读以大家皆认可的事实为依据,形式上似乎无懈可击。要害在于:唯其所依赖的事实是真实的,这种解读能够博得流俗大众的认可,从而流行开来。问题的关键却在于:这种解读改说马克思与恩格斯友好融洽的私人关系,曲解两人在理论研究上各有侧重分工的实情,罔顾两人在理论观点上相互拱卫、相互支援的真正关联。返回思想史演进的宏阔视野,还原于马克思主义的形成进程,我们毫无例外地能够发现鼓吹和宣扬"马克思与恩格斯的对立"在历史观上的严重错误。恩格斯和马克思一道,创立了马克思主义,这是思想史上公认的事实。这一事实在资产阶级建立现代世界的历史性实践中形成,在现代社会探求"人类向何处去"的时代课题中赢获了存在的合法性,在无产阶级实现人类解放的历史使命中展示了旺盛的生命力。通过阅读这八封书信,我们可以明白,恩格斯实现了历史唯物主义理论的系统化,并推广应用于解答现实生活中的实际问题。否认恩格斯的理论贡献和思想成就,实质上就是肢解马克思主义,否定历史唯物主义。

其二,破除用真实的历史细节阉割历史的历史观迷误。

所谓用真实的历史细节阉割历史,就是抓住真实的历史事实,以之为根据来探究和言说某些历史问题。有些论者抓住过往事件或历史人物生平中的某些细节,或者锚定新发现的所谓史实,试图加以重新解说,直至颠覆或反转人们所认可和接受的历史认识。以所谓的历史细节为依据,重新诠释某个历史事件或历史人物,形式上的确能够吸引人们的注意力。如果立足于历史进程而对历史细节进行还原性分析和阐说,无疑有助于深化历史认识,这是历史研究的正道。倘若让历史细节游离于历史进程,迷执于历史细节,甚至人为割断历史细节之间的联系,就会片面理解相关历史进程,制造历史虚无主义。

马克思和恩格斯在八封书信中,深刻阐明社会存在决定社会意识、社会基本矛盾辩证运动推动历史发展等基本原理,实际上表明:所有的事实都是历史性的,亦即处于一定的社会关系之中、变化着的,每个事实都有其赖以出现的成因;社会生活中的孤立事实只有归结到一个生活总体中并作为历史发展的环节,才能显示其本来的真实面目,由此形成的关于事实的认识才是现实的正确的认识。一言以蔽之,历史性质是事实能够存在的基本性质。这就无可辩驳地证明:以事实为依据的认识固然是正确的选择,但倘若不能紧扣事实的历史性质来认识事实,那就没有达到能够把握事实之真正性质的原则高度;不能把握事实的真正性质,就不能真正把握事实,也就奢谈能够理解以事实为依据的现实生活经验和社会现实。因此,抓住真实的历史细节进行言说的历史观,形式上似乎有其充足的理由,但决定性地与细节(事实)的历史性质失之交臂,不能深入于细节(事实)的社会存在处境之中,如此无法解脱的内在缺陷反映其理论立场的虚妄性,从而不可挽回地走向歪曲历史的终局。马克思和恩格斯八封书信的现实意义就此异常突出地彰显出来。

其三,拓展历史唯物主义的原则境域。

马克思主义问世之后,世界历史进程但凡出现重大的事件或变化,人们都程度不同地把视线聚焦于马克思主义,力求在马克思主义之中或者通过马克思主义来洞察时事变迁,寻找可靠的理解与解答。这是因为马克思主义揭示了人类历史的发展规律,当代社会仍然处于这些发展规律的作用之中。马克思主义在真理和道义方面呈现出其他学说无可比拟的优越性。

历史唯物主义作为"科学思想中的最大成果",开创了崭新的哲学气质。以往哲学从意识或自我意识出发,理解和阐释人与世界,在范畴推演中证明存在;历史唯物主义立足于现实的人及其历史发展,"按照事物的真实面目及其产生情况来理解事物",在现实生活中确证存在。正是依赖于基本原则高度的理论自觉,历史唯物主义终结了以概念演绎为动力机制的哲学进路,使哲学回到现实生活世界而实现自我发展与自我确证。

马克思独具慧眼,充分关注人类基于感性活动的自我生成与自我筹划的实际过程,高度重视这一基本事实的全部意义和全部范围,史无前例地揭示了"真正的历史主题"和"时代的现实动因",把原理化的哲学思考转变成切入时代问题的"思想的闪电",引导时代的愿望。历史唯物主义阐发的"新原理",义无反顾地以参与现实生活运动为旨归。

从现实生活过程出发,历史唯物主义强调人是社会存在物,人的生命表现是社会生活的表现和确证。个人活动的社会性质,不是时有时无的偶然配置,而是与生俱来的必然性。"只有在共同体中,个人才能获得全面发展其才能的手段,也就是说,只有在共同体中才可能有个人自由。"①随着《资本论》透辟论证资本和劳动的关系乃是全部现代社会体系所围绕旋转的轴心,历史唯物主义无与伦比地洞明现代社会的生活运动及其性质。

在追求美好生活逐渐成为全球共识的时代处境下,如果说现代性迄今的发展让人们在丰裕的物质享受中遭遇到"精神饥饿"的威胁,那么,除非重建精神家园,否则这种威胁就不会消失。历史唯物主义启明了一个把握时代且能够给予实质性阐发的问题视野,拥有引领当今世道人心的历史性担当。历史唯物主义的精神武装和指引正是时候!马克思和恩格斯的历史唯物主义书信恰好为科学运用理论以解决实际问题做出了表率。

陈立新

---

① 《马克思恩格斯选集》第1卷,人民出版社2012年版,第199页。

思考题

1. "凡是在交换时得到社会承认而被列入社会财富的产品,就成为'构成价值',那些不被社会承认、无法进入社会财富领域的产品,就是'非价值'。"你赞成这句话吗? 请举例说明。

2. 请您简单谈谈"经济决定论"与"经济基础决定上层建筑"有什么区别。

3. 请简单论述在《马克思致帕维尔·瓦西里耶维奇·安年科夫》的信中,马克思阐述了哪些历史唯物主义的基本原理。

4. 请您根据本篇所学简单论述"历史合力论"思想。

5. 请结合实际说一说学习历史唯物主义八封书信的重要意义及在以后学习工作中该如何坚持历史唯物主义思想。

列宁《谈谈辩证法问题》领读

    《谈谈辩证法问题》一文,列宁写作于 1915 年,第一次载于《布尔什维克》杂志
1925 年第 1—5 期合刊,1933 年收入俄文版《列宁哲学笔记》。《谈谈辩证法问题》
是列宁《哲学笔记》中一篇完整的笔记式短文,带有一定的总结性,特别是对马克
思主义辩证法研究工作的理论总结。虽然篇幅不长,但是《哲学笔记》中最主要的
内容。在这篇短文中,列宁在批判第二国际机会主义者名为辩证法实为"诡辩论"
的形而上学观点的同时,全面地阐述了唯物辩证法的实质和核心,辩证法就是马
克思主义的认识论和科学方法论,以及马克思主义关于认识论、逻辑学和辩证法
相统一等重要哲学观点,丰富和发展了马克思主义的唯物辩证法,是马克思主义
哲学的经典性文献。深入学习《谈谈辩证法问题》不仅对于理解把握列宁的辩证
法理论,而且对于学习了解马克思主义唯物辩证法的一般规律和范畴,人类认识
的辩证过程等马克思主义哲学的重要思想,都具有十分重要的理论价值。当前我
们学习研读列宁《谈谈辩证法问题》,对于理解把握马克思主义唯物辩证法的中国
化时代化,全面深入领悟党的二十大精神,增强辩证思维能力,提升运用辩证唯物
主义的世界观和方法论指导实践、分析问题的能力,"不断提出真正解决问题的新

理念新思路新办法"①,具有重要的时代价值和现实意义。

一、《谈谈辩证法问题》的写作背景和哲学贡献

列宁高度重视马克思恩格斯的辩证法思想,他在评介《马克思和恩格斯通信集》时指出,在这些书信中马克思主义的极其丰富的理论内容阐述得非常清楚,因为马克思同恩格斯在通信中一再地谈到他们学说的各个方面,强调并且说明了最新的、最重要的和最困难的问题。列宁特别强调:"如果我们试图用一个词来表明整个通信集的焦点,即其中所抒发所探讨的错综复杂的思想汇合的中心点,那么这个词就是辩证法。运用唯物主义辩证法从根本上来修改整个政治经济学,把唯物主义辩证法运用于历史、自然科学、哲学以及工人阶级的政策和策略——这就是马克思和恩格斯最为关注的事情,这就是他们作出最重要、最新的贡献的领域,这就是他们在革命思想史上迈出的天才的一步。"②列宁的这一论断,不仅为我们指明了学习马克思和恩格斯的书信必须紧紧抓住的中心,更为我们阐明了辩证法思想在马克思主义理论体系中的重要地位。

列宁十分重视马克思关于要写一本辩证法的专门著作的"遗愿",他不止一次地引用马克思表达这种宏愿的书信,说明这篇文章也是列宁为完成马克思、恩格斯的遗愿所作努力的重要体现,意义非凡。辩证法包括自然界、人类社会、人类思维等各个领域,当然包括认识领域,即认识的辩证法。所以,列宁的这篇文章虽然不长,但对这几大领域都论及了,并有很多创见,内涵极其丰富,思想十分深刻,为建构唯物辩证法完整严密的科学体系提供了一个雏形,具有相当高的学术价值和

---

① 习近平:《高举中国特色社会主义伟大旗帜 为全面建设社会主义现代化国家而团结奋斗——在中国共产党第二十次全国代表大会上的报告》,人民出版社 2022 年版,第 20 页。

② 《列宁全集》第 24 卷,人民出版社 1990 年版,第 276 页。

理论意义。

1.《谈谈辩证法问题》与《哲学笔记》

列宁的《哲学笔记》，由46篇读书摘要、札记、短文和读书批注构成。其中41篇来自列宁的十个笔记本。其主要部分是在1914年9月至1916年6月写于瑞士伯尔尼和苏黎世的八个笔记本，其中最主要的内容是《黑格尔〈逻辑学〉一书摘要》和《谈谈辩证法问题》。所以，对《谈谈辩证法问题》写作背景的了解和研究，必须将其同《哲学笔记》的写作背景作为整体来进行考察。

《哲学笔记》主要探讨辩证唯物主义、历史唯物主义和哲学史方面的问题，特别是在第一次世界大战期间对黑格尔的《逻辑学》《哲学史讲演录》《历史哲学讲演录》《小逻辑》等著作所做的摘要、札记、评语和短文。《谈谈辩证法问题》正是在上述摘要、札记、评语等研究思考基础上撰写而成的，是列宁对辩证法深入研究的重要成果。《哲学笔记》单行本的中文版于1956年出版，1959年作为《列宁全集》中文版第38卷出版。《列宁全集》中文第二版整版从1984年开始出书，到1990年全部出齐，共60卷，2017年出版《列宁全集》第二版增订版，在这两个版本中《哲学笔记》主要内容（包括《谈谈辩证法问题》）都被排在第55卷。中国理论界在20世纪50年代就开始重视列宁《哲学笔记》的研究，但研究还不是很深入。改革开放之后，随着研究马克思主义哲学热潮的兴起，《哲学笔记》的研究和讨论也成为我国学术界的热点之一。至20世纪90年代初苏东剧变，一度影响了国内对《哲学笔记》的研究和讨论。新时代，党中央十分重视对马克思主义哲学思想的学习、研究和运用。因此，了解学习和研究列宁的《谈谈辩证法问题》，具有十分重要的时代意义。

2.《哲学笔记》及《谈谈辩证法问题》的写作目的及其原因

列宁在撰写《哲学笔记》期间，发表过两部带有系统性的哲学著作，一是1908写的《唯物主义和经验批判主义（对一种反动哲学的批判）》，提出哲学党性原则和三个认识论的重要结论，使马克思主义哲学进一步系统化，但由于着重讲唯物主义和认识论,且是一本论战性的著作,故还不够系统化。二是 1914 年秋写作的《卡尔·马克思》词条,是历史上第一篇完整介绍马克思思想的著作,列宁用十分简练的语言介绍了马克思的世界观、认识论和辩证法。在词条中把辩证唯物主义世界观摆在指导思想的地位,逻辑地贯彻于哲学、政治经济学和科学社会主义理论之中,在马克思主义发展史上具有十分重要的地位和作用。

列宁为什么在这一时期阅读了大量哲学著作并作了许多重要摘录和批语,尤其是撰写了重要论文《谈谈辩证法问题》,这里有两个主要原因。

第一,是为了批判社会沙文主义及其诡辩论的需要,也是为了深入分析和研究国内外政治经济形势,制定革命策略的需要。因为第一次世界大战前夕,为反对帝国主义战争,第二国际在瑞士巴塞尔举行大会,一致通过了反战的《巴塞尔宣言》。但第一次世界大战爆发后,第二国际的各国社会民主党的多数领袖违背了《巴塞尔宣言》精神,各自站在本国政府一边,号召工人阶级保卫祖国,从而使第二国际分裂为一些社会沙文主义政党。第二国际的一些著名领袖,如考茨基、普列汉诺夫等人打着"辩证法"的旗号为自己的背信弃义行为辩护,而他们的"辩证法",实质是诡辩论。列宁则主张坚持《巴塞尔宣言》的精神,利用政府的困难和群众的不满,变国际战争为国内战争,加速资本主义的崩溃,争取社会主义革命的胜利。在这一阶段,列宁一方面因为《格拉纳特百科全书》撰写《卡尔·马克思》词条,其中有涉及《哲学唯物主义》和《辩证法》部分,为此阅读了不少哲学著作并写了若干笔记。同时因为领导革命活动的需要,用辩证法来分析国内外政治经济形势,制定正确的革命策略。另一方面,是为了掌握揭露批判第二国际社会沙文主义诡辩论的哲学基础。当时列宁就发表了多篇批判社会沙文主义的论文,如《第二国际的破产》等等。所以,辩证法是《哲学笔记》的主要内容之一。

第二,是出于建立马克思主义严密完整的辩证唯物主义哲学理论体系的需要。在马克思主义创始人那里还没有完全形成像《资本论》所体现的政治经济学体系那样完整严密的哲学体系。马克思曾经想建构这样的体系。1858 年 1 月 16

日他写信给恩格斯说："我又把黑格尔的《逻辑学》浏览了一遍,这在材料加工的方法上帮了我很大的忙。如果以后再有工夫做这类工作的话,我很愿意用两三个印张把黑格尔所发现、但同时又加以神秘化的方法中所存在的合理东西再阐述一番,使一般人都能够理解……"①十年后,1868 年 5 月 9 日,马克思致约瑟夫·狄慈根的信中又提到这个愿望:"一旦我卸下经济负担,我就要写《辩证法》。辩证法的真正规律在黑格尔那里已经有了,自然是具有神秘的形式。必须把它们从这种形式中解放出来……"②遗憾的是马克思没有卸下经济学研究的重担,故也没能实现写《辩证法》专著的宏愿。恩格斯写作《自然辩证法》时,也曾想建构一个辩证法的体系。但因整理马克思的遗著——《资本论》的第二、三卷,停止了这方面的研究工作。恩格斯的《反杜林论》比较系统地论述了唯物辩证法的许多原理,但并未形成一个完整的体系。他的《路德维希·费尔巴哈和德国古典哲学的终结》提供了一个由辩证法、唯物主义和历史唯物主义三部分构成的体系的原则,但缺乏细节。我们知道,在著名的马克思主义哲学家如狄慈根、普列汉诺夫等人的著作中,也未能提出完整严密的哲学体系。

列宁十分清楚马克思、恩格斯有过写《辩证法》专著的宏愿,但最终未能实现。所以,他也有系统地研究辩证法的想法,提出了唯物辩证法科学体系的蓝图和建构唯物辩证法的一些基本原则,提出了若干关于这个体系的整体设想。在《哲学笔记》中有好几处涉及这个问题,其中最有代表性的是《辩证法的要素》。遗憾的是,最终《哲学笔记》还不是一部体系完整的哲学专著,而只是列宁在长达 20 年之久的时段中,学习和研究哲学的摘录笔记、札记、心得和阅读批注的文献汇集。黑格尔的哲学是一个庞大而复杂的思想体系,列宁十分注意黑格尔对体系建构的原则和观点,在《哲学笔记》中,列宁在谈到哲学史和黑格尔哲学的许多涉及体系问

---

① 《马克思恩格斯全集》第 29 卷,人民出版社 1972 年版,第 250 页。
② 《马克思恩格斯全集》第 32 卷,人民出版社 1974 年版,第 535 页。

题之处,作了重要批注,并且写下了《辩证法的要素》和《谈谈辩证法问题》两篇短文,但严格地讲,仍然没有建构起完整科学的哲学理论体系。然而应该强调,尽管如此,实际上列宁已经为建构唯物辩证法完整严密的科学体系提供了一个雏形。

3.《哲学笔记》及《谈谈辩证法问题》对马克思主义哲学的主要贡献

列宁《哲学笔记》所包含的内容是十分广泛的,涉及哲学和哲学史以及各门科学的科学史。就哲学而言,涉及世界观(包括存在论和发展观)、实践论、认识论、方法论等,唯物辩证法无疑是其核心内容,贯穿在各方面的。列宁对马克思主义哲学的主要贡献:

一是对马克思主义哲学观研究的贡献。在黑格尔那里,辩证法的核心是否定之否定,即正题、反题、合题三段式。整个黑格尔哲学体系就是由大大小小的三段式构成的。但是,仅仅用三段式来构建哲学体系,使这个包含着丰富思想的哲学体系常常显得非常刻板、牵强。马克思、恩格斯并没有完全否定三段式,列宁把三段式理解为在更高基础上对过去阶段的重复,并把对立统一规律从中提炼出来,使之成为辩证法的实质和核心,成为辩证法的根本范畴和规律,贯穿于整个哲学体系之中。在列宁看来,宇宙的运动是由对立统一规律推动的,一个哲学体系的展开也是由对立统一规律推动的。同时,《哲学笔记》提出了逻辑学、辩证法和认识论三者同一的观点,这是列宁哲学观的重要体现和贡献。关于三者如何同一,马克思对黑格尔历史与逻辑相一致的原则加以唯物主义的改造,主张逻辑与历史相统一,列宁在研读黑格尔著作时继承了马克思的观点,并作了多方面的阐发。

二是对唯物辩证法对立统一规律和其他哲学范畴研究的贡献。列宁所说的辩证法不仅是唯物主义的,也不限于发展观,其实就是辩证唯物主义世界观。关于对立统一思想,即矛盾思想,无论在西方和东方,都有十分古老的传统。古希腊的赫拉克利特、古代中国的老子都是著名代表,这个传统也一直得到传承发展。黑格尔的矛盾学说,在马克思主义的唯物辩证法产生之前,达到了人类哲学史上的高峰。黑格尔认为,任何范畴内部都包含着自己的对立面,并必然地向对立面转化,最后两个对立的范畴合成一个新的范畴,但他认为辩证法的核心是正、反、合这个三段式。马克思和恩格斯不仅批判黑格尔哲学的唯心主义基础,也改造其内容。恩格斯在《自然辩证法》中提出了辩证法三大规律的思想,即质量相互转化规律、对立面相互渗透的规律和否定之否定的规律。还指出发展是由矛盾引起的,否定之否定就是螺旋式发展。列宁在《谈谈辩证法问题》等文章中,创造性地提出对立统一规律是辩证法的核心,确立了对立统一规律在辩证法体系中的重要地位。同时,列宁在《黑格尔〈逻辑学〉一书摘要》中,较充分地吸纳了黑格尔关于哲学范畴与规律的研究成果。对存在和无、物质实体和属性、普遍联系和中断、运动和静止、一和多、普遍和特殊、现象和本质、有限和无限、条件和根据等哲学范畴进行了研究,依据辩证唯物主义原则发表了新的见解。

三是对辩证唯物主义认识论的研究。首先,列宁十分重视对马克思实践观的研究。在《哲学笔记》中,列宁指出黑格尔《逻辑学》中的一个三段式“认识—实践—绝对观念”,把实践看作是认识与绝对真理的中介,从唯心主义角度猜测到了实践观点。同时,列宁提出了实践概念的基本内涵是目的性加现实性,实践是认识的源泉,实践高于认识的思想。列宁指出:“实践高于(理论的)认识,因为它不仅具有普遍性的品格,而且还具有直接现实性的品格。”[1]其次,对认识过程辩证法的研究。列宁在《哲学笔记》中在唯物主义地改造黑格尔的认识辩证法的基础上对感性认识与理性认识的辩证关系提出了一些新观点。首先是理性认识优于感性认识的观点。其次是理性认识必须来自感性认识的观点。其三是感性认识与理性认识、实践与认识的辩证运动的观点。在列宁看来,认识的全过程是从生动的直观到抽象的思维再到实践三个阶段。而且,实践与认识是一个反复的过程,也就是感性与理性的反复过程。这个认识的辩证发展过程,正如毛泽东后来在《实践论》中所概括的:“实践、认识、再实践、再认识,这种形式,循环往复以至无

---

[1] 《列宁全集》第 55 卷,人民出版社 1990 年版,第 183 页。

穷,而实践和认识之每一循环的内容,都比较地进到了高一级的程度。这就是辩证唯物论的全部认识论,这就是辩证唯物论的知行统一观。"①最后,列宁把人类的认识史比作一棵"活生生的、结果实的、真实的、强大的、全能的、客观的、绝对的人类认识"的大树,而唯心主义也是树上的一朵花,但它是"一朵无实花"。列宁不同意形而上学唯物主义把认识史看作一条直线的观点。他在《谈谈辩证法问题》中强调:"人的认识不是直线(也就是说,不是沿着直线进行的),而是无限地近似于一串圆圈、近似于螺旋的曲线。"②

此外,关于辩证唯物主义方法论,列宁提出了方法论的一个十分重要的观点,就是关于方法的来源问题。方法都是主观的,那么传统的观点认为是主体头脑所固有的,或是天生的,康德就是这种观点的代表。列宁批判地吸收了黑格尔关于"哲学的方法应当是它自己的方法","方法就是对逻辑内容的内部自己运动的形式的意识"的观点。③主张哲学范畴或辩证法范畴,就是客观世界的普遍性的反映。所以,思维方法是客观世界的规律性和普遍性的反映,是由知识转化而来的,即方法来自认识,认识来自客观世界(以实践为中介)。

二、《谈谈辩证法问题》的主要内容和重要论断

《谈谈辩证法问题》收入中文版《列宁全集》第 55 卷④,《列宁选集》第 2 卷⑤。全文共二十个自然段,可分为四个部分,集中讲了对立统一规律是辩证法的实质

---

① 《毛泽东选集》第 1 卷,人民出版社 1991 年版,第 296—297 页。
② 《列宁选集》第 2 卷,人民出版社 2012 年版,第 560 页。
③ 《列宁全集》第 55 卷,人民出版社 1990 年版,第 81 页。
④ 《列宁全集》第 55 卷,人民出版社 1990 年版,第 305—311 页。
⑤ 《列宁选集》第 2 卷,人民出版社 2012 年版,第 556—560 页。

和核心、唯物辩证法也就是马克思主义的认识论、哲学上的"圆圈"和认识过程的辩证法、唯心主义的认识论根源等四个问题。

（一）对立统一规律是辩证法的实质和核心

本部分的中心思想是讲对立统一规律是辩证法的实质和核心。从第 1—12 自然段,共 12 个自然段。讲了三个问题。

1. 对立统一规律,是客观事物和人类思维的最一般规律。首先,什么是辩证法,辩证法的实质是什么？ 列宁在文章开头就阐明,对立统一规律,是辩证法的实质和主要特征。他指出:"统一物之分为两个部分以及对它的矛盾着的部分的认识……是辩证法的实质(是辩证法的'本质'之一)。""甚至可说是它的基本的特点或特征。"(第 1 自然段①)这段话是对辩证法实质和特征的高度概括。实际上包含着三层意思:一是"统一物之分为两个部分",是指辩证法实质上是客观事物本身具有的,即任何事物(统一物)都包含着两个相互矛盾着的部分(即对立统一的),所以辩证法是客观规律;二是"对它的矛盾着的部分的认识",即辩证法的实质也是人们按照这个事物本来面貌的认识,所以人的认识,人类的思维同样具有对立统一这一辩证法的实质和特征;三是,由此可见,辩证法的实质和基本特征,就是客观世界的普遍规律和人的认识规律的统一。恩格斯把作为客观规律的辩证法称为"客观辩证法",把人们对于客观辩证法的认识,称作"主观辩证法"。他在《自然辩证法》中指出:"所谓的客观辩证法是在整个自然界中起支配作用的,而所谓的主观辩证法,即辩证的思维,不过是在自然界中到处发生作用的、对立中的运动的反映。"②两者的关系是反映和被反映的统一。

---

① 《列宁选集》第 2 卷,人民出版社 2012 年版,第 556 页。
② 《马克思恩格斯选集》第 3 卷,人民出版社 2012 年版,第 908 页。

关于辩证法规律的普遍性,恩格斯曾强调:"辩证法的规律是从自然界的历史和人类社会的历史中抽象出来的。辩证法的规律无非是历史发展的这两个方面和思维本身的最一般的规律。"①列宁从人类思维发展、哲学史角度强调,辩证法作为一般规律,具有普遍性。列宁指出,黑格尔也正是这样提问题的,而且辩证法问题也是古希腊哲学家赫拉克利特、亚里士多德早就十分关注的。说明这是哲学史上所公认的问题。列宁批评普列汉诺夫恰恰对于辩证法的这一方面问题,没有予以足够的注意。

其次,统一物内部两个部分之间的关系是对立统一的。列宁认为,"辩证法内容的这一方面的正确性必须由科学史来检验"(第2自然段)。② 但往往没有引起包括普列汉诺夫在内的许多人士足够的注意。同时,他特别强调,对立面的同一不能当作实例的总和来看待。为了证明辩证法对立统一规律现象的普遍性,列宁在文章中又列举了:在数学中正和负,微分和积分;在力学中作用和反作用;在物理学中阳电和阴电;在化学中,原子的化合和分解,以及在社会科学中的阶级斗争等现象后,用结论性的语言指出:"对立面的同一(它们的"统一",也许这样说更正确些? 虽然同一和统一两个术语的差别在这里并不特别重要。在一定意义上二者都是正确的),就是承认(发现)自然界的(也包括精神的和社会的)一切现象和过程具有矛盾着的、相互排斥的、对立的倾向。"(第8自然段③)这里用了"对立面的同一",列宁在括号内注明:关于用"同一"或"统一"这两个词,在这里没有特别重大的差别,但也许用"统一"更正确些。列宁的上述用语说明,事物内部存在着具有相互矛盾、相互排斥、相互对立统一的两个方面,这也是自然界、社会、人的精神世界普遍存在的现象和规律。至于究竟用"对立面的同一",还是"对立面的统一",列宁之前在《辩证法的要素》一文中确实也说过:"可以把辩证法简要地规定

① 《马克思恩格斯选集》第3卷,人民出版社2012年版,第901页。
② 《列宁选集》第2卷,人民出版社2012年版,第556页。
③ 《列宁选集》第2卷,人民出版社2012年版,第557页。

为关于对立面的统一的学说。这样就会抓住辩证法的核心。"①列宁在本自然段的下文中也用"对立面的统一"。现在,我们一般都用对立面的统一、"对立统一"来表达。毛泽东在《矛盾论》的开篇第一句话就是:"事物的矛盾法则,即对立统一的法则,是唯物辩证法的最根本的法则。"②故现在我们一般用"对立面的统一"。

2. 两种基本的、根本对立的发展观。这里所谓的两种发展观,就是指唯物辩证的发展观与形而上学的发展观。首先要强调,列宁所说的唯物辩证法不仅是唯物主义的,而且也不限于发展观,其实就是辩证唯物主义的世界观和方法论。列宁认为,对立统一是客观世界的普遍规律,那么就"要认识在'自己运动'中、自生发展中和蓬勃生活中的世界一切过程,就要把这些过程当做对立面的统一来认识。发展是对立面的'斗争'"。这里用的就是对立面的"统一",不是"同一"。列宁还在后面特意加了一句:发展是对立面的"斗争",意为这种发展的实质是由对立面之间的斗争来推动的。那么,如何来认识这个过程,历来存在着两种基本不同的观点,即两种不同的发展观、世界观。列宁指出,一种"认为发展是减少和增加,是重复";另一种"认为发展是对立面的统一(统一物之分为两个互相排斥的对立面以及它们之间的相互关系)"(第8自然段)。③ 第一种观点,就是形而上学的观点。列宁指出,"按第一种运动观点,自己运动,它的动力、它的泉源、它的动因都被忽视了(或者这个泉源被移到外部——移到上帝、主体等等那里去了)"(第9自然段④);这就是形而上学的观点,把事物发展的动力、源泉归结于外部和神的力量,是唯心主义的,"僵死的、平庸的、枯燥的"。自然也成了上帝创世说、神学发展观、世界观的哲学根据。第二种观点,就是唯物辩证的观点。列宁强调,"第二种观点,主要的注意力正是放在认识'自己'运动的泉源上"。所以"是活生生的。只

---

① 《列宁选集》第2卷,人民出版社2012年版,第412页。
② 《毛泽东选集》第1卷,人民出版社1991年版,第299页。
③ 《列宁选集》第2卷,人民出版社2012年版,第557页。
④ 《列宁选集》第2卷,人民出版社2012年版,第557页。

有第二种观点才提供理解一切现存事物的'自己运动'的钥匙,才提供理解'飞跃'、'渐进过程的中断'、'向对立面的转化'、旧东西的消灭和新东西的产生的钥匙"(第10自然段①)。列宁在这里阐述了唯物辩证法的诸多重要原理和范畴。一是事物运动发展的根本原因和动力源泉来自事物自身内部,是内部对立面矛盾运动的结果,而不是外部力量;二是事物发展进程中存在着量变和质变,质变是发展中的飞跃,是渐进过程的中断;三是矛盾的同一性规定了,事物发展的基本趋势是矛盾内部双方的互相转化,是一方向着其对立面的转化;四是旧东西的消灭和新东西的产生是事物发展的客观必然性。这些都是理解把握辩证发展观的钥匙。可见,唯物辩证的发展观与形而上学的发展观是两种根本对立的发展观。两种发展观的根本分歧和关键,就在于是否把发展过程当作对立面的统一来认识。

3. 对立面的统一是相对的,对立面的斗争是绝对的。这个事物矛盾的同一性和斗争性的关系问题,也是对立统一规律的重要特性。列宁指出:"对立面的统一(一致、同一、均势)是有条件的、暂时的、易逝的、相对的。相互排斥的对立面的斗争是绝对的,正如发展、运动是绝对的一样。"(第11自然段②)这个原理是列宁从恩格斯提出的运动是绝对的、静止是相对的原理引申出来的。当然,也不要简单地、片面地理解这个绝对、相对的道理。在一定条件下绝对、相对都有其相对性,是可以相互转化的。这里是就斗争与统一相比较而言的,斗争是绝对的,统一是相对。正如整体与部分的关系一样,两者相比较,整体是绝对的,部分是相对的,但并这不是说整体没有相对性,部分没有绝对性。在这方面,恰恰是唯心主义的形而上学和诡辩论者把两者简单化、绝对化了,认为绝对就是绝对,相对就是相对。斗争,就绝对地排斥;统一,就没有差别、矛盾和斗争。所以,只有用对立统一的观点、辩证的眼光去观察、理解对立面的统一和斗争,理解相对和绝对的关系,

---

① 《列宁选集》第2卷,人民出版社2012年版,第557页。
② 《列宁选集》第2卷,人民出版社2012年版,第557页。

才能同主观主义的形而上学和诡辩论划清界限。正如列宁在《黑格尔〈逻辑学〉一书摘要》中所说的:"辩证法是一种学说,它研究对立面怎样才能够同一,是怎样(怎样成为)同一的——在什么条件下它们是互相转化而同一的,为什么人的头脑不应该把这些对立面看作僵死的、凝固的东西,而应该看作活生生的、有条件的、互相转化的东西。"①最后,在第 12 自然段,列宁用黑体字"注意"两字进一步强调了怀疑论和诡辩等在对立面统一的绝对和相对问题上同辩证法的根本区别。他指出:"主观主义(怀疑论和诡辩论等等)和辩证法的区别在于:在(客观)辩证法中,相对和绝对的差别也是相对的。对于客观的辩证法说来,相对中有绝对。对于主观主义和诡辩论说来,相对只是相对,因而排斥绝对。"(第 12 自然段②)

在第一部分,列宁抓住对立统一规律这个辩证法的实质和核心问题,深刻地阐述了马克思主义唯物辩证法的三个重要观点。

1. 对立统一规律,是客观世界和人类思维的普遍规律。

2. 辩证法和形而上学是两种根本对立的发展观。

3. 事物对立面的统一是绝对与相对的辩证统一。

列宁通过对这三个重要观点的论述,为对立统一规律作出了四个方面的理论贡献:第一是对立面的统一和斗争是矛盾规律的基本内涵;第二是对立面的统一是相对的,对立面的斗争是绝对的;第三是对立面的统一和斗争是事物发展的内部动力;第四是对立统一规律是辩证法的实质和核心。这就为理解辩证法的本质特征及其他规律和范畴提供了一把"钥匙",为区分辩证法同形而上学找到了标尺。

---

① 《列宁全集》第 55 卷,人民出版社 1990 年版,第 90 页。

② 《列宁选集》第 2 卷,人民出版社 2012 年版,第 557 页。

(二) 唯物辩证法也就是马克思主义的认识论

本部分中心思想是讲辩证法也就是马克思主义的认识论。这是列宁在研究马克思、恩格斯辩证法思想基础上作出的新概括、新论断,是列宁对唯物辩证法理论的一个重要贡献。从第13—15自然段,共3个自然段,主要讲了辩证法也就是马克思主义认识论、马克思研究《资本论》的科学方法论、一般辩证法研究问题的方法论逻辑、辩证法是人类认识和自然界共有规律等四个问题。

1. 提出辩证法也就是马克思主义认识论的重要论断。列宁从主观辩证法和客观辩证法相一致的原则出发,在本部分的结尾写道:"辩证法也就是(黑格尔和)马克思主义的认识论。"(第15自然段①)列宁提出这一重要论断,一方面肯定和强调了马克思主义辩证法就是认识论的观点同黑格尔辩证法思想的一致性,故在上面那句话中,列宁用括号标明了"黑格尔"三字。另一方面,也是针对当时社会历史的现实背景,就是恩格斯逝世后,自命为马克思主义者的第二国际的首领们污蔑马克思主义哲学没有自己的认识论,企图用新康德主义、马赫主义等时髦的认识论来偷换马克思主义哲学,同时用东拼西凑的实例来篡改、歪曲辩证法。列宁反对这种用实例来篡改、歪曲辩证法的做法和诡辩的思想方法,他深刻地指出:"在社会现象领域,没有哪种方法比胡乱抽出一些个别事实和玩弄实例更普遍、更站不住脚的了。挑选任何例子是毫不费劲的,但这没有任何意义,或者有纯粹消极的意义,因为问题完全在于,每一个别情况都有其具体的历史环境。如果从事实的整体上、从它们的联系中去掌握事实,那么,事实不仅是'顽强的东西',而且是绝对确凿的证据。如果不是从整体上、不是从联系中去掌握事实,如果事实是

---

① 《列宁选集》第2卷,人民出版社2012年版,第559页。

零碎的和随意挑出来的,那么它们就只能是一种儿戏,或者连儿戏都不如。"①所以,列宁在本文中提出的这一重要论断,正是从马克思主义哲学高度对第二国际首领们那种歪曲的反驳和批判。而对于这个重要结论和思想方法,又恰恰是普列汉诺夫等人没有注意到的。列宁说:"正是问题的这一'方面'……普列汉诺夫没有注意到,至于其他的马克思主义者就更不用说了。"(第15自然段)对于列宁提出和强调的"辩证法也就是马克思主义的认识论"这一重要论断,我们一方面,应当从辩证法的角度去理解认识论;另一方,也必须从认识论的角度去理解辩证法。也就是说,只有在两者的辩证统一中,才能真正把握辩证法和认识论的科学理论。因为列宁认为唯物主义的逻辑、辩证法和认识论是统一的。

2. 马克思研究《资本论》的科学方法论。列宁多次提到黑格尔辩证法思想对马克思《资本论》的影响,强调"不钻研和不理解黑格尔的全部逻辑学,就不能完全理解马克思的《资本论》,特别是它的第1章"②。所以,列宁在文章中用马克思在《资本论》中的叙述方法作范例,来说明辩证法作为科学方法论,就是坚持按照客观事物本身的辩证发展过程来认识、分析客观事物的根本科学方法。这个研究过程大体分为三步。第一步,列宁说:"马克思在《资本论》中首先分析资产阶级社会(商品社会)里最简单、最普通、最基本、最常见、最平凡、碰到过亿万次的关系:商品交换。"(第13自然段③)我们知道,"商品交换"是资产阶级社会中最简单、最普通、最基本、最常见并不断重复出现的现象,而马克思研究资产阶级社会恰恰从这里开始。这说明,把事物最基本的"细胞",不断出现的简单现象作为研究的起点,是辩证法研究事物的重要方法论之一。第二步,列宁说:"这一分析从这个最简单的现象中(从资产阶级社会的这个"细胞"中)揭示出现代社会的一切矛盾(或一

---

① 《列宁全集》第28卷,人民出版社1990年版,第364页。
② 《列宁全集》第55卷,人民出版社1990年版,第151页。
③ 《列宁选集》第2卷,人民出版社2012年版,第558页。

切矛盾的胚芽）。"（第 13 自然段①）就是通过分析这个最简单的现象、"细胞"，来揭示现代社会包含的一切矛盾，或者一切矛盾的胚芽，即尚处在胚芽状态的矛盾。说明辩证法分析问题是全面的，要找到一切矛盾，包括一切尚潜在的或正在发展中的矛盾因素。第三步，列宁说："往后的叙述向我们表明这些矛盾和这个社会——在这个社会的各个部分的总和中、从这个社会的开始到终结——的发展既是生长又是运动。"（第 13 自然段②）就是要把对最基本的矛盾的研究同社会的各部分联系起来，从整体上进行把握，而且要同社会发展的全过程联系起来考察，即强调，辩证法是坚持整体地、历史地考察把握事物的科学方法论，力求避免孤立地、静止地看待和研究问题。所以，列宁强调："虽说马克思没有遗留下'逻辑'（大写字母的），但他遗留下《资本论》的逻辑，应当充分地利用这种逻辑来解决这一问题。在《资本论》中，唯物主义的逻辑、辩证法和认识论［不必要三个词：它们是同一个东西］都应用于一门科学。"③所以，《资本论》的逻辑，就是唯物辩证法研究问题的方法论，《资本论》的研究方法论就是唯物主义的逻辑、辩证法和认识论相统一的方法。所谓大写字母的逻辑就是唯物辩证法的逻辑体系。这里列宁是要强调说，马克思虽然没有完成建构一个完整的唯物辩证法的逻辑体系，但已经为我们留下了《资本论》这一运用辩证法研究问题的科学方法论典范。

3. 一般辩证法研究问题的方法论逻辑。第 14 自然段④，列宁由马克思研究《资本论》的辩证方法推及到辩证法的一般研究方法论逻辑。他明确指出："一般辩证法的阐述（以及研究）方法也应当如此（因为资产阶级社会的辩证法在马克思看来只是辩证法的局部情况）。"在此基础上列宁进一步指出了一般辩证法的认识

---

① 《列宁选集》第 2 卷，人民出版社 2012 年版，第 558 页。
② 《列宁选集》第 2 卷，人民出版社 2012 年版，第 558 页。
③ 《列宁全集》第 55 卷，人民出版社 1990 年版，第 290 页。
④ 《列宁选集》第 2 卷，人民出版社 2012 年版，第 558 页。

论和方法论,以及相关哲学范畴。一是认识和研究问题,首先总是"从最简单、最普通、最常见的等等东西开始",因为任何一个命题,如,树叶是绿的,伊万是人,哈巴狗是狗,等等,"就已经有辩证法:个别就是一般"的方法,而且这是黑格尔早就天才地指出过的。二是较全面地分析论述了一般与个别的辩证关系。列宁强调,一般与个别的辩证关系包括:A. 两者不可分割。"不能设想:在个别的房屋之外还存在着一般房屋。"B. 两者相互联系,两者对立统一。"对立面(个别跟一般相对立)是同一的:个别一定与一般相联而存在。一般只能在个别中存在,只能通过个别而存在。任何个别(不论怎样)都是一般。任何一般都是个别的(一部分,或一方面,或本质)。"C. 两者不完全等同。"任何一般只是大致地包括一切个别事物。任何个别都不能完全地包括在一般之中,如此等等。"D. 任何个别是可以转化的。"任何个别经过千万次的过渡而与另一类的个别(事物、现象、过程)相联系,如此等等。"三是列宁认为,任何一个命题已经包含了必然性和偶然性、本质和现象等哲学范畴。列宁指出:"这里已经有偶然和必然、现象和本质,因为当我们说伊万是人,茹奇卡是狗,这是树叶等等时,就把许多特征作为偶然的东西抛掉,把本质和现象分开,并把二者对立起来。"(第 14 自然段①)同时,这一对对范畴内部双方之间也是对立统一的辩证关系。比如,必然性和偶然性。必然性和偶然性是在客观事物联系和发展中同时起作用的两种情况,必然性和偶然性的区别是相对的,必然性通过偶然性开辟道路,偶然性中隐藏着必然性。必然性和偶然性在一定条件下可以相互转化。

4. 辩证法是人类认识和自然界共有的规律。列宁说:"可见,在任何一个命题中,很像在一个'单位'('细胞')中一样,都可以(而且应当)发现辩证法一切要素的胚芽,这就表明辩证法本来是人类的全部认识所固有的。"(第 15 自然段②)而

---

① 《列宁选集》第 2 卷,人民出版社 2012 年版,第 558 页。
② 《列宁选集》第 2 卷,人民出版社 2012 年版,第 558—559 页。

且自然科学也向我们证明,辩证法不仅存在于人类的认识中,"客观自然界也具有同样的性质,揭明个别向一般的转变,偶然向必然的转变,对立面的过渡、转化、相互联系"(第15自然段)。因此,列宁在《哲学笔记》中写道:"认识是思维对客体的永远的、无止境的接近。自然界在人的思想中的反映,要理解为不是'僵死的',不是'抽象的',不是没有运动的,不是没有矛盾的,而是处在运动的永恒过程中,处在矛盾的发生和解决的永恒过程中。"①总之,从列宁的这些论述中,我们可以理解到,人类认识的辩证法是对客观世界辩证发展的反映。由此,列宁得出结论:"辩证法也就是(黑格尔和)马克思主义的认识论",而且列宁指出,"正是问题的这一'方面'(这不是问题的一个'方面',而是问题的实质)"即强调这是一个辩证法的一个实质问题。所以,辩证法作为马克思主义认识论,也是科学方法论,其研究方法的逻辑起点,是从最一般最抽象的范畴开始的,并按照逻辑与历史相一致的原则,即从抽象到具体的原则,构成辩证法的范畴和命题的科学体系。

这一部分,列宁围绕唯物辩证法也就是马克思主义的认识论的重要命题,深刻地阐述了马克思主义唯物辩证法和认识论的四个问题。

1. 提出了辩证法也就是马克思主义认识的根据。

2. 解析了马克思研究《资本论》的科学方法论。

3. 阐述了一般辩证法研究问题的方法论逻辑。

4. 强调辩证法是人类认识和自然界共有的规律。

(三)哲学上的"圆圈"和认识过程的辩证法

这一部分的中心思想是讲认识过程的辩证法。包括第16、17自然段的哲学上的"圆圈"等2个自然段,为第20自然段的人的认识过程不是直线,"而是无限

---

① 《列宁全集》第55卷,人民出版社1990年版,第165页。

地近似于一串圆圈、近似于螺旋的曲线"(第 20 自然段)的重要论断作了铺垫。

　　列宁把辩证法、唯心主义、形而上学,置于人类认识的辩证发展过程中去考察的研究定位和思路,是他关于建构唯物辩证法理论体系深邃思考的重要体现。列宁在文章中对哲学上的"圆圈"的辩证观点做了科学的分析,表达了自己对认识过程辩证法的正确观点。列宁首先指出哲学史上无论哪个哲学派别,"都把认识看做一串圆圈"的历史事实。列宁说:"不论是黑格尔(见《逻辑学》),不论是自然科学中现代的'认识论者'、折中主义者、黑格尔主义的敌人……都把认识看做一串圆圈。"(第 16 自然段①)其次,列宁进一步从辩证法角度揭示了这个事实的本质。列宁强调,"人的认识不是直线(也就是说,不是沿着直线进行的),而是无限地近似于一串圆圈、近似于螺旋的曲线。"(第 20 自然段②)我们知道,在哲学史上,德国哲学家黑格尔把哲学思想的发展过程比喻为一系列的圆圈。他说:"这种具体的运动,乃是一系列的发展,并非像一条直线抽象地向着无穷发展,必须认作像一个圆圈那样,乃是回复到自身的发展。这个圆圈又是许多圆圈所构成的;而那整体乃是许多自己回复到自己的发展过程所构成的。"③列宁十分肯定和赞赏这一真知灼见,吸取了黑格尔关于人的认识非直线性思想的合理内核,认为把它比作"圆圈"是一个深刻而确切的比喻。对此,列宁在《哲学笔记》中评价道:"非常深刻而确切的比喻!! 每一种思想 = 整个人类思想发展的大圆圈(螺旋)上的一个圆圈。"④同时,列宁不赞同,黑格尔关于"圆圈"首尾相合的封闭性的形而上学观点,强调这个"圆圈"的实质就是认识过程的曲线,"是无限地近似于一串圆圈、近似于螺旋的曲线"。就是说,列宁认为整个人类思想发展是近似于一串圆圈,是一个螺旋形的大圆圈,每一种、每一阶段的思想,是这个螺旋形大圆圈上的小圆圈。所谓

① 《列宁选集》第 2 卷,人民出版社 2012 年版,第 559 页。
② 《列宁选集》第 2 卷,人民出版社 2012 年版,第 560 页。
③ 黑格尔:《哲学史讲演录》第一卷,贺麟、王太庆等译,商务印书馆 1959 年版,第 84 页。
④ 《列宁全集》第 55 卷,人民出版社 1990 年版,第 207 页。

螺旋形的圆圈,就是开放的而不是封闭的,人类思想发展轨迹是由低级向高级逐步发展提升的曲线。并且,在小"圆圈"的顺序排列上同黑格尔又有显著区别。黑格尔以哲学家的年代先后为序,列宁主张以逻辑范畴由低级向高级演进的顺序排列,更加符合人类认识辩证发展的内在逻辑。因此,在第17自然段①的方框中,列宁明确写道:"哲学上的'圆圈':是否一定要以人物的年代先后为顺序呢? 不!"最后,列宁把这种认识运用于对哲学史的考察,具体地画出了哲学史上的四个圆圈。(1)古代:德谟克利特——柏拉图——赫拉克利特。(2)文艺复兴时代:笛卡尔——伽桑狄——斯宾诺莎。(3)近代:霍尔巴赫——贝克莱、休谟、康德——黑格尔。(4)黑格尔——费尔巴哈——马克思。这里,列宁在古代哲学家的排列上,突破了以人物年代先后为序的排列,将年代稍早的赫拉克利特(约前540—约前480与前470之间)排在德谟克利特(约前460—约前370)和柏拉图(前427—前347)之后。尤其是第四个圆圈,肯定了从黑格尔的唯心主义辩证法,经过费尔巴哈的形而上学唯物主义,发展到马克思的辩证唯物主义的螺旋式上升的认识过程辩证法。

总之,这一部分,列宁把整个人类的认识和思想发展过程比作一个大圆圈,在这个大圆圈中,每一种思想的发展又是一个小"圆圈",而每一个"圆圈"又都不断地分裂为新的更小的"圆圈"。众多的小"圆圈"使各种对立的思想原则彼此交错,互相推移,造成不同的思想阶梯,从而显示出人类活生生的、多方面的认识是螺旋式上升、逐步提高的辩证发展过程。

(四) 唯心主义的认识论根源

这一部分的中心思想,是讲唯心主义的认识论产生的根源。第18—20自然

---

① 《列宁选集》第2卷,人民出版社2012年版,第559页。

段,共 3 个自然段。主要讲三个问题。一是形而上学唯物主义的根本缺陷。二是唯心主义的认识论根源和阶级根源。三是唯心主义是人类认识之树的一朵无实花。

1. 形而上学唯物主义的根本缺陷。

客观世界是一个充满矛盾的、活生生的、多方面的辩证发展过程,人的认识应该正确反映这个复杂的、充满矛盾的客观世界的辩证发展过程。然而,唯心主义(形而上学)则将人类认识的这一辩证发展过程简单化、片面化、绝对化。因此,列宁强调,唯物辩证法同唯心主义(形而上学)是人类认识中两种根本对立的认识路线和思想方法论。他指出,"辩证法是活生生的、多方面的(方面的数目永远增加着的)认识,其中包含着无数的各式各样观察现实、接近现实的成分(包含着从每个成分发展成整体的哲学体系)"(第 18 自然段①)。所以,"它比起'形而上学的'唯物主义来所具有的无比丰富的内容",是正确反映了人的认识实际的,是科学的。"而形而上学的唯物主义的根本缺陷就是不能把辩证法应用于反映论,应用于认识的过程和发展。"(第 18 自然段②)所以是"僵死的、平庸的、枯燥的"。列宁认为,这只是形而上学的缺陷之一。形而上学的缺陷之二,是它对唯心主义的认识和评价,也是粗陋的、简单的,以为"哲学唯心主义不过是胡说"。这是没有抓住唯心主义错误的实质。其原因是形而上学唯物主义不了解认识的辩证性质,故不能正确分析唯心主义产生的认识论根据,也就不能真正克服唯心主义。列宁认为,从辩证唯物主义的观点来看,"哲学唯心主义是把认识的某一特征、某一方面、某一侧面,片面地、夸大地……发展(膨胀、扩大)为脱离了物质、脱离了自然的、神化了的绝对"(第 19 自然段③)。结果"通向僧侣主义的道路"。所以,"唯心主义就是僧侣主义"。列宁高度肯定辩证法的认识论价值,他甚至认为,像黑格尔这样

---

① 《列宁选集》第 2 卷,人民出版社 2012 年版,第 559 页。
② 《列宁选集》第 2 卷,人民出版社 2012 年版,第 559—560 页。
③ 《列宁选集》第 2 卷,人民出版社 2012 年版,第 560 页。

的辩证唯心主义,更接近认识的本质。列宁在《哲学笔记》中读至"苏格拉底的哲学"一目时,曾写道:"聪明的唯心主义比愚蠢的唯物主义更接近于聪明的唯物主义。辩证的唯心主义代替聪明的唯心主义"①;竟然还说,"客观(尤其是绝对)唯心主义拐弯抹角地(而且还是翻筋斗式地)紧紧地接近了唯物主义,甚至部分地转变成了唯物主义"②。显然,这里的"辩证的唯心主义""客观(尤其是绝对)唯心主义"就是指黑格尔的唯心主义辩证法。列宁对黑格尔的唯心主义辩证法给予相当高的评价,他在读完黑格尔《逻辑学》时总结性地说:"在黑格尔这部最唯心的著作中,唯心主义最少,唯物主义最多。'矛盾',然而是事实!"③确实,马克思主义的唯物辩证法正是吸收了黑格尔唯心主义辩证法合理内核,对其进行革命性改造的伟大成果。列宁对黑格尔唯心主义辩证法的评价,也充分体现了列宁自己强调的马克思主义活的灵魂,就在于具体地分析具体的情况的辩证法精髓,而不像形而上学那样搞绝对化、一刀切,对唯心主义一棍子打死,或简单地斥之为"不过是胡说"。

2. 唯心主义的认识论根源和阶级根源。

列宁运用辩证唯物主义观点深刻地揭露了唯心主义的认识论根源(第20自然段④)。列宁强调,"人的认识不是直线(也就是说,不是沿着直线进行的),而是无限地近似于一串圆圈、近似于螺旋的曲线"(第20自然段)。并进一步指出,"这一曲线的任何一个片断、碎片、小段都能被变成(被片面地变成)独立的完整的直线,而这条直线能把人们(如果只见树木不见森林的话)引到泥坑里去,引到僧侣主义那里去(在那里统治阶级的阶级利益就会把它巩固起来)"(第20自然段)。由此可见,唯心主义在思想方法上也是违背辩证法的,是只见树木不见森林,把人

---

① 《列宁全集》第55卷,人民出版社1990年版,第235页。
② 《列宁全集》第55卷,人民出版社1990年版,第237页。
③ 《列宁全集》第55卷,人民出版社1990年版,第203页。
④ 《列宁选集》第2卷,人民出版社2012年版,第560页。

的认识曲线上的某个片断、碎片、小段片面地变成了独立的完整的直线。所以,某种意义上说,唯心主义也犯了同形而上学类似的错误,把认识过程的某个片断、碎片、小段片面化、僵化,夸大为完整的直线。其结果就引到了僧侣主那里去,陷入了唯心主义泥坑。也就是说,从思维方式上讲,形而上学唯物主义和唯心主义殊途同归,如出一辙。所以,紧接着,列宁深刻地揭示了唯心主义的认识论根源,指出:"直线性和片面性,死板和僵化,主观主义和主观盲目性就是唯心主义的认识论根源。"(第20自然段)同时,列宁在括号中的"在那里统治阶级的阶级利益就会把它巩固起来"这句话,实际上深刻地揭露了唯心主义的阶级根源。旨在说明,唯心主义这种片面的错误的认识方法,正是由于统治阶级阶级利益的需要而得到巩固,这就是唯心主义赖以存在的阶级根源。我们知道,列宁是十分重视和强调哲学的党性原则的,他曾指出:"唯物主义和唯心主义按实质来说,是两个斗争着的党派。"[1]这意味着,进一步从本质上强调,唯心主义和形而上学是一切剥削阶级的统治工具,而马克思主义认识论和辩证法就是无产阶级认识世界和改造世界的强大思想武器。

3. 唯心主义是人类认识之树的一朵无实花。

列宁认为,唯物辩证法和唯心主义的形而上学是长在活生生的人类认识之树上的两朵性质不同的花朵,唯心主义则是人类认识之树上一朵不结果实的花。这是一个十分形象而深刻的比喻,也是列宁对马克思主义认识论的重要贡献。怎样理解列宁关于唯心主义是"人类认识这棵活树上的一朵无实花"的论断。列宁在文章最后指出:唯心主义"不是没有根基的,它无疑是一朵无实花,然而却是生长在活生生的、结果实的、真实的、强大的、全能的、客观的、绝对的人类认识这棵活树上的一朵无实花。"(第20自然段)其实列宁的意思这里已经说得很明白了。一是列宁把人类的认识比作一棵绝对活生生的、结果实的、真实的、强大的、全能的、

---

[1] 《列宁选集》第2卷,人民出版社2012年版,第240页。

客观的大树。二是这棵树上有不一样的花朵,有结果实的花,也有不结果实的花。唯物辩证法,能够使人类获得正确的认识,并指导人类取得认识世界和改造世界的积极成果,自然是能结果实的花朵。三是唯心主义虽有根基,也是长在人类认识之树上的花朵,但它不能使人类获得正确的认识,并用以指导人们正确地认识世界和改造世界,所以是不结果实的花朵。在这里,列宁非常形象深刻地揭示了唯心主义错误的认识根源。四是要把唯物辩证法同唯心主义认识论(包括形而上学唯物主义认识论)的对立和斗争,置于人类认识的辩证发展过程进行考察和理解,它们是人类哲学史上不同认识路线、思想方法的不同表现形式及其对立斗争。因此,人类认识的辩证发展过程也是遵循着对立统一的规律,要用对立统一这个辩证法的根本思想方法论去正确地认识和准确地把握,体现了列宁对人类认识史发展的辩证思想。

所以,这一部分列宁阐述了马克思主义哲学认识论的三个问题。

1. 形而上学唯物主义的根本缺陷。

2. 唯心主义的认识论根源和阶级根源。

3. 唯心主义是人类认识之树的一朵无实花。

此外,为了加深理解列宁在《谈谈辩证法问题》中阐述的马克思主义唯物辩证法思想观点,尤其是理解把握列宁对建构唯物辩证法理论体系的整体性思考和探索,这里简要介绍一下列宁《哲学笔记》中的另一篇短文《辩证法的要素》。

《辩证法的要素》①,列宁写于 1914 年 9 月至 12 月间。由于篇幅不长,全文转录于下:

(1) 考察的客观性(不是实例,不是枝节之论,而是自在之物本身)。

(2) 这个事物对其他事物的多种多样的关系的全部总和。

---

① 《列宁选集》第 2 卷,人民出版社 2012 年版,第 411—412 页。

（3）这个事物（或现象）的发展、它自身的运动、它自身的生命。

（4）事物中的内在矛盾的倾向（和#方面）。

（5）事物（现象等等）是对立面的总和与统一。

（6）这些对立面、矛盾的趋向等等的斗争或展开。

（7）分析和综合的结合，——各个部分的分解和所有这些部分的总和、总计。

（8）每个事物（现象等等）的关系不仅是多种多样的，并且是一般的、普遍的。每个事物（现象、过程等等）是和其他的每个事物联系着的。

（9）不仅是对立面的统一，而且是每个规定、质、特征、方面、特性向每个他者【向自己的对立面？】的过渡。

（10）揭露新的方面、关系等等的无限过程。

（11）人对事物、现象、过程等等的认识深化的无限过程，从现象到本质、从不甚深刻的本质到更深刻的本质；

（12）从并存到因果性以及从联系和相互依存的一个形式到另一个更深刻更一般的形式。

（13）在高级阶段重复低级阶段的某些特征、特性等等，并且

（14）仿佛是向旧东西的复归（否定的否定）。

（15）内容和形式以及形式对内容的斗争。抛弃形式、改造内容。

（16）从量到质和从质到量的过渡（15和16是9的实例）。

可以把辩证法简要地规定为对立面的统一的学说。这样就会抓住辩证法的核心，可是这需要说明和发挥。①

对以上十六条及总结语的认识和评价，当时苏联和中国专家都持有不同意见。

———————

① 原文中，本自然段加了方框，带有总结语的意思。——本章作者注

一些专家认为这十六条就是辩证法的"十六个要素"并认为十六条的顺序是一严密的体系,故就是列宁的辩证法体系。也有专家不同意这样的说法,认为16条大致可以归纳为七个方面,建构了辩证法的体系雏形。其相对应的范畴关系是:一是"存在"(1);二是"普遍联系"(2、8);三是"自己运动"(3);四是"对立面的统一、斗争和转化"(4、5、6、9);五是"对立统一规律的表现——否定之否定、内容和形式、质和量"(13、14、15、16);六是"认识的基本因素"(7);七是"认识的过程"(10、11、12)。

这个体系以"存在"为起点,以"对立统一规律"为核心,依据,存在——联系——运动——矛盾——认识矛盾运动的顺序逻辑展开,是符合从抽象到具体、从简单到复杂的辩证法认识原则的。这是列宁研究黑格尔《逻辑学》一书的简要总结性成果。尽管这里建构的只是辩证法体系的一个雏形,还不是很完整,但为以后完整的科学体系的建立开辟了道路,是一个巨大的贡献。[①]

同时,列宁最后一段总结性的话十分重要:"可以把辩证法简要地确定为对立面的统一的学说。这样就会抓住辩证法的核心",非常精练和高度概括地将辩证法定义为对立面的统一的学说,强调这是辩证法的核心,把这一论断同《谈谈辩证法问题》中认为对立统一也是辩证法实质的论断结合起来,完整地阐明了马克思主义唯物辩证法的对立统一规律,是辩证法的实质和核心,是自然界、人类社会和人的思维最普遍、最一般规律的基本观点。

三、《谈谈辩证法问题》的时代价值和现实意义

唯物辩证法是马克思主义世界观和方法论的集中体现,列宁《谈谈辩证法问

---

① 黄楠森:《列宁的〈哲学笔记〉及其历史意义和当代价值》,《高校理论战线》2006年第10期,第20—33页。

题》建构了马克思主义唯物辩证法理论体系的雏形。所以,对列宁这篇经典著作当代价值和现实意义的学习理解,需要结合马克思主义唯物辩证法的中国化时代化,中国化马克思主义辩证法的发展来考察思考。

十月革命一声炮响,给我们送来了先进的武器,"这武器不是机关枪,而是马克思列宁主义"①。从此,先进的中国人"用无产阶级的宇宙观作为观察国家命运的工具,重新考虑自己的问题。走俄国人的路——这就是结论"②。这个无产阶级的宇宙观(世界观),按照毛泽东在《矛盾论》中"两种宇宙观"③(形而上学与辩证法)的观点,其实质就是唯物辩证法。马克思主义唯物辩证法中国化的本质特征,就是用马克思主义之"矢"射中国之"的"。

毛泽东思想是马克思主义中国化的源头,毛泽东同志的经典之作《矛盾论》《实践论》是将马克思主义唯物辩证法(认识论),尤其是列宁辩证法思想中国化的典范,是马克思主义唯物辩证法中国化的奠基之作,为唯物辩证法的中国化作出了重大贡献。《矛盾论》《实践论》关于辩证法的许多重要观点,尤其是在《矛盾论》中,主要引用的是列宁《谈谈辩证法问题》的有关观点,并以此为根据结合中国具体实际,总结中国革命经验,批判党内存在的教条主义、经验主义等形而上学的错误倾向,这是毛泽东同志用马克思列宁主义唯物辩证法之"矢"射中国之"的"之重大理论创新成果。同时,毛泽东同志创造性地运用矛盾法则、一分为二、内因和外因、两点论与重点论、知行统一、领导与群众相结合等中国化的学术话语,丰富发展了马克思主义唯物辩证法的基本原理和重要范畴,整体性地建构了中国化马克思主义辩证法的体系框架和范畴结构,是从体系上实现马克思主义唯物辩证法思想中国化的历史起点和经典之作,为清除教条主义、形而上学的思想根源,丰富发展马克思主义唯物辩证法作出了杰出的理论贡献。

---

① 《毛泽东选集》第 4 卷,人民出版社 1991 年版,第 1469 页。
② 《毛泽东选集》第 4 卷,人民出版社 1991 年版,第 1471 页。
③ 参见《毛泽东选集》第 4 卷,人民出版社 1991 年版,第 300 页。

毛泽东思想对丰富发展马克思列宁主义唯物辩证法的突出贡献主要有：

一是将对立统一的辩证法的本质和核心，概括为矛盾法则，主张是唯物辩证法最根本的法则。强调，"辩证法只有一个基本规律，就是矛盾的规律"。

二是突出强调辩证法同形而上学是两种根本对立的世界观和发展观。将发展的根本动力在事物内部的矛盾运动的唯物辩证的发展观，概括为"内因决定和外因条件论"。成为党的独立自主、自力更生等路线和方针政策的理论基础。

三是创造性地提出了认识过程中的"两次飞跃"理论，深化了马克思主义关于认识过程的辩证法思想，强调了认识、理论与实践的辩证关系，将马克思主义认识论创造性地贯彻于党的群众路线，把马克思主义辩证法、认识论同群众史观有机统一起来。

四是突出强调研究矛盾特殊性的重要性，提出矛盾的共性个性、绝对相对的道理，是矛盾问题精髓的观点。指出教条主义者不懂得和不愿意研究中国国情的特殊性，抛弃了辩证法，完全不懂马克思主义认识论。为坚持实事求是的党的思想路线提供了哲学论证。

五是提出主要矛盾和矛盾主要方面分析方法，深化和拓展了对立统一规律的方法论的内涵。形象地用"两点论"和"重点论"等概念来概括辩证法的方法论，使之更加中国化、大众化、简便化。

六是坚持和深化了矛盾的同一性与斗争性的相对绝对及相互转化的道理。阐明了绝对真理与相对真理的辩证关系。为党的统一战线中有联合有斗争的政策和策略，为在社会主义社会中提出正确处理敌我矛盾和人民内部矛盾两类不同性质矛盾学说，提供了理论依据。

新时代，党中央十分重视对马克思主义哲学思想的学习、研究和运用，强调领导干部要努力把马克思主义哲学作为自己的看家本领。习近平总书记还主持中央政治局集体学习历史唯物主义和辩证唯物主义，强调要掌握唯物辩证法。当前，我们深入理解和把握列宁《谈谈辩证法问题》的时代价值和现实意义，必须联系推进马克思主义中国化时代化的要求，认真贯彻落实党的二十大精神，"继续推进实践基础上的理论创新,首先要把握好新时代中国特色社会主义思想的世界观和方法论,坚持好、运用好贯穿其中的立场观点方法"。① 尤其是,党的二十大报告提出的"六个必须坚持",即必须坚持人民至上、必须坚持自信自立、必须坚持守正创新、必须坚持问题导向、必须坚持系统观念、必须坚持胸怀天下,贯穿着马克思列宁主义的唯物辩证法。

总之,中国化时代化的马克思主义的辩证法思想,是中国共产党人对马克思列宁主义唯物辩证法的创造性丰富和发展,是唯物辩证法发展史、马克思主义认识史,甚至在人类认识史上的一个重要发展阶段,是人类认识过程螺旋式上升曲线上一个新的"圆圈"。

奚洁人

思考题

1. 《哲学笔记》及《谈谈辩证法问题》对马克思主义哲学的主要贡献有哪些?

2. 唯物辩证的发展观与形而上学的发展观的根本分歧是什么?

3. 如何理解对立统一规律是唯物辩证法的实质与核心?

4. 如何理解"辩证法也就是(黑格尔和)马克思主义的认识论"这一重要论断?

5. 毛泽东思想对丰富发展马克思列宁主义唯物辩证法的突出贡献主要有哪些?

---

① 习近平:《高举中国特色社会主义伟大旗帜　为全面建设社会主义现代化国家而团结奋斗——在中国共产党第二十次全国代表大会上的报告》,人民出版社 2022 年版,第 18—19 页。

列宁《论合作社》领读

一、关于《论合作社》的写作和发表

1924 年 1 月 21 日,列宁的心脏停止了跳动,年仅 54 岁。列宁的患病,有一个较长的过程。1922 年 5 月,列宁第一次脑卒中, 6 月中旬起病情有所好转,10 月初,列宁重返克里姆林宫工作。然而,病魔一直缠着他。12 月 13 日,列宁第二次严重脑卒中,丧失独立工作的能力。俄共(布)中央政治局作出决定,列宁务必严格遵守医嘱,不让他过问所有党政日常事务。"工作就是生命",历来是列宁的准则。不准工作,无疑是他最难以接受的条件。尤其是他预感到自己生命垂危,更迫切地要求利用不多的时日,对党和国家最为紧迫和重大的问题提出自己的建议和意见,这就是我们看到的列宁在 1922 年 12 月—1923 年 3 月病重期间口授的给代表大会的信和 5 篇重要著作,《论合作社》①就是其中的一篇。据列宁值班秘书

① 《论合作社》一文选自《列宁选集》第 4 卷,人民出版社 2012 年版,第 767—774 页。

日志记载,1923年初口授这些文献时,列宁头上敷着压布,脸色苍白,头痛很厉害,看来他累了,要用支架帮助他看书和看自己的手稿。3月6日,列宁口授了他生前最后一封书信。3月10日,列宁的病第三次严重发作,完全丧失了说话能力和工作能力。后来的病情时好时坏,但他始终没有重新获得工作能力和重返政治活动的舞台,直到去世。

为什么列宁要在病重期间口授《论合作社》这篇重要文献?主要原因有以下几点。第一,20世纪初,俄国虽已进入帝国主义的行列,在工业发达的城市,产业工人人数已达350万人,然而,由于农奴制改革不彻底,2 500万农户仍居住在贫困落后的农村,农民占全俄人口的4/5左右,大多数农民处于文盲半文盲状态,因此,俄国实际上仍是一个经济文化落后的"农民国家"。列宁承继马克思主义对农民阶级特性的基本分析,认为以自耕农为代表的小农阶级具有两重性,它既是劳动者、被剥削者,又是小生产者、小私有者。他们勤劳务实,世代处于社会的底层,备受大地产、官吏和资本的剥削和欺凌,所以有反抗剥削和革命性的一面;由于小生产者生产方式封闭落后,又有眷恋自己私有的一小块土地保守性的一面。在无产阶级领导的民主革命期间,可以吸引农民成为革命的同盟军;而农民的小私有者的属性,是一个没有前途的、或将被现代化潮流淘汰的阶级。所以在落后国家当无产阶级取得政权后,处理好与广大农民的关系,在新的历史条件下巩固工农联盟,在建设社会主义道路上携手前进,成为执政的无产阶级政党面临的重大历史任务。第二,十月革命胜利后不久,连年战祸加上接踵而来的饥荒使新生的苏维埃政权命悬一线,俄共(布)在国内实行战时共产主义的严酷政策,对农民采取"余粮征集制",相关法令规定,每户农民除留下必需的口粮和种子外,即使一普特余粮都不能留在自己家中,不交出余粮者被宣布为"人民敌人";在农村成立贫农委员会,与城市派遣的工人征粮队一起,挨家逐户到农村搜查"余粮"(实际上凡在农民家中搜出的粮食都被当作余粮而被没收),实行如此严厉的"粮食专政",不能不使大多数农民与新政权产生抵触情绪。1920年下半年,当战火逐渐停息,农民对余粮征集制的不满和抵抗却不断升温,许多省份发生农村暴动,1921 年初喀琅施塔得海军基地发生兵变,集中反映穿了军装的农民对余粮征集制的不满。列宁敏锐地觉察继续实行这一政策的危险,在 1921 年初召开的俄共(布)十大上,他明确提出要以粮食税替代余粮征集制,对农民达成妥协和做出让步。取消余粮征集制无疑是一个关键,也就成了新经济政策最重要的内容。第三,从政治上说,在小农占人口多数的落后国家里,建立一个牢固的工农联盟,不但在革命时期至关重要,革命胜利后,对无产阶级政权的存亡和社会主义建设的成败,更是一个头等重要的问题。如何探寻一条吸引千百万小农参与社会主义建设的合适方式和道路,是摆在无产阶级政党面前一个亟待解决的重大课题,实行新经济政策后,尽管农民可以将余粮和剩余农产品自由交易,生产积极性很大提高,生活得到改善,农村政治生态趋于平稳,然而,如何改变农民的小生产方式,以适应现代化大生产的时代潮流,仍是一个未能解决的难题,成为列宁在生命的最后日子殚精竭虑思考的重大问题。以上就是《论合作社》产生的时代背景。

实行新经济政策后,列宁就开始酝酿可否以合作社吸引个体农民走社会主义道路的问题,为此,他曾向有关人员索要欧美国家合作社发展的理论、历史与实践的相关资料和书籍,以及马克思、恩格斯关于合作社的论述,结合俄国实际进行深入的思考。

《论合作社》一文篇幅不长,中文全文约 5 000 多字,但内容丰富,论述精辟。1923 年 5 月由列宁夫人娜·克鲁普斯卡娅将该文转交俄共(布)中央委员会,中央政治局于 5 月 23 日作出决定,要求以尽快速度刊载这篇文章。《论合作社》一文对当时新经济政策下的俄国有重要的指导意义,可是不久以后,列宁病逝,俄共党内争论加剧,列宁关于合作社的思想没有付诸试验和推广。直至 30 年代初,苏联推行农业全盘集体化运动,建立集体农庄以取代合作社。苏联的集体农庄是高度集中的计划经济体制的产物,是与列宁所设想的合作社完全不同的。

列宁《论合作社》一文何时有中文译本,目前所见,1924 年 3 月,即列宁逝世仅两个月后,上海《东方杂志》第 21 卷第 5 号刊载了诵虞翻译的《合作事业与新经济政策》(即《论合作社》)①。延安时期解放社出版的《列宁选集》和 1947 年莫斯科外文书籍出版局出版的《列宁文选》两卷本中收录了这篇文献。新中国成立后,《论合作社》收录在列宁著作的各种文本中,成为学习和研究列宁晚年思想的重要文献。

二、《论合作社》正文领读

列宁《论合作社》一文,分别于两天口授,内容是连贯的。下面将一、二部分内容进行介绍。

第一部分(1923 年 1 月 4 日口授)

第 1 自然段,讲了当时的苏维埃俄国,特别是实行新经济政策后,对合作社的认识应与旧时代合作社有重大的区别。可是,列宁认为,大多数人对"合作社注意得不够",而且不理解不同时代合作社的区别何在。

这里,我们先介绍一下合作社的起源及其历史进程。合作社发源于欧美国家资本主义发展初期,是劳动者或居民联合组成的经济组织,据有关资料称,第一个消费合作社于 1760 年在英国出现,第一个农民营销合作社于 1810 年在美国出现。19 世纪初三大空想社会主义者之一的英国人罗伯特·欧文,目睹工业革命带来生产力的飞速发展,资产阶级财富的极度膨胀,而社会不平等却不断显现,劳动人民惨遭剥削,工人和资本家之间的矛盾加剧,他决心在自己的工厂进行改革社会不合理状况的试验。他采取把工人的工作时间缩短为 10 小时,禁止雇用童工,设立

① 参见周强:《列宁经济学著作中若干概念的汉译史——以"市场"、"商品经济"和"国家资本主义"为例》,《国外理论动态》2022 年第 2 期。

工厂商店,向工人出售比普通市场价格便宜的消费品,开办工厂子弟小学、幼儿园和托儿所,建立工人互助储金会等改善工人生活和劳动条件的措施。1817 年,欧文提出建立合作社来解决失业问题的主张。1820 年,欧文在《致拉纳克郡报告》中提出消灭私有制,建立财产公有、权利平等和共同劳动的改革社会的主张,标志着他的空想社会主义思想体系的形成,合作社思想的传播和实践就是其中的重要组成部分,因此,马克思称罗伯特·欧文"是合作工厂和合作商店之父"①。之后,合作社运动在欧美国家兴起,相继出现生产、供销、消费、金融、信用等不同类别的合作社,合作社会主义也随之流行起来。

在马克思主义的视野下,在资本主义社会,合作社作为工人或其他劳动者通过自愿联合的互助经营组织,在某种程度上帮助劳动者减轻剥削,保障个人和家庭的生产和生活水平,有一定的积极作用,然而,合作社不可能摆脱资本主义经济规律的制约和大资本的挤压,不可能成为资本主义社会的主流经济形态。合作社会主义本质上是一种改良主义思潮,马克思说,企图避开革命,用它去取代资本主义制度,纯粹是一种空想,是一个幌子,甚至可以说是一种骗局②。只有通过推翻剥削阶级统治的政治斗争,取得政权,无产阶级才能在新政权下赋予合作社新的性质和作用。这就是列宁在《论合作社》中指出的"旧日合作社"与社会主义国家合作社的根本区别所在。

综上所述,列宁这一段话的主要意思,是要人们特别是各级干部重视合作社,懂得新旧时代合作社的不同性质和作用。

第 2 自然段,论述合作社在新经济政策条件下的重大意义,这段论述是本文的一个重点,是列宁在合作社问题上的理论创新,是对科学社会主义理论的发展。这些论述,对当时的苏俄以及后来中国这样原先经济文化落后的国家革命胜利

① 参见《马克思恩格斯选集》第 3 卷,人民出版社 2012 年版,第 9 页。
② 参见《马克思恩格斯选集》第 3 卷,人民出版社 2012 年版,第 103 页。

后,如何吸引农民走上社会主义道路,具有深远的指导作用。

这一自然段含有以下几层意思。

说明共产党人在为夺取政权而斗争的时候,往往嘲笑、讥讽和蔑视过的那种社会主义(意指资本主义条件下的合作社运动和合作社会主义),如今在无产阶级掌握国家政权的情况下,"俄国的合作化现在对我们有多么巨大的、不可估量的意义"①。可是,并不是所有的同志都明了这种意义。列宁说,我们实行了新经济政策,向作为商人的农民作了让步,即向私人买卖的原则作了让步,正是在这一点上,产生了合作社的巨大意义。为什么呢? 一方面,国家政权已经掌握在工人阶级手中,国内主要生产资料属于国家所有;另一方面,农民又是占俄国人口的大多数,这两方面的关系如何处理,双方的利益如何协调和结合,这是执政的共产党必须面对、必须解决的难题。首先,农民人数众多,生产方式落后,文化水平低下,居住分散,他们分布在广袤而封闭的各地农村,与走向现代化的大城市、大工业格格不入,必然造成工农和城乡之间差别和对立。其次,农民是小生产者、小私有者,是处在社会底层、备受以往统治阶级剥削和欺凌的劳苦大众,是工人阶级领导民主革命时期的同盟军,因此,新的国家政权决不能抛开农民,必须继续团结和带领他们一起前行。第三,国内战争期间,苏俄实行战时共产主义政策,是在特殊环境下采取的严酷政策,伤害了许多农民的利益,引发了农民与执政党及苏维埃政权的不满和对立。实行新经济政策后,执政的共产党调整了政策,对农民作了让步,保护他们的实际利益,恢复和巩固工农联盟,与此同时,必须找到一种合适的方法和途径,团结农民一起参与社会主义建设。第四,实行粮食税后,国家允许农民出售余粮和剩余农产品,集市贸易、商品买卖、货币流通就不可避免地活跃起来,"耐普曼"②也应运而生,执政党如何引导广大农民防止两极分化,走上共同富裕的社

---

① 《列宁选集》第4卷,人民出版社2012年版,第767页。

② "耐普曼"系音译,意指依靠新经济政策而发财的商人。

会主义道路,也是面临的一个重要问题。

基于以上所述,列宁认为,在实行新经济政策的条件下,使俄国农民充分广泛而深入地合作化,"这就是我们所需要的一切,因为现在我们发现了私人利益即私人买卖的利益与国家对这种利益的检查监督相结合的合适程度,发现了私人利益服从共同利益的合适程度,而这是过去许许多多社会主义者碰到的绊脚石"①。这一段话,可以说是《论合作社》一文的亮点和精粹。这是因为,通过合作社,使千百万小农组织起来,可以逐步改变原先分散落后的小生产方式,采用较先进的机械化的生产方式,以提高农产品的产量和质量。作为小商品生产者,农民可以通过合作社进行买卖,减少剩余农产品个体交易的成本和风险,并通过它将农具、化肥和农用生产生活用品直接销售给农民,这样,既可以减少商品流通环节,政府又可以通过合作社便于对农民的私人利益进行检查监督,保护农民的应得利益。同时,通过自愿组织起来的合作社,可以使分散的个体(私人)利益,通过公平的程序,直接参与经营管理和合理分配,以服从于共同利益。这就是列宁所说的发现(找到)了国家、集体的共同利益和私人利益相结合的"合适程度",他进而指出,未能找到两者利益的连接点和结合点,是"过去许许多多社会主义者碰到的绊脚石"。

接着,列宁指出,新经济政策下的俄国,一方面,经济上国家拥有并支配着一切大的生产资料,政治上无产阶级掌握着国家政权;另一方面,俄国存在汪洋大海般的小农,如何使这两方面的利益相结合,使无产阶级领导的工农联盟得以巩固,夯实无产阶级国家政权的政治基础。在这样的条件下,吸引千百万农民加入合作社,合作社就成为将两方面利益相结合的"合适"方式和途径。在这个意义上,列宁说,合作社就成为"建成社会主义社会所必需而且足够的一切"②。

---

① 《列宁选集》第 4 卷,人民出版社 2012 年版,第 768 页。
② 《列宁选集》第 4 卷,人民出版社 2012 年版,第 768 页。

第 3、4 自然段,指出当时许多国家干部和实际工作者还轻视合作社,不了解合作社的重大意义。列宁认为,不能像空想社会主义者那样幻想出种种工人联合体来建设社会主义,要学会结合实际建设社会主义,就是要找到将国家利益与农民私人利益相结合的"台阶",而合作社就是这样的台阶,因此,必须以尽可能使千百万农民感到简便易行和容易接受的方法过渡到作为新制度的合作社。这正是恩格斯早在《法德农民问题》一文中所说:当"我们掌握了国家政权的时候,我们决不会考虑用暴力去剥夺小农……我们对于小农的任务,首先是把他们的私人生产和私人占有变为合作社的生产和占有,不是采用暴力,而是通过示范和为此提供社会帮助"①。

第 5、6 自然段阐述了在从战时共产主义向新经济政策的转变中,列宁认为,不足之处在于"忘记了合作社",直至实行新经济政策两年后,人们现在对合作社的意义仍然估计不足。因此,他觉得不但要谈论建立合作社的原则和意义,而且应立即在实践上可以而且应当做些什么事情,制定哪些政策,运用哪些手段,来帮助和促进合作社的发展,使得人人都明白合作社对实现社会主义的意义。

第 7、8 自然段讨论了怎样在政策上支持合作社的发展。列宁认为,国家不仅使合作社能享受一般的、经常的优待,而且要给合作社更多实际的优待,如银行利息上及享受国家资金贷款方面的优待。他说,任何一种社会制度的建立和发展都离不开国家财政支持,合作社也不例外,因此,必须对这一点有足够的认识并付诸行动,给合作社名副其实的支持。列宁特别指出,"把这种支持仅仅理解为支持任何一种合作社的流转是不够的,而应该理解为支持确实有真正的居民群众参加的合作社的流转。奖励参加合作社流转的农民"。② 这里,列宁多次使用"流转"两字,是指商品生产、自由买卖、货币流通等一系列环节,而合作社就成为经营和流

---

① 《马克思恩格斯选集》第 4 卷,人民出版社 2012 年版,第 370 页。
② 《列宁选集》第 4 卷,人民出版社 2012 年版,第 769 页。

转的主体,这是一个全新的认识。

事实上,列宁自己对合作社、对商品流转的认识也有一个不断深化的过程。长期以来,共产党人有一个传统观念,即把商品生产、自由买卖、市场流转、货币流通、价值规律等视为资本主义范畴的概念,是应该被废弃和蔑视的东西。苏俄实行战时共产主义时期,严峻的战争环境造成商品极度匮乏,商品流通陷于停顿,货币丧失原有功能,使包括列宁在内的共产党人,曾经认为在特定的历史条件下,经济文化落后的小农国家可以凭借政权的力量,越过商品经济的发展阶段,直接过渡到纯社会主义的经济形式。实行新经济政策后,列宁对战时共产主义时期那种"直接过渡"的认知进行了反思,坦言这是一个错误,他说,"当时在某种程度上由于军事任务突然压来,由于共和国在帝国主义战争结束时似乎已经陷于绝境,由于这一些和其他一些情况,我们犯了错误:决定直接过渡到共产主义的生产和分配。当时我们认定,农民将遵照余粮收集制交出我们所需数量的粮食,我们则把这些粮食分配给各个工厂,这样,我们就是实行共产主义的生产和分配了。不能说我们就是这么明确具体地给自己描绘了这样的计划,但是我们差不多就是根据这种精神行事的。不幸这是事实。我说不幸,是因为经过一段不很长的试验我们终于确信,这种构想是错误的,是同我们以前关于从资本主义到社会主义的过渡的论述相抵触的"①。这段话,表明列宁对执政党所犯错误的郑重态度。可是,新经济政策实施之初,在《论粮食税》一文中,列宁还只是把小商品生产者合作社看作"国家资本主义"的一种形式,设想通过它将农民缴纳粮食税后的余粮用于交换国家手里掌握的工业品,合作社只是扮演着产品流转和交换"中介人"的角色。当时,在他看来,"流转就是贸易自由,就是资本主义"②,因此,"合作社有自由,有权利,就等于资本主义有自由,有权利"③。而在两年后口授《论合作社》一文时,他

① 《列宁选集》第4卷,人民出版社2012年版,第574页。
② 《列宁选集》第4卷,人民出版社2012年版,第524页。
③ 《列宁选集》第4卷,人民出版社2012年版,第507页。

已经完全改变了对合作社的看法,认为在新经济政策下,合作社"已是建成社会主义社会所必需而且足够的一切"。列宁这一看法改变的关键,在于经过对新经济政策实施以来的考察和思考,他认识到在一个经济文化落后的国家建设社会主义并实现现代化,不能越过商品经济的发展阶段,虽然当时他还没有提出社会主义也可以存在"商品经济""市场经济"的概念,但他已经明确地认识到,应当承认商品买卖、货币流通在社会主义条件下的合理性和必要性,在此基础上,他提出了要大力发展商业,共产党员要"学会经商"的口号。

第9自然段,提出要使全体居民(主要是农民)积极地而不是消极地参加合作社,学会做一个"文明商人"。

从战时共产主义向新经济政策的转变,是苏俄社会主义道路上一次历史性转折。然而,实行新经济政策后,旧的矛盾让位于新的矛盾,如果不及时调整阶级关系和党的方针政策,就不能恢复生产,发展经济,改善民生,在政治上也不可能巩固工农联盟,就会使苏维埃政权面临严重的危机。因此,列宁认为,必须从原先急进的超阶段的"直接过渡"转为"间接过渡",探求一条适合俄国国情的社会主义建设道路,就要实行退却、再退却。那么,退到何处去呢?列宁回答说:"退到国家资本主义(租让制)上去,退到合作制的资本主义上去,退到私人资本主义上去,注意,还要退到商业上去。"①基于俄国汪洋大海般分散、落后的小农是小商品生产者,他们又是参与商品买卖、流通的庞大群体,于是,商业就成为"千百万小农与大工业之间唯一可能的经济联系"②,只有把他们根据自愿原则组织到合作社中来,通过合作社经营作为商品流通即商业的重要载体,成了向社会主义间接过渡最重要的一个环节。将"间接过渡"的这些环节连接起来,也就从根本上改变了合作社的性质,成为完全社会主义的经济成分了。

---

① 《列宁全集》第42卷,人民出版社2017年版,第526页。
② 《列宁选集》第4卷,人民出版社2012年版,第615页。

接下来的问题是,要使处于贫困落后、文盲众多的亿万农村居民积极地参加合作社的业务,成为"商人",而且要成为"文明商人",列宁认为,就必须完成一件事情,需要一场变革,"需要有全体人民群众在文化上提高的一整个阶段"①。首先要做到人人识字,学会读书看报,使他们具有足够的见识,才能参与到合作社的业务中来。在列宁看来,所谓文明商人,不是那种从事小生产、小买卖、眼光短浅、用"亚洲方式做买卖"的农民商人,而要成为按"欧洲方式做买卖"的、诚实守信、公平交易、有见识的文明商人,而要做到这一点,还需要一二十年的"整整一个历史时代"②。在另一个地方,他还特别号召共产党员要把革命热情同有见识和能写会算的商人的本领结合起来,学会做文明商人,做优秀的合作社工作者。

第 10 自然段,指出在新经济政策的条件下,由于多种经济成分并存,国家不仅要在经济、财政、银行方面给合作社种种优惠,而且要找出用来充分帮助合作社的奖励方式,找出能用来培养出文明的合作社工作者的奖励方式,由此,列宁强调说,因为"文明的合作社工作者的制度就是社会主义的制度"③。

第二部分(1923 年 1 月 6 日口授)

第 1 自然段,回顾 1918 年初,国内外形势严峻复杂,党内不同意见的争论也时有发生,以布哈林为首的左派共产主义者,在与列宁之间关于签订布列斯特和约的争论刚一结束,又质疑列宁关于国家资本主义等论述。为此,列宁写了一篇题为《论"左派"幼稚性和小资产阶级性》的文章,在批评左派共产主义者的同时,阐述了他对苏俄经济建设的若干重要思想。新经济政策实施后,国家资本主义问题不再是一个抽象的政治问题,而是一个提上议程的理论和实践问题,为此,列宁在口授时解答了党内一些同志(特别是青年同志)的疑问。

我们知道,对无产阶级取得政权后能否推行国家资本主义,马克思、恩格斯没

---

① 《列宁选集》第 4 卷,人民出版社 2012 年版,第 770 页。
② 《列宁选集》第 4 卷,人民出版社 2012 年版,第 770 页。
③ 《列宁选集》第 4 卷,人民出版社 2012 年版,第 771 页。

有论述过,更没有这方面的实践经验。列宁说过,"没有一本书写到过共产主义制度下的国家资本主义。连马克思也没有想到要就这个问题写下片言只语"①。

历史经验证明,在经济文化落后的国家(如俄国那样不发达的资本主义国家或中国那样半殖民地半封建国家)无产阶级掌权后要使国家实现现代化并逐步过渡到社会主义社会,必须通过一系列的"中间环节",国家资本主义就是其中一个重要环节。因此,关于苏维埃俄国推行国家资本主义的设想和论述,是列宁对科学社会主义理论的一个重大创新发展。

第2自然段,有人觉得,在工人阶级掌握了国家政权和主要生产资料的情况下,就不能叫(或称不存在)国家资本主义经济,对此,列宁重申五年前上述那篇文章中的观点,即认为存在多种经济成分的条件下,要"帮助读者认识新经济政策时所说的那种特别的,甚至非常特别的国家资本主义之间的继承性的联系"②。这就是说,实行新经济政策五年来,国家资本主义这种经济关系,既有继承性,又有所不同。不同之处在于,原先界定国家资本主义的范畴比较宽泛,现今比较清晰了。

在列宁关于国家资本主义的论述中,要把握以下几个重要观点:其一,要历史地辩证地看待资本主义。早在《共产党宣言》中,马克思、恩格斯在批判资本主义的同时,就明确说过,资产阶级在历史上曾经起过非常革命的作用。马克思晚年在给俄国女革命家查苏利奇的复信初稿中,曾提出在特定历史环境下,落后国家有可能不经过资本主义制度的"卡夫丁峡谷"而进入新社会,但有一个前提:必须吸收资本主义制度所创造的一切积极成果。列宁承继了这些思想,基于对俄国基本国情的深刻认识,他说,在经济文化落后、小生产者遍布的俄国,"我们苦于俄国资本主义的不够发达"③,因为"同社会主义比较,资本主义是祸害。但同中世纪

---

① 《列宁选集》第4卷,人民出版社2012年版,第670页。
② 《列宁选集》第4卷,人民出版社2012年版,第771页。
③ 《列宁选集》第3卷,人民出版社2012年版,第788页。

制度、同小生产、同小生产者涣散性引起的官僚主义比较,资本主义则是幸福"①。其二,社会主义制度下的国家资本主义与资本主义制度下的国家资本主义有着根本的区别,在俄国,由于国家政权已经掌握在工人阶级手里,所以国家资本主义是"我们能够加以限制、能够规定其范围的资本主义"②。更重要的,列宁认识到,新经济政策下的俄国,"国家资本主义在经济上大大高于我国现时的经济"③。这是因为,从生产力水平来说,它与机器大生产相联系,比分散的个体的手工小生产方式要优越得多;从生产关系方面说,它不是社会主义的,但它比小私有的宗法式的经济关系要先进得多。列宁告诫人们,不要害怕资本主义,国家资本主义在经济上是无比高于俄国现时经济,而在政治上并不包含任何使苏维埃感到可怕的东西,它会成为向社会主义过渡的桥梁。正因为如此,列宁甚至说,国家资本主义"将会是我们的救星"④。其三,前面说过,在《论粮食税》一文中,列宁还把合作社纳入国家资本主义范畴,看作是"小生产和社会主义之间的中间环节"⑤,如今他改变了这个看法,认为合作社是社会主义的经济形式,只有租让制(concession system)才是"纯粹的国家资本主义类型"。租让制的主要形式是,苏维埃国家同外国资本家签订一种合同,将国家暂时无力经营和开发的企业、矿山、森林、油田租赁给外国资本家去经营,资本家从中获取利润,苏维埃政权则利用外国的资金、技术、生产设备和管理经验,恢复和发展社会生产力。租让期一般为 20 年以上,可是,由于各种主客观条件的限制,租让制企业在俄国没有得到很好的发展,截至 1925—1926 年,签订租让合同生效仅有 113 家,在国民经济中比重甚小。1930 年前后,斯大林在"向资本主义全面进攻"的口号下,提前取消了租让合同,列宁关于

---

① 《列宁选集》第 4 卷,人民出版社 2012 年版,第 510 页。
② 《列宁选集》第 4 卷,人民出版社 2012 年版,第 670 页。
③ 《列宁选集》第 4 卷,人民出版社 2012 年版,第 493 页。
④ 《列宁全集》第 34 卷,人民出版社 2017 年版,第 236 页。
⑤ 《列宁选集》第 4 卷,人民出版社 2012 年版,第 510 页。

国家资本主义的试验也就戛然而止了。

第3、4、5自然段,对比合作社在不同社会形态下的性质和作用。前面我们已经提到,资本主义的工厂制度和市场经济体系为合作社发展奠定了基础,在资本主义条件下,工人在反对资本剥削的过程中,逐渐从商品流通和市场机制运转中受到启发,分散在广大工人群众手里的小额货币无法进行任何经济活动,若按照股份公司的办法用股票将这些小额货币汇集起来,就可以组建经营企业所需的最低限额的资金,开办为自己服务的商店,以减轻商人的中间剥削,并可获得红利。工人兴办起来的这种合作经济组织,给其他劳动群众以启迪,逐渐发展成生产、供销、运输、信用等各种类型的合作社。那么,在不同的社会形态下,合作社的性质有什么不同呢? 从这里切入,列宁说,"合作社在资本主义国家条件下是集体的资本主义机构"①,而在当前俄国的经济现实中,私人资本主义企业即私有制企业(含大量小私有制经济)还存在,但土地是国有的,如果他们联合起来并接受国家政权的监督,当这种企业与完全的社会主义类型企业(即后来称之为全民所有制的国有企业)并存和相互连接的时候,又出现了第三种企业,即合作企业。列宁认为,资本主义时代,合作社是集体企业,资本主义企业是私人企业;而在现时俄国实行新经济政策的条件下,合作社是集体企业,由于它占用和使用国有土地和属于国家的生产资料,因而合作企业就"与社会主义企业没有区别"。如果把租让制的国家资本主义企业单独划开,"合作社往往是同社会主义完全一致的"②。他还强调说,许多人由于忘记了苏俄国家制度的特点,因而对合作社非常重大的意义认识不足。

第6自然段,指出以罗伯特·欧文为代表的空想社会主义者(列宁称他们为"旧日合作社工作者")的错误在于,他们忘记或舍弃阶级斗争、工人阶级夺取政

---

① 《列宁选集》第4卷,人民出版社2012年版,第772页。
② 《列宁选集》第4卷,人民出版社2012年版,第772页。

权、推翻剥削阶级的统治这样的根本问题,以为只要实行居民合作化,就可以使阶级敌人变为阶级朋友,使阶级战争变为阶级和平,从而用社会主义制度和平改造现代资本主义社会制度,因此,他们所制定的合作社会主义计划和倡导的合作社会主义运动是彻头彻尾的一种幻想,一种梦想。

第7、8自然段,说明不同于空想社会主义所设计的道路,布尔什维克领导俄国工人阶级通过夺取国家政权的阶级斗争,来实现社会主义是完全正确的。所以当剥削阶级被推翻,工人阶级掌握了国家政权和全部生产资料的情况下,对许多问题的认知和做法就大不一样了。

第9自然段,这一段中,列宁表达了一个十分重要的思想,他认为,"现在我们有理由说,对我们来说,合作社的发展也就等于⋯⋯社会主义的发展,与此同时我们不得不承认我们对社会主义的整个看法根本改变了"①。自新经济政策实行以来,由于种种原因,虽然合作社在苏俄尚未得到大规模的发展和普及,但列宁经过对合作社历史和现实的考察,一直到病中还在作深入的思考,在口授《论合作社》这篇文章中,不但论述了发展合作社的重要意义,勾画了一张通过合作社构建社会主义社会的蓝图,而且从理论上升华到对科学社会主义认知的一个新高度。

这里有两个问题:为什么说合作社的发展也就等于社会主义的发展?又为什么说我们不得不承认我们对社会主义的整个看法根本改变了?

在经济文化落后的国家里,农民往往占人口的大多数,他们是生产方式落后的个体经济,又分散居住在贫穷封闭的广大农村地区,通过什么样的方式和途径引导汪洋大海般的小农一起走社会主义道路,是取得国家政权的无产阶级及其政党面临的一个必须解决的大问题。在列宁看来,在新经济政策时期存在多种经济成分的条件下,如果国家手里只掌握大工业和土地、矿产、森林等自然资源,只拥有占比例不高的国有制经济成分,要实现社会主义是不可能的。只有通过教育、

---

① 《列宁选集》第4卷,人民出版社2012年版,第773页。

示范和国家帮助等方法引导广大小商品生产者的个体农民自愿组织到合作社中来,小农的个体经济变为合作社的集体经济,使农民的私人利益与国家的整体利益相结合,才能真正实现社会主义,正是在这个意义上,他认为合作社的发展也就等于社会主义的发展。

列宁进而认为,新经济政策下的俄国,不能追求立即消灭私有制建立纯社会主义的经济关系,应当面对多种经济成分并存的现状,形成以国有制和合作社为主体的公有制经济,容许存在一定数量的国家资本主义(租让制)和私人资本主义的经济结构。在这里,还蕴含着一个更重要的意义,多种经济成分的存在,相互之间必然要通过商业这个环节进行沟通和连接,在国内建立起商品生产、流通等一整套经济制度和经济生活架构。前面说过,在传统观念里,商品、货币、价值规律等都是属于资本主义的范畴的概念,是与社会主义不相容的,而如今已成为建设社会主义必须承认和接受的环节,尽管当时列宁还没有形成"社会主义商品经济""社会主义市场经济"等完整概念,但已在实际上承认和接受这些概念也适用于社会主义社会了。正因为如此,列宁说,我们不得不承认我们对社会主义的整个看法根本改变了。

在这一自然段里,列宁还提出一个重要思想,他说,对社会主义的整个看法根本改变了,"这种根本的改变表现在:从前我们是把重心放在而且也应该放在政治斗争、革命、夺取政权等等方面,而现在重心改变了,转到和平的'文化'组织工作上去了。"①不同的历史阶段,无产阶级政党面临的任务是不一样的,工作重心也要求相应的转变,列宁在这里所指的"和平的'文化'组织工作",意指无产阶级取得政权后,应将工作重心从原先搞革命、阶级斗争适时地转变到和平时期的经济、文化建设方面来,包括要引导广大农民自愿地积极地加入合作社,并提高他们的文化水平。

第10、11、12自然段,说明苏俄当前面临两个划时代的主要任务:其一,要改革旧国家机关,对此,列宁在同年1月23日、3月2日口授的《我们怎样改组工农

---

① 《列宁选集》第4卷,人民出版社2012年版,第773页。

检查院》《宁肯少些,但要好些》两篇文章中作了详细的阐述,这里就不介绍了。其二,要实现合作化,就是要在农民中进行文化工作,要提高亿万人口的农民的文化水平,无疑是一个十分艰巨的任务,完成这项任务,就要进行一场文化革命,列宁说,"没有一场文化革命,要完全合作化是不可能的"[①]。这里所说的文化革命,可分为两个方面,一是纯粹的文化方面,首先要使广大农民摆脱文盲半文盲状况,懂得或掌握一定的文化科学知识,就必须大力发展文化教育事业,帮助农民打破小生产者的狭隘眼界,参与社会活动,参与合作社的经营和管理,成为一个文明商人,一个合格的合作社工作者。二是要大力恢复和发展生产力,发展经济,国家要具备相当的物质基础来支撑文化教育事业的发展,而要完成这两方面任务,都是十分艰难的。列宁明确指出,只有做好这项任务,才能完成完全的合作化,才能在社会主义基地上真正站稳了脚跟。

三、 合作社运动在我国的发展进程

合作社从西方国家传播到我国,始于 1915 年的新文化运动时期,1918 年 3 月中国创办了第一个合作社"北京大学消费公社",它是一个消费型的合作社,也是中国第一个合作社组织。1919 年,上海复旦大学创办"上海国民合作储蓄银行",这是中国最早的信用合作社。1920 年,长沙成立"湖南大同合作社",这是中国最早的生产型合作社。1922 年 9 月,在"安源路矿工人俱乐部"内,采用股份制形式,组建了安源路矿工人消费合作社。大革命时期,工人合作社逐步转向组织发展农民合作社。1925 年起,广东、湖南、湖北、江西等省在农民协会下开始建立购买合作社、贩卖合作社和信贷合作社,毛泽东在《湖南农民运动考察报告》中,将合作社

---

① 《列宁选集》第 4 卷,人民出版社 2012 年版,第 773 页。

运动列为湖南农民运动的十四件大事之一。土地革命时期,中华苏维埃临时中央政府相继发布了《合作社暂行组织条例》等三个文件,提出要在自愿的原则上组建劳动互助社、耕田队、消费合作社和犁牛合作社等。抗日战争时期,毛泽东发表著名的"组织起来"的讲话,对抗日根据地的合作社给予了高度评价,并表示,"把群众力量组织起来,这是一种方针"[①],而"在经济上组织群众的最重要形式,就是合作社"[②]。解放战争时期,农村合作社在解放区发展迅速,除发展生产、消费等类型的合作社外,大力发展供销合作社是这一时期合作社发展的重要特征。1949年9月,中国人民政治协商会议第一届全体会议通过的《共同纲领》中明确规定:要逐步而又积极地引导占国民经济总产值百分之九十的分散的个体的农业经济和手工业经济向现代化和集体化的方向发展,必须组织生产的、消费的和信用的合作社,认为合作社是以私有制为基础的在无产阶级领导的国家政权管理之下的劳动人民群众的集体经济,是半社会主义性质的经济组织。

新中国成立后,合作社在我国经历了一个迅猛而曲折的发展进程。在土地改革基本完成的广大农村地区,为帮助农民克服一家一户个体经营中的困难,避免两极分化,便于发展生产,兴修水利,抵御自然灾害,采用农业机械和其他新技术,在中国共产党领导下,开展互助合作运动。要求按照自愿互利的原则,逐步引导农民组织起来,走向社会主义的集体经济。农村互助合作的组织形式包括:从临时性的和常年的互助组到以土地入股为特点的农业生产合作社(初级社),再到以生产资料集体所有制为基础的农业合作组织(高级社)。1953年过渡时期总路线颁发后,初级社这种以土地入股、统一经营、并以按劳分配为主的农业经济组织,比较适合当时中国农业生产力落后、农民文化知识水平和生产经营能力低、农民小私有观念浓厚等基本农情,因此在两年间得到稳健、较快的发展。同时,由于初

---

① 《毛泽东选集》第3卷,人民出版社1991年版,第930页。
② 《毛泽东选集》第3卷,人民出版社1991年版,第931页。

级社解决不了河道治理等问题,于是,高级社发展起来了。这是农业生产发展的客观要求。然而,1955年夏批判右倾保守思潮后,全国农村掀起了农业合作化运动的高潮。到1956年底1957年初,只用了一年多的时间就在全国农村实现了高级合作化,原本计划用十五年左右才能完成的农业社会主义改造,在短短四年间就完成了。1958年,在"大跃进"运动的背景下,全国农村又出现了由小社并为大社,由大社并为人民公社的热潮。由于"大跃进"和人民公社化运动,从根本上说,违背了经济发展规律和合作化"自愿"的原则,影响了农民的生产经营自主权和积极性,不利于农业生产力的发展。在纠正"大跃进"和人民公社化运动中违背经济发展客观规律、急于求成错误过程中,形成了人民公社"三级所有、队为基础"的体制。这里的"队"即"生产队"相当于原来的初级社。做这样的政策和体制调整,反映了党对农村生产关系问题的探索。

回顾合作社在中国的发展进程,可以看到,从中国共产党成立初期开始,就重视各类合作社的建立和发展。新中国成立后,也一直在探索农业合作化的道路怎么走。中共十一届三中全会吹响了改革开放的号角,中国农村发生了巨变。中国共产党创造性地紧紧依靠广大农民群众,实行了"统分结合"的家庭联产承包责任制,即耕田由生产队集体所有的前提下,以农民家庭为单位承包耕作。在全面推行家庭联产承包责任制后,广大农民生产积极性空前提高,农业生产得到迅速恢复和发展,农业开始了向生产机械化、专业化、商品化、社会化转变的新历程。在中国特色社会主义进入新时代后,中国共产党在深化农村改革进程中,进一步完善和发展"统分结合"的家庭承包责任制,从承包耕田农户的使用权中分离出经营权,允许耕田经营权流转,实行双层经营体制。在此基础上,农村出现了家庭农场、专业大户、农民合作社、农业产业化龙头企业等多种农业经营主体。党的十九大后,党中央决定,突出抓好家庭农场和农民合作社两类新型农业经营主体。随着改革开放的深化和我国现代化事业的推进,我国农村的生产、生活、社会组织呈现了多样性的发展。新型农民合作社蓬勃发展。因此,重温马克思主义经典作家关于农民问题和合作社思想的有关论述,特别是列宁《论合作社》一文中提出的一系列重要观点,结合当代中国农村、农业、农民的实际,在办好家庭农场的同时,因地制宜探索发展农民合作社等各种新型农业经营主体,促进农业生产力的发展。可以看到,在中国特色社会主义道路上,合作社事业仍然展现着广阔的发展前景。

周尚文

思考题

~~~~~

1. 结合本篇内容谈一谈为什么列宁要在病重期间口授这篇重要的文献。

2. 请您根据所学知识说一说"旧日合作社"与社会主义国家合作社的根本区别有哪些。

3. 在《论合作社》这一文章中,列宁指出了合作社的重大意义。根据所学说一说合作社都有哪些重大意义。

4. 请查阅资料学习了解,在不同的社会形态下,合作社的性质有什么异同。

5. 请结合社会发展实际谈谈合作社的思想对我国社会主义建设的启示。

列宁《论我国革命》领读

〰〰

一、关于《论我国革命》的写作和发表

《论我国革命(评尼·苏汉诺夫的札记)》①是继《论合作社》后列宁于 1923 年
1 月 16、17 两天口授的一篇重要文献。

1917 年 10 月 25 日(俄历,也称儒略历,公历为 11 月 7 日),列宁领导的布尔
什维克在彼得格勒发动武装起义取得胜利,推翻临时政府并宣布成立苏维埃共和
国,史称俄国十月社会主义革命。对于十月革命的历史定位,中外学界至今仍有
许多争议。可以说,列宁这篇文章是革命胜利初期对十月革命合理性和合法性辩
护最重要的文献之一。

马克思、恩格斯认为,社会主义革命会在经济文化发达的西方国家"同时胜利",

---

① 《论我国革命——评尼·苏汉诺夫的札记》一文选自《列宁选集》第 4 卷,人民出版社 2012
年版,第 775—777 页。

并预言英国将最有可能率先爆发革命,走上社会主义道路。19 世纪下半叶,随着欧美国家进入资本主义的和平发展时期,工人运动的蓬勃兴起和科学社会主义思想的广泛传播,这些看法遂成为各国社会主义运动革命家、思想家普遍接受的传统观点。

早在 1917 年俄国发生二月革命,推翻沙皇专制统治后,列宁回到彼得格勒不久,发表了著名的"四月提纲",提出立即将俄国民主革命转变为社会主义革命的策略方针时,就引起国内和党内广泛的质疑和批评。孟什维克责难列宁背离了马克思历史唯物主义的基本观点,不顾俄国的基本国情,企图超越资本主义发展的历史阶段,硬要把革命车轮驶上社会主义的轨道。普列汉诺夫称列宁的提纲是在说"梦话",波格丹诺夫认为列宁的方针是"精神病人热昏的胡话",策列铁里批评列宁违背马克思关于"革命不可能实现从半封建制度到社会主义制度的跳跃"的遗训。即使在布尔什维克党内,也有不少人不理解列宁的方针,认为这是列宁长期侨居国外、脱离俄国生活而提出的"乌托邦式"计划。但列宁坚守自己的观点,毫不退缩,并不断宣传和说服持不同意见的党内同志,终于取得党内大多数人的支持,为推行他的新方针扫除了障碍。正是在这一方针的指引下,取得了十月革命的伟大胜利。

如果说围绕"四月提纲"提出的策略方针的分歧还限于思想认识上的争论,而当十月革命胜利后,苏维埃共和国刚刚诞生,这场争论的烽火又重新燃起。普列汉诺夫带头对十月革命提出责难,革命胜利才三天,他在一封公开信中就说,"俄国历史还没有磨好将来要用它烤成社会主义馅饼的那种面粉",俄国经济还没有成熟到实行社会主义革命的地步,无产阶级也没有准备好现在就建立自己的专政,假若谁在无产阶级准备好前过早地夺取政权,把"政权强加给它",只能意味着把它"推上最大的历史灾难的道路"①。第二国际著名理论家考茨基写了一本名为《取得政权的道路》的小册子中说,如果硬要把十月革命说成是社会主义革命,

①　参见普列汉诺夫:《在祖国的一年》,王荫庭、杨永译,生活·读书·新知三联书店 1980 年版,第 462—466 页。

在俄国建立起无产阶级专政和社会主义制度,那么,这样生下来的孩子肯定是一个活不成的"早产儿"①。第二国际一些知名的理论家、活动家如德国的伯恩斯坦、奥地利的鲍威尔等,也纷纷加入攻击十月革命和新生苏维埃政权的行列。由于革命胜利初期内外局势十分危难,国务活动又十分繁重,列宁除了在 1918 年写下《无产阶级革命与叛徒考茨基》等一些论著予以驳斥外,没有时间和精力从理论上论证和澄清对一个经济文化落后国家进行社会主义革命并走上社会主义道路的可能性和合理性。

在这场争论中,著名的孟什维克尼·苏汉诺夫扮演了一个重要的角色。尼·苏汉诺夫(1882—1940),俄国经济学家、政论家,早年曾接受民粹主义思想,1903年加入社会革命党,1917 年转入孟什维克。二月革命后曾当选彼得格勒苏维埃执行委员,主张支持临时政府。十月革命后作为经济学家,曾在苏维埃经济机关工作,并曾任共产主义科学院院士。1918—1921 年间他撰写《革命札记》七卷本,于1922 年出版。苏汉诺夫在书中断言,俄国不具备实现社会主义革命的客观前提,列宁提出了在"一个落后的、农民的、分散的、完全破坏的国家向社会主义神奇美妙的跳跃","是同马克思主义的社会主义毫无共同之处"②。不难看到,事关十月革命和建立苏维埃政权合理性和合法性这个问题的争论,一直萦绕在列宁心头,正因为如此,他在生命的最后时刻特地翻阅了不久前出版的苏汉诺夫《革命札记》的若干章节,口授了《论我国革命》这篇重要文献。文章是由列宁夫人娜·克鲁普斯卡娅转交《真理报》编辑部发表,原文无标题,标题是报纸编辑部发表时加的。

《论我国革命》一文不长,中文译文约 3 000 字,但蕴含十分丰富而深刻的内容。全文分两天口授,分为两部分,内容是相互连贯的。

---

① 参见考茨基:《取得政权的道路》,刘磊译,生活·读书·新知三联书店 1961 年版,第 66 页。
② 转引自《列宁与社会主义建设——纪念列宁逝世六十周年论文集》,人民出版社 1985 年版,第 209 页。

二、《论我国革命》正文领读

第一部分(1923年1月16日口授)

第1自然段,指出俄国所有小资产阶级民主派和第二国际的一些理论家、思想家一样,都是迂腐、怯懦的机会主义者。这里的"俄国小资产阶级民主派"主要是指孟什维克和社会革命党,他们教条式地理解和阐释马克思、恩格斯的一些观点,盲目地模仿德国社会民主党的"榜样",进而对俄国十月革命的合理性和合法性提出种种质疑,为了驳斥众多"民主派"的责难,澄清理论上思想上的混乱,列宁抱病口授了这篇文章。

第2自然段,指出苏汉诺夫等"民主派"自称是马克思主义者,可是他们对马克思主义中有决定意义的东西,即马克思主义的革命辩证法却一点也不理解,尤其是在革命年代,无产阶级政党更要有极大的灵活性。这里,列宁列举两个历史资料加以佐证。一是1871年3月,法国爆发巴黎公社革命,这是在当时普法战争期间法国面临民族矛盾和阶级矛盾交错重叠背景下,在首都巴黎一次自发的城市工人起义,起义者成立了巴黎公社,颁发了一系列保障工人生活和带有社会主义性质的政策法令,如废除常备军代之以人民的武装,铲除旧政权及其官吏压迫劳动者的功能,将一些合理的管理功能归还给社会,实行公职人员选举制和罢免制,并只能领取不高于工人工资的报酬,废除官员政治和经济上的特权,实行政教分离,没收逃亡资本家的工厂交工人委员会管理,等等,由于巴黎公社只存在短短72天,许多政策措施还无法实行,但显示了这场革命不同于以往革命的许多首创性。当时马克思、恩格斯虽不在现场,但他们一直关注着这场革命的进程以及巴黎工人在这场革命中的首创精神。尽管这些起义者都不是社会主义者,但他们的创举代表了无产阶级和劳动者的根本利益,正是在这个意义上,马克思说,巴黎公社

"实质上是工人阶级的政府",并盛赞"这些巴黎人,具有何等的灵活性,何等的历史主动性"。① 二是列宁提醒人们注意马克思在 1856 年 4 月 16 日给恩格斯信中所说的一段话:"德国的全部问题将取决于是否有可能由某种再版的农民战争来支持无产阶级革命。如果那样就太好了……"②这段话的意思是,马克思希望能在当时尚处于资本主义发展初期、小农人口还占多数的法、德等国的革命要造成一种局面,使工人运动和农民战争结合起来,才能取得胜利。作为无产阶级的革命导师,马克思先前已经提出无产阶级革命不能靠工人单打独斗,应争取广大农民的支持。1851—1852 年间,马克思在撰写的《路易·波拿巴的雾月十八日》一文中就说过,法国的无产阶级革命需要得到农民运动的"合唱","若没有这种合唱,它在一切农民国度中的独唱是不免要变成孤鸿哀鸣的"。③ 列宁在此处引述这两个事例,主要说明无产阶级在革命时期要有极大的灵活性,这就是马克思主义的革命辩证法,列宁批评苏汉诺夫等人却对马克思的这些"直接指示"都不敢触及。

第 3 自然段,列宁指出,这些自称是马克思主义者的人,其实都是些"怯懦的改良主义者",他们不懂得时代的变迁,固守教条,他们"只看到过资本主义和资产阶级民主在西欧的发展这条固定道路"④,他们害怕跟资产阶级决裂,害怕革命,只愿在维护资产阶级统治秩序的框架内用改良主义的方法和平进入社会主义,用教条主义的空话、大话来掩饰自己的怯懦。因此,他们思想僵化,无视现实环境的变化,不同时代和不同国家的发展道路也应有"相应的改变",他们墨守成规,完全不懂得马克思主义的革命辩证法。

第 4 自然段,列宁指出,20 世纪初期起,世界资本主义国家相继进入帝国主义阶段,政治上经济上发展的不平衡导致第一次世界大战的爆发,处于帝国主义链

① 《马克思恩格斯选集》第 3 卷第 102 页、第 4 卷第 493 页,人民出版社 2012 年版。
② 《马克思恩格斯选集》第 4 卷,人民出版社 2012 年版,第 427 页。
③ 《马克思恩格斯选集》第 1 卷,人民出版社 2012 年版,第 769 页。
④ 《列宁选集》第 4 卷,人民出版社 2012 年版,第 776 页。

条中薄弱环节的俄国,由于参战大大削弱了统治者的力量,加速了革命时机的到来,十月革命正是面临这样的世情和国情下爆发并取得胜利的,因而势必表现出一些新的特征。列宁进一步指出,这些新的特征以及特殊的内外环境,表现在世界大战后期那些先进资本主义国家还没有能调整好各自的关系,俄国又出现了难得的革命机遇,正是在这种形势下,布尔什维克以无畏的革命勇气和胆略,不失时机地进行革命,夺取政权,而不是坐失历史机遇,待到资本主义在俄国高度发达之后再去进行社会主义革命。列宁指出,那些硬充革命家的小资产者,却一直认为正常的资产阶级关系是一个极限(不可逾越的极限),是不能触犯的。所以他们总是用极其死板、极其狭隘的眼光看待革命,不敢触犯"正常"的资本主义秩序和资产阶级关系的极限,他们害怕革命,只是一味地鼓吹改良。

第 5 自然段,列宁指出,这些改良主义者根本不懂得也不相信,"世界历史发展的一般规律,不仅丝毫不排斥个别发展阶段在发展的形式或顺序上表现出特殊性,反而是以此为前提的"①。这样的事例是很多的,就以同样地域的欧洲国家而言,英国、法国、德国走出中世纪,进入资本主义时代都进行了某种形式的资产阶级革命,其革命发展的形式和顺序上也是不尽相同,各国建立起来的体制也有很多差别。所以列宁说,俄国是一个横跨欧亚大陆、介于欧洲文明国家和东方各国之间的国家,它既没有欧洲文明国家那样先进发达,又不同于初次被卷入世界大战的东方各国,因此,在俄国发生革命,势必表现出不同于以前西欧各国的革命的某些特殊性,虽然这种特殊性并不偏离世界发展的总趋势,但必然会产生"某些局部的新东西"②。

这里有一个理论上的原理,马克思主义的革命辩证法,揭示了在自然界和社会发展过程中一般与个别的辩证法,个别包含着一般,必然具有一般的特性,一般

---

① 《列宁选集》第 4 卷,人民出版社 2012 年版,第 776 页。
② 《列宁选集》第 4 卷,人民出版社 2012 年版,第 776 页。

作为共性，是个别的抽象，只能在个别中存在和体现出来。这一原理，毛泽东在《矛盾论》中作了详细而深入的阐述，哲学上所说的一般与个别，即矛盾的共性和个性的关系，矛盾的普遍性和矛盾的特殊性的关系。就是说，世界上没有什么事物是不包含矛盾的，没有矛盾就没有世界。任何事物的存在和发展进程都由矛盾的特殊性表现出来，而矛盾的普遍性即寓于矛盾的特殊性之中。列宁在这篇文章中批评的苏汉诺夫之流，他们自称马克思主义者，恰恰不懂得马克思主义中有决定意义的东西，即马克思主义的革命辩证法。他们只会背诵书本上现成的观点和结论，看不到国情的差异，听不到时代变化的脚步声，对新形势、新事物、新特征一概视而不见，因而沦为革命进程中的旁观者和绊脚石。

第6、7自然段，第二国际的著名理论家考茨基以及俄国的苏汉诺夫等人攻击十月革命和新生苏维埃政权时，往往提出一个论据说，俄国还没有成长到实行社会主义的地步，或者说俄国还不具备实行社会主义的"客观经济前提"。根据马克思主义关于社会革命的基本观点，只有当资本主义的基本矛盾即社会化大生产与生产资料私人占有之间的矛盾激化时，才会酿成经济危机和社会动荡，社会革命的客观条件就趋于成熟，加上一定的主观条件，社会革命才得以发生。对于这个基本原理，列宁是熟知的也是认同的。他在1911年《纪念公社》一文中分析巴黎公社失败的原因时写道："胜利的社会革命至少要具备两个条件：生产力的高度发展和无产阶级的充分准备。但是在1871年，这两个条件都不具备。"[①]那么，1917年前后的俄国，这两个条件具备了吗？回答当然是否定的。经济文化落后，阻碍生产力发展，还存在大量前资本主义的生产关系，仍是当时俄国的基本国情，然而，在俄国，有一个无产阶级的革命政党，又因战时环境逼迫而出现革命形势，在这样的条件下，列宁和布尔什维克在俄国发动一场社会主义革命并由此建立无产阶级的政权，有没有它的合理性和合法性？第二国际以及苏汉诺夫等人教条式地

---

① 《列宁全集》第20卷，人民出版社2017年版，第222页。

抱住传统观点当作"口头禅",认为当时俄国实现社会主义的物质条件尚未成熟,发动社会革命还为时过早,并以此否定十月革命和新生苏维埃政权的合理性和合法性。其实,列宁不是不知道社会革命需要一定的"客观经济前提",也不是不了解俄国的基本国情,但正如列宁文中所说,此刻的俄国,"面对第一次帝国主义大战所造成的那种革命形势的人民,在毫无出路的处境逼迫下,难道他们就不能奋起斗争,以求至少获得某种机会去为自己争得进一步发展文明的并不十分寻常的条件吗?"①

第8、9自然段,指出特殊的环境使俄国卷入了世界大战,削弱了统治者的力量,从而出现了工人运动和"农民战争"相联合的革命时机,机不可失,布尔什维克作为马克思主义的革命政党,当然应该率领工农大众不失时机地去夺取政权,而不应当像考茨基和苏汉诺夫那样的教条主义的庸人,要坐等到俄国资本主义高度发达之后再去进行社会主义革命。

第10自然段,第二国际和孟什维克的理论家们异口同声说,建立社会主义不但需要"客观经济前提",还需要有一定的文化水平,尽管这个一定的"文化水平"含义不清晰,人们对此概念的释义也不同,总的说来,是指某个国家的经济文化发展水平,即一个国家的文明程度的高低。如果说建立社会主义需要有这样的"前提",可是经济文化落后国家缺乏这样的前提,对此,列宁反问道,"我们为什么不能首先用革命手段取得达到这个一定水平的前提,然后在工农政权和苏维埃制度的基础上赶上别国人民呢?"②列宁在次日口授的这篇文章第二部分,对这个问题作了进一步的阐述。

第二部分(1923年1月17日口授)

第1自然段,考茨基、苏汉诺夫等人攻击列宁和布尔什维克说,建立社会主义

---

① 《列宁选集》第4卷,人民出版社2012年版,第777页。
② 《列宁选集》第4卷,人民出版社2012年版,第777页。

还需要文明,在经济文化落后的俄国还不具备这样的条件。列宁驳斥这些改良主义、教条主义者说,在特定的历史境遇下,例如在当时的俄国,虽然还缺乏建立社会主义的某些客观条件,但当稍纵即逝的革命时机到来的时候,无产阶级革命政党是消极地放弃历史机遇,还是该当机立断,抓住时机,夺取政权,先建立无产阶级的国家政权和社会主义制度,并依靠政权力量驱逐地主、资本家,为发展文明创造必要的政治前提,然后在此基础上建设和发展社会主义文明呢? 这是区别真假马克思主义的分水岭,真正的马克思主义革命家理所当然会选择后者。所以,列宁责问那些充满教条习气的苏汉诺夫们说:"你们在哪些书本上读到过,通常的历史顺序是不容许或不可能有这类改变的呢?"①

第 2 自然段,列宁引述拿破仑的名言"首先要投入真正的战斗,然后便见分晓"后说,革命需要发扬革命首创精神,首先要投入战斗,投身于实践,通过实践才能检验决策是否正确,检验行动的结果是否达到原先的设想和符合历史发展的客观要求。接着,他还举了革命胜利后的两个例证:第一个事例,是围绕 1918 年初要不要签订布列斯特和约,党内外争论十分激烈,当时刚建立的苏维埃政权为了摆脱帝国主义战争,集中力量巩固革命的胜利成果,列宁主张立即与德奥等同盟国签订屈辱性的和约,这一主张遭到党内外许多人的反对,曾在几次党中央开会讨论表决时列宁处于少数地位,但他坚持以"空间换取时间"的策略,终于使党中央接受了他的主张,为新生的苏维埃共和国赢得了一个喘息的时间。第二个事例是,1921 年初国内战争结束,苏俄大地已满目疮痍,战时共产主义的严酷政策已引起广大农民的不满和反抗,工农联盟面临崩溃的危险,列宁竭力主张改弦更张,实行新经济政策以消解危机,很快取得了成效。更可贵的是,从战时共产主义到新经济政策的转变中,列宁突破了传统观点的束缚,开始认识到俄国这样经济文化落后国家要实现社会主义,不能靠国家行政力量推行向共产主义的"直接过渡",

---

① 《列宁选集》第 4 卷,人民出版社 2012 年版,第 778 页。

只能靠发展商品生产、流转、货币等一系列中间环节,经过迂回曲折的"间接过渡"才能实现,这是列宁晚年探索经济文化落后国家如何建设社会主义道路最宝贵的遗训。正如后来邓小平所说,"社会主义究竟是个什么样子,苏联搞了很多年,也并没有完全搞清楚。可能列宁的思路比较好,搞了个新经济政策,但是后来苏联的模式僵化了"①。以上两个事例都说明,社会主义是前所未有的伟大事业,革命党人必须懂得马克思主义的辩证法,把握不同时期不同国家的不同国情(即特殊性),要敢于行动(战斗),敢"闯",发扬首创精神和历史主动性,开拓进取,才能创造历史的新篇章。

第3、4自然段,鉴于经济文化落后的俄国能够通过先通过革命取得政权,以取得推动社会发展、文明进步的政治前提,创造走上社会主义的一种特殊方式,走出一条不同于传统教科书所指引的社会主义道路。所以,列宁预言,"在东方那些人口无比众多、社会情况无比复杂的国家里,今后的革命无疑会比俄国革命带有更多的特殊性"②。一个世纪过去了,历史证明了列宁预言的正确性。

三、《论我国革命》的理论价值和现实意义

列宁在这篇文章中在批判苏汉诺夫等人的同时,着重阐发了马克思主义的革命辩证法。他在"四月提纲"中提出的新的策略方针,基于对当时国内外形势的正确判断,即沙皇统治已经垮台,临时政府治国无方,内争不已,危机四伏,被帝国主义战争拖累的工农大众疲惫不堪,引发革命热情高涨,说明革命时机已经到来。列宁不囿于书本上的教条和固有的传统观点,不去与那些"民主派"纠缠理论上的

---

① 《邓小平文选》第3卷,人民出版社1993年版,第139页。
② 《列宁选集》第4卷,人民出版社2012年版,第778页。

是非,而是提出一个"立即由民主革命转变为社会主义革命"的激进革命方针,这是一个能鼓舞中坚分子士气并能动员民众的策略口号,并不失时机地发动十月武装起义并取得胜利。实践裁决了理论争执的是非。历史经验证明,任何一场革命,从来都不是按照书本上的条条框框进行的,也不是在所有主客观条件完全成熟,具备百分之百胜利把握的时候发动的。革命家就是要以非凡的勇气和胆略,在瞬息万变的情势下善于捕捉时机,投入战斗,一举取得胜利,这就是马克思所说"在革命时刻要有极大的灵活性"。诚然,革命要遵循社会发展的普遍规律,但也不是刻板地按照通常的历史顺序进行的,在不同的时代背景和不同社会环境下的国家,革命势必表现出新的特征,这就是马克思主义革命辩证法所揭示的一般与个别、矛盾的普遍性与特殊性的关系,所以列宁强调,世界历史发展的一般规律,是以个别发展阶段在发展的形式或顺序上表现出特殊性为前提的。早在1916年,他在《论面目全非的马克思主义和"帝国主义经济主义"》中说:"一切民族都将走向社会主义,这是不可避免的,但是一切民族的走法却不会完全一样,在民主的这种或那种形式上,在无产阶级专政的这种和那种形态上,在社会生活各方面的社会主义改造的速度上,每个民族都会有自己的特点。"①

十月革命胜利后,马克思主义在东方国家开始广泛传播,通过苏俄对这些国家的各种声援,使殖民地半殖民地国家的民族独立运动和民族解放运动蓬勃兴起,包括中国在内的许多亚洲国家相继建立了共产党,并有组织地发动工农大众投身革命潮流。1921年,中国共产党在上海成立,在党的领导下,经过28年艰苦卓绝的斗争,终于取得了新民主主义革命的伟大胜利,完成了民族独立和人民解放的历史任务,成立了新中国。中国革命的胜利,中国革命进程中显示的许多特殊性,印证了列宁预言的正确性。

中国共产党从成立之日起,就确立以实现共产主义为最高奋斗目标,而在次

---

① 《列宁选集》第2卷,人民出版社2012年版,第777页。

年召开的中共二大就确定了党的最低纲领和最高纲领,在中国近代历史上第一次明确提出了反帝反封建的民主革命纲领,为中国革命指明了方向,也在马克思主义同中国革命实际相结合的道路上迈出了可贵的第一步。在欧美国家,共产党人一开始就以反对资本主义的剥削和压迫、谋求工人阶级自身解放为首要目的,而在中国,党的纲领把反帝反封建、谋求国家的救亡图存放在首位。由于幼年时期的党力量弱小和经验不足,加上当时国际共产主义运动中弥漫着把共产国际决议和苏联经验神圣化的错误倾向,简单地教条式地照搬俄国革命的经验和做法,招致大革命的失败。接着,党内又出现三次"左"倾错误路线的滥觞,使革命事业几乎遭到毁灭性的打击。在极为艰难的条件下,以毛泽东为代表的中国共产党人,继承和坚持列宁关于无产阶级在民主革命中领导权的思想和武装夺取政权的大方向,在分析半殖民地半封建的基本国情的基础上,开创了一条建立农村革命根据地,以农村包围城市最后夺取全国政权的独特的革命道路,并深刻总结革命实践正反两方面经验,形成了新民主主义革命的完整理论,用以指导新民主主义革命并取得伟大胜利。

中国革命的胜利,关键是找到一条适应本国国情的革命道路。坚持马克思主义的基本原理和中国革命的具体实际相结合,将马克思主义中国化,是中国革命胜利的基本经验。可以说,中国共产党领导的中国新民主主义革命的胜利,成功地走出一条中国特色的革命道路,不但验证了科学社会主义原则在经济文化落后的国家同样是适用的,也成为运用马克思主义革命辩证法的杰出范例。

中华人民共和国成立后,中国共产党领导全国人民在建设社会主义的事业中取得很大成就的同时,也经历了许多曲折。中共十一届三中全会吹响了解放思想,实事求是和改革开放的号角,中国又一次面临伟大的历史性转折。在1982年党的十二大开幕词中,邓小平说了一段意味深长的话,他说:"我们的现代化建设,必须从中国的实际出发。无论是革命还是建设,都要注意学习和借鉴外国经验。但是,照抄照搬别国经验、别国模式,从来不能得到成功。这方面我们有过不少教训。把马克思主义的普遍真理同我国的具体实际结合起来,走自己的道路,建设有中国特色的社会主义,这就是我们总结长期历史经验得出的基本结论。"①改革开放四十多年来,中国共产党坚持科学社会主义的基本原则,结合中国国情和时代特征,成功开辟了中国特色社会主义道路。实践证明,这条道路是完全正确的,必须坚定不移地继续走下去。

今天学习列宁的这一著作,就要求人们尊重马克思主义的革命辩证法,遵循马克思主义哲学所揭示的矛盾普遍性和特殊性的原理,转化为政治上、理论上、战略策略上的一个重要原则。将这一理论原则正确地运用于实践中,是中国革命和建设事业成败得失最重要的历史经验。

周尚文

思考题

1. 请您说一说,为什么最初马克思、恩格斯认为英国将最有可能率先爆发革命,走上社会主义道路。

2. 普列汉诺夫认为"俄国历史还没有磨好将来要用它烤成社会主义馅饼的那种面粉"。请说一说,其中的"面粉"到底指什么。

3. 请搜集资料简单了解"空间换取时间"这一策略具体指什么。

4. 请简要论述《论我国革命》的理论与现实意义。

---

① 《邓小平文选》第3卷,人民出版社1993年版,第2—3页。